4차 산업혁명 시대의 Vensim®을 활용한

시스템다이내믹스 시뮬레이션 제3판

정관용 · 한 인 · 송양의 공역

서울경제경영

머리말

최근의 화두는 인공지능(AI), 빅데이터, 로봇, 자율주행차 등을 아우르는 정보통신기술의 융합시대인 4차 산업혁명이며, 이러한 영향은 우리 일상생활에서 쉽게 경험할 수 있는 시대가 되었다.

시스템다이내믹스 방법론은 인공지능과 빅데이터 그리고 가상현실 개념을 통합한 소프트웨어를 이용하여 사회문제, 공학시스템을 모델링하고, 시뮬레이션해봄으로써 미래를 예측하는 방법론이다. 시스템다이내믹스 시뮬레이션을 통하여 4차 산업혁명시대에 나무가 아닌 숲을 보는 사고와 지혜를 제공하고, 수립한 전략을 사전에 실행해 봄으로써 위험을 회피하고 최선의 의사결정을 선택할 수 있는 기회를 제공해준다.

본서는 시스템다이내믹스 방법론을 구현할 수 있는 Vensim software을 이용하여 시스템사고, 시스템다이내믹스 학습, 모델링, 시뮬레이션을 수행해봄으로써 시스템을 구성하는 인과요인들을 파악하고 학습하여 미래를 바라보는 혜안의 도구로 활용될 수 있다.

2007년 1판, 2014년 2판을 거쳐 2020년 3판 전면 개정판을 출간하게 되었다. 본 개정판은 크게 세 개의 Part로 구성되어 있다.

Part 1은 시스템다이내믹스와 Vensim software의 기본적 기능을 이해할 수 있고,
Part 2는 Vensim software를 활용한 기본적 모델링 기법을 설명하고,
Part 3은 Vensim software의 시뮬레이션 분석과 응용을 학습하도록 구성하였다.

본서의 교정을 봐주신 홍선미 선생님과 출판을 위해 물질적 · 정신적 지원을 아끼지 않은 서울경제경영출판사의 김은중 대표님께 감사의 말씀을 드립니다.

2021년 1월 4일

대표 역저자 **정관용**

역저자 약력

정관용

성균관대학교에서 경영학 학사와 석사를 가톨릭대학교에서 경영학박사, 서울벤처대학원대학교에서 상담학박사를 취득하였다. 한외종합금융(주)에서 근무하였고 가톨릭대학교 경영대학원에서 외래교수를 역임하였다. 현재 동국대학교 전산원 심리학과 전임교수로 재직하고 있다.

Vensim software를 한국에서 독점 공급하면서, Vensim을 이용한 시스템다이내믹스 시뮬레이션 컨설팅 및 연구 · 용역을 수행하는 회사를 운영하고 있다.

1995년부터 삼성전자(주), 현대자동차(주), 한국전자통신연구원, 인천국제공항공사, 행정안전부, 과학기술정보통신부 등 다수의 용역을 수행하였다. (연락처: vensims@naver.com)

한 인

동국대학교에서 컴퓨터공학과 학사, 석사, 박사학위를 취득하였고 현재 동국대학교 전산원 컴퓨터공학과 전임교수로 재직하고 있다.

KT, 신한은행, 삼성증권 외 다수 기업에서 시스템 설계 및 구축 프로젝트와 진단 컨설팅을 수행하였다. 주요 연구분야는 병렬과 분산 시스템 및 알고리즘과 머신러닝과 딥러닝을 연계한 빅데이터 처리 플랫폼 및 알고리즘을 연구하고 있다. 또한 시스템다이내믹스를 활용한 프로젝트 수행과 연구에 집중하고 있다.

송양의

동국대학교에서 컴퓨터공학과 학사, 석사, 박사학위를 취득하였고 현재 동국대학교 전산원 정보보호학과 전임교수로 재직하고 있다.

동국대학교 빅데이터센터의 빅데이터 교육 진행 및 동국대학교 초빙교수를 역임하였다. ㈜티오피정보통신의 기술이사로 근무하면서 능동형 백업 및 통합관제 솔루션 개발을 주도하였다. 주요 연구분야는 정보보안과 빅데이터 및 추천 시스템을 연구하고 있고, 최근 시스템다이내믹스 모형개발에서 빅데이터를 활용한 시뮬레이션 예측력 향상을 연구하고 있다.

차례

09 다중 작업화면 145

10 결과물 편집하기 167

01 소개
Introduction

벤심에 대하여

벤심은 동적 모델의 개념화, 문서화, 시뮬레이션, 분석 그리고 최적화가 가능한 시각화된 모델링 도구이다. 벤심은 인과지도와 저량/유량도를 통한 시뮬레이션 모델 개발에 단순하고 유연한 방식을 제공한다.

모델링 방법은 변수들에 화살표를 연결하는 것으로 시스템 변수간의 관계가 설정되고, 인과관계가 입력된다. 이러한 정보들은 수식편집기에 활용되어져 당신이 시뮬레이션 모델을 완성할 수 있도록 한다. 당신은 모델의 프로세스 정립, 변수의 원인구조, 그리고 변수들이 포함된 피드백 구조의 관찰을 통해 분석할 수 있다. 사용자가 벤심을 활용하여 시뮬레이션이 가능한 하나의 모델을 설계하게 되었을 때, 벤심은 모델의 행태를 쉽게 분석할 수 있다.

1.1 벤심 제품의 소개 Vensim Product Overview

벤심®
왜 날 수 있으면서 걷고 있는가?

벤심(The Ventana Simulation Environment)은 복잡한 동적 시스템을 개념화, 모델링, 시뮬레이션, 최적화 그리고 분석할 수 있는 하나의 통합화된 프레임 워크이다. 벤심은 뛰어난 속도와 효율성을 갖추고 있는데 다른 분석툴과 비교하면 걷는 것과 나는 것의 차이라 할 수 있다.

■ 벤심의 제품군

벤심은 일반 PC와 맥킨토시 모든 환경에서 사용가능하며, 고객의 요구에 맞는 기능에 따라

3개의 다른 버전으로 구분된다. 일반 버전의 벤심은 (구조의 관찰과 행태의 시뮬레이션을 통해) 당신이 모델을 설계하고, 규명하고 시뮬레이션 하도록 해준다. Professional 버전의 벤심은 더 고급화된 모델링 역량과 모델의 성능을 최적화가 가능하다. Vensim DSS는 모델의 수용한계와 시뮬레이터를 이해하고 의사결정지원 모델에 더 많은 기능이 들어 있다. 다른 환경의 모델과 플랫폼간의 통합도 쉽게 할 수 있다. 벤심은 사용자의 니즈에 적합한 기능을 선택할 수 있게 해준다.

■ 벤심은 창의성에 도움을 준다.

당신의 모델링 작업은 인과지도, 함수식 혹은 저량/유량도로 시작될 수 있다. 벤심은 모델의 파워풀한 분석과 최적화된 툴을 제공하며, 다른 작업환경에서 만들어진 자료들을 불러 올 수도 있다. 벤심은 사용자가 원하는 모든 업무방식을 가능하도록 설계되어 있다.

■ 벤심은 강력한 툴이다.

벤심은 적은 노력만으로도 모델이 어떻게 돌아가고 있는지 재미있고 쉽게 알 수 있다. 강력한 루프 추적도구, 시각적인 비교, 최적화도구 그리고 다른 기능들은 복잡한 시스템의 심층적인 이해를 가능하게 해준다. 벤심은 사용자의 업무 및 작업환경을 편하게 만들어 주는데 필요한 일들을 해준다.

Vensim
동적인 피드백 구조를 개발하고 분석하는 최강의 도구

벤심의 기본적인 환경은 복잡한 동적인 피드백 모델을 개발하고 분석하는데 강력한 통합화 환경을 제공한다.

■ 인과지도(Causal Loop Diagrams)

벤심은 단순하고 직선적인 방법으로 인과지도를 개발하고 정의하게 만들어 준다. 단순히 개념을 입력하고 그들을 화살표로 연결한다. 벤심은 당신이 수많은 방식으로 인과지도를 연결하고 재배치 하는 것으로 연결들을 유지해 준다.

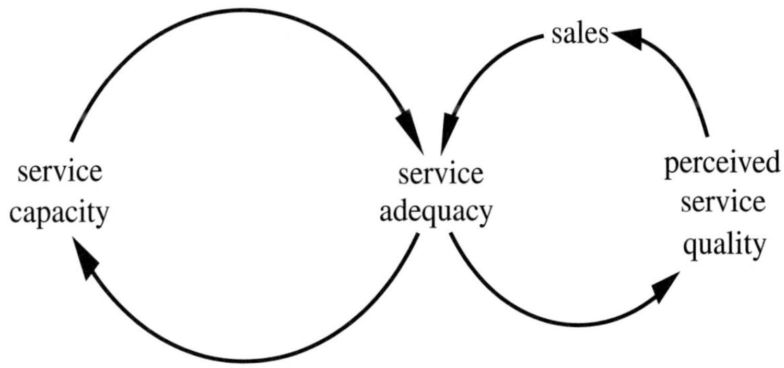

▪ 저량-유량도(Stock and Flow Diagrams)

벤심은 더 구조적이고 상세한 시스템을 대표하는 저량/유량도의 작성을 지원한다. 저량/유량도는 인과지도와 명확하게 구분되어지는 다른 시스템 요소이다.

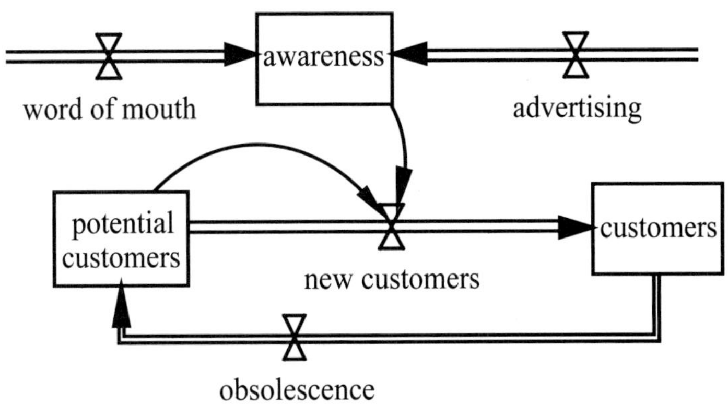

▪ 다른 도식들

벤심은 다양하고 수많은 형태의 흐름도, 조직도 그리고 피쉬본 챠트 등을 개발할 수 있게 한다. 벤심은 당신이 입력한 변수들의 관계들의 변화와 흐름을 간직하고 있어, 다른 형태의 도식들도 논리적인 구성요소의 형태로 간직되어 진다.

▪ 모델의 규명

정량적인 시뮬레이션을 수행하기 위해서는 도식들이 반드시 항등식 기반으로 구성되어 져야 한다. 벤심은 다음과 같은 수학적인 관계의 직선적인 표현을 수행한다.

수익 = 매출액 − 원가

변수들은 입력도구, 함수식, 아이콘의 클릭이나 직접적인 변수에 대한 입력으로 항등식화 될 수 있다. 당신이 하나의 수식입력을 마치게 되면, 벤심은 그것의 기록과 규정된 관계를 검증해준다. 만약에 당신이 다른 구조의 도식구조를 입력하면, 그 도식들은 즉각적으로 변화를 반영하고 나타내준다.

■ 함수들

벤심은 50개 이상의 불러오고 추가할 수 있는 함수기능을 가지고 있다. 함수는 입력패턴을 테스트하고, if then else 등의 관계, 무작위의 난수 발생(이항분포, 기하급수, 일반, 감마, 포아송, 삼각 분포등의), 수치학적인 지연 그리고 과학/전문적 함수기능이 가능하다. 내장된 함수기능과 더불어 Look-up 테이블 기능을 통해서 시각적이고 대칭적인 함수관계를 표현할 수도 있다.

■ 시뮬레이션과 분석

시뮬레이션은 당신이 설계한 행태들의 생성을 통한 함수식들의 수행 과정으로 이뤄지게 된다. 벤심은 시뮬레이션 결과와 시뮬레이션 결과들 간의 비교 · 분석이 가능한 시각화된 도구를 제공한다.

벤심은 다른 가정들이 입력되어진 다른 시뮬레이션의 수행결과의 입력이라는 단순한 메카니즘을 제공한다. 게임 모드에서는 당신이 입력한 모든 이용행태를 재수행, 변경하는 것이 가능하다.

■ 그래프와 도표

벤심은 시뮬레이션 결과를 그래프와 도표로 쉽게 표현할 수 있게 해준다. 벤심의 이러한 저장된 데이터 방식 때문에, 다른 모델간의 다른 시뮬레이션 결과의 비교가 쉽게 이뤄질 수 있다.

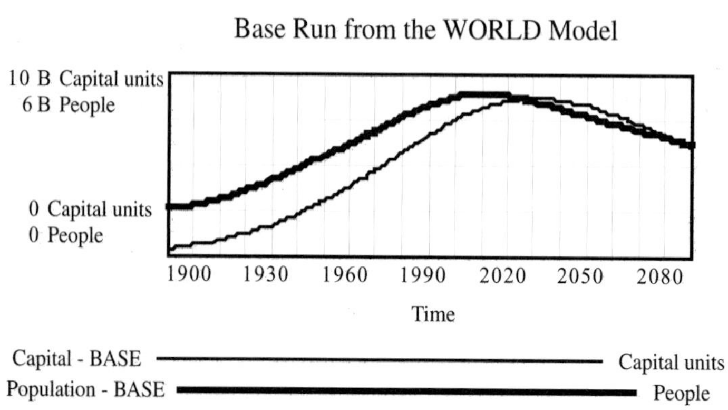

■ 데이터 사용

Vensim은 다양한 형태 및 광범위한 영역(시계열, 누락된 값과 주관적인 데이터 등)에 있어서 데이터를 사용하도록 설계되어졌다. 이들은 모델의 테스트를 위한 입력값으로써 그리고 모델의 변화 행태의 타당성을 검증하기 위한 모든 경우에 사용되어 진다. 당신은 어떠한 상황에서도 임의의 간격으로 데이터의 번호와 데이터 계열의 수 그리고 그 값을 입력할 수 있다. 이러한 데이터 베이스들은 다른 응용프로그램 혹은 소스에서 불러와 Vensim 내에 쉽게 통합되어질 수 있다.

데이터 및 시뮬레이션 결과는 시뮬레이션 결과를 참고하고 간단하게 과거 데이터와 비교하는 경우에도 동일한 방식으로 사용될 수 있다. 이를 통한 시뮬레이션 결과는 다른 응용 프로그램에서 사용하기 위해 내보내기 할 수도 있다.

■ 민감도 분석(Sensitivity Testing–Vensim PLE Plus, Vensim Professional, 혹은 Vensim DSS 이상에서 가능)

모델 개발을 완료한 이후에는 모델이 다른 가정에 대해서 얼마나 민감하게 반응하는지 확인하는 것이 바람직하다. 당신이 다른 수많은 시뮬레이션 결과들을 비교하여 민감도를 테스트하는 것이 간단할 수는 있지만 한번에 많은 매개변수들을 포함하고 있을 때에는 이러한 작업은 비현실적일 것이다.

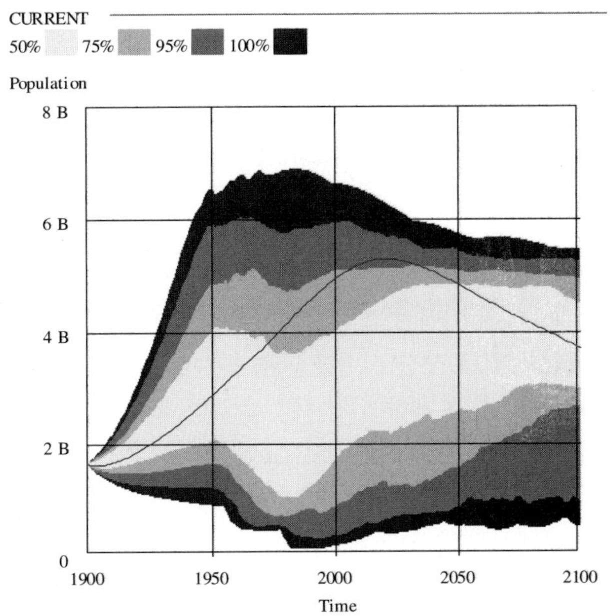

Vensim에서는 쉽게 변수의 민감도를 시뮬레이션(Monte-Carlo)할 수 있고 라틴 하이퍼 큐브 방식의 시뮬레이션을 실행할 수 있다. 간단하게 테스트할 매개변수와 당신이 관찰하기 원하

는 결과를 선택하기만 하면 된다. Vensim의 민감도 분석 그래프는 당신이 선택한 변수에 대한 시뮬레이션의 개별 추적 결과와 신뢰 한계 값을 보여준다.

■ 인과관계 추적(Causal Tracing™)

Vensim은 신속하게 당신이 보고 있는 행태의 원인을 확인할 수 있게 해주는 인과관계 추적 기능을 제공한다. 그 변수를 더블클릭하면, 해당되는 변수에 영향을 주는 원인변수들의 변화 그래프를 볼 수 있다. 다른 변수를 사용하여 시간이 오래 걸릴 것이라고 예상되는 작업들이 Vensim 내에서 단 몇 초 만에 끝나게 된다.

■ 타당성 검증(Reality Check™)

타당성 검증은 문제에 대한 이해를 통해 당신이 개발하고자 하는 시뮬레이션 모델을 검증하는 강력한 도구이다. 타당성 검증은 반드시 따라야 하는 기본적인 정책과 구문을 제시(예: "근로자가 없는 경우 모든 제품을 생산하지 않도록 한다.", "생산이 일정하게 발생하면 매출이 성장할 수 있다" 등)하고 이러한 것들이 지켜지는지, 위반되고 있는지 확인을 통해서 당신의 모델을 검증한다.

Vensim Professional
복잡한 비즈니스 문제를 해결한다.

Vensim Professional은 오늘날의 복잡한 비즈니스 문제의 해결을 위해 Vensim의 기본적인 구성에 쉬운 모델링 개발, 최적화 해법 등의 요소를 추가하였다.

■ 서브스크립트

모델의 개발과정에서 어떤 구조의 동일한 부분들은 반복되는 형태로 되어 있기도 하다. 예를 들어 여러 지역에 있는 생산 시설을 가진 회사를 모델링한다고 생각해보자. 이들은 생산 설비를 설명하는 구조를 복제하여 접근할 수 있다. 하지만 서브스크립트를 활용하면 간단한 방식으로 이것을 해결할 수 있다. 서브스크립트를 사용하여 하나의 수식을 다른 시설, 영역, 제품라인 및 다른 특성의 다수를 동시에 나타내는 데 사용할 수 있다. 특수한 첨자를 활용한 본 기능은 모든 서브스크립트의 값에 합계나 최소, 최댓값을 계산할 수 있게 허용하기도 한다.

■ 사용자 정의 매크로(User Defined Macros)

종종 당신은 서브스크립트 등을 사용하는 과정에 있어서 실용적이지 않은 일련의 반복작업을 찾아낼 수 있다. 예를 들어, 여러 곳에서 사용하려는 경향 등을 추정할 수도 있다. Vensim Professional에서는 하나의 매크로에 대한 정의와 수식을 쓰고, 그 매크로를 당신이 Vensim 함수를 호출하는 것과 같이 단순한 방식으로 호출할 수 있다.

■ 도구와 보고서(Tools and Reports)

Vensim Professional에서는 모델의 수행결과에 대한 분석결과를 나타내어주는 많은 추가적인 도구들이 포함되어 있다. 일례로 아래와 같은 간트차트 형식도 사용 가능하다.

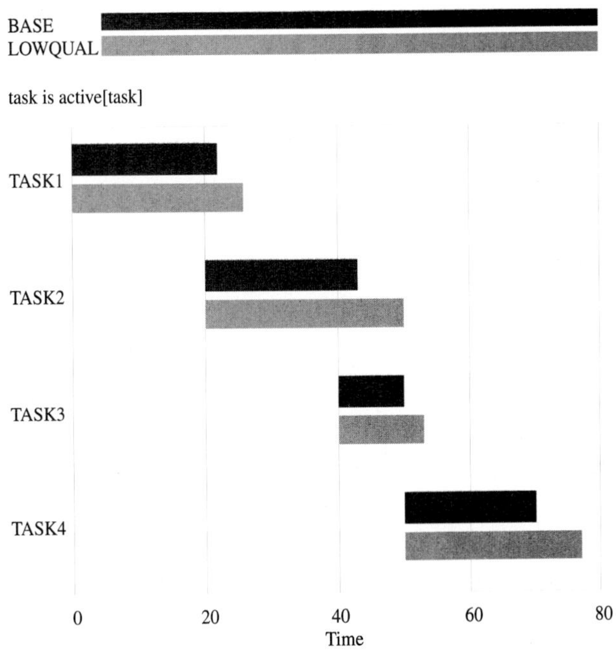

이러한 도구들은 다른 시나리오에서 프로젝트의 성과를 비교 검토하는 데 유용하다. 통계 도구는 시뮬레이션 결과에 대한 요약 통계량을 빠르게 검색할 수 있게 만들어준다. 막대그래프 도구는 서브스크립트 등과 결합하여 유용하게 사용될 수 있으며, 특정 시점에서 쉽게 총비용 등과 같은 조건을 비교 분석할 수 있게 만들어 준다. 사용자 정의 보고서는 편리한 형식의 시뮬레이션 결과와 텍스트 값을 혼합하기 위해 개발될 수 있다.

■ 캘리브레이션(Calibration)

시뮬레이션 모델의 개발에 있어서, 과거의 데이터와 실제 모델이 나타내는 변화행태를 비교하여 모델의 파라미터를 조정하는 것이 종종 도움이 된다. Vensim 전문가는 이러한 매개변수의 조정 과정을 자동화할 수 있다. 당신이 조정하려는 매개 변수값의 설정을 비교를 통해

의도하는 데이터 시계열 값들로 지정한 다음, 캘리브레이션 작업을 통해서 Vensim이 자동으로 최적의 결과값을 찾아낼 수 있다고 판단하는 매개변수의 값을 수정 할 수 있다.

■ 최적화(Optimization)

모델을 개발하고 보정한 후에는 가능한 정책적인 선택들을 사용해서 모델을 최적화할 수 있다. Vensim Professional에서는 이러한 정책에 대한 탐색을 통해 자동으로 최적화할 수 있는 기능을 제공한다. 당신은 조정하고자 하는 정책 레버리지와 이를 통해 극대화하고자 하는 기준값을 정의할 수 있다. Vensim은 이러한 기준값을 바탕으로 최적화를 달성할 수 있는 매개변수의 최적값을 검색하는 역할을 수행한다.

■ 텍스트 기반 모델의 구성

다이어그램 기반 모델링 방식뿐만 아니라, Vensim Professional은 직접 텍스트 편집기를 통해서 제공되는 많은 단축된 수식을 입력할 수 있고 이를 텍스트 구문 편집기에서 수행할 수 있다. 오류의 정정과 모델의 분석을 위해 자동으로 마우스 포인터의 위치를 지정하고 모델 개발 속도를 가속화할 수 있다. 당신은 필수적으로 보이는 요소들과 다이어그램을 통해서 개발된 수식들을 수정할 필요 없이 수식을 입력할 수 있다. 당신이 변화를 만들 때 Vensim Professional은 당신이 원래의 구조로 되돌아갈 수 있게 하기 위해 최신의 변화 결과들을 지속 추적하는 기능도 수행한다.

Vensim DSS
의사결정 지원 시스템

Vensim DSS(Decision Support System)에서는 개발 모델에 다른 사용자가 쉽게 접근할 수 있는 인터페이스의 제작을 포함해 높은 수준의 모델 개발 및 구축을 위한 기능을 사용자에게 제공한다.

■ 외부 함수(External Functions)

모델을 개발할 때, 당신은 파일 내에 내장되지 않은 행렬 전환 구조 등과 같은 기능을 내장함수화할 수 있다. Vensim DSS에서는 다른 소프트웨어와 같이 동적연결 라이브러리(Dynamic Link Library – DLL)에 외부 함수들을 작성할 수 있다. 이러한 함수들은 Vensim 내에서 내장함수와 같은 기능을 수행하고, 표준 기능이 적용되지 않은 특정 요구사항에 대한 전문적인 모델을 만들 수 있도록 도와준다. Vensim DSS는 이와 같이 시뮬레이션 과정에 속도를 낼 수 있는 컴파일된 시뮬레이션 모델의 제작을 가능하게 해 준다.

▪ Vensim 응용 프로그램—Venapps

Vensim의 응용 프로그램인 Venapp은 당신의 타깃 고객을 위한 인터페이스의 적절한 제공, 사용자 정의 디자인 및 구축 방식에 대한 결합 요소를 제공한다. Venapps는 모델링에 대해 교육을 받지 않은 사람이나 사전 지식이 없는 사람들이 모델의 결과를 통해서 의미 있는 결과를 얻을 수 있도록 도와준다.

화면에 스케치를 표시할 수 있고, 중요한 가정은 모델 구조를 설명할 때 강조하거나 호출할 수 있다. 고객의 목적을 설명할 수 있는 기능이 포함된 언어 및 세부 사항들이 이러한 도구의 이용대상에 포함될 수 있다.

Vensim에서 제공하는 대부분의 도구와 기능은 Venapps 내부에서 액세스할 수 있다. 시뮬레이션 게임, 의사결정자원 시스템, 가상운영 시뮬레이터 및 시나리오 생성기 등은 더 이상 블랙박스와 같이 감춰져 있을 필요가 없다. 그러나 어떤 일이 발생했는지에 대한 이유와 이에 대한 이해를 제공하기 위해서 원인 추적 및 기타 분석 도구들을 통해 이를 조사할 수 있다.

Venapps는 Vensim 모델의 매우 자연스러운 확장 형태이며, 아주 신속하게 재구성 및 재모델링될 수 있다. 이들은 단순한 스크립트 언어와 워크벤치 도구를 통해서 작성된다.

1.2 본 교재의 구성 How this Guide is Organized

본 교재의 목적은 Vensim의 사용자가 예시와 과제들을 통해 Vensim 프로그램에 좀 더 친숙해지는 것이다. 또한 다루는 내용들은 챕터가 진행될수록 점점 더 복잡해질 것이다.

❙ 시작하기

1장. 소개에서는 벤심 소프트웨어에 대한 전반적인 소개와 교재의 구성 및 학습에 대해 안내한다.

2장. Vensim의 인터페이스에서는 Vensim의 기능과 스케치 개체, 분석 도구, 설정 창 등과 함께 Vensim에 대한 개관적인 내용들을 설명 한다.

3장. 예제 실습(재고 모델)에서는 기존에 있는 모델의 수행과 분석과정을 체험 한다.

❙ Vensim을 통해 시뮬레이션 모델 개발하기

4장. 인과지도에서는 인과지도의 작성과 사용에 대해 설명한다. 또한 분석 도구를 활용한 모델 구조의 분석 방법에 대해서도 살펴본다.

5장. 저량-유량도에서는 Vensim을 통해서 저량-유량 변수를 포함하는 기본적인 시스템 다이내믹스 모델을 설계하는 것을 살펴본다.

6장. 시뮬레이션 모델 개발에서는 인구의 성장을 시뮬레이션하는 모델을 개발하는 단계이다. 이 문제는 당신이 Vensim을 활용해서 모델을 개발하는 메커니즘, 시뮬레이션 그리고 분석하는 방법에 대해서 학습할 수 있도록 지원한다.

7장. 함수의 활용과 시뮬레이션 오류에서는 간단한 가격 및 수요모델을 통해서 모델 내에서의 함수식을 포함하는 방법에 대해서 설명한다. 여기서는 오류의 감지과정과 시뮬레이션 도중에 발생하는 방법을 보여주기 위한 모델이 예시로 사용된다.

8장. Lookup 기능 활용에서는 어떻게 Lookup 기능을 생성하고 활용하는지에 대해 설명한다. 이들은 어떠한 관계의 그래프를 직접 그려서 표현하고 이의 출력과 입력으로 활용하는 기능이라고 할 수 있으며, 이들은 Lookup 테이블 혹은 단순히 테이블이라고 불리기도 한다.

9장. 다중작업화면에서는 여러 개의 작업 화면을 사용해서 다른 분리된 영역으로 모델을 분리/분할해서 작업할 수 있는 다중작업화면 기능을 활용한 모델의 개발과정에 대해서 설명한다.

10장. 결과물 편집에서는 당신이 분석 도구로부터 작업한 결과물들을 사용자의 취향에 맞게 정의하는 방법을 설명한다. 여러 개의 변수에 대해 사용자 정의 그래픽 및 테이블 형식의 출력물을 생성할 수 있는 사용자 정의 그래프와 테이블 편집기가 중심으로 설명된다.

고급 기능

12장. 입력-출력 설정에서는 Input-Output 설정과 내비게이션 링크를 활용해서 모델을 더 쉽고 재미있게 사용하고, 다른 사람에게 전달하는 방법에 대해서 설명한다.

13장. SyntheSim에서는 Vensim에서 SyntheSim 기능을 사용하는 방법과 이를 통해 모델을 이해하는 방법을 설명한다.

14장. 타당성 검증(Reality Check)에서는 모델의 유효성을 검증하는 모델을 개발하는 방법을 설명한다.

18장. 모델에서의 데이터 사용에서는 데이터 기능을 사용하여 모델 내에서 데이터 변수와 값을 활용하는 방법에 대해 설명한다. 데이터 변수는 외생변수로 시계열값 및 모델의 동작에 입력변수로 활용하고자 할 때에 정의된다. 여기에서는 텍스트 파일과 스프레드시트에서 데이터를 가져오는 방법에 대해서 다루고 있다. 모든 기능은 Vensim PLE 버전에서도 사용할 수 있다.

19장.　다른 곳에 모델을 내보내는 방법에서는 당신이 작업한 모델을 Vensim Model Reader 그리고 다른 버전의 Vensim을 사용하는 다른 사람들에게 전송하는 방법에 대해서 설명한다.

20장.　레퍼런스 모드(Reference Modes)에서는 피드백 모델을 개념화하는 하나의 수단으로 레퍼런스 모드를 사용하고, 또한 정성적인 통합 기술로서 레퍼런스 모드를 통해 모델을 개발하는 방법에 대해서 안내한다.

아래의 항목들은 Vensim PLE 버전에서 불가능한 기능이다.

13장.　게임 기능(Games in Vensim)에서는 각각의 시간대에 의사결정을 하는 동안 당신이 직접 시간의 흐름의 제어를 통해 점진적으로 단계별로 게임 혹은 비행 시뮬레이터와 같이 모델을 사용하는 방법에 대해서 설명한다. Vensim PLE 버전의 사용자는 이하의 내용에 대해서 건너뛰어도 무방하다.

15장.　민감도 분석(Sensitivity Testing)에서는 몬테카를로 방식의 민감도 테스트의 예시를 제시한다. 당신은 불확실성을 갖는 값으로 매개변수를 설정한 다음, 시뮬레이션 시간이 흘러감에 따라 특정 변수의 불확실성을 결정하기 위해 민감도 분석을 활용한다. 마찬가지로 Vensim PLE 버전의 사용자는 이하의 내용에 대해서 건너뛰어도 무방하다.

이하의 기능은 Vensim Professional 및 DSS에서만 사용 가능한 기능이다.

17장.　서브스크립트와 행렬(Subscripts and Arrays)에서는 서브스크립트를 활용한 모델을 소개한다(서브스크립트는 모델 내에서 행렬값을 갖는 변수라고 할 수 있다). 이 서브스크립트는 단순한 방식과 복잡한 방식 모두를 활용한 예시를 통해 설명된다. 본 장에서 다루는 내용은 Vensim Professional과 DSS 버전에서만 가능하다.

18장.　최적화(Optimaization)에서는 두 가지 유형의 모델 최적화를 다룬다. 첫 번째 유형은 캘리브레이션(calibration)으로 불리며, 비교대상인 외부 데이터로부터의 결과값과 가장 적합한 결과를 나타내는 상수를 찾아내는 방식이다. 두 번째는 정책 최적화 방식으로 지정된 payoff라는 기준값을 가장 최소 혹은 최댓값으로 만들어 주는 매개 변수의 값을 찾는 방식이라고 할 수 있다. 본 장에서 다루는 내용은 Vensim Professional과 DSS 버전에서만 가능하다.

1.3 실습 및 예제 파일 User's Guide Models

각 장의 실습 파일은 설치 시 따로 지정을 하지 않으면, C:/Users/Public/Vensim/help/models 디렉토리에 저장되며, Models 폴더의 하위 폴더인 UserGuide폴더에 저장되어 있다.

UserGuide 폴더는 각각의 챕터별로 저장되어 있으며, 이들 폴더의 이름은 *Chap01, Chap02* 등과 같이 되어 있다. 이러한 실습 모델들은 각각의 이름이 각 장에서 다루는 세부 사항을 담고 있다. 18장의 경우에는 2개의 하위 폴더를 포함하고 있는데 하나는 calibration이고 다른 하나는 policy optimization으로 되어 있다.

많은 장에서 각각의 장명으로 되어 있는 폴더 내에 기본적으로 모델이 어떻게 작동되는지를 나타내어주는 시작단계의 모델을 담고 있으며, 완전히 시뮬레이션이 가능한 형태의 모델은 각 장의 최종 하위 폴더인 *complete* 내에 저장되어 있다.

우리는 당신이 이러한 기본적인 실습파일이 저장된 곳 이외의 장소에 작업한 파일을 저장할 것을 강력히 권한다. Vensim 작업을 하면서 발생될 수 있는 파일의 문제와 작업의 손실을 방지할 수 있다.

1.4 스타일 규칙 Style Conventions

Vensim의 많은 요소들 사이에서 각각의 구분을 편하게 하기 위해 본 교재의 나머지 부분에 임의의 스타일 기준을 부여하고 이를 따르도록 한다.

- 디스크 공간에 저장된 파일의 이름과 확장자는 기울인 이탤릭체(예: *project.mdl*)로 표시한다. 데이터 셋의 이름은 *.vdf* 확장자 없이 이름만 이탤릭체로 표기한다(예: *baserun*).
- Vensim 모델의 변수와 수식의 이름은 Courier 폰트를 활용해(예: population) 표기한다.
- Vensim 내의 대화상자, 메뉴항목, 컨트롤, 버튼, 도구, 도구모음 등의 이름은 대문자로 시작한다. 또한 Vensim의 다른 개체를 참조하는 경우에는 일반적으로 **굵은 글꼴**로 나타낸다(예: **Simulate 버튼의 클릭**).

1.5 스크린 샷 About Screen Shots

Vensim PLE, PLE Plus, Professional 그리고 DSS 버전에 따라서 나타나는 모양에 차이가 있

으며, Professional 버전과 DSS 버전에서는 도구모음을 변경하는 것이 가능하다. 본 교재에서의 화면사진의 대부분은 Vensim DSS 버전에서의 기본 도구모음을 활용하여 캡처하였다. 당신이 보유하고 있는 Vensim의 버전에 따라서 화면에 나타나는 내용들이 상이할 수 있지만 개념을 이해하고 시뮬레이션을 학습하는 데 있어서는 전혀 문제가 되지 않는다.

1.6 마우스의 활용 About the Mouse

Windows 운영체계에서는 마우스 버튼의 좌클릭과 우클릭을 모두 가지고 있지만 Macintosh 기반의 컴퓨터에서는 하나의 마우스 버튼만이 있다. Vensim은 아래에 기술되어 있는 것처럼 마우스 좌우 버튼을 모두 사용한다. Macintosh 이용자는 아래에 기술되어 있는 내용과 같이 자신의 마우스 버튼과 Ctrl 키 혹은 Apple 키를 마우스 우클릭에 대응하여 사용하도록 한다.

마우스 좌측 버튼의 클릭

마우스 왼쪽 버튼은 Vensim 내에서 메뉴의 선택, 버튼의 클릭, 그래프의 드래그 혹은 스케치 개체의 드래그 등 대부분의 작업과정에 사용된다. 본 교재에서 특정한 버튼의 클릭에 대한 언급이 없는 모든 케이스에서 마우스 왼쪽 버튼을 클릭하도록 하며, Macintosh 사용자는 전용 버튼을 클릭한다.

마우스 우측 버튼의 클릭

마우스 오른쪽 버튼은 스케치 도구, 분석 도구 및 스케치 개체의 위치 및 스케치 확대에 대한 옵션을 설정하는 데 사용된다. 이와 같이 오른쪽 버튼 클릭이 필요한 경우, 컴퓨터에서 마우스 오른쪽 버튼을 클릭한다. Macintosh 사용자들은 Ctrl 키 혹은 Apple 키를 누른 상태에서 마우스 버튼을 클릭해야 한다. 스케치된 개체들을 드래그하기 위해서는 마우스 오른쪽 버튼으로 드래그하거나 Ctrl 키를 누르고 있는 상태에서 마우스 왼쪽 버튼으로 드래그하는 것도 가능하다. 화면의 보기 배율을 변경하기 위해서는 Shift 키를 누르고 있는 상태에서 마우스 오른쪽 버튼을 클릭한다.

마우스 휠 사용

마우스 휠의 회전을 통해서 당신은 위아래로 창을 스크롤할 수 있다. 수평 스크롤의 경우 shift 키를 누른 상태에서 마우스 휠을 이동한다. Ctrl 키를 누른 상태에서 마우스 휠을 회전시키면 스케치 화면의 보기 배율을 확대/축소할 수 있다.

02 벤심의 인터페이스

The Vensim User Interface

•••• 기본 구성 요소 ••••

Vensim은 모델의 설계, 수행 그리고 분석하는데 사용되는 도구들을 제공한다. Vensim을 실행시키면 나타나는 기본 화면은 타이틀 바(Title Bar), 메뉴(Menu), 도구 바(Toolbar) 그리고 분석 도구(Analysis tools)로 구성되어 있다. 모델 작업을 시작하거나 모델을 불러오면 아래와 같이 스케치 도구(Sketch tools)와 스테이터스 바(Status Bar)가 나타난다.

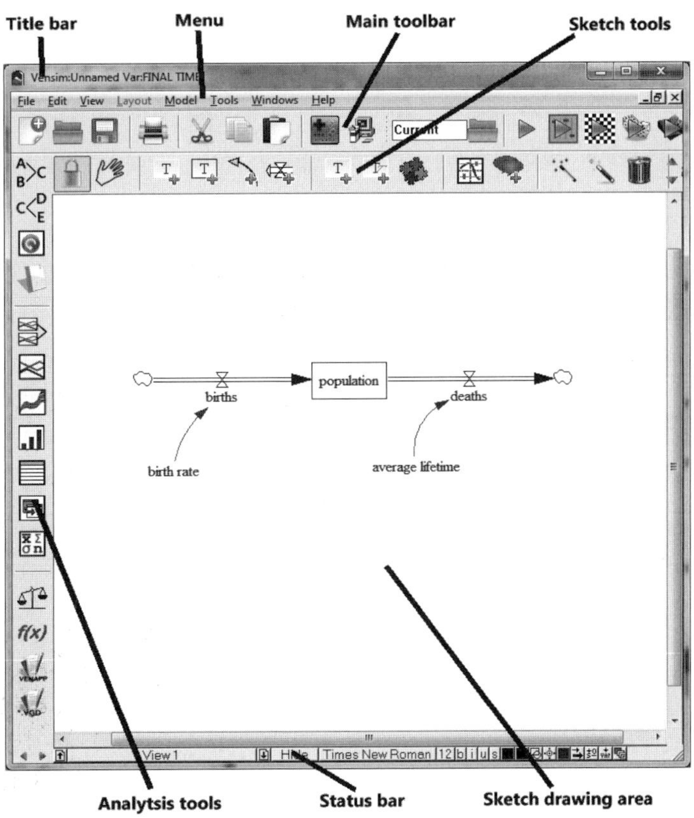

2.1 타이틀 바 Title Bar

타이틀 바(Title Bar)는 두 가지의 중요한 정보를 보여준다. 하나는 현재 작업 중인 파일의 이름(예: *Sales.mdl*)이며, 나머지는 작업중인 변수의 이름이다(예: *sales force productivity*).

작업 중인 변수는 사용자가 작업하고 있는 파일내 모델상의 어떠한 변수라도 선택과 표시가 가능하다. 이러한 작업중인 변수들은 모델 상에서 변수를 직접 클릭하거나, 추후에 자세히 설명할 컨트롤 패널(Control Panel) 상에서 변수를 성정하는 방법으로 선택할 수 있다.

2.2 메뉴 Menu

대부분의 작업들은 메뉴 화면을 통해서 수행되어 진다.

- **File** : 파일의 불러오기, 저장하기, 출력하기 등의 일반적인 기능을 포함하고 있다.
- **Edit** : 모델 중에서 선택된 부분들을 복사하거나 붙여넣는 기능을 수행하게 한다. 또한 모델상의 변수를 검색할 수도 있다.
- **View** : 모델의 스케치를 수행하는데 있어서의 다양한 옵션 기능과 Text 형태의 명령문으로 프로그램을 조작할 수 있는 Text-Only 기능을 포함하고 있다(Text-Only 기능은 Vensim Professional and DSS 버전에서만 사용이 가능하다).
- **Layout** : 모델링을 하면서 수행한 스케치 작업의 요소들의 위치나 크기등을 조정하는 기능을 포함하고 있다.
- **Model** : 시뮬레이션을 관리할 수 있게 해주는 기능과 모델이나 단위의 검증 기능과 데이터 셋의 가져오기-내보내기 기능을 포함하고 있다.
- **Tools** : 프로그램 사용상의 전반적인 도구들의 집합으로 사용자 국가에 맞게 부분들을 세세하게 설정해 주는 옵션 기능과 분석 도구, 그리기 도구 모음을 수정할 수 있는 기능을 제공한다(PLE와 PLE Plus 버전에는 **Options** 대신 **Tool** 메뉴가 있다).

- **Windows** : 사용자가 작업을 하려고 열어둔 작업창 사이를 이동할 수 있게 해준다.
- **Help** : 온라인 지원 시스템에 접속할 수 있게 해준다.

작업창이 활성화 되어 있는 동안 메뉴를 통해서 조작과 명령어 수행이 가능하다. 대부분의 작업들은 단축키와 아래에 설명되어 있는 도구 바를 통해 작업이 가능하다.

2.3 도구 바 Toolbar

도구 바(Toolbar)는 공통적으로 가장 많이 사용하는 메뉴의 항목과 시뮬레이션 작업 기능의 버튼들을 제공한다. 아래 첫번째 버튼들은 파일 및 메뉴 아이템의 모음이다.

다음의 여러가지 버튼들은 시뮬레이션 작업에 사용되는 프로그램 수행명과 편집 상자이다.

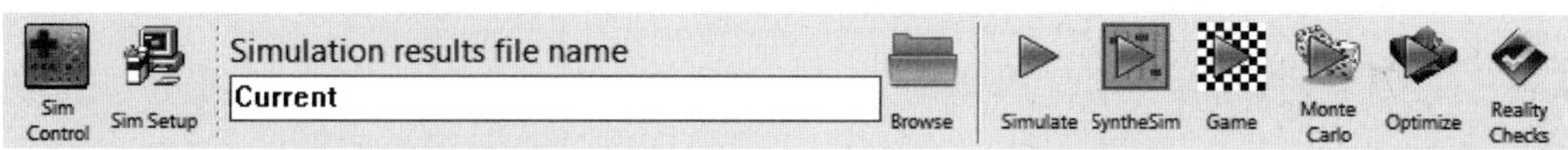

아래의 버튼들은 작업창 관련 버튼들이다. 하나의 버튼을 클릭하면 각각의 타입에 맞는 작업창을 열어주고 계속 클릭하면 같은 종류의 작업창간으로 이동할 수 있다.

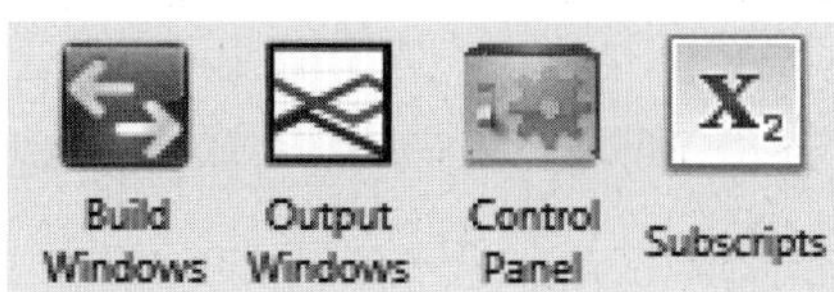

도구 바에 나타나는 항목들은 사용자의 벤심 환경에 따라 차이가 있다. 몇가지 설정들은 보여지는 것보다 많거나 적을 수 있다. 예를 들어 벤심 PLE 버전의 도구 바는 아래와 같이 나타난다.

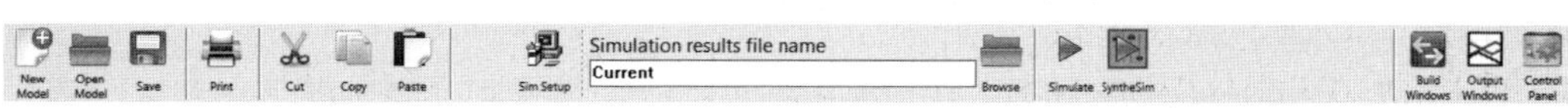

2.4 Vensim의 작업창 Vensim Windows

작업창의 종류

Vensim은 몇가지 형태의 작업 창을 포함하고 있다.

1. 모델개발 작업창(Build Windows)은 새로운 모델 개발, 모델의 수정, 모델 찾기, 모델의 시뮬레이션 등을 수행하는데 사용된다. Text Editor는 명령어 기반 모델의 관리에 사용된다.
2. 결과물 작업창(Output Windows)은 시뮬레이션 결과의 분석을 위한 그래프와 표, 목록 등을 만드는데 사용된다.
3. 관리 작업창(Control Windows)은 벤심의 내부 설정에 사용되는 대화 상자와 벤심 Professional과 DSS에서만 제공되는 서브스크립트를 정의하고 선택하는데 사용된다.

작업창간의 이동

어떠한 작업창을 생성하거나 선택하게 되면 화면상에서 맨 앞으로 나오게 되며 활성화가 이뤄진다. 그렇게 되면 이 작업창 이외의 모든 작업창들이 비활성화가 되며, 활성화가 되어있는 작업창에서만 편집이 가능하다. 여러 작업창들 사이를 이동하는 4가지 방법은 다음과 같다.

1. 도구 바에 있는 Output Window 버튼을 클릭한다.
2. Ctrl + Shift + Tab 키를 사용해서 작업창 사이를 이동한다.
3. Windows 메뉴에서 Pop Build Forward, Pop Output Forward, Control Panel, 혹은 Subscript Control 항목을 선택하여 이동한다.
4. 컴퓨터 모니터 상에 작업창들이 보이는 경우 마우스로 직접 클릭하여 이동한다.

같은 종류의 작업창 사이를 이동하는 방법

1. window class 버튼을 반복해서 클릭한다.
2. Ctrl + Tab 키를 사용해서 이동한다.
3. **Windows** 메뉴에서 **Output Window List** 항목을 선택하면 도출된 결과물들의 목록이 나타나며, 원하는 결과물을 선택하여 이동한다.
4. 컴퓨터 모니터 상에 작업창들이 보이는 경우 마우스로 직접 클릭하여 이동한다.

모델개발 작업창

모델개발 작업창은 모델의 밑그림을 그리는 작업에 사용된다. 기본적으로 모델의 구조를 설계하고 함수식을 입력하기 위해 사용된다. 상태 바(Status Bar)는 모델 스케치를 수정하는데 활용되는 버튼들을 제공한다. PLE 버전을 제외하고 여러 개의 각기 다른 스케치 화면을 사용할 수 있다. 각 스케치 화면은 모델의 한 부분으로 쉽게 말해 책 한 권 중 각각의 페이지라고 할 수 있다. Professional과 DSS의 명령어 기반 모델에서는 모델개발 작업창이 명령어 편집기를 통해서 이뤄진다.

결과물 작업창

결과물 작업창은 시뮬레이션을 마치고 분석 도구를 클릭했을 때 나타난다. 사용자가 작성한 모델에서 분석을 위한 정보를 얻어내고, 이러한 정보의 분석을 통해서 다이어그램(Diagram), 그래프(graph), 혹은 텍스트(text) 형식으로 분석 정보를 보여준다. 이러한 분석 도구의 결과물을 포함하는 창들은 동시에 열릴 수 있다. 그리고 이들을 닫을때에는 열려있는 결과물을 포함하는 창의 왼쪽이나 오른쪽 상단에 있는 **Close** 버튼을 클릭하여 닫을 수 있다. 한번에 모두 닫고 싶을때에는 메뉴에서 **Windows>Close All Output** 항목을 선택하면 모든 결과물을 종료할 수 있다.

2.5 스케치 도구 Sketch Tools

스케치에 사용되는 도구들은 스케치 도구 모음에 그룹화되어 있다. PLE와 PLE Plus 버전은 기본적으로 제공되는 도구들만 사용할 수 있다. 다른 버전에서는 스케치 도구 모음에 다양한 도구들을 추가하거나 삭제 할 수 있다. 개인에 따라 설정되어진 도구 모음은 파일형태로 저장되어 나중에 실행했을 때 다시 불러올 수도 있다. 기본적으로 내장되어 있는 스케치 도구 모음(*default.sts*로 저장되어 있음)은 스케치 작업을 하는데 요구되어지는 대부분의 도구들이 포함되어 있다.

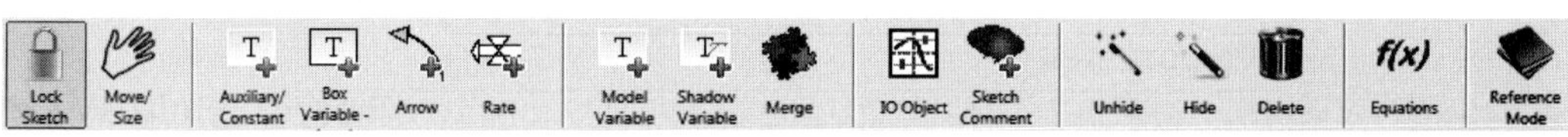

PLE와 PLE Plus 버전은 Model Variable, Merge, Unhide Wand/Hide Wand 도구를 포함하지 않는다. 다른 버전에서는 원하는 도구 아이콘에 마우스 오른쪽 버튼을 클릭하는 것으로 도구의 속성을 조정할 수 있다. 만일 도구 환경을 한번 변경하게 되면 벤심을 종료할 때 스케치 옵션을 저장할 것인지 묻게 된다. **Yes**를 선택하면 기존의 도구 모음에 덮어쓰게 되고, **No**를 선택하면 기존의 도구 모음 설정이 그대로 유지된다(변경한 내용들이 된다). **Cancel**은 **Tools** 메뉴에서 도구 모음을 다른 이름으로 저장할 수 있게 해준다. 도구모음의 저장되는 파일 개수에는 제한이 없다. 다만 대부분의 사용자들은 자기의 요구사항에 맞게 하나의 도구 모음을 세팅해 놓고 사용할 것이다.

도구 모음에 포함되어 있는 도구들은 다음과 같다.

- **Lock** — 이 버튼을 클릭한 상태에서는 스케치를 할 수 없다. 작업환경상의 모델 구성요소들을 클릭해도 이동을 비롯한 모든 수정 작업이 불가능하다.
- **Move/Size** — 선택된 모델의 변수나 화살표 등의 개체들의 위치를 이동하거나 크기를 변경시킬 수 있다.
- **Variable** — 상수(Constants), 보조변수(Auxiliaries), 데이터(Data) 종류의 변수를 만들어 준다.
- **Level** — Stock이나 State 변수와 같은 Level을 위해 사용되는 박스 형태의 변수들을 만들어 준다.
- **Arrow** — 인과관계를 설명하는 직선이나 곡선 형태의 화살표를 만들어 준다.
- **Rate** — Rate 혹은 flow 구조를 생성한다. 화살표와 밸브 형태를 가지고 있으며, 필요하다면, 구름형태의 요소로 표현된다.
- **Model Variable** — 기존 모델상의 변수와 그 변수의 원인요소를 같이 추가해 준다.
- **Shadow Variable** — 기존 모델상의 변수를 원인요소들의 추가 없이, 그림자 형태의 변수로 추가해 준다.
- **Merge** — 두 개의 변수를 하나로 통합해 주는 기능을 수행할 때 사용되며, 곡선 형태의 화살표 등을 하나로 합쳐 표현할 수 있게 해준다.
- **Input Output Object** — Input Slider와 Output 그래프나 표를 만들수 있게 해준다.
- **Sketch Comment** — 주석이나 설명, 그리고 그림을 스케치 영역에 입력할 수 있게 해준다.
- **Unhide Wand** — 스케치 화면에서의 변수를 보이지 않게 만들어 준다.
- **Hide Wand** — 숨겨두었던 변수들을 다시 볼 수 있게 만들어 준다.

- **Delete** — 모형의 구조, 변수, 스케치한 코멘트를 삭제해 준다.
- **Equations** — 수식편집기를 통해서 모델의 수식을 생성하거나 편집할 수 있게 해준다.
- **Reference Modes** — 레퍼런스 모드를 그리거나 편집할 수 있게 해준다.

모델을 개발하기 위해서 먼저 마우스로 클릭해서 스케치 도구를 선택해야 한다. 일반적인 키보드의 숫자키를 통해서 선택할 수도 있다(숫자 키패드에서는 불가능하다).

숫자키 1은 첫번째 도구, 2는 두번째 도구 이런식으로 단축키가 사용이 가능하고 0은 10번째 도구, Q와 W는 11번째, 12번째 도구의 단축키 이다. 이러한 기능은 작업창이 활성화 되어 있을 때만 가능하다.

하나의 스케치 도구를 클릭한 후, 스케치 영역에 마우스 포인터를 가져간 뒤에 마우스 왼쪽 버튼을 클릭하면 도구가 적용이 된다. Arrows 도구나 Rates 도구는 한번 클릭한 후에 마우스 포인터를 움직인 다음 위치를 지정하고 다시 마우스 왼쪽 버튼을 클릭해야 적용이 완료 된다.

NOTE 어떠한 스케치 도구를 선택하여 작업을 했다면 다시 다른 도구를 바꿔 선택할 때까지는 계속 그 도구가 선택되어진 상태로 남아 있게 된다.

2.6 상태 막대 Status Bar

상태 막대(Status Bar)는 스케치 작업의 상태와 스케치 작업상의 개체들을 보여준다. 상태 막대는 선택된 개체들의 상태와 표시 속성을 바꾸는데 사용되는 버튼과 다른 작업화면을 볼 수 있게 해주는 버튼을 포함하고 있다.

- 상태막대의 숫자와 항목들은 스케치 작업상의 요소들의 표기 서체, 서체 크기, 굵기, 기울임, 밑줄, 취소선, 숨기기 레벨 속성을 반영한다. 또한 변수의 색상, 박스의 색상, 테두리선의 모양, 글씨 위치 정렬, 화살표 색상, 화살표 굵기 등의 요소들의 변경이 가능하다.

Vensim Professional과 DSS에서 제공하는 Text Editor를 이용할 때마다 상태막대는 명령문의 변경에 따른 변화가 반영되게 된다.

2.7 시뮬레이션 Simulating

모델개발에 있어서 시뮬레이션 작업을 수행하기 위해서 작업화면들을 만들게 된다. 가장 중요한 것은 Simulation Setup 모드와 SyntheSim 모드를 통해서 시뮬레이션 화면을 만들 수 있다.

Simulation Setup 모드에서는 모든 모델의 상수와 Lookups 값들이 강조되게 되며, 그러한 요소들의 클릭으로 일시적인 변화값을 직접 입력하여 시뮬레이션을 수행할 수 있다.

SyntheSim 모드에서는 각각의 상수값들이 슬라이드바를 갖게되고, 이 슬라이드바의 조정을 통해서 변화된 시뮬레이션 결과값들을 확인할 수 있게 된다. 도구 바에 있는 아이콘들의 클릭을 통해서 Simulation Setup 모드와 SyntheSim 모드를 사용할 수 있다.

2.8 분석 도구들 Analysis Tools

분석도구들은 모델상의 작업 중인 변수들에 입력된 자료들을 통해 정보를 새롭게 재구성하고 정리하여 다양한 표현방식으로 보여주는데 사용된다. 분석 도구들은 도구 모음으로 이뤄져 있으며 Vensim PLE와 PLE Plus 버전에서는 기본적인 내장된 분석 도구만을 사용할 수 있다. 다른 버전에서는 사용할 수 있는 도구 또한 더 많으며, 사용자의 취향이나 분석 목적에 따라서 표현 방식을 수정할 수도 있다. 기본적으로 내장되어 있는 도구모음은 *default1.vts*이라는 이름으로 저장되어 있다. *default2.vts*이름으로 저장되어 있는 설정에서는 더 많고 복잡한 분석 도구들을 포함하고 있다.

도구의 설정을 변경하기 위해서는 각각의 도구 항목에 마우스 오른쪽 버튼을 클릭하는 것으로 가능하다. 도구 모음에 더 많은 도구들을 추가할 수도 있다. 스케치 도구모음과 같이 당신이 벤심을 종료할 때 변화된 항목에 대해 저장할 것을 물을 것이다. 메뉴에서 **Tools>Analysis Toolset>Open** 항목을 선택하는 것으로도 분석 도구를 사용할 수 있다.

아래는 버전별로 기본적으로 내장되어있는 도구 모음이다.

PLE/Reader

PLE Plus

DSS/Professional

각각의 도구에 대한 설명은 아래와 같다. 아래에 나와있는 도구 모음은 더 많은 도구 항목을 포함하고 있는 *default2.vts* 항목을 기준으로 설명되어 있다. PLE와 PLE Plus에서는 앞 페이지에 나타나있는 기본 항목만이 사용이 가능하다. 통계 툴(Statistics tool)과 명령어 편집(Text Editor) 도구는 PLE Plus 버전에서는 사용이 불가능하고 Venapp 편집 도구는 DSS 버전에서만 사용이 가능하다.

Ctrl+1을 선택하면 첫번째 항목, Ctrl+2를 선택하면 두번째 항목이 선택가능하다. 10개까지 단축키를 통해 사용이 가능하다(Ctrl+0은 10번째 단축키이다).

구조 분석도구 Structural Analysis Tools

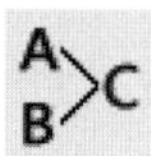

Causes Tree — 선택한 변수의 원인들을 나무형태의 그림형태로 추적해서 표시해준다.

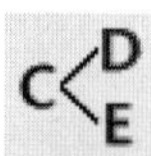

Uses Tree — 선택한 변수의 결과들을 나무형태의 그림형태로 추적해서 표시해준다.

Loops — 작업중인 변수들에 대한 피드백 루프를 찾아내어 보여준다.

Document — 사용자가 설정한 변수의 수식, 정의, 단위 등 모델상의 변수에 대한 정보를 제공한다.

Dataset Analysis Tools

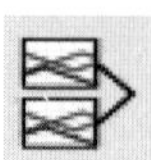
Causes Strip Graph — 시뮬레이션을 통해 얻어진 원인/결과변수들의 변화를 그래프로 제공한다.

Graph — 위의 **Causes Strip Graph**보다 다양한 추가기능을 제공하여 나타내준다.

Sensitivity Graph — 한 변수의 불확실성에 대한 범위를 민감도 분석을 통해 나타내준다.

Bar Graph — 특정시간대의 변수, 변화값들을 히스토그램 혹은 막대그래프 형태로 제공한다.

Table — 작업을 수행한 변수나 모델상의 변수들의 값을 표 형태로 제공한다.

Table Running Down — 시간의 흐름에 따른 변화값을 표로 나열해준다.

Runs Compare — 시뮬레이션을 여러 데이터셋으로 수행했다면, 각 데이터셋 상의 결과를 비교한다.

Statistics — 원인변수나 결과변수의 요약통계 정보를 표시해준다.

기타 분석도구 Other Tools

Units Check — 모델상의 단위 설정에 에러가 있는지를 체크한다.

Equation Editor — 모델상의 변수들의 수식을 편집할 수 있게 해준다.

Venapp Editor — Venapps의 시각적 편집을 지원한다.

Text Editor — 명령어 편집기능을 위해 사용된다.

Tree Diagram, Strip Graph, Sensitivity Graph, Table 그리고 **Statistics** 도구는 모든 원인/결과 변수 항목에 적용될 수 있다.

2.9 분석 도구 결과물 Analysis Tool Output

모델링을 마치고 분석도구모음에 있는 버튼을 클릭하면 형식화된 결과물이 포함된 새로운 창이 나타난다(Table과 Document 도구는 예외이다 — Table 혹은 Document 결과물에 대한 기존의 설정된 정보가 있을때에는 가능하다). 한번 결과물을 나타나게 되면 사용자가 닫기 전까지는 화면상에 남아있게 되며, 모델의 구조를 변경해도 다시 시뮬레이션 작업을 수행하지 않으면 변경한 모델상의 정보가 반영되지 않는다. 12장에서 설명하는 Input Output 개체의 경우는 예외이다.

아래에 있는 그래프는 하나의 예시이다. 각각의 버튼은 모든 결과물 작업창에 해당되는 공통 사항이다.

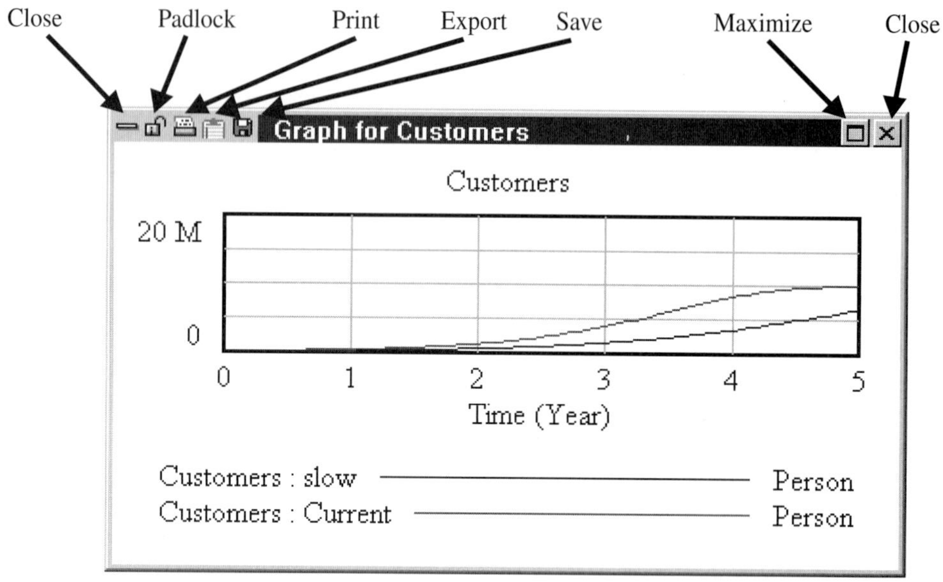

- 당신이 모델을 변경하려 하거나 새로운 작업을 하려고 한다면 결과물의 왼쪽 상단과 오른쪽 상단에 있는 **Close** 버튼이나 **Del** 키를 누르는 방법으로 기존의 결과물을 쉽고 빠르게 삭제할 수 있다.
- 화면상에 나와있는 모든 결과물을 삭제하고 싶을때에는 메뉴에서 **Windows>Close All Output** 항목을 선택하면 된다.
- 만일 어떠한 결과물을 지우지 않고 계속 남겨두고 싶을 때에는 **Padlock** 버튼을 클릭하면 실수로 지워지는 걱정을 덜 수 있다. **Padlock** 버튼을 한번 더 클릭하면 잠금 상태가 풀리게 된다.
- 당신이 얻어낸 결과물을 영구적으로 보관하고 싶다면 결과물이 활성화되어 있는 동안 **Save** 버튼(파일 형태로 저장) 혹은 **Export** 버튼(다른 응용프로그램에 클립보드 형태로 붙일 수 있는)을 클릭하면 된다.
- 실수로 결과물을 삭제하였을 경우, 모델 구조를 변경하지 않았다면(모델의 상수값들의 집합이나 Lookup 테이블의 값들을 변경하지 않았다면) 다시 동일한 분석 도구를 클릭하여 원래의 것과 동일한 결과물을 얻을 수 있다.

분석도구의 결과물은 분석도구 버튼의 클릭만으로 쉽게 만들 수 있고 삭제할 수 있다. 분석도구는 새로운 정보를 만들어 내는 것이 아니고 단지 사용자가 설계한 모델에서 얻어진 입력된 정보와 이들 정보를 데이터 셋으로 구성하여 이를 더 유용하게 요약하여 알기쉽게 보여주는 것이다.

2.10 컨트롤 패널 The Control Panel

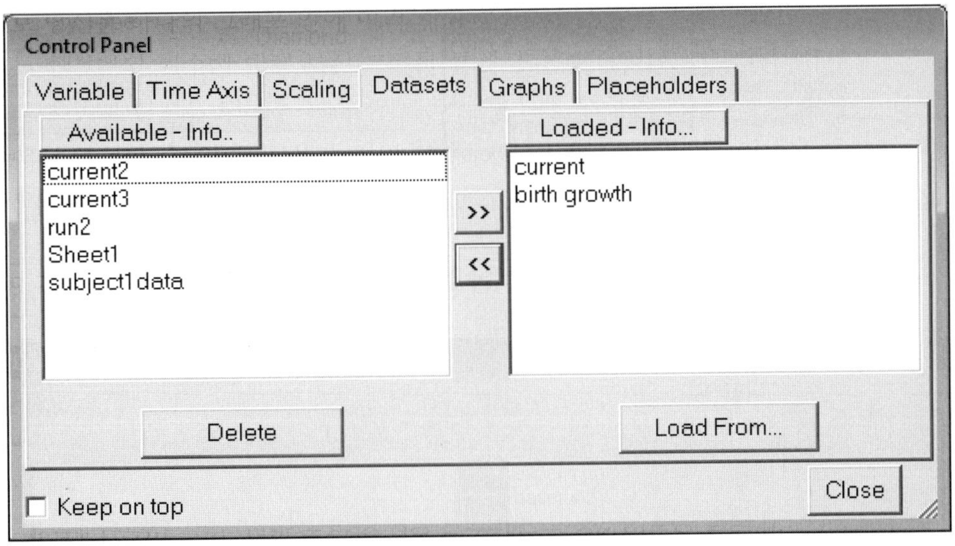

컨트롤 패널(Control Panel)은 전반적인 시뮬레이션 작업의 내부적인 설정을 보다 세세하게 관리할 수 있게 해준다. 활성화되어 있는 변수들을 선택하거나 불러온 데이터 셋 등을 관리하는 기능들을 포함한다.

툴 바의 **Control Panel** 버튼을  클릭하거나 메뉴에서 **Windows>Control Panel** 항목을 선택하면 다음과 같은 6개의 탭으로 구분되어진 창이 나타나게 된다(Vensim PLE and PLE Plus 버전에서는 5개 탭으로 구성되어 있다).

윈도우 창의 상단에 원하는 탭을 클릭하는 것으로 적절한 기능의 탭을 선택할 수 있다.

- **Variable** : 모델에서 변수를 선택하거나 워크벤치 모델을 고르는 기능
- **Time Axis** : 분석 도구들의 작업상의 시뮬레이션 기간 등을 변화 시키거나 강조하는 기능
- **Scaling** : 작업한 시뮬레이션 출력 작업창의 척도를 변화 시키는 기능
- **Datasets** : 저장한 시뮬레이션 데이터셋들을 조정/관리할 수 있게 해주는 기능
- **Graphs** : 사용자가 원하는 표현 형식으로 그래프를 만들 수 있게 해주는 기능
- **Placeholders** : Places Holder 값을 지정하고 관리할 수 있게 해주는 기능
  (PLE와 PLE Plus 버전에서는 지원하지 않는다.)

2.11 서브스크립트 관리 Subscript Control

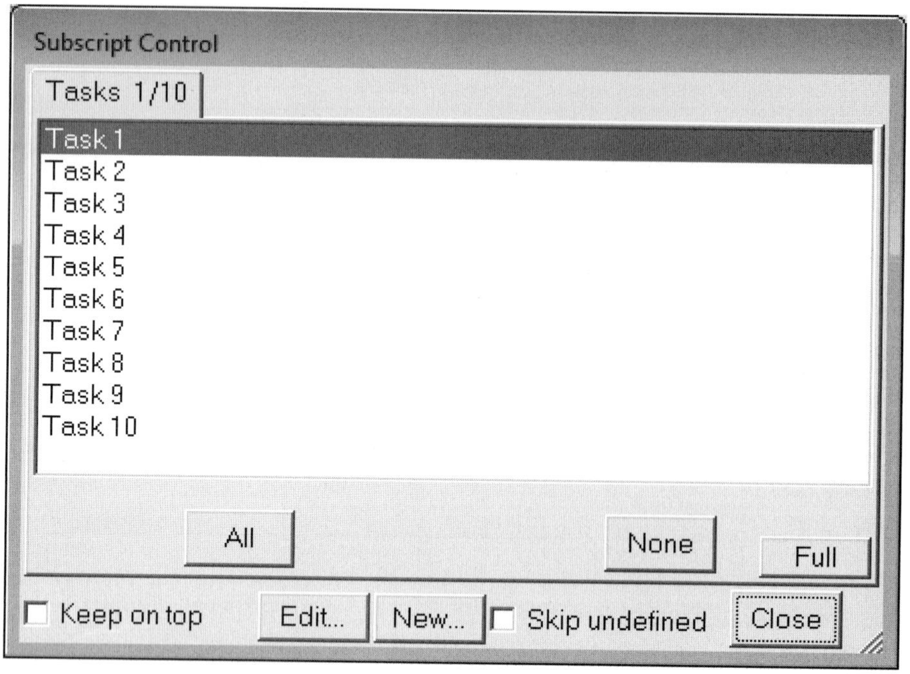

서브스크립트 컨트롤(Subscript Control)은 Vensim Professional과 DSS 버전에서만 사용이 가능하다. 이 서브스크립트 기능은 단일 변수가 한 가지 이상을 표현할 수 있도록 한다. 예를 들어 어떠한 모델이 여러 개의 과업(Tasks)으로 구성된 서브스크립트로 만들어졌을 경우, 당신이 *TASK3*를 선택하게 되면, 관련된 모든 분석들의 결과물이 *TASK3*에 한정되어 표현 된다. 서브스크립트는 서브스크립트 컨트롤에서 **All** 혹은 **None** 버튼을 클릭하거나, 각각의 서브스크립트 항목을 클릭하는 것으로 선택 혹은 선택을 해제 할 수 있다.

서브스크립트 설정창을 열기 위해선 도구 바에서 **Subscript Control** 버튼 을 클릭하면 된다. 서브스크립트 설정창이 활성화된 후에는 **New...** 버튼을 클릭해서 서브스크립트를 구성할 수 있으며, **Edit**...버튼 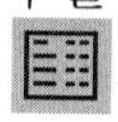 의 클릭으로 수정할 수 있다.

03 예제 실습

A Hands-On Example

Vensim으로 모델 만들기

아래의 단계들은 전형적인 벤심을 활용한 모델을 개발하는 과정을 나타낸다.

- 모델을 설계하거나 기존의 모델을 불러온다.
- 구조 분석도구(Tree 도표 등)를 활용해서 모델의 구조를 규명한다.
- 모델의 파라미터 값들을 조정해서 변수들이 어떻게 반응하는지를 살펴본다.
- 데이터 셋의 분석도구(그래프 및 표)를 사용하여 보다 상세하고 흥미있게 변화 행태를 살펴본다.
- 시뮬레이션 실험을 수행하고 모델을 구체화 한다.
- SyntheSim 결과를 사용하여 고객들에게 분석 도구의 출력과 맞춤형 그래프나 표를 활용해 모델과 변수의 변화 행태를 제시한다.

구조화, 모델 정의 그리고 모델의 수정과 같은 반복적인 접근 방식을 따라야 한다. 몇 개의 피드백 루프와 약간의 세부 사항들이 담겨있는 간단한 모델을 통해서 시작하면, 작동하는 시뮬레이션 모델의 구축을 빠르고 손쉽게 할 수 있다. 작업중인 모델은 세부 및 복잡성의 수준에 따라 원하는 수준의 레벨을 표시하고 필요에 따라서 수정하고 향상 시킬 수 있다.

Vensim은 즉각적으로 화면에 표시되는 모든 변수에 대한 시뮬레이션 결과를 보고, 시뮬레이션 결과물을 화면에 출력하는 독특한 접근 방식을 가지고 있다. 시뮬레이션이 진행되는 동안 동적 행태들은 모든 변수에 저장이 된다. 당신은 어떤 변수들이라도 선택할 수 있고, 상세한 결과를 나타내어 주는 적절한 분석 도구를 클릭할 수 있다.

노동력 재고모델 예시

본 학습서에서는 당신은 노동력 – 재고모델 기반의 Vensim 모델의 메커니즘을 학습할 것이다. 이것은 간단하지만 학습하는데 있어 꽤 가치있는 모델이다. 그것은 노동력 – 재고 관리 정책과 고용관행의 상호작용이 생산 불안정으로 이어질 수 있는 것을 보여준다. 그것은 사람들을 고용하고 이들에 대한 적극적인 관리는 실제로 더 안정적인 인력으로 이어질 수 있다는 다소 반직관적인 결과를 보여준다.

윈도우에서 Vensim의 시작

▶ **Start** 버튼을 클릭한 다음 **Programs>Vensim>Vensim XXX**를 클릭한다(XXX는 PLE, PLE Plus, Professional 혹은 DSS 중의 하나일 것이다).

Macintosh에서 Vensim의 시작

▶ **Vensim icon**을 더블 클릭한다.

Vensim은 비어있는 새 모델 혹은 당신이 마지막으로 작업한 모델을 불러온다. 우리는 여기에서 새로운 모델의 개발을 시작할 수 있지만, 대신에 기존 모델을 불러와 시뮬레이션 하도록 한다.

3.1 모델 불러오기 Opening the Model

▶ 메뉴 아이템에서 **File>Open Model**을 선택하거나 도구 바의 **Open Model** 버튼을  클릭한다.

▶ *UserGuide\chap03* 폴더안에 있는 *wfinv.mdl* 파일을 불러온다.

NOTE Vensim을 설치할 때 당신은 샘플 모델이 저장된 폴더를 선택하고 설치할 수 있다. 파일을 불러오면 Vensim은 다음과 같은 노동력 – 재고 모델이 불러오게 된다.

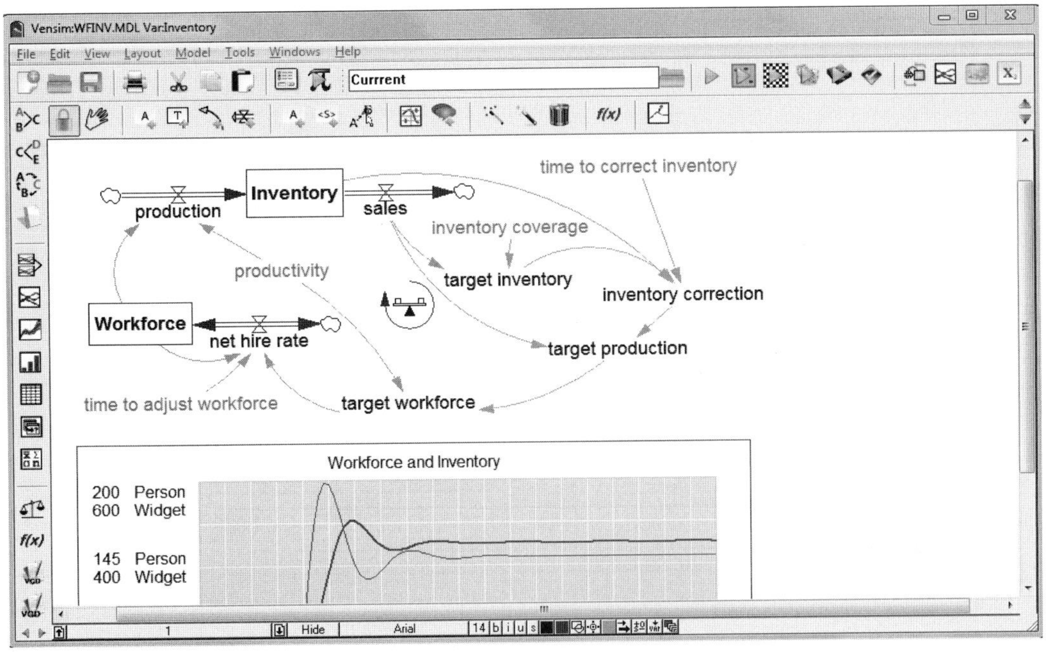

이 모델은 재고를 전달하는 제조공장의 동적 변화 행태를 설명한다. 제목 표시줄은 불러오기 된 모델(*wfinv.mdl*) 및 활성화되어 있는 변수(*Workforce*)를 표시한다. 우리는 *Workforce* 또한 스케치 영역에 나타나 있는 것을 볼 수 있다. 활성화 변수는 해당 모델의 모든 변수 중에서 우리가 현재 관심이 있어 초점을 둔 변수라 할 수 있다. 우리는 우리가 원하는 언제든 다른 변수의 클릭을 통해서 초점을 다른 곳으로 변경할 수 있다.

▶ **Lock** 도구는 기본적으로 선택이 되어져야 한다. 스케치 된 곳에 *Inventory*라고 나타나있는 상자위에 마우스 커서를 놓고 클릭한다.

우리는 제목 표시줄에 활성화된 변수가 *Workforce to Inventory*로 변경 되었음을 확인할 수 있다.

3.2 구조 확인 Examining Structure

당신은 저량 – 유량도의 규칙에 익숙하지 않을 경우 혼란스러울 수 있지만 제시된 노동력 – 재고 모델은 비교적 단순하다. 이 시각적 표현물에서 화살표는 원인과 결과를 의미한다. 화살표 꼬리에 있는 변수는 화살표 머리에 있는 변수를 야기한다. 예를 들어 *production* 변수는 *Workforce* 변수와 *productivity* 변수의 값에 의해 야기되는 결과값이다.

우리는 구조 분석 도구를 활용해 이 모델의 구조를 조사할 수 있다. 우리는 모델의 동적 변화 행태에 대한 구조에 대해서 답을 얻을 것이다.

▶ 분석 도구의 상단에 있는 **Causes Tree Diagram** A>C B 도구를 클릭하면 하나의 결과창의 열린다.

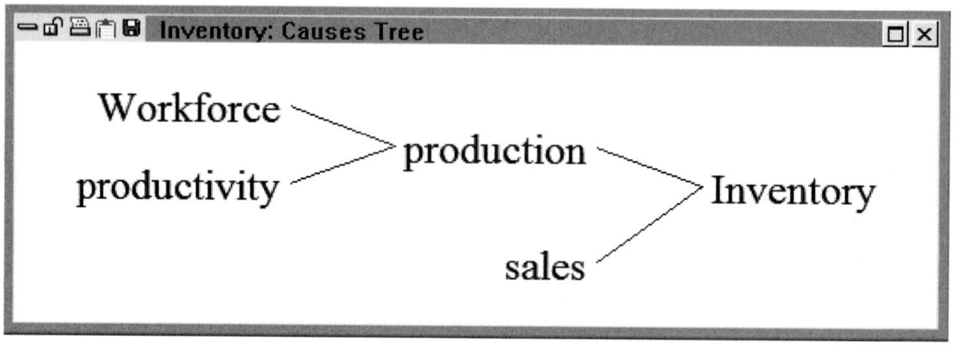

우리는 활성화된 변수인 *Inventory* 변수의 원인이 되는 모든 변수가 좌측에 있는 것을 볼 수 있다(최대 2단계까지 연결되어져 있는).

▶ 좌측 상단에 있는 **Close** 버튼 ▭을 클릭하거나, 우측 상단에 있는 Close 버튼 ✕을 클릭하거나 혹은 Del 키를 눌러서 트리-다이어그램을 닫는다.

▶ 분석도구에 있는 **Uses Tree Diagram** 버튼 C<D E 을 클릭하면 결과창이 열린다.

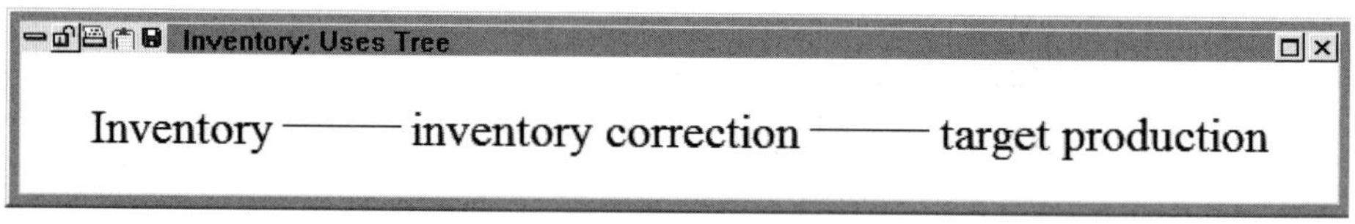

이번에는 우리는 왼쪽에 활성화 된 변수가 있고 오른쪽으로 이 변수의 변경이 주는 영향을 받는 결과변수를 2단계의 연결로 볼 수 있다. 알아 둘 것은 이러한 트리-다이어그램은 간단하게 모델의 정보를 제시해 줄 수 있다는 것이다. 우리는 스케치된 개체들을 조사하여 모든 인과관계의 연결을 관찰 할 수 있지만, 이러한 트리-다이어그램은 모델의 일부만을 제시하고 좀 더 쉽게 이해할 수 있게 해준다.

▶ **Close** 버튼을 클릭하거나 Del 키를 눌러 트리-다이어그램을 닫는다.

▶ 마우스의 커서를 스케치 영역에 나타나 있는 *net hire rate* 변수에 둔 후 클릭하여 활성화 변수로 선택한다.

▶ 분석도수에서 **Loops** 버튼 을 클릭한다.

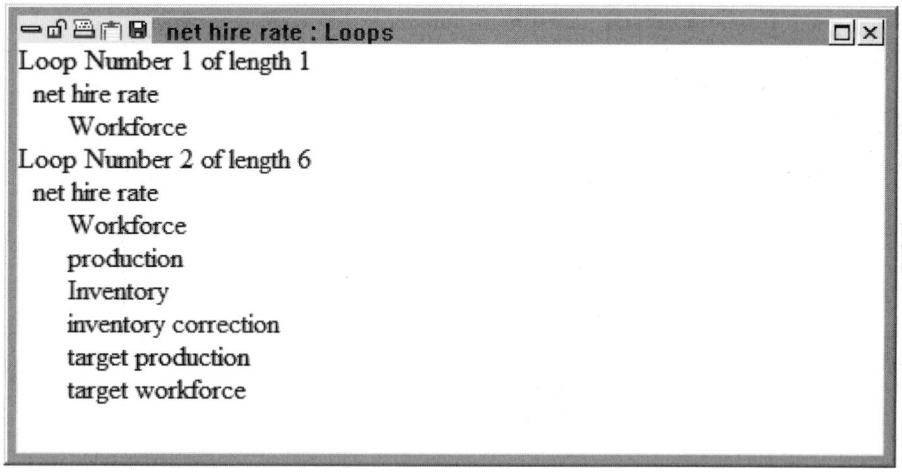

하나의 결과창이 나타나며, 활성화 변수(*net hire rate*)의 모든 피드백 루프를 구성하는 변수의 구조를 나타낸다.

▶ 분석도구에서 **Document** 버튼 을 클릭한다.

이 도구의 출력은 사용하는 Vensim의 버전에 따라 달라진다. Vensim PLE와 PLE Plus 버전에서는 다큐먼트 도구는 간단한 텍스트 형식으로 모든 모델 함수식을 나타낸다. 다른 버전의 Vensim에서는 현재 활성화되어 있는 변수의 함수식과 정보만이 표시 된다.

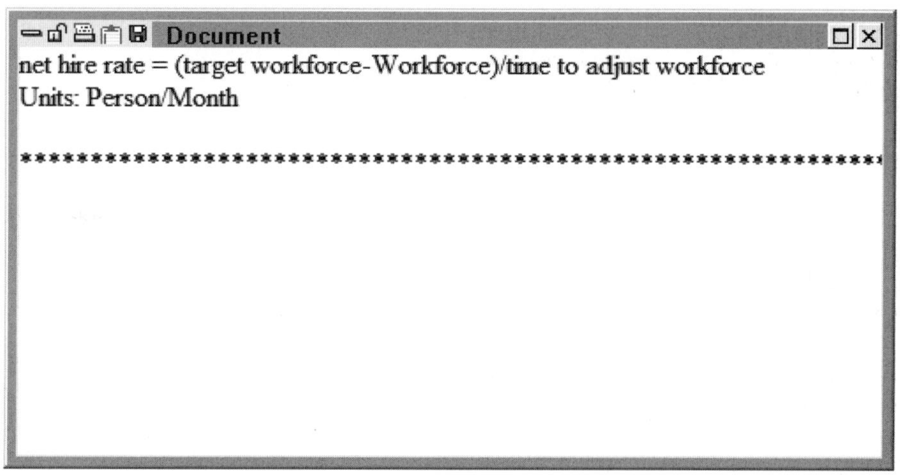

하나의 결과창은 활성화된 변수(*net hire rate*)의 기본이 되는 방정식과 측정 단위를 표시한다.

▶ 메뉴에서 Windows>Close All Output를 선택한다.
이는 생성되어졌던 모든 결과창을 닫는다.

3.3 모델 시뮬레이션 Simulating the Model

이제 우리는 모델의 동적 변화행태를 조사하려고 한다. 우리는 시간의 흐름에 따른 *Inventory* 변수의 동작을 살피고자 한다. 이것을 수행하기 위해서는 우리는 모델을 시뮬레이션 해야 한다. 모델의 시뮬레이션을 가장 간단하게 수행하는 방법은 도구모음을 활용하는 것이다. 시뮬레이션을 위한 고급 설정은 시뮬레이션 설정하기 챕터에 기술되어 있다.

▶ 도구모음에서 Current 와 같이 나타나고 있는 **Runname** 입력상자를 더블 클릭하여 기본 이름으로 나타나는 *Current*를 변경할 수 있다. 이는 데이터 셋의 이름이며, 우리가 시뮬레이션을 수행할 때 일어난 모든 변수들의 결과값을 가지고 있게 된다.

▶ 도구 모음에서 **SyntheSim** 버튼 을 클릭한다. SyntheSim 모드로 변경되며, 당신은 아래와 같은 화면을 보게 된다.

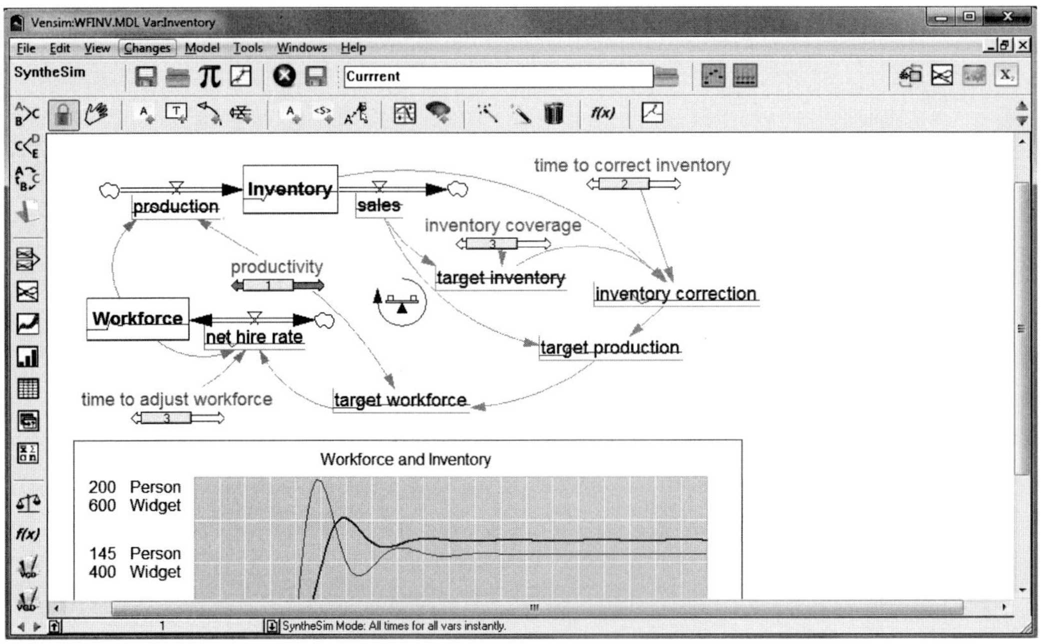

각 변수에 대해 위에는 겹쳐져 나오는 그래프와 아래에는 슬라이드 바가 하나씩 배치된다. 슬라이드 바는 상수에 부착된 썸네일 그래프를 포함하며, 시간에 따른 흐름이 나머지 변수에 표시된다. 당신이 변수의 이름 위에 마우스를 놓고 기다리면 기존의 썸네일 그래프 보다는 조금 더 큰 팝업창의 그래프가 나타난다.

▶ **Runname** 편집상자를 더블 클릭하고 입력되어 있는 Runname인 *baserun*를 *experiment* 로 교체한다. 이제 당신은 모델에 있는 구성요소의 값을 변경하여 *experiment* 데이터 셋에 저장할 수 있다. 본 작업이 이뤄지는 동안 기존의 *baserun* 데이터 셋은 변화가 없는 상태로 남아있게 된다.

▶ *productivity* 변수 아래에 있는 슬라이드 바를 앞뒤로 조작한다. 당신이 슬리아드 바를 움직이는 만큼 모델이 시뮬레이션 되며, 그 결과가 화면에 파란색의 선으로 나타나게 된다(기존 *baserun*의 시뮬레이션 결과는 빨간색으로 나타난다). 시뮬레이션은 신속하게 그래프의 즉각적인 업데이트되어 나타난다.

3.4 변화 행태 확인 Examining Behavior

그래프는 모든 모델의 변수에 표시되는 큰 결과창을 얻기 위해 유용하다.

▶ 마우스를 *Workforce* 변수 위에 두고 그대로 두면, Workforce를 설명하는 하나의 그래프가 아래와 같이 나타나게 된다.

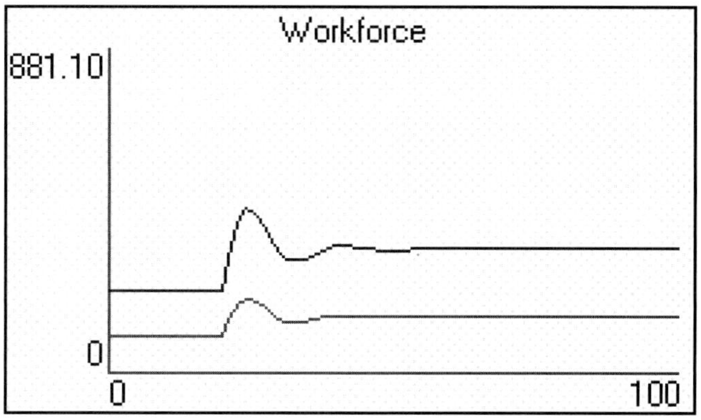

이것은 더 크게 나타나는 것을 제외하고, 변수 위에 표시된 썸네일 그래프와 동일하고, 축에 라벨값을 갖는다. 이들은 스케치 영역 상에 간단히 나타나는 썸네일 그래프와 관련될 수 있도록 동일하게 만들어 진다.

▶ *Workforce* 변수를 클릭해서 활성화 변수로 둔다.

▶ **Graph** 분석도구 버튼  을 클릭한다.

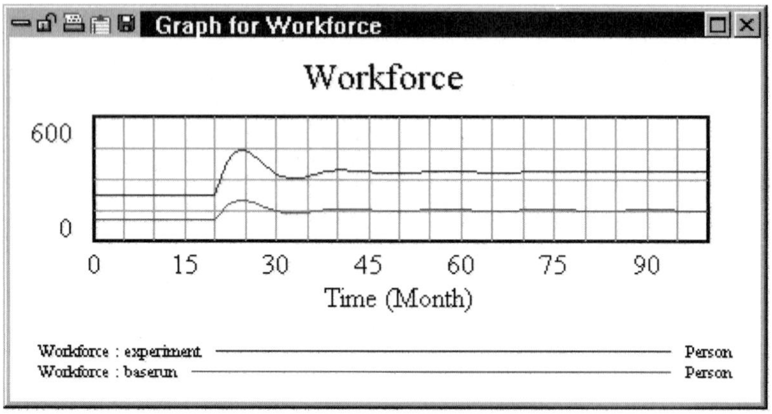

위의 그래프에 나타나고 있는 두 가지에 대해서 주목할 필요가 있다. 첫째로 모든 수행결과는 동일한 파동 모양의 패턴을 나타내고 있다. 둘째, 이 수행결과는 결과 값의 범위에만 차이가 있지 동일한 시뮬레이션 결과로 나타난다.

▶ **Close** 버튼을 클릭하거나, Del 키를 눌러 그래프를 닫는다.

▶ *Inventory* 변수를 클릭하고 **Graph** 버튼  을 클릭한다.

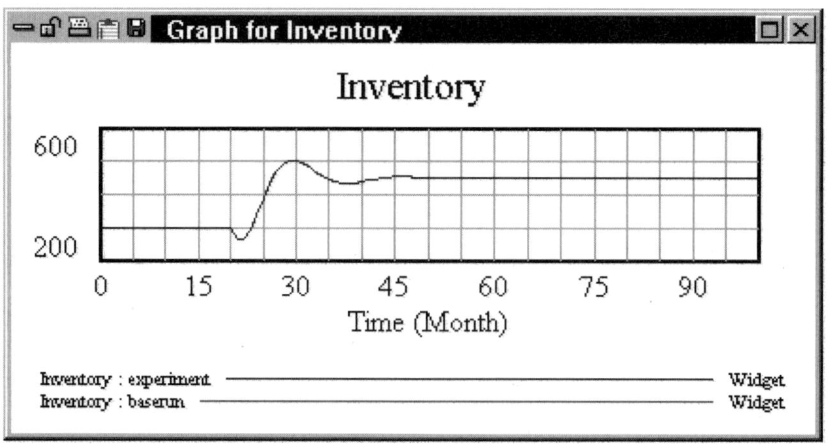

우리는 *Inventory* 변수의 결과값이 *workforce* 변수의 변화와 유사하게 큰 폭의 증가가 일어나기 전 감소를 보이고 튀어 오르는 파동 형태의 변화 행태를 보이는 것을 확인할 수 있다. 더 중요한 것은 오직 하나의 그래프만이 보인다는 것이다. *Inventory* 변수의 실제 값들을 도표로 살펴보도록 하자.

▶ **Table** 도구 버튼 을 클릭한다.

Time (Month)	20	21	22	23
"Inventory" Runs:	experiment	baserun		
Inventory	300	265.25	266.80	294.93
: baserun	300	265.25	266.80	294.93

▶ *Inventory* 변수에 대한 값을 찾아 출력창 하단에 있는 스크롤 바(혹은 왼쪽 및 오른쪽 화살표 키)를 사용한다.

값이 모든 수행결과에 대해 동일하게 나타나기 때문에 *Inventory* 변수의 값이 하나의 그래프로 표시되었던 것이다. *productivity* 변수의 변화는 *Workforce* 변수에 나타나고, *target workforce* 변수와 *net hire rate* 변수에 영향을 준다. 이는 당신이 하나의 항목을 생산하는데 필요한 사람의 수를 늘리는 것이기에 다이어그램들을 통해 보면 이의 영향들을 확실히 알 수 있다.

▶ **Reset Slider** 버튼 을 클릭하거나 **Home** 키를 눌러서 *productivity* 변수의 값을 원래로 되돌린다.

▶ 나머지 3개의 상수값들 각각에 대해서 위의 실험과 동일한 작업을 반복한다. 슬라이드 바를 드래그 해서 변수의 행태를 관찰하고 뭔가 흥미로운 것을 볼 때에 더 자세한 그래프를 불러오도록 한다.

당신이 행태를 평가할 때 살펴봐야 할 일은 파동 주기를 확인하고, 변수가 변경되는 정도와 감소의 정도를 보는 것이다. 파동 주기는 시간의 흐름에 따른 그래프에서 하나의 피크가 일어나는 기간이다. 이러한 피크에 도달한 후 Y축 상의 거리가 최대가 되는 것이 진폭의 감소이다. 그것은 *productivity* 변수와 *inventory coverage* 변수에 나타나게 되는데 이는 *time to adjust workforce* 변수와 *time to correct inventory* 변수의 변화가 영향을 미치게 된다.

3.5 인과관계 추적 Causal Tracing

도구모음에 있는 **Causes Tree Diagram** 분석 도구를 활용해 *Inventory* 변수의 원인들의 변화행태와 함께 살펴본다.

▶ **Reset All** 버튼 을 클릭하거나 Ctrl + Home 조합키를 누른다.

이는 모델의 모든 상수값들을 원래의 값으로 재설정해 주는 것이다. 당신은 각각의 변수가 오로지 하나의 선으로 그래프에 나타나 있는 것을 볼 것이다.

▶ *Inventory* 변수를 클릭해서 활성화 상태로 둔다.

▶ **Causes Strip** 분석도구를  클릭한다.

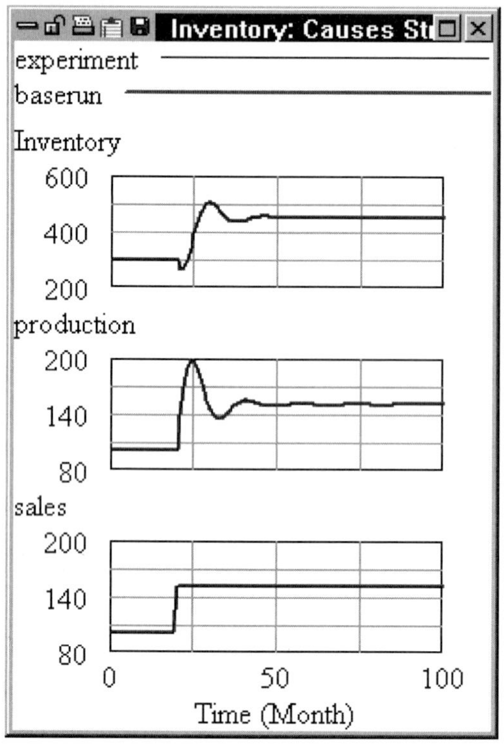

스트립 그래프는 상단에 나타난 활성화된 변수(*Inventory*)의 값을 보여준다. 현재 두개의 수행결과는 완전히 똑같기에 하나의 그래프 선이 다른 하나의 바로 위에 놓여져 있다. 당신은 각각의 그래프 선의 색상을 다르게 할 수 있고, **Causes Strip** 도구는 양쪽 선의 색상과 두께를 모두 활용한다.

이 그래프에서 굉장히 흥미로운 것을 알 수 있다. *Inventory* 변수는 밖으로 감쇠 현상을 보이다가 안정되는 파동 형태를 나타내게 된다. *Inventory* 변수는 *production* 변수에 의해서 변경되고 있지만 이는 *sales* 변수 뿐만 아니라 *only production* 변수 또한 파동 형태를 보인다. *Sales* 변수는 *Inventory* 변수와 *production* 변수에 포함된 행태의 파동 패턴을 가지고 있지 않는다. 그러므로 우리는 이 파동의 원인을 이해하는데 있어서 *production* 변수가 *sales* 변수에 직접적인 변화를 주는 변수가 아니라는 것이다.

인과관계 추적 기능은 변수가 무엇에 의해서 변화하고 어떻게 변화하는지에 대해서 우리의 모델에 대한 이해를 돕는 빠르고 강력한 도구이다. **Causes** 및 **Uses Tree 다이어그램**과 테이블 도구는 모델 내에서 파동모습의 행태를 일으키는 변수의 근원을 찾는데 사용한다.

모델 내에서 파동 행태의 원인이 되는 피드백 루프를 찾아 보도록 하자.

▶ *production* 변수를 클릭하여 활성화 상태로 두고 **Causes Strip** 도구를 사용해서 나타나는 변수의 원인 스트립 그래프를 확인한다.

▶ *Workforce* 변수에서 **Causes Strip** 도구를 사용해서 나타나는 원인 스트립 그래프를 확인한다.

▶ *net hire rate* 변수를 클릭하고 **Causes Strip** 도구를 사용한다.

3개의 스트립 그래프가 아래와 같이 나타난다. 여기서 알아둘 것은 3개의 변수들에 모두 파동 행태가 발견된다는 것이다.

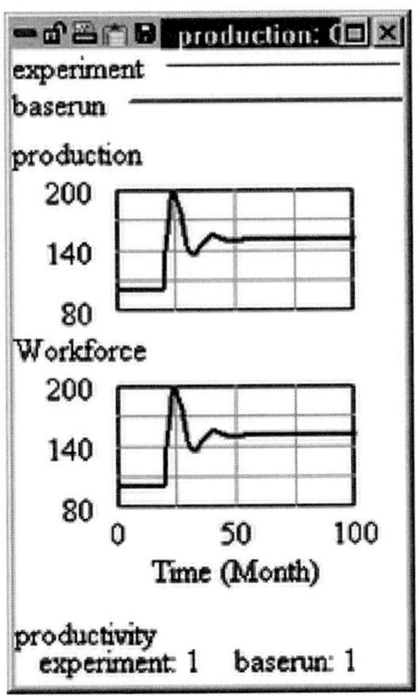

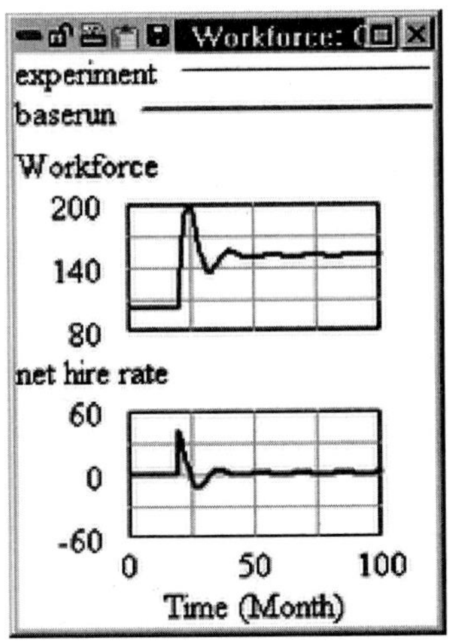

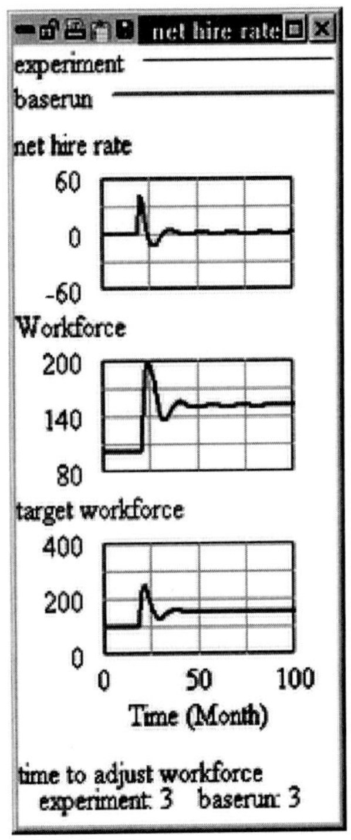

▶ *target workforce* 변수를 선택 한 후 **Causes Strip** 도구를 클릭한다.

▶ *target production* 변수를 선택 한 후 **Causes Strip** 도구를 클릭한다.

▶ *inventory correction* 변수를 선택 한 후 **Causes Strip** 도구를 클릭한다.

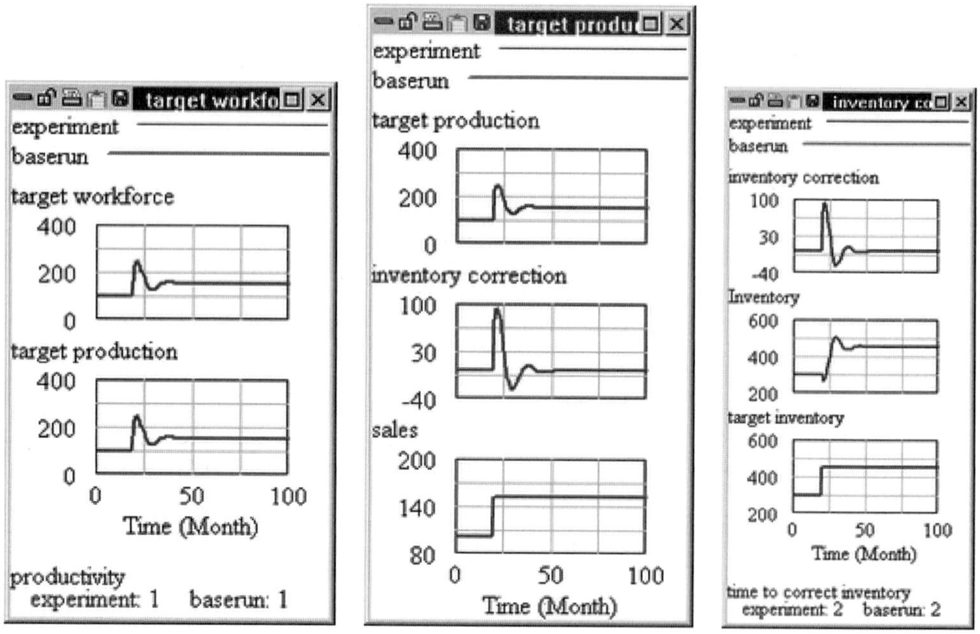

마지막 2개의 그래프는 비슷한 동작을 보여준다. *target production* 변수에 대한 **Causes Strip** 도구는 파동 패턴이 *sales* 변수에서 오는 것이 아니라 *inventory correction* 변수에서 오는 것을 보여준다. *inventory correction* 그래프에서는 우리는 *target inventory* 변수가 아닌 *Inventory* 변수가 파동의 변화 행태를 나타냄을 확인할 수 있다.

우리는 이러한 파동변화 행태가 *Inventory* 변수의 경로를 따라 *sales* 변수로 이동하지 않는 것을 알고 있다. 이제 어떠한 일이 일어 나고 있는지에 대한 느낌을 얻을 수 있는 스케치로 돌아가 살펴보도록 한다.

▶ 도구모음에서 **Build Windows** 버튼 을 클릭한다.

이는 전면에 있는 분석창을 제공하고 뒤에는 출력 대화창을 나타나게 한다.

눈으로 파동 형태를 야기하는 변수들의 피드백 루프를 살펴보도록 한다. *Inventory* 변수에서 *production* 변수로, 그리고 다시 *Workforce* 변수, *net hire rate* 변수, *target workforce* 변수, *target production* 변수, *inventory correction* 변수까지 이어져 다시 *Inventory* 변수로 이어지게 된다.

target production 변수를 살펴본다. 파동이 없는 *sales* 변수를 통하고, *Inventory* 변수에 대한 피드백 루프를 통해 이동하는 방법으로 이루어져 있다. sales 변수는 STEP 함수식을 통해 만들어진 상수값이다. *sales* 변수는 다른 변수의 변화를 야기하나 변수 자체는 다른 것을 통해서 이루어져 있지는 않다. *sales* 변수는 어떠한 피드백 루프상에서도 일부분에 귀속되지 않는다. sales 변수는 *Inventory* 레벨 변수의 급격한 변화를 부여한다. 시스템 구조인 음의 피

드백 루프는 다음 재고를 해결하기 위해 조화를 시도하고 일부 특정 주기에서 파동을 설정하게 된다. 이는 매우 많은 것을 한 방향으로 밀어 넣기에 이에 대한 응답으로 흔들의자와 같이 앞뒤로 흔들릴 것이다.

▶ 메뉴에서 Windows>Close All Output 항목을 선택한다.

3.6 개별적인 시뮬레이션 실험 Individual Simulation Experiments

지금까지 당신은 Vensim의 SyntheSim 역량을 활용해서 효율적인 방법으로 모델의 행태를 탐구해 통찰력을 얻을 수 있었다. 여기에 행태를 탐색하기 위해 더 전통적인 방법이 있으며, 이는 각 시뮬레이션 단계 뒤에 설정 과정을 포함시킬 수 있다. 결과는 다른 사람에 의해 쉽게 동일한 결과로 복제될 수도 있는 이 접근방식은 매우 조직적이라는 장점이 있다. 이는 시뮬레이션에 몇 초 이상 걸릴 대용량의 모델을 다루는데 실질적인 방법이다.

▶ 도구 모음에서 **Stop Simulating** 버튼 을 클릭한다.
그래프와 슬라이드 바가 사라진다. Vensim은 당신이 먼저 모델을 오픈했을 때와 같은 상태에 그대로 있다.

▶ 도구 모음에서 **Set Up Simulation** 버튼 을 클릭한다.
스케치 영역에서 변수 이름의 일부는 파란색 배경에 노란색 텍스트로 표시되며, 이는 시뮬레이션 중에 변경되지 않는 상수 변수를 나타낸다. 우리는 시뮬레이션에 앞서 다른 값을 설정해보고 그러한 변경 사항이 모델의 행태에 미치는 영향을 볼 수 있다.

▶ 스케치 영역에 노란색/파란색으로 표시되어 있는 *time to adjust workforce* 변수를 클릭한다.
이와 같이 편집 상자가 열릴 것이다. 3

우리는 우리가 새로운 노동자(및 해고된 현재 근로자)를 고용하는 속도를 늦추어서 발생하는 파동 패턴을 제거할 수 있는지 확인하기 위해 실험을 시도한다. 이상적으로 우리는 오래된 재고 수준에서 새로운 수준으로 완만한 증가를 확인하고자 한다.

▶ 편집상자에 숫자 3을 대체하는 값으로 숫자 12를 입력한 후 Enter 키를 누른다.
이는 *time to adjust workforce* 변수의 값을 3개월에서 12개월로 변화시킨다는 것을 의미한다.

▶ 도구모음에서 **Simulate** 버튼 을 클릭하면 모델은 시뮬레이션이 되며 수행 결과가 *experiment* 데이터 셋에 저장 된다.

▶ *Inventory* 변수를 클릭하고 **Graph** 분석 도구 를 클릭한다.

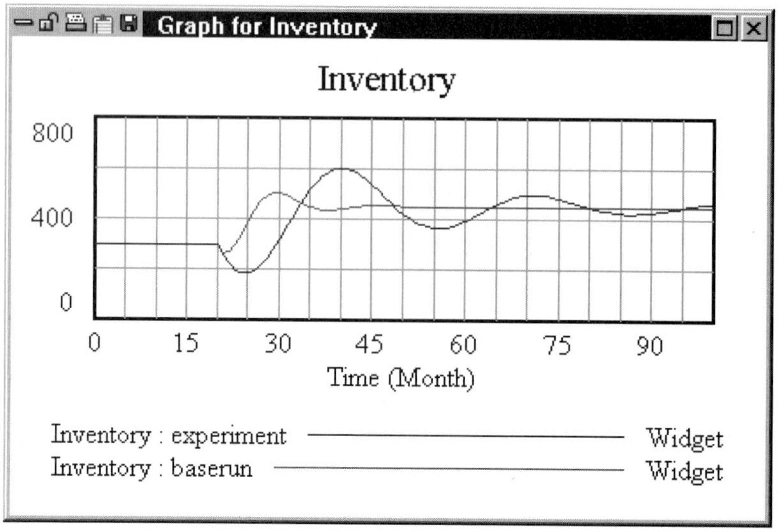

여기서 우리는 두 실험의 결과를 확인할 수 있다. *baserun*은 *time to adjust workforce* 변수의 값에 본래의 값인 3이 들어가 있는 시뮬레이션 모델의 수행결과이다. *Experiment*는 *time to adjust workforce* 변수의 값에 12가 들어가 있는 수정된 시뮬레이션 모델의 수행결과이다. 이 결과는 느린 고용 및 해고관련 관행이 실제로 파동의 크기를 증가시키고 마지막으로 파동을 한번 더 만드는 것을 보여준다.

각각의 수행결과에 입력된 상수값들의 차이를 확인하도록 한다.

▶ **Runs Compare** 분석 도구 를 클릭한다.

```
Comparing experiment and baserunl
Comparing experiment and baserun
******Constant differences between experiment and baserun******
time to adjust workforce - has changed in value
   12        experiment
   3         baserun
-----------------------------------------------------------
```

Runs Compare 도구는 처음 불러오기 되어 있는 시뮬레이션 데이터 셋의 모든 차이점을 나열 비교해준다. 우리가 수행한 2개의 데이터 셋(*baserun* 및 *experiment*)에서의 유일한 차이점은 *time to adjust workforce* 변수의 값이 3과 12로 다르게 입력되었다는 것이다.

3.7 사용자 정의 그래프 만들기 Making a Custom Graph

때때로 당신은 하나의 그래프 안에 여러 개의 중요한 변수들을 볼 수 있기를 원할 것이다. 그래프는 활성화된 변수에 대해 분석 도구를 통해서 결과를 나타내게 된다. 사용자 정의 그래프를 활용하면 당신은 원하는 변수, 원하는 수행결과, 원하는 스타일에 맞춰서 하나의 그래프상에서 표현할 수 있다. 사용자 정의 그래프(**Custom Graphs**)는 컨트롤 패널 내에 위치해 있다.

▶ 도구 모음에서 **Control Panel** 버튼 을 클릭한다. 그 후 **Datasets**을 선택한다.

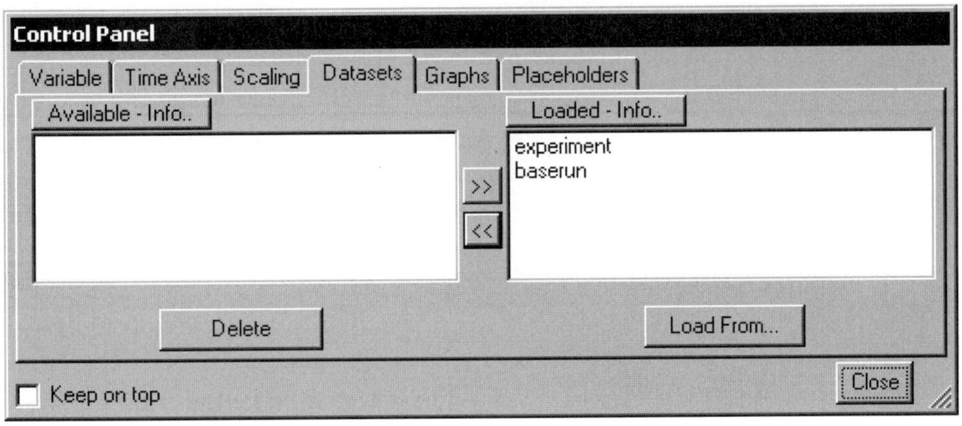

▶ *baserun*의 더블 클릭으로 수행결과를 불러오기 및 내보내기 할 수 있다.

▶ 컨트롤 패널에서 **Graphs** 탭을 선택한다.

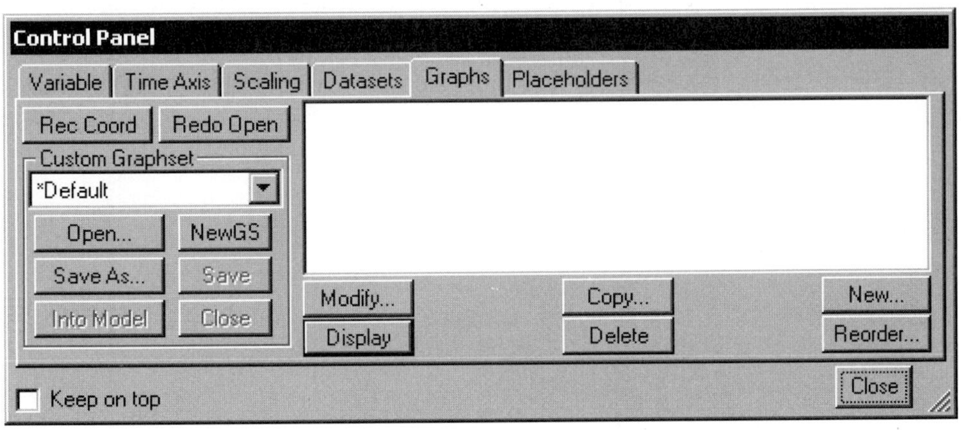

▶ **New...**버튼을 클릭한다. 사용자 정의 그래프 편집기가 열리게 되며, 마우스 커서가 편집 상자에서 **Title** 탭 안에 위치하게 된다.

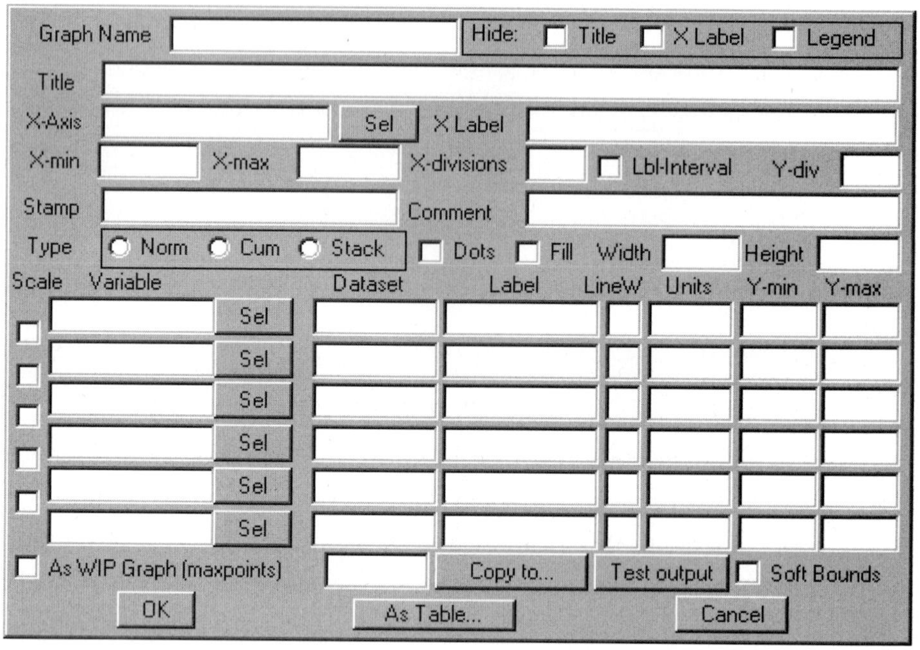

▶ **Title** 편집상자에 Workforce and Inventory라고 입력한다.

▶ 마우스를 사용해서, 그래프 편집 대화창의 왼쪽에 있는 **Variable** 박스로 이동하고 맨 위에 있는 **Sel**이라 씌여진 버튼을 클릭한다. 하나의 변수 선택 대화상자가 나타난다.

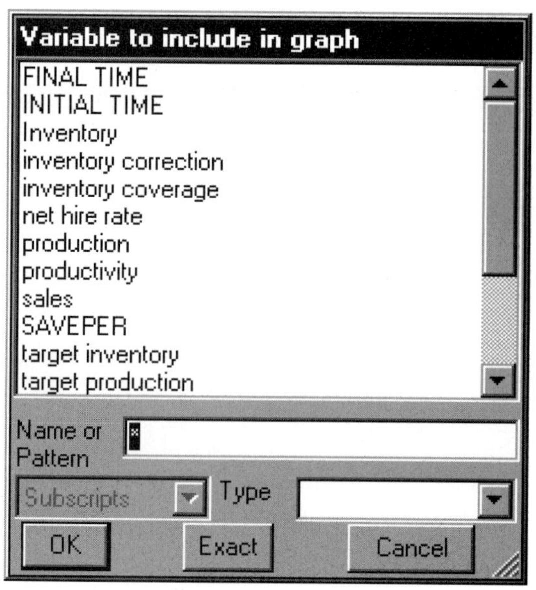

▶ 스크롤바를 리스트의 아래로 내려서 *Workforce* 변수 위에서 더블 클릭한다.

▶ 마우스를 활용해서 **Sel**이라고 씌여진 버튼을 클릭한다. 하나의 변수 선택 대화창이 나타나는데, 스크롤바를 리스트의 아래로 내려서 *Inventory* 변수 위에서 더블 클릭한다(혹은 한 번 클릭한 후 **OK** 버튼을 클릭해도 변수 선택 대화창이 종료된다).

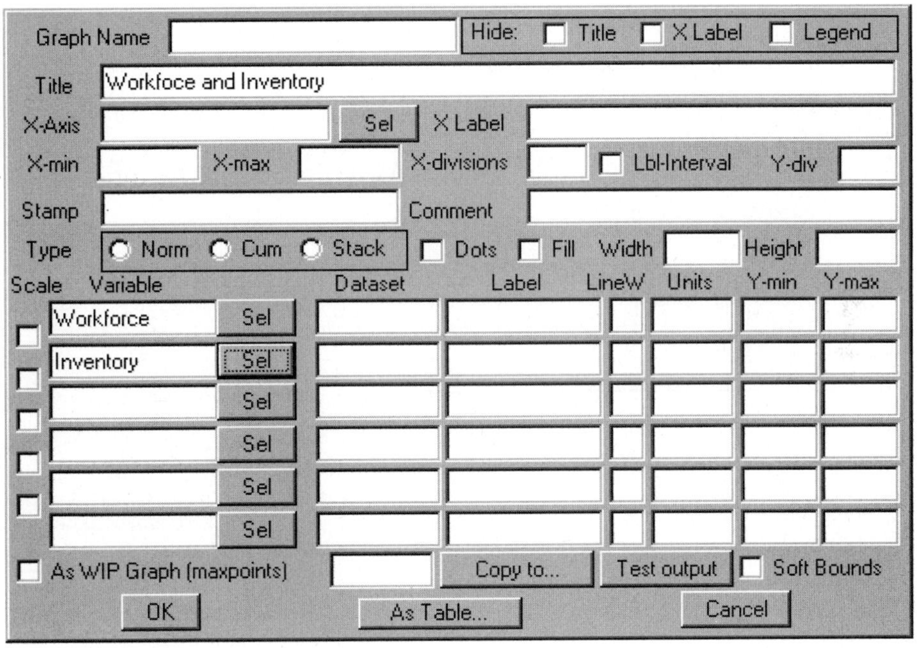

▶ **OK** 버튼을 클릭해 사용자 정의 그래프 편집기를 닫는다.

▶ 가운데에 있는 **Display** 버튼을 클릭하면 설정해 놓은 사용자 정의 그래프가 나타난다.

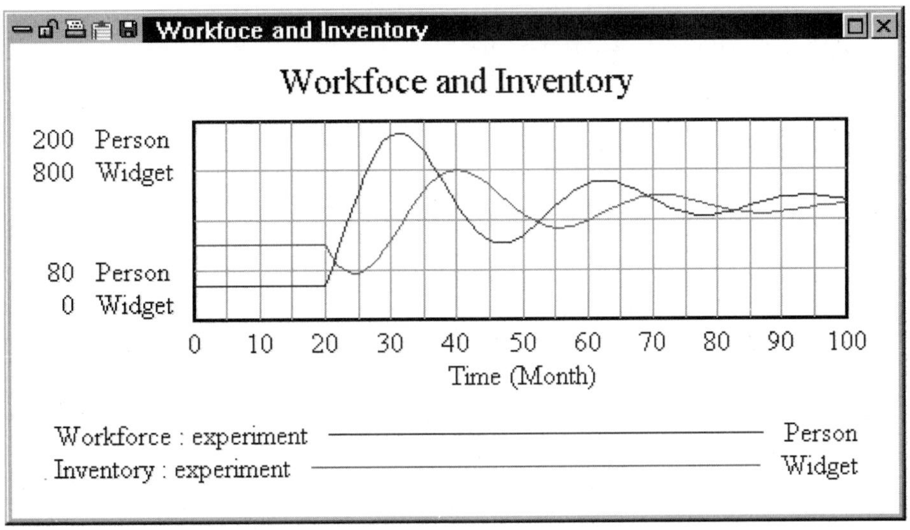

3.8 사용자 정의표 작성하기 Making a Custom Table

사용자 정의 테이블은 서로 다른 시간대에 다른 변수의 결과값을 출력할 수 있게 한다.

- ▶ 도구 모음에서 **Control Panel** 버튼 을 클릭해 컨트롤 패널을 실행한다. **Graphs** 탭을 선택한다.
- ▶ **New** 버튼을 클릭한다.
- ▶ 그래프 설정 대화창에서 상단에 있는 **As Table...** 버튼을 클릭한다. 사용자 정의 테이블 편집기가 열릴것이다.

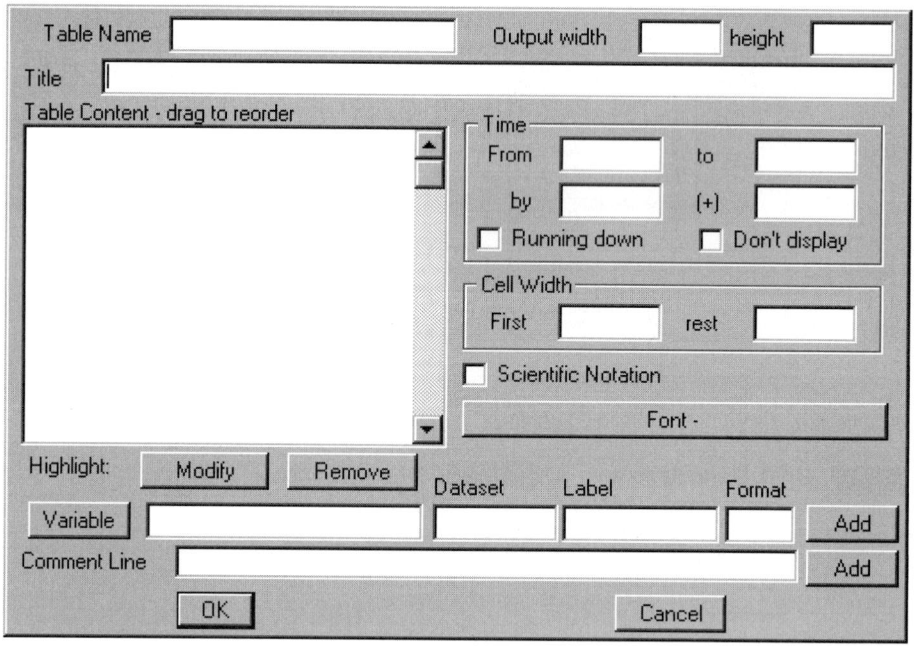

- ▶ 제목에 Workforce Inventory Table을 입력한다.
- ▶ **Variable** 버튼을 클릭하고 *Workforce* 변수를 선택한 뒤 우측에 있는 **Add** 버튼을 클릭한다.
- ▶ **Variable** 버튼을 클릭하고 *Inventory* 변수를 선택한 뒤 우측에 있는 **Add** 버튼을 클릭한다.

대화창이 아래와 같이 나타나야 한다.

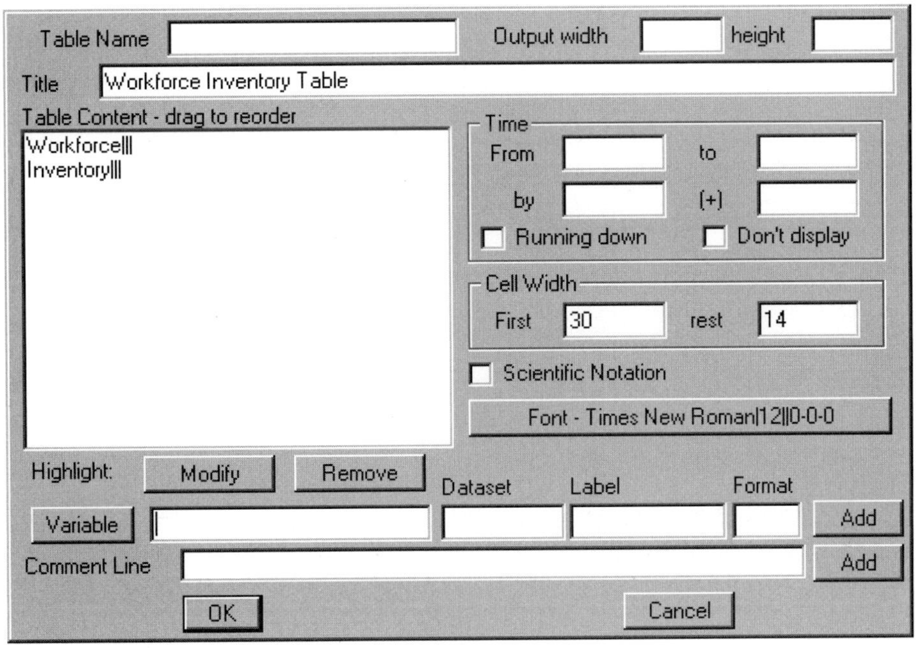

▶ **OK** 버튼을 클릭한다.

사용가능한 그래프와 표가 업데이트 될 것이다. WORKFORCE_INVENTORY_TABL이라는 이름으로 나타나게 될 것이다. 물론 당신은 편집 상자의 **Table Name**에 당신이 원하는 명칭을 부여할 수 있다.

▶ 컨트롤 패널상의 목록에서 **WORKFORCE_INVENTORY_TABL**라는 항목을 더블 클릭한다.

다음과 같은 출력물을 확인하게 될 것이다.

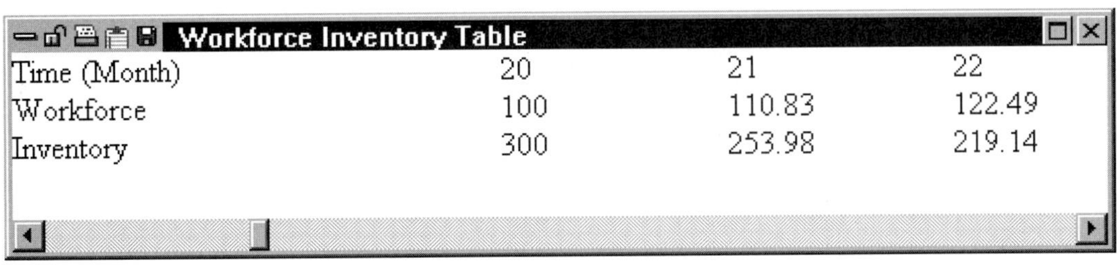

Workforce Inventory Table

Time (Month)	20	21	22
Workforce	100	110.83	122.49
Inventory	300	253.98	219.14

3.9 요약 Summary

당신은 Vensim에 있는 간단한 모델을 활용하여 작업을 해왔다. 이를 위해 사용된 기법은 Vensim이 가진 모델 분석의 기본이다. 심지어는 매우 복잡한 모델에도 이 분석 도구를 통해 모델을 이해하고 작업중인 모델을 수정할 수 있다. 향후 6개 장에서는 모델구축에 대한 기법에 초점을 맞추어 기술되어 있다. 그 이후 우리는 본 장에서 다루었던 기본적인 기법으로 학습을 진행한다.

04 인과지도
Causal Loop Diagramming

본 장은 인과지도(Causal loop diagram)를 설명하는 부분이다. 이것은 각각의 변수연결이 원인과 결과관계를 설명한다고 하여 인과지도라 불려진다. A지점으로부터 B지점으로 가는 화살표는 A가 B의 원인변수이고, B가 A의 결과변수라는 구조를 나타내어 준다. 많은 사람들은 어떠한 모델을 설명하는데 있어서 시뮬레이션이 가능한 완전한 모델을 만들지 않더라도 인과지도 만으로도 시스템과 모델을 설명할 수 있는데 유용하다는 것을 알고 있다. 이는 그만큼 인과지도의 작성이 모델 개발에서 독립적으로 중요한 역할을 한다는 것이다. 본 장에서는 주로 기술적인 부분에 대해 설명할 것이며, 이 작업은 당신들이 추가적인 인과지도를 만들지 않아도 기본적인 영향/원인결과 개념을 이해하는데 굉장히 유용할 것이다. 인과지도는 이런 의미에서 influence diagram이라고 불리우기도 한다.

인과지도는 Level이나 Stock과 같은 시스템의 누적구조를 보여주지는 않는다. Chapter 5에서 이러한 Level이나 Stock과 같은 구조에 대해 설명한다. 인과지도를 작성하지 않고 바로 저량-유량도(stock and flow diagrams)를 만드는 작업을 시작한다고 해도 모델 개발에 기본이 되는 본 장의 내용에 대해서 확실하게 이해하고 넘어갈 것을 권장한다.

인과지도(Causal loop diagram)와 저량-유량도(Stock and flow diagram) 자체는 시뮬레이션 모델이 아니라는 것을 알아두는 것이 중요하다. Chapter 3에서 하나의 예로 설명되었던 대수학적인 관계를 갖는 변수들로 구성된 모델이나 Chapter 6인 "시뮬레이션 모델 만들기"에서 설명하는 내용이 진정한 의미의 시뮬레이션 모델이다.

만일 당신이 Vensim Professional 혹은 DSS를 가지고 있다면, 모델을 하나하나 그리고 수식을 입력하는 작업을 건너뛸 수도 있다. 대부분의 사람들은 하나하나 작업하는 것 보다 더 쉽게 느껴질 것이다. 완성되어져 있는 모델의 예제는 UserGuide\chap04\Complete 폴더 내에 project.mdl라는 파일에 저장되어 있다.

4.1 모델 스케치 Drawing Sketches

스케치 도구(Sketch Tool)가 선택되면 당신이 다른 도구를 선택할때까지 그리기 도구를 활용할 수 있는 상태가 유지된다. 원하는 도구를 한번 클릭한 후 스케치 영역에 다시 클릭하면 적용이 된다.

Lock  도구는 기본적인 마우스 커서를 제공한다. 이 도구는 스케치 개체를 선택하거나 옵션을 조정하는데 사용된다. 스케치된 개체는 Lock 도구가 선택되어 있을 때에는 이동할 수 없다.

Tip ESC 키 혹은 숫자 키 1을 누르면 Lock 도구를 선택할 수 있다.

Move/Size  도구는 개체의 크기를 조정하거나 모양을 수정하는 기능을 포함해서 스케치 개체를 주변으로 이동시키는데 사용된다.

변수 스케치 도구인 **Variable**  도구와 **Box Variable**  도구는 모델의 스케치 작업을 할 때, 다양한 형태의 변수들을 입력할 수 있게 하며,

Rates 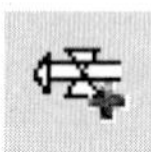 도구는 적용하게 되었을 때 기본적으로 변수 및 Rate 변수의 입력을 위한 편집 상자를 나타나게 한다.

Sketch Comment  도구는 작성한 개체에 대한 설명을 입력할 수 있는 대화상자를 나타내준다.

Arrow  도구는 화살표를 그리게 해준다. 이를 작성하기 위해서는 연결을 시작하고자 하는 어떠한 변수에 마우스를 클릭하고, 연결을 종료하고자 하는 변수위에 마우스를 클릭한다. 화살표의 중간 지점에 추가적으로 마우스를 클릭하면 화살표 연결을 곡선으로 변화시킬 수 있다.

NOTE Arrow 도구를 사용할때에는 다른 도구들과 같은 방식으로 마우스를 드래그 해서 작업하지 않도록 한다. Vensim에서 개체들을 입력할 때에는 마우스의 드래깅이 사용되지 않는다. Rates 변수를 작업할때에도 마찬가지이다.

스케치 영역에 그려진 개체들은 그들 위에 마우스 오른쪽 버튼을 클릭하면 모양을 변경할 수 있는 대화상자가 나타나게 된다.

4.2 마우스 활용 팁 Mouse Tips

- 본 교재에서 마우스의 왼쪽 또는 오른쪽 버튼이라는 언급없이 클릭하라고 언급되어 있는 것은 전부 왼쪽 버튼을 클릭하라는 것이다(맥킨토시 컴퓨터에서는 단일 버튼으로 되어있음).
- 만일 맥킨토시 컴퓨터를 이용하는 경우라면, 마우스 오른쪽 버튼을 클릭하라고 하는 경우에는 Control키 혹은 Apple키와 함께 클릭하라는 것이다(Ctrl + Click 혹은 + Click).

4.3 인과지도 설계하기 Constructing a Causal Loop Diagram

여기서는 프로젝트의 설계에 대한 인과지도 작성의 실습을 설명하고자 한다. 핵심적인 컨셉은 어떠한 프로젝트에서 '해야할 일(work to do)'이라는 변수와 이와 관련한 변수들의 흐름을 통해서 어떻게 표현되는지 라고 할 수 있다. 먼저 우리는 하나의 프로젝트가 완료되는 과정을 한 작업화면에 하나의 인과지도로 작성하는 작업을 수행할 것이다. 하나의 작업화면에 작성된 모델은 어떤 책의 한 페이지와 같다고 생각하면 된다. 당신의 모델은 여러 개의 작업화면을 포함할 수 있다. 후에 시스템에 대한 이해가 더해진 후에 또 다른 작업화면을 활용하는 방법에 대해 알아볼 것이다.

4.4 프로젝트 모델을 통한 예시 Project Model

본 모델은 어떤 프로젝트 내에서의 피드백 루프 구조를 묘사한다. 일반적으로 모든 프로젝트 내에서 이뤄지는 컨셉이라고 생각하면 될 것이다. 인과 고리(Causal loop)는 프로젝트 모델에서 '해야할 일(*Work To Do*)', '요구되는 초과작업시간(*overtime hours required*)' 그리고 초과근무의 양에 따른 완료된 '작업의 양(*work done*)'과 '피로도(*fatigue*)'사이의 관계를 나타내준다. 간단한 인과지도를 그려보면서 이해해 보도록 한다.

▶ Vensim을 실행한다.

Vensim은 기본적으로 마지막으로 당신들이 작업했던 모델을 불러온다.

▶ 메뉴에서 **File>New Model**를 선택하거나 도구 모음에서 **New Model** 버튼을 클릭한다.

모델 설정 대화창이 아래와 같이 나타난다.

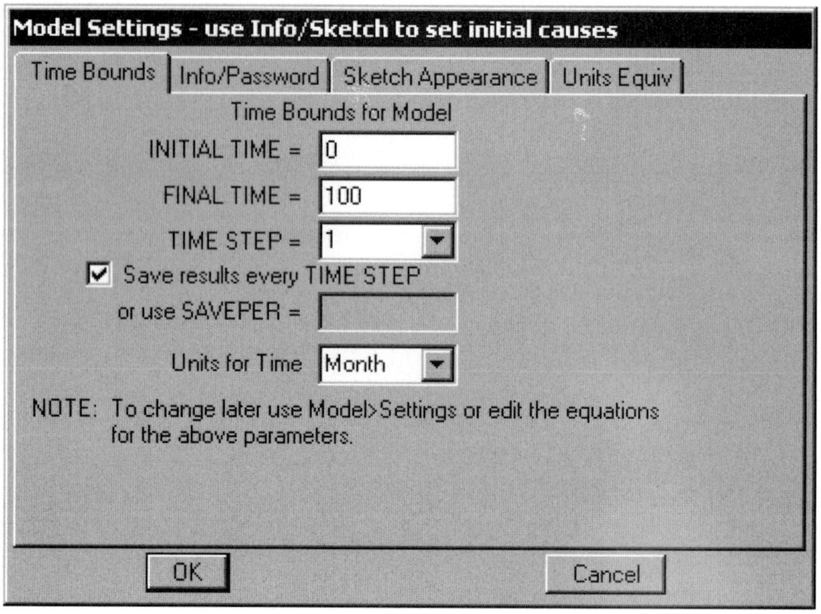

▶ **OK**를 클릭하면 기본적인 설정 값들이 그대로 적용된다.

인과지도는 시간 범위(Time Bounds)의 개념을 사용하지 않지만, 완전한 하나의 시뮬레이션 모델에서는 시간 범위 개념이 필요하다. 기본적으로 사용되지 않더라도 모든 모델(단순한 인과지도를 포함한)은 시간 범위값을 갖고 있다.

▶ 도구 모음에서 **Save** 버튼을 클릭한다. *UserGuide\chap04* 폴더를 선택하고 *project*라는 파일명을 입력한 뒤 **Save** 버튼을 대화상자에서 클릭한다.

❙ 변수의 추가 작업

▶ **Variable** 도구를 클릭하거나 문자키 위의 숫자키 3을 누른다(숫자 키패드의 숫자키는 적용되지 않는다).

▶ 스케치 영역의 가운데 윗부분을 클릭하면 작은 편집상자가 나타나게 되는데 여기에 '*Work To Do*'라고 입력한다.

▶ 아래와 같은 변수들이 나타나도록 다시 한번 클릭하고 변수명을 채워넣도록 한다.

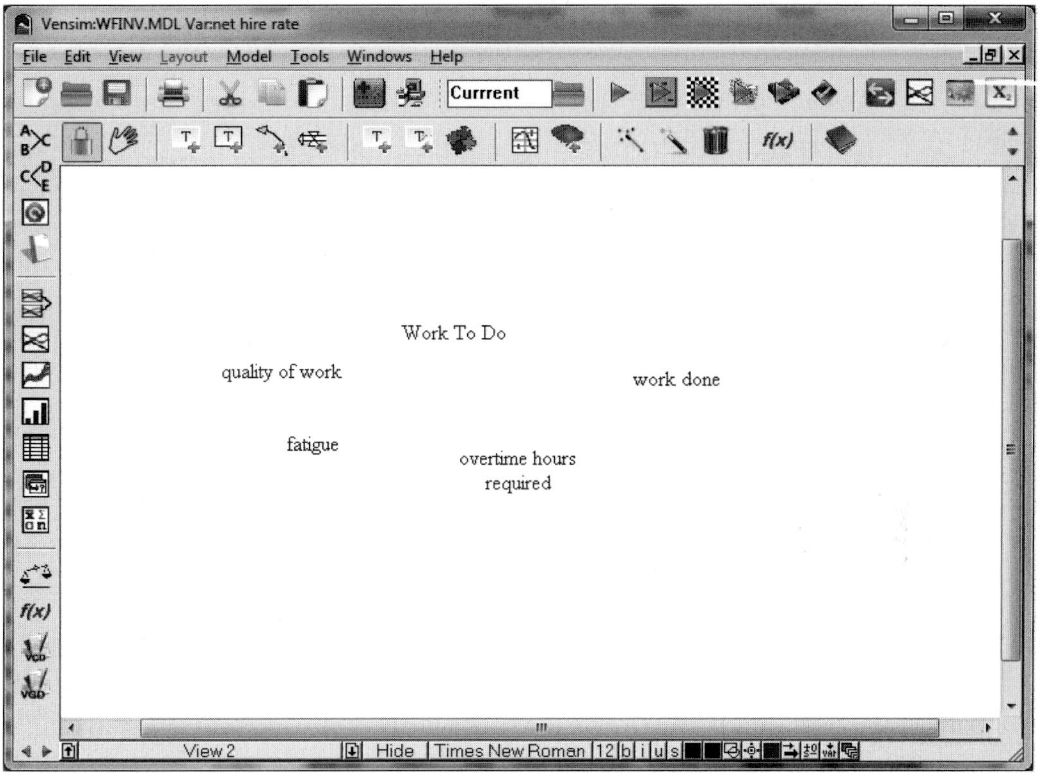

개체의 이동

▶ **Move/Size** 도구를 클릭한다(혹은 숫자키 2를 누른다). 아무 변수 위에 마우스 포인터를 놓고 클릭한 상태에서 마우스를 움직인다. 마우스 버튼을 떼면 새로운 위치로 개체가 옮겨지는 것을 확인할 수 있다.

당신은 또한 다른 스케치 도구를 이용해서 개체의 위치를 변경할 수 있다.

▶ **Variable** 도구를 한번 더 클릭한다. 혹은 숫자키 3을 누른다. 변수위에 커서를 직접 가져간 뒤에 마우스 버튼을 클릭한 상태에서 새로운 위치로 마우스를 이동한다. 마우스 버튼을 떼면 새로운 위치로 개체가 이동한다.

이제 입력되어진 변수들의 중요한 인과관계 영향을 설명하는 방법을 보여줄 것이다.

화살표 추가

- **Arrow**  도구를 클릭하거나 숫자키 5를 누른다. 변수 위에 마우스 클릭한 상태에서 이동하지 말고 '*Work To Do*'라는 변수에 마우스를 한번 클릭한 후, 마우스 커서를 '*overtime hours required*' 변수로 옮겨간 후에 마우스를 한번 더 클릭한다. 두변수를 연결하는 직선의 화살표가 만들어 지게 된다.
- '*overtime hours required*' 변수를 클릭한 후, '*work done*' 변수로 마우스 포인터를 옮겨 다시 클릭한다. 마찬가지로 둘을 연결하는 직선의 화살표가 만들어진다.

손잡이(Handles)

손잡이(Handle)는 화살표 가운데에 나타나는 작은 원, 박스의 모서리 부분 등을 일컫는다. 이러한 손잡이는 그것이 나타난 개체들을 옮기거나, 사이즈를 조절하는데 사용된다. 손잡이는 처음 변수를 입력할때, 화살표를 그릴 때, 또는 **Move/Size** 도구를 선택했을 때 나타난다. 손잡이는 **Lock** 버튼을 제외하고 **Move/Size** 도구나 다른 도구들을 다루는데 사용한다.

- **Move/Size** 도구를 사용해서 손잡이를 조작한다.

곡선 형태의 화살표(Curved Arrows)

첫번째 방법 :

- *overtime hours required* 변수에서 *work done* 변수를 향해 만들어진 화살표 가운데의 작은 원 모양인 손잡이에 마우스 커서를 위치한 후, 마우스를 클릭한 상태에서 아래쪽으로 이동한다. 그러면 아래쪽으로 휘어진 화살표로 바뀌게 된다.

또 다른 방법 :

- **Arrow** 도구를 활용한다. *work done* 변수를 클릭한 후 위에 있는 *Work To Do* 변수의 오른쪽에 마우스를 놓고 클릭한다. 그리고 다시 마우스 커서를 Work To Do 변수에 놓고 다시 한 번 클릭한다. 곡선 형태의 화살표가 만들어 진다. 당신은 손잡이를 활용하거나 **Arrow** 도구 혹은 **Move/Size** 도구를 활용해서 화살표를 움직이거나 조정할 수 있다.
- 아래의 그림과 같이 곡선형태의 화살표와 변수를 입력하고 손잡이를 활용해 변수와 화살표의 위치와 모양을 조정해보자.

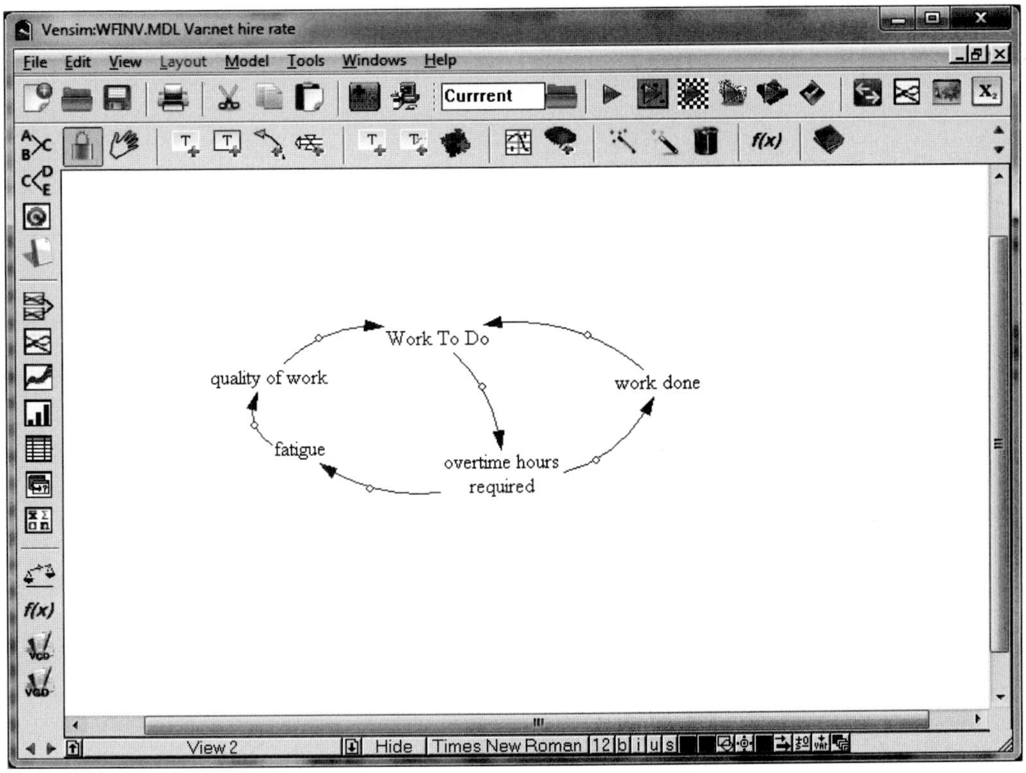

▎변수의 편집

▶ 변수 이름을 편집하려면 **Variable** 도구를 사용해 나타나는 입력상자에 새 이름을 넣는 것으로 바꿀 수 있다.

▎변수의 삭제

입력한 변수를 삭제하려면 변수가 제목에 표시되도록 클릭해 설정한 후에 메뉴에서 **Edit>Cut** (Ctrl + X키)를 선택, Del 키를 입력 혹은 **Delete** 도구를 사용한다.

Del 키를 누르거나 메뉴에서 **Edit>Cut** 를 활용해서 변수를 삭제했다면 PLE 혹은 PLE Plus 버전을 제외하고는 **'Remove from this view but do not change model structure'**라는 알림창이 나타나게 된다. 만일 당신이 이를 선택하면 화면상에서는 사라지는 것으로 나타나지만 여전히 모델의 일부로 남아있게 된다. 아래와 같이 직접 실습해 보자.

▶ **Variable** 도구를 선택한 후, 스케치 화면을 클릭한 뒤, *temporary*라는 이름을 입력한 후 엔터키를 친다.

▶ **Delete** 도구를 선택한 후 *temporary* 변수를 클릭해서 삭제한다.

되돌리기와 다시 실행

당신이 모델을 개발하는 과정에서 실수를 했을 경우 메뉴에서 **Edit>Undo**과 **Edit>Redo** 명령을 통해서 다시 되돌아가거나 앞으로 다시 실행할 수 있다. 단축키 Ctrl+Z는 메뉴에서 **Edit>Undo**와 동일하며 단축키 Ctrl+Y는 메뉴에서 **Edit>Redo**와 동일한 기능을 수행한다. 또한 되돌리기와 다시 실행하기 기능은 여러 번의 변경작업이 기록된다.

모델 저장하기

▶ **Save** 버튼을 클릭하거나 메뉴에서 **File>Save** 선택하거나 단축키 Ctrl + S를 누른다. *UserGuide\chap04* 폴더에 *project*와 같은 이름으로 저장된다.

모델은 텍스트 형식으로 .mdl 형식의 확장자를 갖는 파일로 저장된다. 모델은 또한 이진법의 형식의 파일인 *.vmf* 확장자를 갖는 파일로 저장될 수도 있으며, 이진법 형식의 파일은 Vensim Model Reader에서 사용될 수도 있다. 이러한 이진법 형식의 파일은 텍스트 형식의 파일에 비해서 큰 용량의 모델을 빠르게 불러올 수 있다. 본 교재의 어떤 파일도 불러오는데 이러한 차이를 느낄만큼 크지는 않다.

4.5 인과지도 수정 Modifying diagrams

스케치한 개체들은 변경할 수 있는 속성들을 갖고 있다. 이런 개체속성의 옵션들은 연구자의 모델을 취향에 맞게 변경해 줄 수 있다. 이러한 속성의 변경에는 크게 두 가지의 방법이 있다.

- 스케치 개체에 마우스 커서를 놓고 마우스의 오른쪽 버튼을 클릭하는 것(맥킨토시에서는 Ctrl + 키와 함께 클릭)
- 스케치 영역의 개체를 선택한 후 상태 바의 버튼을 클릭하여 속성을 변경하는 방법

스케치한 개체의 선택 방법

다음 여러가지의 방법들은 당신이 하나 혹은 여러 개의 스케치 개체를 선택할 수 있게 해준다.

- 어떠한 한 개의 개체에 **Move/Size** 도구를 선택한 후 클릭한다.
- **Move/Size** 혹은 **Lock** 도구를 선택한 후, 스케치 영역의 원하는 부분을 마우스 버튼을 누른 상태에서 드래깅하여 움직인 후 버튼을 떼면 여러 개의 개체들이 선택된다.
- **Edit>Select all**(혹은 단축키 Ctrl + A)를 선택하면 모든 개체들이 선택된다.
- 선택한 것들을 해제하려면, Shift키를 누른 상태로 각각의 개체에 **Move/Size** 도구를 사용하여 다시 클릭한다.
- 선택된 모든 개체들을 해제 하려면, 스케치 영역에서 선택되지 않은 비어있는 영역을 한 번 클릭하면 된다.

4.6 레이아웃 정렬 Sketch Layout

Vensim은 사용자가 스케치한 모델을 깔끔하게 정돈할 수 있도록 도와주는 메뉴를 포함하고 있다. 이러한 명령들은 당신이 작업한 모델에서 마지막에 선택한 개체를 기준점으로 사이즈를 변경하거나 위치를 정렬할 수 있게 만들어 준다.

'*Work To Do*' 변수를 중심으로 모델을 정리해 보도록 한다.

▶ **Move/Size** 도구를 클릭하거나 단축키 숫자키 2를 누른다.

▶ '*overtime hours required*' 변수를 클릭한 후 Shift 키를 누른 상태에서 '*Work To Do*' 변수를 클릭한다. 메뉴에서 **Layout>Center on LastSel**를 선택한다.

'overtime hours required' 변수와 'Work To Do' 변수가 가운데로 정렬된다.

▶ '*quality of work*' 변수를 Shift 키를 누른 상태에서 '*Work To Do*' 변수와 함께 선택한 후 메뉴에서 **Layout>Vertical on LastSel**를 선택한다.

▶ '*fatigue*' 변수를 Shift 키를 누른 상태에서 '*quality of work*' 변수와 함께 선택한 후 메뉴에서 **Layout>Center on LastSel**을 선택한다.

▶ '*fatigue*' 변수를 Shift키를 누른 상태에서 '*overtime hours required*' 변수와 함께 선택한 후 메뉴에서 **Layout>Vertical on LastSel**을 선택한다.

▶ '*work done*' 변수를 '*Work To Do*'와 '*overtime hours required*' 변수의 우측 중간지점으로 드래그하여 이동시킨다.

▶ 아래와 같이 화살표를 곡선형으로 만든다.

당신의 스케치 작업이 아래와 같이 될 것이다.

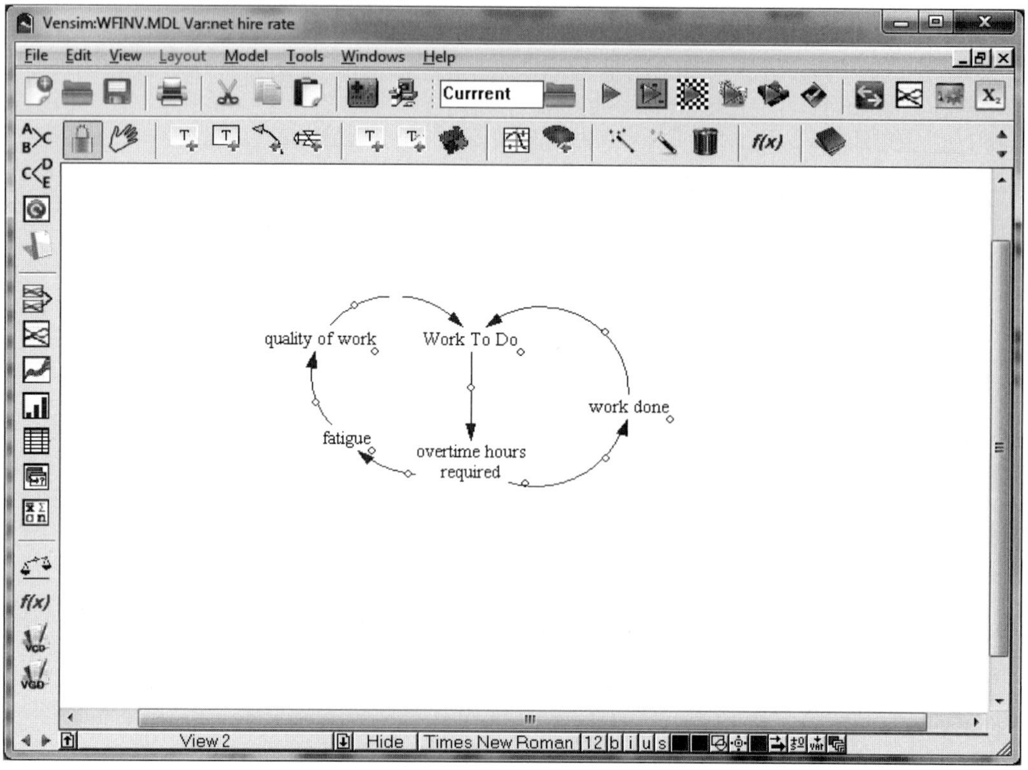

4.7 스케치 개체 옵션 Sketch Options

❙ 변수

▶ **Lock** 도구를 선택한다. 마우스의 커서를 '*Work To Do*' 변수에 놓고 오른쪽 버튼을 한번 클릭한다. 매킨토시 환경에서는 컨트롤 키와 함께 마우스 버튼을 클릭한다.

아래와 같은 환경 설정창이 열린다.

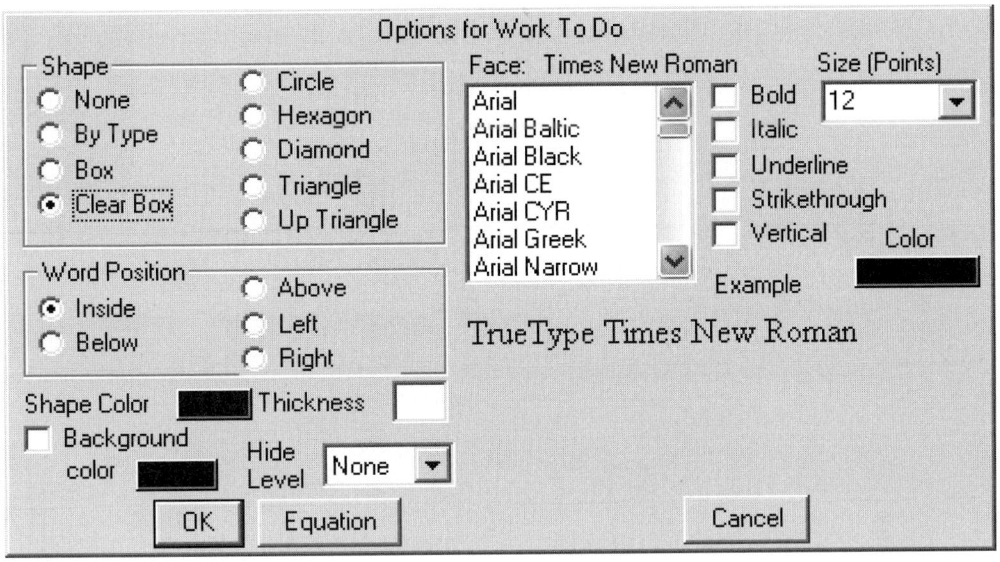

▶ 글씨체나 글씨 크기, 색깔 등의 옵션을 변경해보고 **OK** 버튼을 클릭한다.

NOTE 환경창에서 **Word Position** 옵션은 변수의 테두리 모양이 None이 아닌 경우에만 활성화가 된다.

▶ 메뉴에서 **Edit>Select all**을 선택하거나 단축키 Ctrl + A를 누른다. 윈도우창 하단의 스테이터스 바를 클릭하여 폰트 사이즈를 조정할 수 있다. 기본적으로 **12** 사이즈로 세팅되어 있고 큰 사이즈를 원한다면 14로 조정한다. 하이라이트 표시된 상자의 외부를 클릭한다.

화살표

▶ '*Work To Do*' 변수에서 '*overtime hours required*' 변수로 향하는 화살표의 머리 부분에서 마우스 오른쪽 버튼을 클릭한다. 클릭하면 아래와 같은 설정창이 열리게 된다.

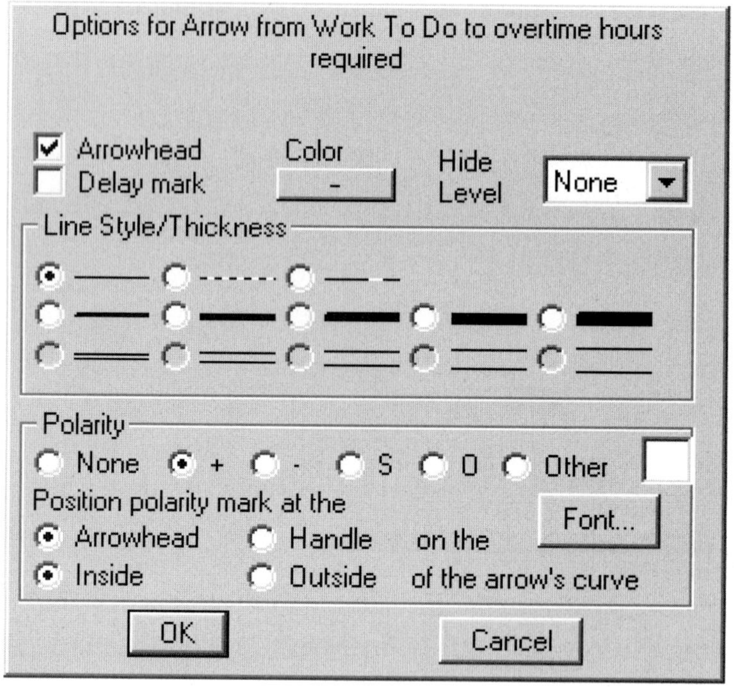

'*Work To Do*' 변수값이 증가하면 '*overtime hours required*' 또한 증가한다는 것은 정(+)의 인과관계를 의미한다.

▶ 부호(**Polarity**) 그룹 의 아래에 있는 '**+**'를 선택하고 **Outside** (of the arrow's curve)를 선택한 후 OK 버튼을 클릭한다.

\+ 부호는 기본적으로 화살표 곡선의 머리부분 안쪽에 나타나도록 되어있다.

▶ 아래의 그림과 같이 나타나도록 각각의 화살표의 설정을 **Outside** of the arrow's curve로 바꿔본다.

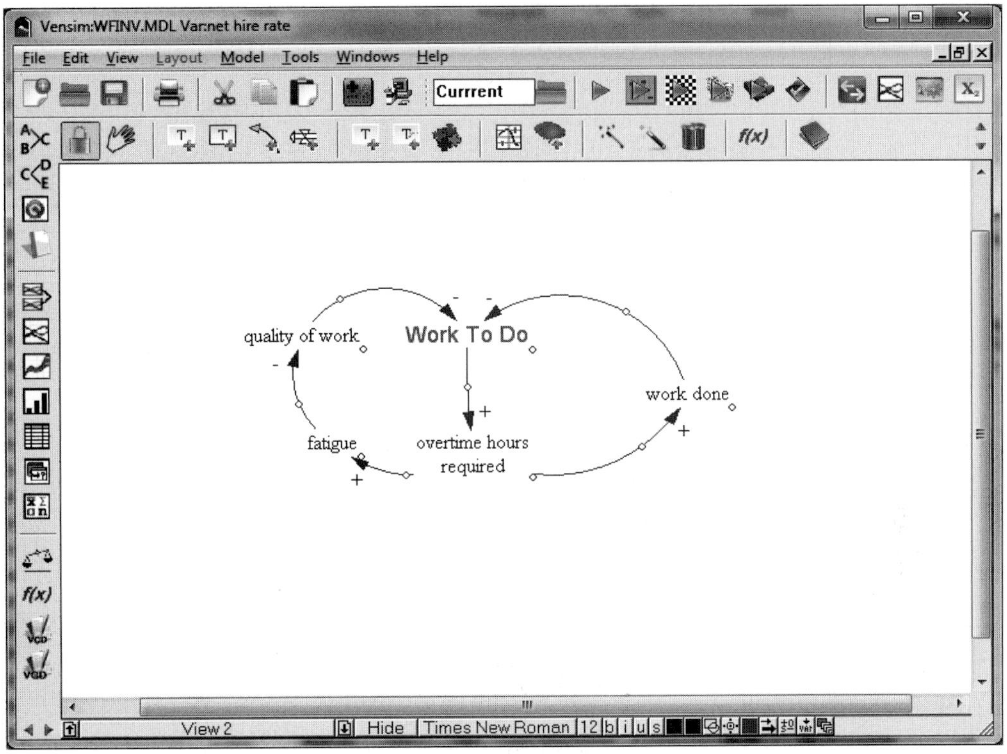

이제 양의 피드백 루프를 굵고 색깔이 있는 화살표로 표현해서 강조해 보도록 한다.

- ▶ 만일 강조하려고 하는 대상이 선택되어 있지 않다면 **Move/Size** 도구를 선택한다.
- ▶ '*Work To Do*' 변수부터 '*overtime hours required*' 변수까지로 향하는 화살표의 머리부분을 클릭한다. 그다음에는 Shift 키를 누르고 있는 상태에서 아래의 화살표의 머리부분을 클릭한다.

  '*overtime hours required*' 변수로부터 '*fatigue*' 변수까지

  '*fatigue*' 변수로부터 '*quality of work*' 변수까지

  '*quality of work*' 변수로부터 '*Work To Do*' 변수까지

여기까지 정상적으로 수행되어졌다면 박스 안에 선택되어진 점들이 강조되어 나타난다.

- ▶ Shift키를 놓는다.
- ▶ 스테이터스 바에 있는 두개의 다른 길이의 선이 그려진  버튼을 활용해서 선택한 화살표를 강조해본다. 버튼을 클릭하고 위로부터 5번째있는 선을 선택한다. 모든 화살표들의 너비가 증가해서 강조되어 진다.
- ▶ 화살표 너비 왼쪽에 있는 **color** 버튼을 클릭하고 다른 색상을 선택해보자.

4.8 코멘트와 이미지 추가하기 Adding Comments and Graphics

▶ 만일 당신이 작성한 인과지도의 상단을 장식하고 싶다면 **Move/Size** 도구를 선택한 후 메뉴에서 **Edit>Select all**(혹은 단축키 Ctrl + A)를 선택한 후, 마우스 커서를 사용하여 모든 개체를 앞쪽으로 움직여 제목을 쓸 만큼의 공간을 만든다.

▶ **Sketch Comment** 도구를 선택하고 제목을 입력할 스케치 공간 위에 클릭하면 아래와 같은 창이 나타난다.

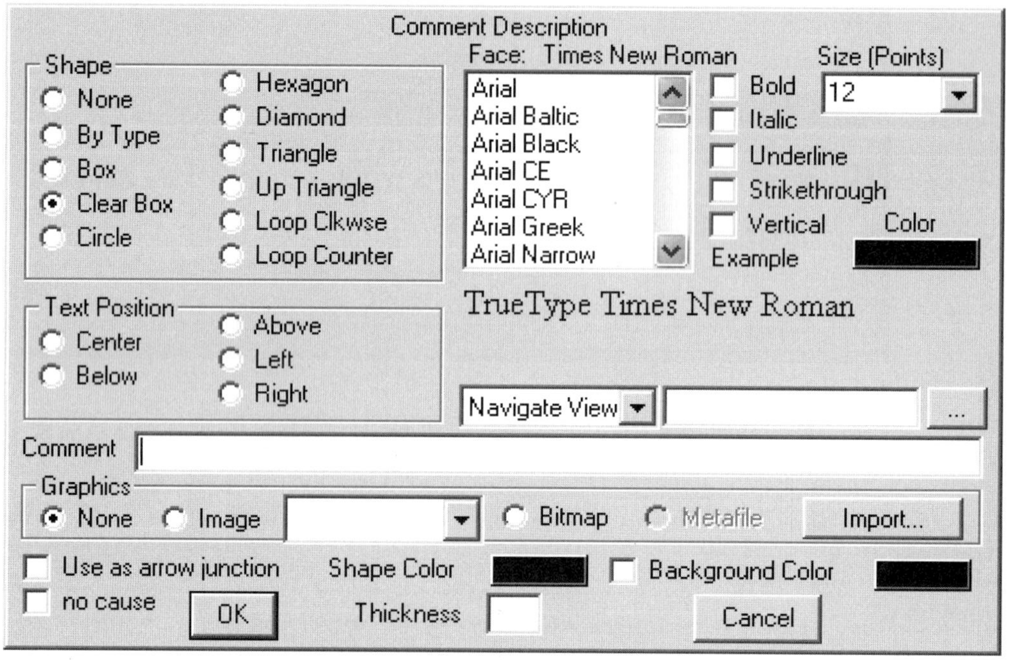

▶ 당신이 작업한 모델의 제목을 입력하고(e.g., Work To Do Project Model) 제목의 글꼴, 크기, 색상, 모양 그리고 당신이 입력한 코멘트의 위치를 설정한 후 **OK** 버튼을 클릭한다.

▶ 여전히 **Sketch Comment** 도구가 선택되어져 있을 것이다. 여기서 왼쪽 루프의 중간 부분을 선택해 본다. 드롭다운 화살표가 있는 **Graphics** 필드에 있는 **Image**를 클릭한다. 박스에 있는 + 이미지 혹은 눈덩이 이미지 를 선택한다 그러면 **Shape** 필드내에서 **Loop Clkwse**(시계방향 : clockwise)으로 선택되어 있을 것이다.

▶ 중간의 우측 즈음에 있는 검은색 버튼을 클릭한다. 그리고 색상 팔레트 창에서 빨간색을 선택하도록 한다. **Shape color**라고 표기되어 있는 부분을 계속 반복작업한 후 **OK** 버튼을 클릭한다. 만일 당신이 루프의 이미지나 크기를 재조정하고 싶을 경우에는 손잡이 부분을 드래깅해서 원하는 설정으로 변경하면 된다. 또한 비트맵(bitmap) 혹은 메타 파일(metafile) 형식의 클립보드 이미지를 모델에 삽입할 수 있다.

▶ 오른쪽에 있는 이미지 드롭다운 상자에서 부정적인(−) 표시 혹은 균형 이미지 를 선택하면 **Shape** 필드내에서 **Loop Counter**(반시계 방향 : counter clockwise)으로 선택되어 있을 것이다. 두 가지의 색상을 모두 파란색으로 선택하고 **OK** 버튼을 클릭한다. 이미지의 모양과 크기를 다시 조정하고 싶으면 마찬가지로 손잡이 부분의 드래그를 통해서 다른 이미지를 선택하도록 한다.

당신의 인과지도는 이제 아래의 그림과 유사하게 되어있을 것이다.

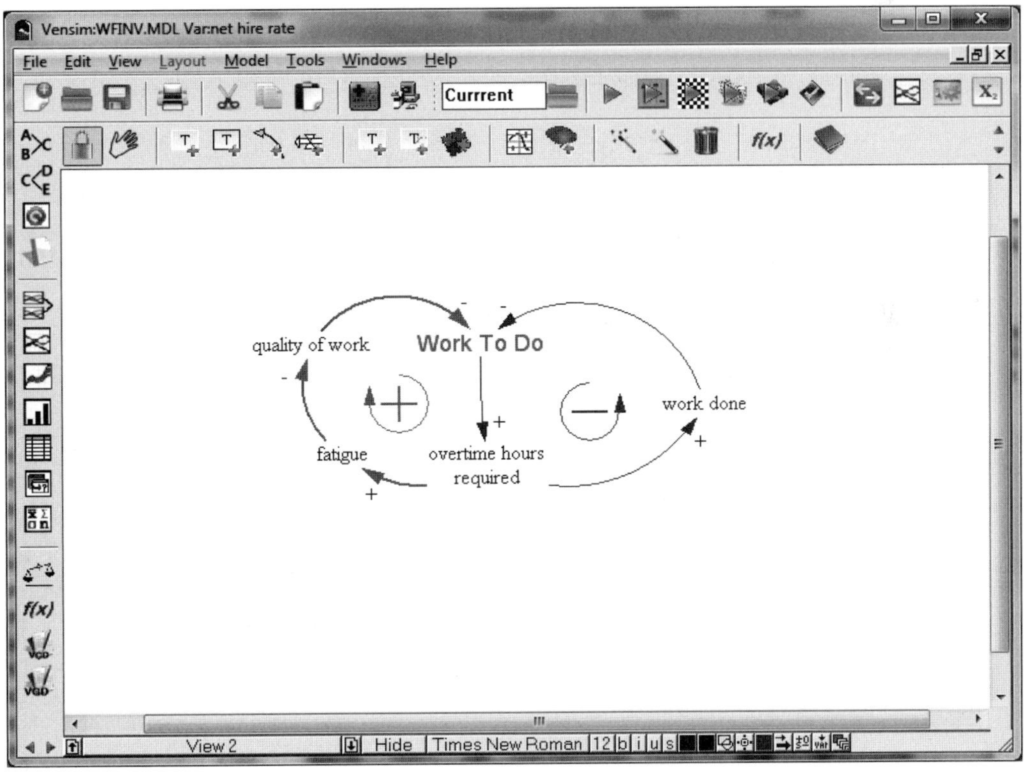

4.9 모델 개선 Refining the Model

'*overtime hours required*' 변수의 증가는 '*work done*'의 증가와 '*Work To Do*'의 감소를 불러오는 것을 보았다(부정적인 피드백 루프). 그러나 '*overtime hours required*' 변수는 '*Work To Do*'를 증가시킨다(긍정적인 피드백 루프). 이 모델을 조금더 현실적으로 만들기 위해서 우리는 고용이나 일시 해고라는 가정을 통해서 노동인력의 크기를 반영하는 모델로 개선해 볼 수 있다. 노동인력을 추가로 고용하는 것은 요구되는 추가 작업 시간을 줄일 것이며, 이로 인한 피로도나 해야할 일은 시간의 흐름에 따라서 줄어 들게 될 것이다.

피드백 루프의 추가

- **Move/Size** 도구를 선택하고 '*work done*' 변수를 스케치 영역의 아래로 이동시킨다 '*work done*' 변수로부터 화살표를 작성하고 부정적인 피드백 루프 구조를 이동시킨다.
- **Variable** 도구를 선택하고 스케치 영역에 클릭한 후 새로운 변수인 '*required workforce*', '*actual workforce*' 그리고 '*productivity*' 변수를 아래의 그림과 같이 작성한다.
- **Arrow** 도구를 사용해 아래의 그림과 같이 변수들을 연결한다. 그리고 화살표를 클릭하여 부호들을 추가한다. 여기서는 '*required workforce*' 부터 '*actual workforce*' 변수로 향하는 화살표를 클릭하여 **Delay Marking** 표시를 한다.
- **Comment** 도구를 사용하여 위에 추가된 딜레이 마킹을 활용하고 '*hiring delay*' 라는 코멘트를 작성하고 **Color** 부문에서 파란색을 선택한 후 **OK**를 클릭한다. 당신은 추가로 아래와 같은 그림 결과를 얻기 위해서 아래의 위치 이동작업을 수행해야 한다.
- **Move/Size** 도구를 사용하여 미리 그려 놓았던 부정적인 피드백 루프 그림을 클릭한다. 그 다음 메뉴에서 **Edit>Copy**를 선택하거나 단축키(Ctrl + C)를 이용한다. 그다음 메뉴에서 **Edit>Paste**를 선택한 다음 **OK**를 클릭 하거나 혹은 단축키(Ctrl + V)를 누른다. 기존에 만들었던 그림위에 복사된 그림이 있다. 그것을 새로 만들어진 피드백 루프의 가운데에 위치시키도록 한다. 그다음 오른쪽 마우스 버튼을 클릭해 **Shape** 필드값에 **Loop Clkwse** 옵션을 선택한 후 **OK**를 클릭한다.

당신의 인과지도는 최종적으로 아래와 같이 작성되었을 것이다.

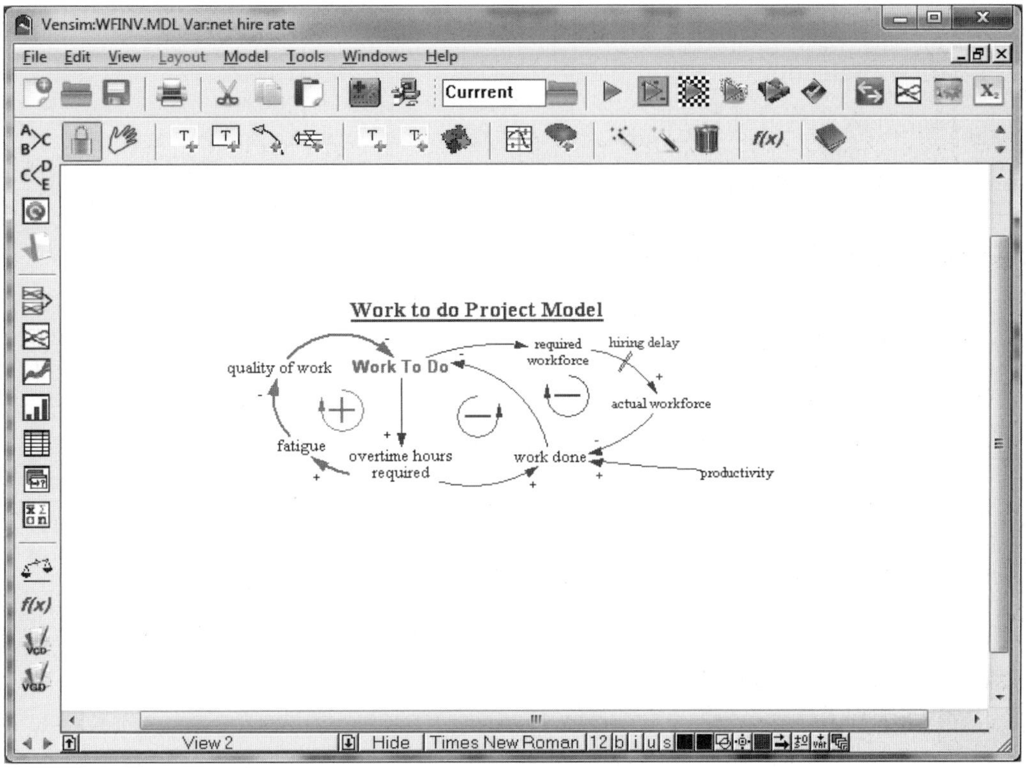

4.10 모델 스케치 결과의 인쇄 및 내보내기 Printing and Exporting the Sketch

작업물의 출력을 위해 **Print** 버튼을 클릭하거나 메뉴에서 **File>Print**를 클릭하면 아래와 같은 설정 화면이 나타난다.

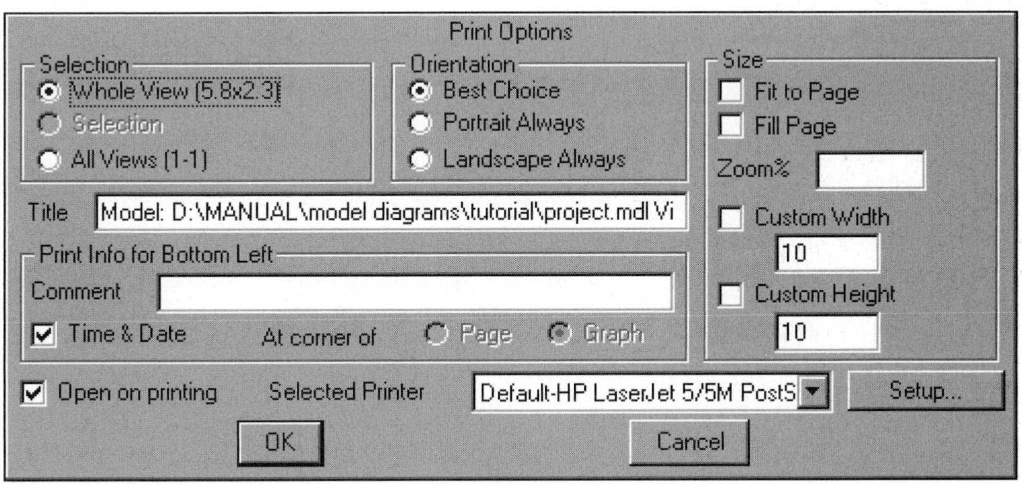

이 출력환경 창은 다양한 옵션을 제공하는데 그중에서 가장 중요한 것은 다음과 같다.

- **Selection** — 작업창의 모든 부분, 작업창의 선택된 부분, 모든 작업창을 출력할 것인지를 선택하게 해준다.
- **Orientation** — 출력물의 방향을 portrait 혹은 landscape로 설정할 수 있게 한다.
- **Size** — 사용자가 출력하려 하는 출력물의 크기를 조절해 주는 옵션을 제공한다.
- **Title** — 출력물의 상단에 나타나는 제목을 설정하게 해준다.

출력 방식외에 모델의 스케치를 다른 응용 프로그램으로 내보낼 수도 있다. 메뉴에서 **Edit>Select all**를 선택하여 모두 선택하거나 **Lock** 도구 등을 사용해 일부분을 선택한 후에 메뉴에서 **Edit>Copy**를 선택하거나 단축키(Ctrl + C)를 누른다. 그다음 다른 응용 프로그램에 붙여넣기 기능을 함께 수행하면 Meta 파일 형식의 이미지로 내보낼 수 있게 된다.

출력과 관련해서는 Printing in the Reference Manual에서 더 자세하게 기술되어 있다.

4.11 인과지도 구조 분석하기 Structural Analysis of Diagrams

분석도구

Vensim 분석 도구는 구조분석(structural analysis)과 데이터 셋 분석(dataset analysis)의 두 가지로 구분된다. 구조분석 도구는 모델의 구조를 확인할 수 있게 해주며, 데이터셋 분석 도구는 변수들의 변화행태를 시뮬레이션 하고 관찰할 수 있게 해준다. 여기서는 당신의 모델 구조를 분석하는 것을 확인해 볼 것이다. 구조분석은 **Tree Diagram**도구**(Causes Tree** 및 **Uses Tree), Loops** 도구 그리고 **Document** 도구로 이뤄져 있다.

분석 도구는 항상 활성화된 변수와 관련한 정보를 나타낸다. 당신이 변수를 활성화 하는데에는 크게 두가지 방법이 있다. 가장 간단한 방법은 어디에 있던간에 나타나있는 변수를 클릭하는 것이다. 이러한 변수는 텍스트 베이스 기반의 모델을 제외하고는 스케치 영역상에 존재하게 된다. 당신은 변수를 클릭한 후 **Tree Diagram** 혹은 **Strip Graph**와 같은 분석 결과 창을 얻을 수 있다.

두번째 활성화 방법은 컨트롤 패널**(Control Panel)** 버튼을 클릭하여 컨트롤 패널을 활성화 시킨 후에 **Variable** 탭에서 리스트 상에 나타나있는 변수를 선택할 수 있다. 이런 활성화된 변수는 언제나 모델의 제목 부분에 표시가 된다.

NOTE 만일 당신이 시뮬레이션 데이터셋을 요구하는 분석 도구를 활성화시킬 경우와 시뮬레이션을 위한 데이터 셋이 없을 경우에는 “No runs are loaded. Please load runs”라는 에러 메시지가 나타나게 된다. 시뮬레이션 수행을 위한 내용은 Chapter 6에서 설명한다.

▶ *UserGuide\chap04\complete* 폴더에 저장되어 있는 *project.mdl* 파일을 불러온다.

▶ **Lock** 도구를 선택한다. 이제 ‘*Work To Do*’ 변수를 선택해 활성화 상태로 만든다. 타이틀 바가 아래와 같이 나타날 것이다.

4.12 인과관계 추적 도구 Causal Tracing with Trees

인과관계 추적(Causal Tracing) 기능은 모델상의 변수들의 인과관계를 파악하는데 큰 도움을 주는 분석 도구이다. 인과관계 추적 기능은 선택한 변수의 원인 변수 혹은 결과 분석을 찾아내어 주는 것으로 설정할 수 있다.

Causes Tree Diagram

▶ **Causes Tree** 도구 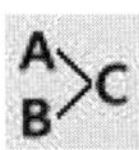 를 선택한다. ‘*Work To Do*’ 변수의 원인들을 확인할 수 있다.

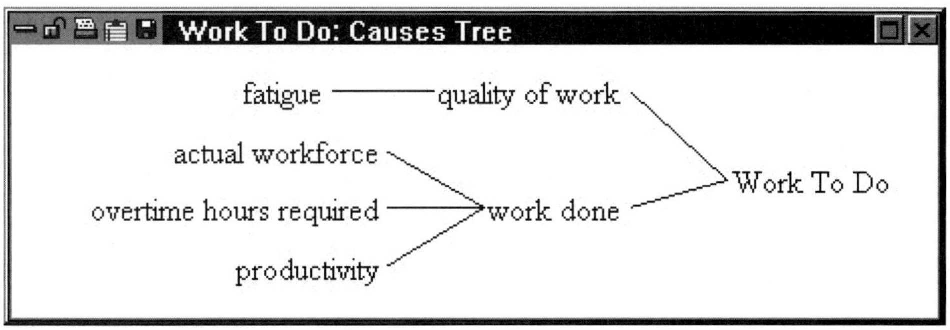

당신은 일반적으로 어떤 변수나 인과관계 구조 그림을 통해서 구조를 파악할 수 있다.

▶ 인과구조 그림상에 나타나 있는 '*fatigue*' 변수를 선택하고 **Causes Tree** 도구를 한번 더 클릭한다.

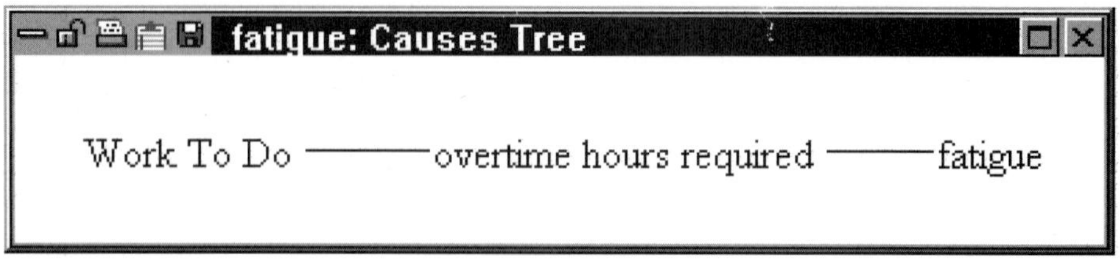

우리는 '*fatigue*' 변수의 원인이 '*overtime hours required*' 변수와 '*Work To Do*' 변수라는 것을 알 수 있다. 이번에는 '*Work To Do*' 변수와 관련된 피드백 루프를 추적해 보자. '*actual workforce*' 변수와 관련된 피드백 루프를 확인해 보도록 한다.

▶ 인과구조 그림상에 나타나 있는 '*actual workforce*' 변수를 선택하고 **Causes Tree** 도구를 클릭한다.

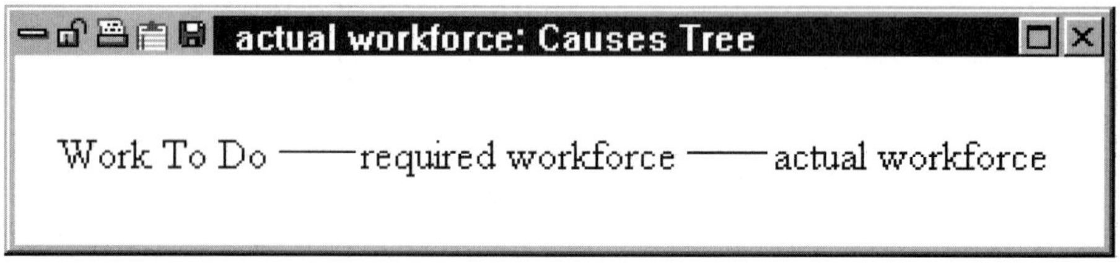

우리는 '*Work To Do*' 변수에서 시작되어 'actual workforce' 변수를 통해서 다시 '*Work To Do*' 변수로 돌아가는 또 다른 피드백 루프를 확인하였다.

▶ 앞의 구조분석 결과상 혹은 스케치한 모델상에서 '*productivity*' 변수를 선택한 후에 **Causes Tree** 도구를 클릭한다.

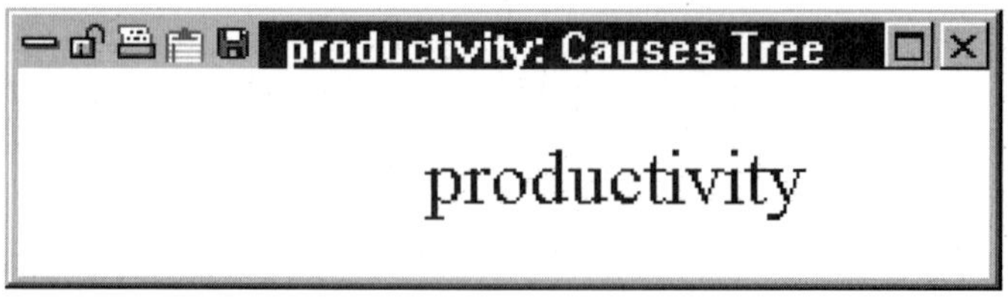

'*productivity*' 변수는 인과관계가 존재하지 않는다. 즉, 이 모델 내에는 상수값 혹은 외생변수(Exogenous)라는 의미이다.

NOTE 당신이 분석을 수행하여 결과물이 나타난 상태에서 다시 스케치 작업으로 돌아가고자 한다면 **Build Windows** 버튼을 클릭하거나 Shift+Ctrl+Tab 키를 사용한다. 복수의 결과물을 얻었을 때 이를 지우지 않고 다른 결과물 창으로 이동하려면 **Output Window** 버튼 혹은 Ctrl+Tab 키를 사용하자.

❙ 분석 도구 옵션

Vensim PLE 버전과 PLE Plus 버전에서는 분석 도구 옵션의 변경이 불가능하다. 다른 Vensim 버전 환경에서는 분석의 설정을 변경시켜주는 옵션을 제공한다. 모델을 더 자세히 들여다 보기 위해 Tree 도표의 표현 깊이를 변경해보도록 한다.

▶ **Causes Tree** 도구 위에 마우스 커서를 대고 오른쪽 버튼을 클릭한다. 매킨토시에서는 Ctrl 키와 함께 클릭한다. Tree 도표의 옵션이 아래와 같이 나타난다.

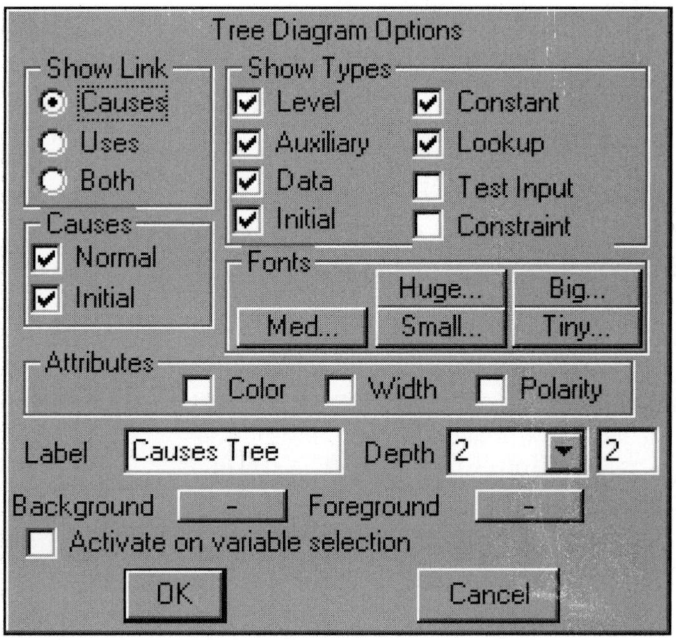

▶ **Depth** 드롭다운 박스의 화살표에 있는 값을 6으로 선택하고 **OK**를 클릭한다.

▶ '*Work To Do*' 변수를 선택한 후에 **Causes Tree** 도구를 선택한다. 그러면 6단계로 표현된 '*Work To Do*' 변수의 원인 변수들을 확인할 수 있다.

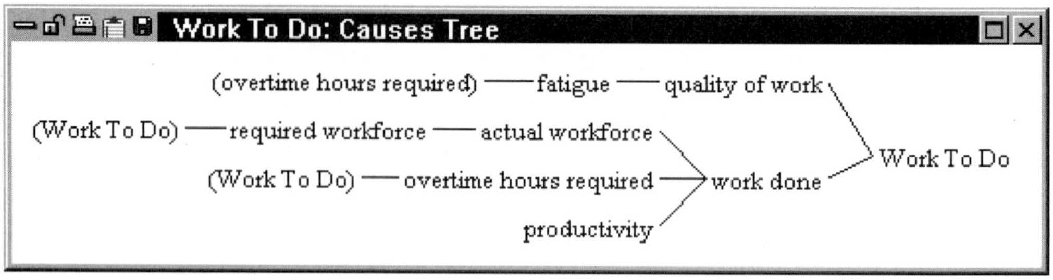

NOTE '*Work To Do*' 변수와 '*overtime hours required*' 변수에는 괄호 안에 표시되어져 있는데 이 괄호의 의미는 6단계 이내로 연결되어져 변수들이 하나의 피드백 루프를 구성하고 있다는 의미이다.

▎자동적인 도구 활성화 기능(PLE 혹은 PLE Plus 버전은 제외)

너무 많은 구조들에 대해서 추적하는 작업을 할 때 활성화된 새로운 변수를 선택하는 것 만으로 자동적으로 분석 도구를 나타내주는 유용한 기능이 있다.

▶ **Causes Tree** 도구 위에 마우스 커서를 올려두고 마우스 오른쪽 버튼을 클릭한다.
위와 같은 도식 옵션 대화상자가 나타나게 된다.

▶ **Depth**의 드롭다운 상자의 화살표에 있는 값을 2로 선택한다.

▶ **Activate on variable selection** 항목을 체크한 후에 **OK** 버튼을 클릭한다.

▶ '*required workforce*' 변수를 클릭하면 아래와 같은 결과물이 나타난다.

Causes Tree 분석화면이 자동적으로 나타난다.

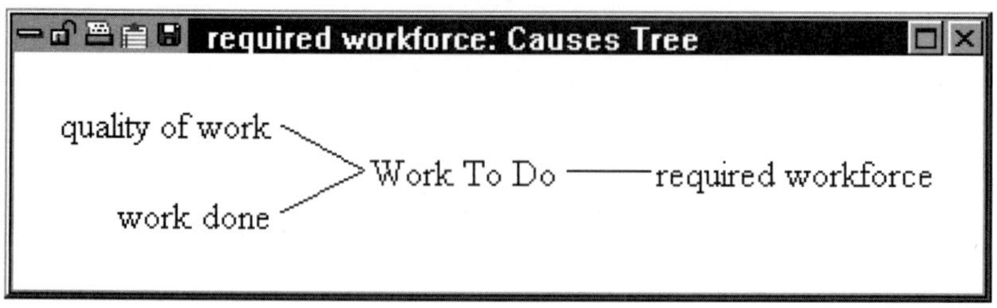

▶ 여기까지 진행했다면 다시 **Causes Tree** 도구에서 마우스 오른쪽 버튼을 클릭한 후, **Activate on variable selection** 항목을 다시 클릭해 해제한 후 **OK** 버튼을 누른다.

Uses Tree Diagram

Uses Tree 도식을 활용해보도록 한다.

▶ '*Work To Do*' 변수를 클릭하고 활성화 되도록 한다. 그 후에는 **Uses Tree** 도구를 클릭한다.

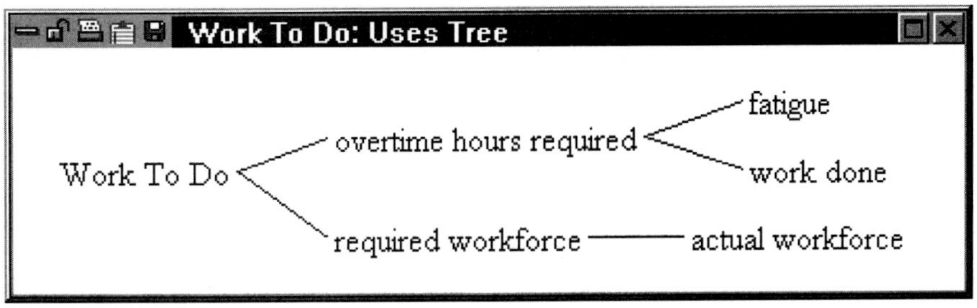

결과(Uses)는 원인(causes)과 반대되는 개념이다. 여기서는 '*Work To Do*' 변수가 결과변수로 어디에 활용되어 있는지를 확인할 수 있다.

루프 분석 도구(Loops Tool)

이제 피드백 구조를 찾아내어 확인할 수 있는 Loop 분석 도구를 활용한다.

▶ '*Work To Do*' 변수를 클릭하고 활성화 되도록 한다. 그 후에는 **Loops** 도구를 클릭한다. 클릭하면 '*Work To Do*' 변수가 3개의 피드백 루프를 포함하고 있음을 알 수 있다.

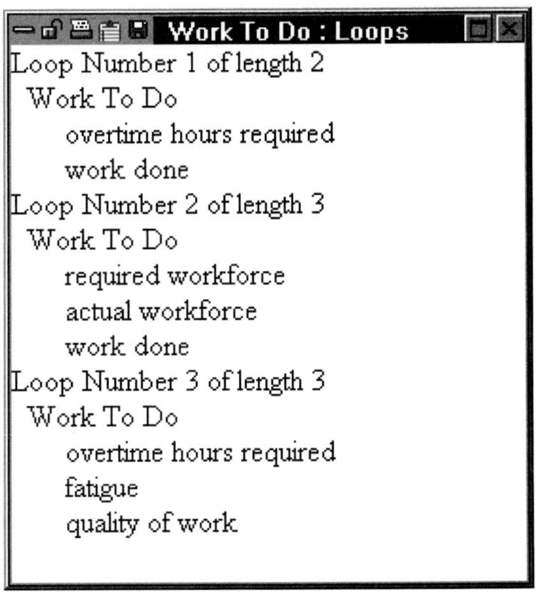

문서 도구

이 분석 도구는 텍스트기반의 모델의 표현 정보를 제공한다. Vensim PLE와 PLE Plus 버전에서는 문서(document) 도구는 모델상의 모든 변수들의 정보를 제공한다. 다른 버전의 Vensim에서는 사용자가 보고 싶은 정보만을 골라내서 살펴볼 수 있다.

PLE 및 PLE PLUS 버전

▶ **Document** 도구를 클릭한다.

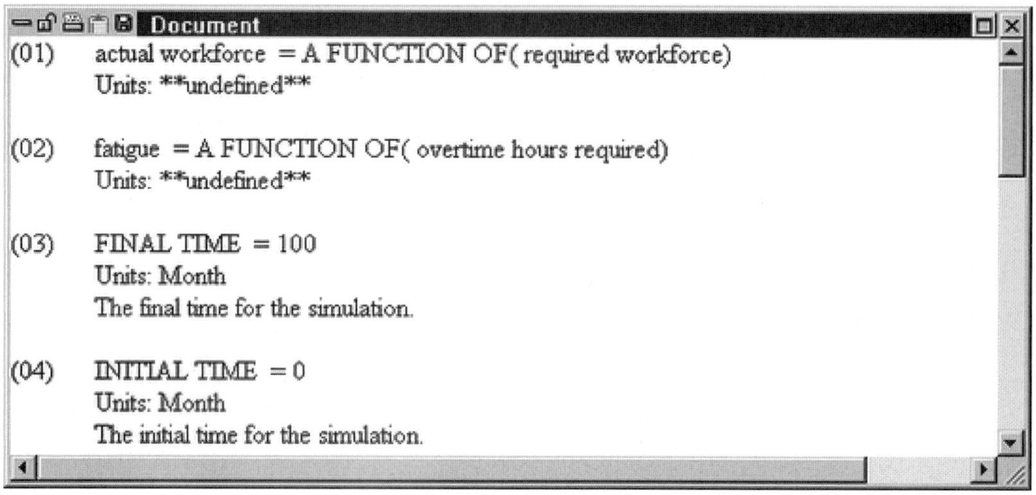
Document

(01) actual workforce = A FUNCTION OF(required workforce)
Units: **undefined**

(02) fatigue = A FUNCTION OF(overtime hours required)
Units: **undefined**

(03) FINAL TIME = 100
Units: Month
The final time for the simulation.

(04) INITIAL TIME = 0
Units: Month
The initial time for the simulation.

모델상의 다른 변수들의 정보를 알파벳 순으로 정리해서 보여준다. 당신이 한가지 알아두어야 할 것은 '*FINAL TIME*', '*INITIAL TIME*', '*SAVEPER*' 그리고 '*TIMESTEP*' 변수는 모델에 당신이 추가하지 않더라도 나타난다는 것이다. 이들 4개의 변수는 모든 모델의 일부분으로 모델이 인과지도 뿐인 구조라 할 지라도 시뮬레이션을 통제하는 역할을 수행한다.

PLE 다른 버전및 PLE PLUS 이외의 버전

▶ 먼저 활성화 변수를 정의해야 한다.

▶ '*Work To Do*' 변수가 활성화되어 있는지를 확인하고 선택한다(활성화 되면 Title Bar 상단에 나타난다).

▶ 그다음에는 **Document** 도구를 클릭한다.

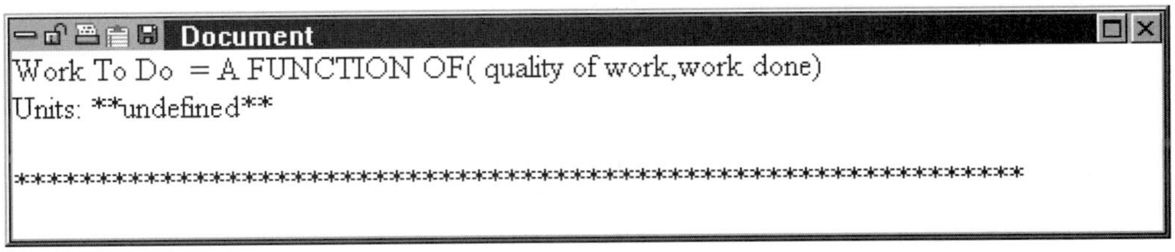

'*Work To Do*' 변수가 어떠한 함수식으로 구성되었는지를 표시해 준다. 다음에는 변수들의 설정을 **Document** 도구의 옵션을 통해 변경해 보도록 한다.

▶ **Document** 도구 위에서 마우스 오른쪽 버튼 혹은 매킨토시에서는 Ctrl 키와 함께 클릭한다.

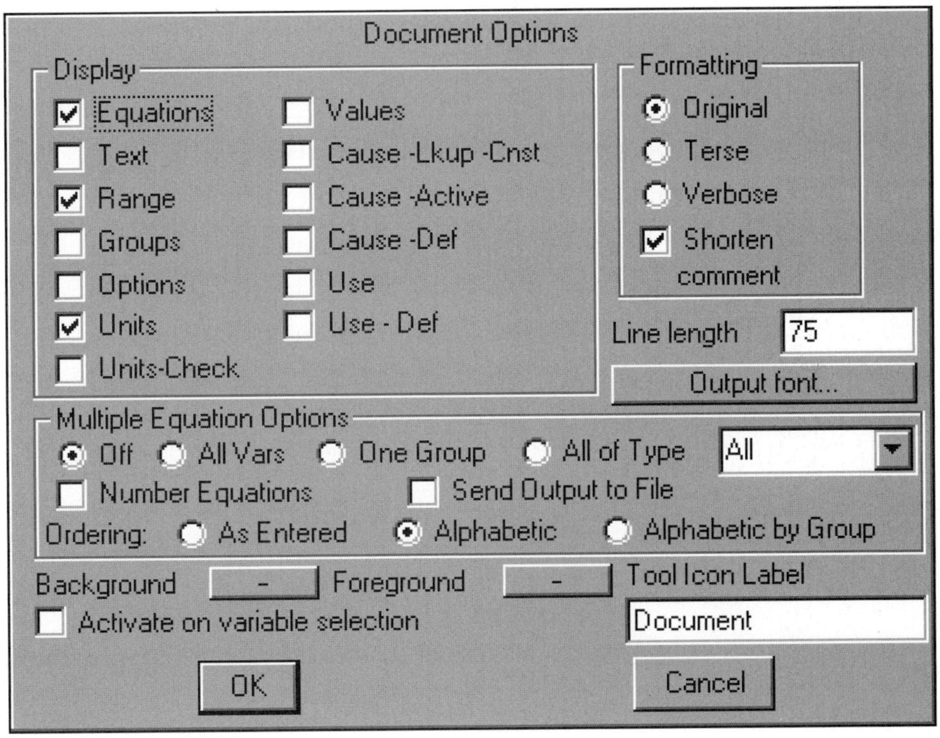

▶ **Display** 필드에서 **Range**와 **Units**이 체크되어 있는데 이를 해제한다. **Multiple Equation Options** 필드에서는 표시할 변수의 종류를 설정할 수 있게 하는 옵션을 제공하는데 여기서는 모든 변수를 의미하는 **All Vars**를 선택하고 **OK**를 클릭한다.

당신의 모델에 대해 전반적인 부분이 모두 설명되어 졌다. 만일 당신이 문서 출력창이 계속 열려있기를 원할 경우 그 화면의 윈도우 창에 계속 나타날 것이다. 만일 닫고자 할 경우 새로운 창에는 그 정보가 포함되어 있는 창이 열리게 될 것이다. 한가지 기억할 것은 이것이 시뮬레이션 모델이 아닐지라도 시간 범위는 모델의 구조안에 담겨져 있다는 것이다.

PLE 혹은 PLE Plus 버전이 아닌 경우 분석 도구를 저장하기

NOTE 당신이 Vensim을 종료하려 할 경우 "Do you want to save the current toolset?"라는 물음과 **Yes/No/Cancel**의 선택화면을 보게 될 것이다.

- ▶ **No**를 선택하면 초기 고유의 도구모음 그대로 유지하게 된다(default.vts 파일에 내장되어 있음).
- ▶ 만일 당신이 직접 설정한 환경을 저장하고 싶다면 **Yes**를 클릭하거나, **Cancel**을 클릭한 후에 메뉴에서 **Tools>Analysis Toolset>Save As**를 선택하고 새로운 도구 모음의 이름을 입력한 후에 **Save** 버튼을 클릭한다.

05 저량-유량도
Stock and Flow Diagrams

저량-유량도(Stock and flow 혹은 Level and Rate diagrams)는 한 시스템의 구조를 인과지도를 이용할 때보다 더 상세한 정보(정량적인 구조)로 나타낼 수 있게 하는 수단이다. 저량-유량도는 변화 행태를 일으키는 중요한 변수의 유형을 정의하는 것으로 시뮬레이션을 하는데 있어서 가장 일반적인 첫번째 단계라고 할 수 있다. 우리는 여기서 제품에 대한 인식과 고객/잠재고객의 수 간의 관계를 설명하는 다이어그램을 그려 실습하고자 한다. 모델의 완성된 예는 참조용으로만 제공되며 이는 UserGuide\chap05\Complete 폴더의 customer.mdl 파일에 저장되어 있다.

5.1 다이어그램의 작성 Building a diagram

- Vensim을 실행한다.
- **New Model** 버튼을 클릭하거나 메뉴에서 **File>New Model**… 항목을 선택한다. 그리고 **OK**를 눌러서 모델 설정창이 뜨면 기본 설정 그대로 두도록 한다.
- 도구모음에서 **Save** 버튼을 클릭한다. *UserGuide\chap05* 폴더에 *customer*라는 이름 혹은 당신이 편한 이름을 설정하여 저장한다.

5.2 저량 변수의 입력 Entering Levels

저량(Levels) 변수는 stocks, accumulations, 혹은 state variables 등으로 알려져 왔다. 저량 변수는 그 변화의 값을 축적하거나 적분처리하여 값을 변경시키는 역할을 한다. 이 저량 변수의 값의 비율이 연속적으로 변화하는 경우에도 시간이 지남에 따라 그 값을 지속적으로 변경한다. 유량(Rate)은 flows라고 불리우며, 저량 변수의 값을 변화시키는 역할을 한다. 유량 변수의 값은 본래의 이전의 값에 의존하지 않는다. 대신에 한 시스템의 저량 변수 값이 외부로부터의 영향과 함께 유량 변수의 값을 결정한다. 중간 개념이나 계산은 보조적인 요소로 알려져 있으며, 유량 변수처럼 저량 변수나 외부로부터의 영향에 의하여 즉각 반응해 변할 수 있다. 중요한 것은 유량 변수는 저량 변수에 조력자 역할을 하는 것이라는 것이다.

저량-유량도를 구성할 때, 일정 기간에 거쳐 축적되어 변화할 어떤 변수를 우선적으로 고려해야 한다. 이를 쉽게 생각하자면 당신의 시스템에 시간이 0에 가깝게 흐른다고 생각해 보자. 어떤 변수가 0이 아닌 상태로 되어 있을까? 예를 들자면 당신이 잔에 물을 따르는 시스템을 구성한다고 생각해 보자. 유리잔에 담겨져 있는 물의 양이 저량 변수의 값이다. 당신이 시간을 멈출 경우에는 저량 변수의 값이 채워지지 않을 것이고, 유리잔에 있는 물의 양을 볼 수 있을 것이다. 당신이 필요수준 이상으로 모델의 저량이라는 개념에 대해서 알게 되면 먼저 저량 변수를 입력한 후, 이의 유량 변수와 보조 변수들을 설계하게 될 것이다. 모델 개발은 대부분 반복되는 경향이 있다. 한번에 많은 변수를 포함하여 개발하려고 하지말고, 당신은 모델을 세팅한 후 점차 계속 변경할 수 있다는 것을 기억하라.

우리가 본 장에서 작업하려고 하는 저량 변수는 *Potential Customers* 변수와 *Customers* 변수이다.

- **Level** 도구 를 선택하고 화면에 클릭한 후 변수의 이름으로 *Potential Customers*라고 입력한 후 엔터키를 누른다.
- **Level** 도구가 여전히 선택된 상태이다. 한번 더 화면에 클릭한 후 7 cm의 크기로 둔 뒤, 변수의 이름을 *Customers*라고 입력한 후 엔터 키를 누른다.

5.3 유량 변수의 입력 Creating Rates

- **Rate** 도구 를 선택한 후, *Potential Customers* 변수를 클릭한 다음 마우스 커서를 *Customers* 변수의 상단 부분을 클릭했다가 뗀다. 여기에 *new customers*라는 이름을 입력한 후 엔터키를 누른다.

이 유량 변수는 단방향의 화살표가 되며, 이 화살표의 방향대로 유량 변수의 값이 흘러 저량 변수의 값을 증감시키는 역할을 의미한다. 이것은 단지 그림상의 표현일 뿐이며, 시뮬레이션 모델의 수식을 어떻게 놓았는지에 따라서 유량의 흐름 방향이 결정된다. 기본적으로는 유량 변수에는 단방향의 화살표가 생기지만 설정의 변경을 통해서 양방향으로도 표현할 수 있다.

▶ Move/Size 도구를 선택한다.

당신이 이 작업을 진행할 때, 여러분은 이들 개체를 연결하는 파이프에 작은 원형의 손잡이가 있는 것을 확인할 수 있을 것이다.

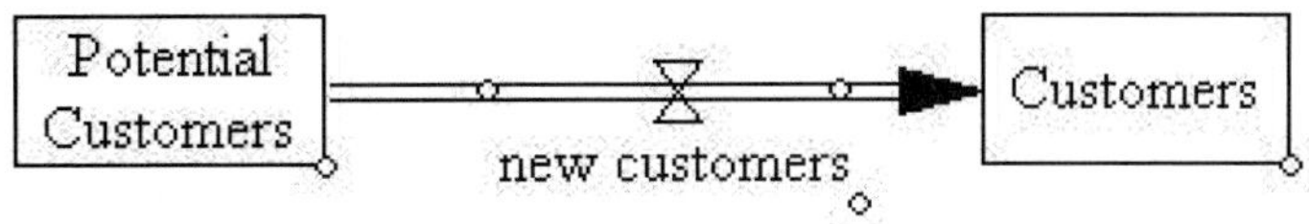

▶ 이 밸브 모양(⌛)의 왼쪽에 작은 손잡이가 있고 여기를 마우스 오른쪽 버튼 클릭하거나 컨트롤 키를 누른 상태에서 클릭한다. 설정창에서 **Arrowhead** 항목을 체크하고 **OK**를 클릭한다.

당신은 양방향 흐름의 유량 변수구조를 볼 수 있다.

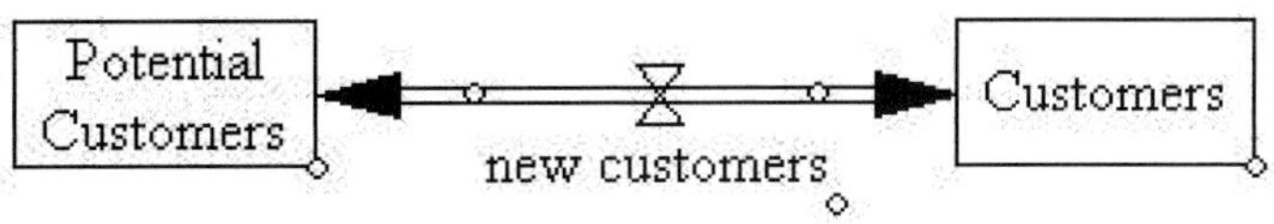

이 다이어그램은 *new customers* 변수가 양의 방향 혹은 음의 방향으로도 작용할 수 있다는 것을 의미한다. 여기서는 사용하지 않겠다.

▶ 메뉴에서 **Edit>Undo Options** 항목을 선택하거나 단축키 Ctrl+Z를 사용하여 이전의 변화시킨 작업을 되돌린다. 유량 변수가 단방향으로 되돌아와 있을 것이다.

유량 변수의 설정(PLE 혹은 PLE Plus 버전은 미지원)

당신은 **Rate** 도구에 오른쪽 버튼으로 클릭해서 도구의 옵션을 설정할 수 있다. **One Way Flow** 체크박스를 해제하면 유량 변수를 양방향으로 기본설정해 사용할 수 있다. 대부분의 모델에서는 양방향의 유량 변수 구조는 흔치 않은 경우이며, 이는 위에서 설명한 방식을 활용하면 만드는데 크게 어렵지는 않다.

5.4 유량 변수의 다이어그램 변형 Bending Rate Pipes

▶ *Customers* 변수를 한번 클릭한 후, Shift 키를 누른 상태에서 마우스 포인터를 *Customers* 변수의 오른쪽 지점 1 cm 위치로 옮긴 뒤에 한번 클릭한다. 한번씩 추가적으로 클릭할 때마다 Shift키는 떼지않고 누른채로 둔다. 하단으로 이동한 뒤 한번 클릭한다. *Potential Customers* 변수의 위로 이동한 뒤 클릭 후 Shift 키를 놓는다. 그리고 마지막으로 *Potential Customers* 변수를 클릭한다. 입력상자에 *exiting customers*라는 이름을 입력한 후 엔터키를 누른다.

당신의 작업화면이 아래와 같이 나타나야 할 것이다.

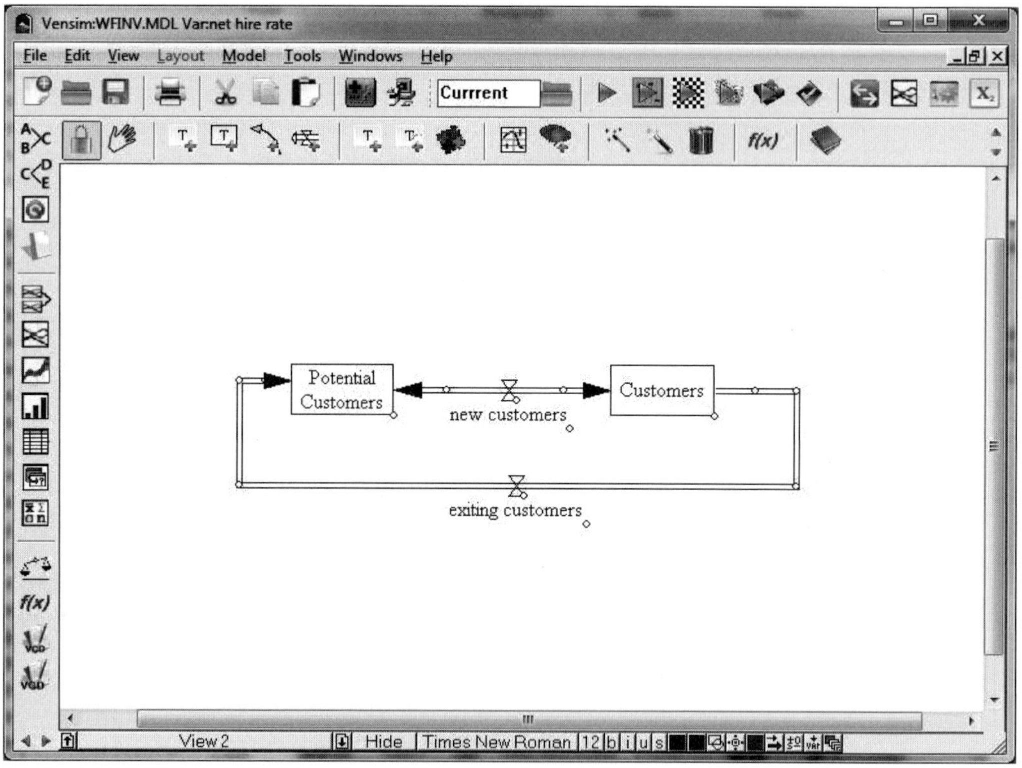

5.5 보조변수와 화살표의 추가 Adding Auxiliaries and Arrows

▶ **Variable** 도구를 선택한다. *new customers* 왼쪽 하단에 한번 클릭하고 변수의 이름으로 *time to become customer*를 입력하고 엔터키를 누른다.

- *exiting customers* 우측 아래를 클릭하고 변수 이름으로 *product life*를 입력한 후 엔터키를 누른다.
- **Arrow** 도구를 선택한다. *Potential Customers* 변수를 클릭하고 *Potential Customers* 변수와 *new customers* 변수 사이의 상단 중간에 있는 빈 부분을 한번 클릭한 후, *new customers* 변수에 부여된 밸브 모양의 그림을 한 번 클릭한다.

휘어진 모양의 화살표가 저량 변수와 유량 변수 사이를 연결한다. Vensim은 밸브 혹은 유량 변수의 이름에 화살표를 연결할 수 있다. 유량 변수의 이름은 밸브 모양 그림과 구조적으로 동일한 것으로 간주된다.

- *time to become customer* 변수를 클릭하고 *new customers* 변수를 한번 클릭한다.
- *Customers* 변수를 한번 클릭하고 *exiting customers* 변수에 붙어 있는 유량 변수를 클릭한다.
- *product life* 변수를 한번 클릭하고 *exiting customers* 변수에 붙어 있는 유량 변수를 클릭한다.

당신이 작업한 다이어그램은 아래와 같이 나타나야 할 것이다.

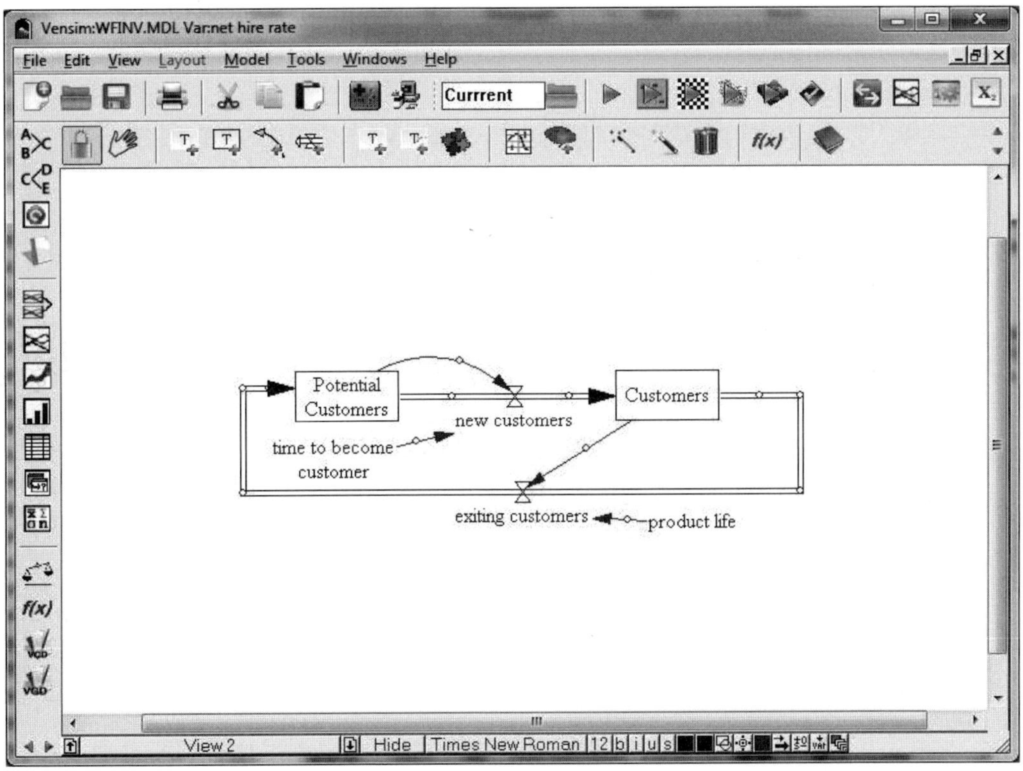

5.6 더 많은 구조입력 More Structure

▶ **Level** 도구를 선택하고 저량 변수인 *Potential Customers*의 상단 2 cm 위에 *Awareness*라는 변수를 만들고 엔터키를 누른다.

▶ **Rate** 도구를 선택한다. *Awareness* 변수의 왼쪽 방향으로 약 5 cm 떨어진 곳의 빈 공간을 클릭한다. 그리고 나서 *gaining awareness* 라고 입력한 후 엔터키를 누른다.

유량 변수의 이름인 *gaining awareness* 변수는 저량 변수와 구름 모양의 그림 사이에 놓여있다. 이 구름 모양의 그림은 모델의 한계를 정의하는 것이다. 즉, 우리는 이 연결사이의 구성요소가 어디서부터 오는지 어디로 사라져 버리는지를 신경쓰지 않는 다는 것이다.

▶ 저량 변수인 *Awareness* 변수를 한번 클릭한다. 마우스 커서를 이 변수의 오른쪽 방향으로 약 5 cm 떨어진 위치의 빈 공간에 한번 클릭한다. 변수의 이름으로 *forgetting* 라고 입력한 후 엔터키를 누른다.

▶ **Variable** 도구를 선택한다. *gaining awareness* 변수 하단에 *advertising effectiveness* 변수를 만들고 엔터키를 **누르지는 않는다**.

▶ *advertising effectiveness* 변수가 스케치된 아래에 클릭한 후 *customer referral*를 입력한다.

▶ 유량 변수인 *forgetting* 위를 클릭하고 *time to forget*를 입력한다.

NOTE 이렇게 여러 개의 변수를 만들때에는 이름을 입력하고 엔터키를 누리지 않고 연속된 클릭 작업으로 할 수도 있다.

▶ *Awareness* 변수와 *new customers* 사이의 빈 공간을 클릭한 후에 *effect of awareness on new customers* 라고 입력한 후 엔터키를 누른다.

▶ 만일 당신이 작업하는 공간이 부족하다면, 전체 공간의 주변으로 이동할 수 있다. 메뉴에서 **Edit>Select All** 항목을 선택하거나 단축키 Ctrl + A를 활용한다. 그 다음 페이지의 남아있는 공간으로 구조들을 이동한다. 당신이 만일 **Lock** 도구를 선택한 상태라면 이 같은 작업은 실행되지 않는다. 현재는 **Move/Size** 도구가 선택되어 있다. 구조의 외부부분을 클릭하여 선택상태를 해제한다.

당신의 작업화면은 아래와 같이 나타나야 할 것이다.

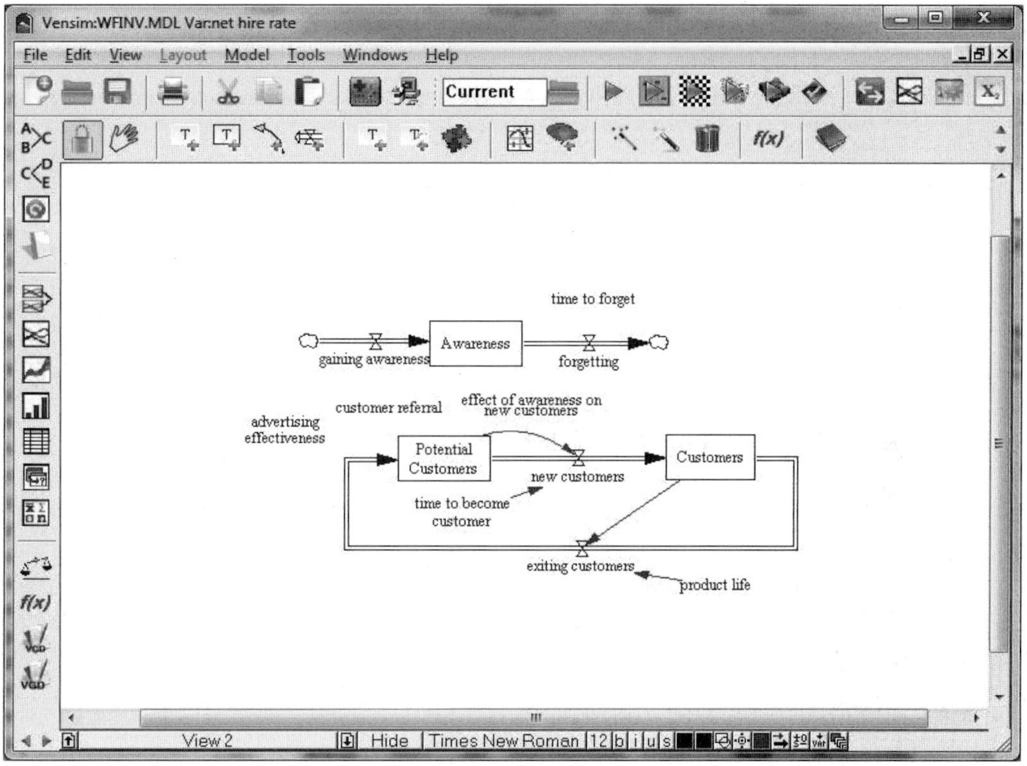

▶ **Arrow** 도구를 선택한다. *advertising effectiveness* 변수를 클릭하고 *gaining awareness* 변수를 다시 클릭한다.

▶ *customer referral* 변수를 클릭하고 *gaining awareness* 변수를 한번 더 클릭한다.

▶ *Awareness* 변수를 한번 클릭하고 *Awareness* 변수와 *forgetting* 변수 사이의 빈 공간을 클릭한다. 그리고 *forgetting* 변수에 붙어 있는 밸브 모양을 클릭한다.

▶ *time to forget* 변수를 클릭하고 *forgetting* 변수에 붙어 있는 밸브 모양을 한번 클릭한다.

▶ *Awareness* 한번 클릭하고 *effect of awareness on new customers* 변수를 한번 클릭한다.

▶ *effect of awareness on new customers* 변수를 한번 클릭하고 *new customers* 변수에 있는 밸브를 한번 클릭한다.

▶ *Customers* 변수를 한번 클릭하고 *forgetting* 변수와 연결된 구름의 약간 윗 부분을 클릭하고 *gaining awareness* 변수를 한번 클릭한다.

▶ 만일 당신의 스케치 개체들을 좀 더 단정하게 정리하고 싶다면 **Move/Size** 도구를 활용해서 개체들을 이동시킨다.

당신이 작업을 마친 스케치는 아래와 같이 나타나야 한다.

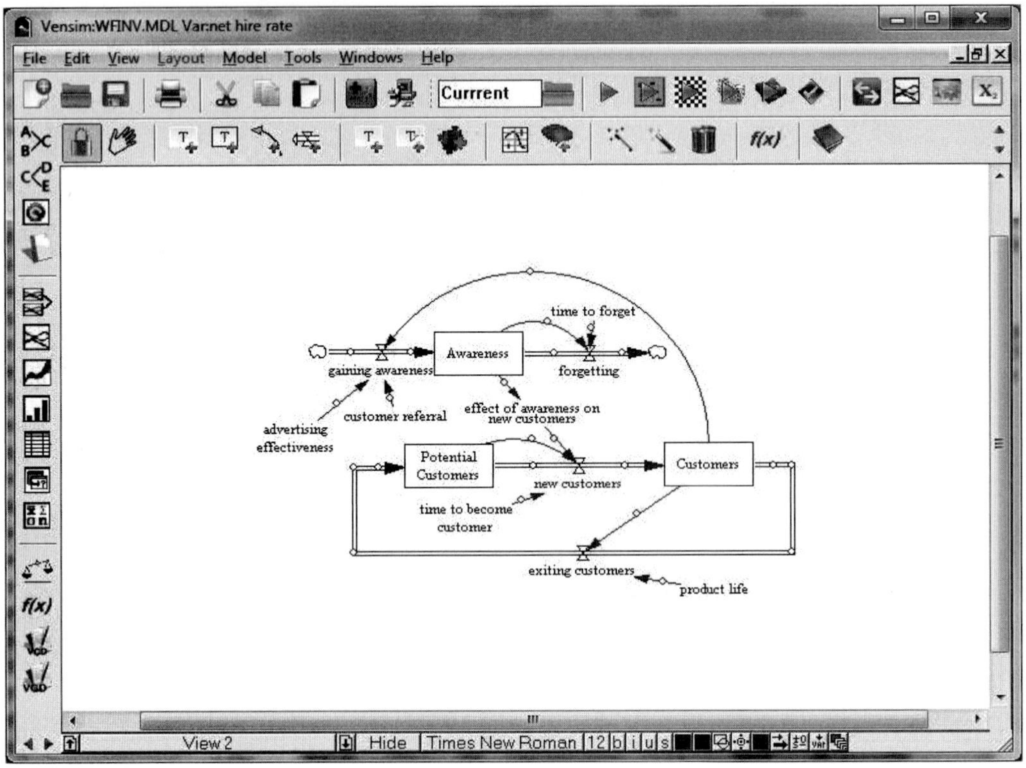

▶ 도구모음에서 **Save** 버튼을 클릭해서 진행한 작업들을 저장한다.

5.7 다이어그램의 사용자 정의 Customizing Diagrams

다이어그램은 여러가지 방법으로 사용자에 맞춰 정의 될 수 있다. Vensim에서 사용되는 다이어그램에 대한 표준은 상자안에 이름으로, 저량 변수는 상자모양으로 표시하는 것이다. 유량 변수가 이름의 정의 없이 밸브 모양만으로 표현될 지라도 저량 변수는 명시적으로 이름이 붙게 된다. 보조변수(Auxiliaries), 상수변수(constants), lookups, 데이터(data, exogenous) 변수 등은 간단한 이름으로 정의된다. 본 장에서는 다이어그램의 사용자 정의에 대한 몇가지 설정들에 대해서 살펴본다.

5.7 (1) 스케치 옵션 Sketch Options

▶ **Move/Size** 도구를 선택한다. 저량 변수인 *Awareness*의 손잡이 부분을 클릭하고 상자가 조금 더 크게 되도록 드래그한다.

▶ 저량 변수인 *Potential Customers* 변수를 한번 클릭해서 선택하고 Shift 키를 누른 상태에서 *Customers* 변수와 *Awareness* 변수를 클릭하면 모두 선택되는데 메뉴에서 **Layout>Size to LastSel** 항목을 선탁하면 변수들의 크기가 같아지게 된다.

▶ 메뉴에서 **Edit>Select all** 항목을 선택하거나 단축키 Ctrl + A를 사용한다. 모든 개체가 선택된 후, 스테이터스 바에 있는 화살표 색상 변경 아이콘을 클릭하여, 스케치 영역의 모든 화살표의 색상을 변화시켜 보자. 변화시킨 후 선택된 영역의 외부 공간을 클릭한다.

NOTE 화살표와 유량 변수가 모두 변경된다. 만일 당신이 화살표와 유량 변수로 나누어 개별적으로 선택한 것만 변경하고 싶다면 메뉴에서 **Edit>Or Select>Information Arrows** 항목과 **Edit>Or Select>Rates** 항목을 선택하고 Shift key를 누른 상태에서 선택하면 선택한 화살표와 유량 변수 각각에 대해 개별적으로 변경된다.

▶ *Awareness* 변수를 클릭하고 shift 키를 누르고 있는 상태에서 *Potential Customers* 변수와 *Customers* 변수를 클릭한다. 스테이터스 바에서 **b**를 선택해서 변수 이름의 굵기를 두껍게 만들자. 만일 당신이 원한다면, 변수와 상자의 색상을 변경할 수도 있다.

▶ Esc 키 혹은 키보드의 1 키를 입력하여 다시 **Lock** 도구로 돌아오도록 한다(혹은 **Lock** 도구를 직접 클릭한다).

5.7 (2) 변수의 모양 Variable Shapes

우리는 다음과 같이 변수 도구에 마우스 오른쪽 버튼을 클릭해 개별적인 옵션 설정창에서 변수들의 모양에 대한 기본 설정을 변경할 수 있다.

▶ *product life* 변수에 마우스 오른쪽 버튼을 대고 클릭한다.

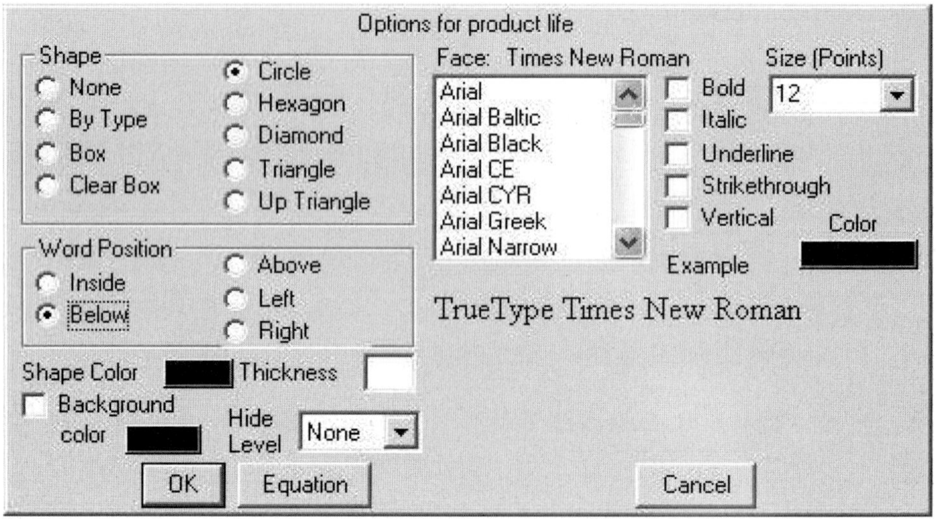

▶ 옵션 설정창에서, **Shape** 필드에 있는 **Circle** 옵션버튼을 클릭한다. **Word Position** 필드에 있는 **Below** 옵션버튼도 클릭한 후 **OK** 버튼을 클릭한다.

이 작업을 수행하는 다른 방법은 **Lock** 도구 혹은 **Move/size** 도구를 놓은 후 스테이터스 바에서 **Surround shape** 버튼을 선택하는 것이다.

5.7 (3) 기본 스케치 설정 Default Sketch Options

옵션 대화창(**Tools>Options**)에는 **Shape** 탭에 **By Type**라는 항목이 있다. 만일 당신이 이를 선택하면 개체의 스케치 결과가 모든 부분에 적용되게 된다. 한번 이를 살펴보고 변경을 하지는 않는다.

▶ 메뉴에서 **Tools>Options**··· 항목을 선택하고 **Sketch** 탭을 선택한다.

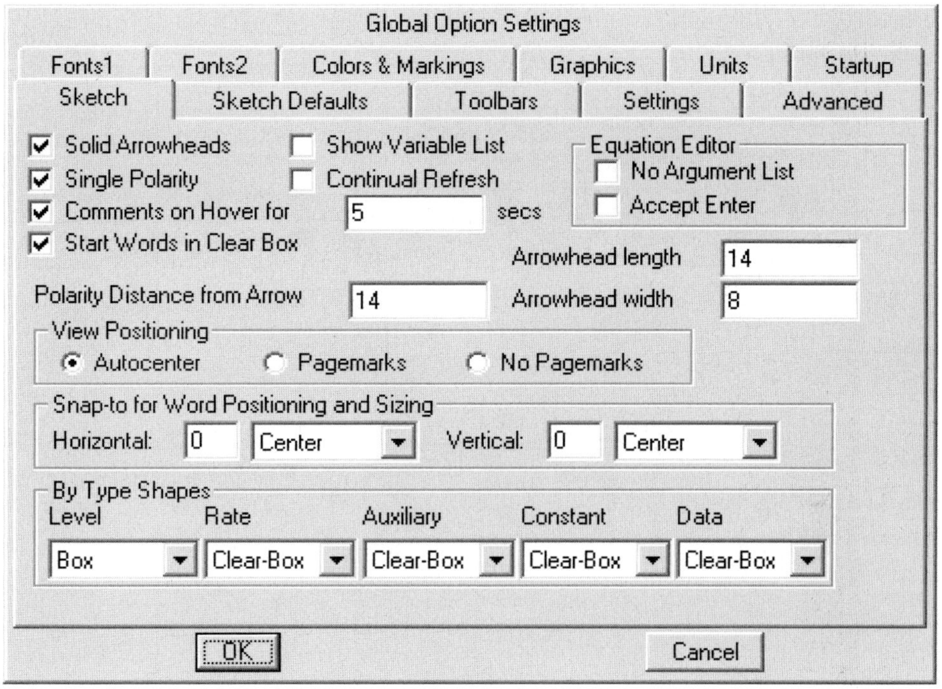

By Type Shapes 필드에는 Vensim에서 사용 가능한 각각의 변수 유형에 대한 설정이 가능한 드롭다운 상자가 있다.

▶ **Cancel** 버튼을 클릭한다.

당신은 **By Type**에서 설정할 수 있는 변수들의 옵션을 **Lock** 도구를 사용한 상태에서도 가능하다. 스테이터스 바에 있는 **Surround Shape** 버튼 을 클릭하고 상단의 두번째 선택인 를 선택하여 이를 실행할 수 있다.

5.7 (4) 스케치 요소들 숨기기 Hiding Sketch Elements

작업화면 메뉴의 기능을 활용해 다이어그램의 사용자 정의하는 방법을 살펴보자.

▶ **Hide Wand** 도구 를 선택한다. 저량 변수인 *Awareness*를 클릭한다. *forgetting, gaining awareness, time to forget, effect of awareness on new customers, advertising effectiveness, customer referral* 변수 순으로 클릭한다. 그리고 2개의 구름 모양 그림도 클릭한다.

클릭할 때마다 각각의 스케치 개체가 작업화면 상에서 숨겨지게 되고 아래와 같이 나타나게 된다.

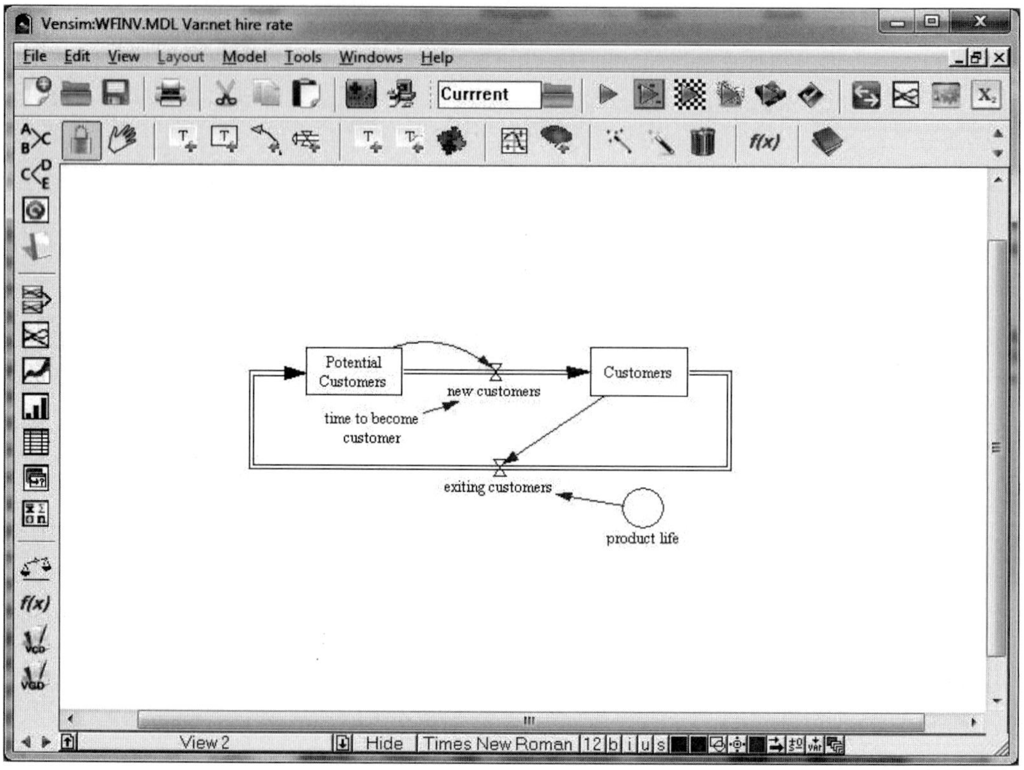

▶ 메뉴에서 **View>Show Hidden>Depth 1** 항목을 선택하고 키보드의 아래 방향키를 누른다.

하단에 있는 스테이터스 바에서 "Hide"라는 글씨가 "Depth 1."으로 바뀌게 된다.

이것들이 활성화되고 있을 경우에 나타나게 되며, 스케치 요소들이 **Hide Wand** 도구에 의해서 보이지 않게 되는 것이다.

▶ **Unhide Wand** 도구를 선택한다. 숨겨진 요소 각각을 클릭한다.

▶ 메뉴에서 **View>Show Hidden>None** 항목을 선택해서 모두 선택 해제한다. 위의 작업을 반복하여 다시 보이도록 수정한다.

이제 당신이 스케치한 개체가 모두 화면에 나타나게 된다. 만일 당신이 어떤 것을 잊고 놓쳤다면 다시 완전히 보이게 될 때까지 위의 과정들을 재반복한다.

NOTE 당신은 숨기기 하는 단계를 1부터 16단계까지로 설정하여 숨기기와 보이기를 화살표 키를 활용해서 적용할 수 있다.

5.7 (5) 작업화면의 배율 및 크기 변경 Resizing & Rescaling Views

작업화면의 배율 변경

▶ 메뉴에서 **View>Zoom>200%** 항목을 선택한다.
스케치 영역이 200% 수준으로 확대된다.

▶ 메뉴에서 **View>Zoom>100%** 항목을 선택한다.
스케치 화면이 다시 원래의 크기로 되돌아 온다. 배율은 단순하게 스케치 영역의 전체를 크게 혹은 작게 보는 것을 변경하는 것이다. 당신은 Shift 키와 Ctrl 키를 누리고 있는 상태에서 마우스 휠을 올리고 내려서 작업화면의 배율을 조정할 수 있다.

작업화면 크기 변경

▶ 메뉴에서 **View>Rescale** 항목을 선택한다. 편집상자에 120/Horizontal, 140/Vertical로 설정한 후 **OK**를 클릭한다.
기본적인 스케치 공간의 변경으로 개체의 크기를 변경하지는 않는다. 우리는 원래의 작업화면 크기를 선택하거나 100%를 입력해서 원래의 크기로 돌아갈 수 있다. 우리는 크기를 축소할 필요가 있다 여기서는 X축의 크기를 83%, Y축의 크기를 71%로 설정한다.

5.7 (6) 스케치 도구의 수정 Modifying the Sketch Tools

우리는 Vensim의 기본적인 스케치 설정을 활용해서 모델 작업을 수행해왔다. 이들 도구의 각각의 항목은 개별적으로 수정될 수 있고, 전체 및 그 중의 일부의 변화를 저장할 수 있다. 가장 일반적인 스케치 설정의 변화는 변수의 모양을 다르게 적용하는 것이다.

▶ **Variable** 도구에 마우스 오른쪽 버튼을 클릭하면 대화상자가 하나 열리게 된다.

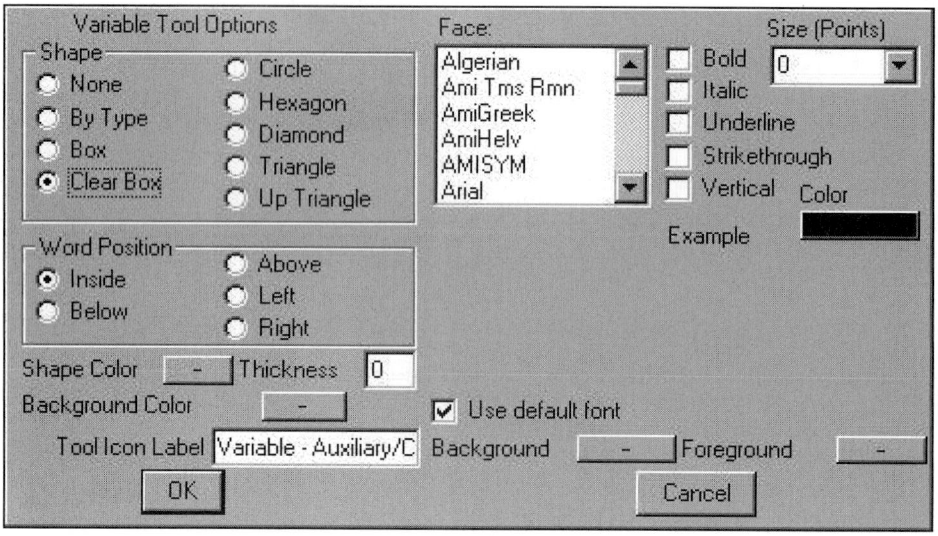

이 대화상자는 위에 언급되었던 변수 옵션 대화창에 몇가지 항목들이 추가되었을 뿐이지 거의 유사하다. **Variable** 도구와 **Level** 도구의 가장 큰 차이는 변수의 모양이다. 변수 도구는 **Clear Box**라는 기본적인 설정을 갖는다. 이 도구는 변수가 아무 테두리 없는 상자안에 놓이는 것을 의미한다. 당신은 한줄 이상의 너무 긴 이름으로 변수를 입력할 경우 손잡이를 사용해서 변수의 사이즈를 조정할 수도 있다.

때때로 당신은 대부분 한줄로 변수를 작업할 것이다. 이는 간단히 **Shape: None**로 설정해서 사용이 가능하다.

▶ **OK** 버튼을 클릭해 대화창을 닫도록 한다.

❙ 스케치 도구모음의 저장

NOTE 당신이 Vensim을 종료할 때 "Do you want to save the current toolset" **Yes/No/Cancel**라는 메시지를 보게 될 것이다.

▶ **No**를 클릭하면 모든 스케치 도구모음의 변화들을 반영하지 않고 기본상태 그대로 두는 것이다(*default.sts* 파일과 같이).

만일 당신이 변경한 스케치 도구의 설정을 저장하고 싶다면, **Cancel**을 클릭하고 메뉴에서 **Tools>Sketch Toolset>Save As** 항목을 선택한 뒤, 당신이 원하는 이름으로 도구모음의 설정 이름을 저장한 후 **Save**를 클릭한다.

06 시뮬레이션 모델 구축: 인구 모델

Building a Simulation Model: A Population Model

인구 모델

본 장에서는 토끼 인구의 시뮬레이션 모델을 제공한다. 모델링 과정은 모델의 스케치를 마치고, 스케치한 모델에 수식을 입력하고, 수치정보를 입력하는 것으로 시작이 된다. 다음으로 모델은 시뮬레이션 되면, 시뮬레이션 결과를 자동적으로 데이터 셋에 저장하게 된다. 끝으로 시뮬레이션 데이터는 모델내에 있는 동적행태의 변화를 발견하기 위한 분석 도구들을 통해 규명될 수 있다.

일반적은 모델 구축작업은 생성, 재생성이라는 패턴의 반복을 따르며, 당신의 모델도 당신이 생각하는 요구수준에 도달하기까지 이러한 작업을 반복하게 될 것이다. 디버깅(시뮬레이션에 적합하도록 모델을 만드는 것)과 모델 분석(결과의 변화행태 조사) 모두 모델을 수정하는 작업의 일부라고 볼 수 있다. 타당성 검증(Reality Check)은 모델의 구축과 재조정을 위한 또 다른 기법이며, 이는 Chapter 14에 기술되어 있다.

Vensim의 시뮬레이션 모델의 동작은 전적으로 다른 변수 사이의 관계를 규정하는 수식에 의해서 결정된다. 우리는 이러한 가이드에 의해 개발된 시뮬레이션 모델에 대한 전체 수식을 나열한다. 모델(인과지도, 저량-유량도)의 그림은 변수 사이의 관계를 설명하는 그림이다. Vensim의 다이어그램과 모델 수식에 있어서 일관성이 적용되지만 정보는 때때로 다이어그램에서 생략하거나 숨기는 것도 가능하다. 당신은 시뮬레이션 모델을 구축할 때 입력하는 수식들이 본 교재에 있는 내용과 완전히 일치되도록 해야 한다. 다이어그램의 모양에 차이가 있을 수 있는데 이는 실수로 뭔가를 숨기거나 모델 다이어그램의 모양에 영향을 미치는 옵션을 조정했기 때문일 수 있다.

모델의 완성된 예시는 참고용으로만 제공되며, 이는 UserGuide\chap06\Complete 폴더에 pop.mdl라는 이름으로 저장되어 있다.

6.1 Vensim의 규칙 Vensim Conventions

이름 지정

모델의 다이어그램은 개체의 구축, 분석, 보고를 명확하게 표현할 수 있어야 한다. 모델의 대부분은 당신이 원한다면 당신이 원하는 대로 할 수 있지만 본 교재에서 특정하게 지정한 규칙을 따르는 것이 바람직하다.

저량(Levels)변수: 변수의 첫 글자를 대문자로 표시한다. e.g., *Population*

유량(Rates), **보조변수(auxiliaries)**, **상수변수(constants)**, **lookups**, **데이터 변수(data variables)** 및 다른 형태의 변수는 모두 소문자로 입력한다. e.g., *average lifetime*

개체의 스케치

저량 변수는 **Level** 도구를 사용해서 입력한다. **Level** 도구를 사용할 때에는 만들어지는 변수들이 저량 변수로 지정되게 설계되어 있다. 당신이 수식편집기를 열 때 **Level** 도구를 사용해서 추가된 변수는 저량이라는 형태의 수식을 가지고 있음을 확인할 수 있다. 당신은 수식편집기에서 유형을 변경하거나 박스 표시가 없이 저량 변수를 만들수도 있지만 이는 혼동을 일으킬 수 있으며, 아주 특별한 용도를 제외하고는 사용하지 않는 것이 좋다.

유량 변수는 **Rate** 도구를 사용해서 입력한다. 유량 변수는 기본적으로 이름과 함께 변수의 흐름을 가리키는 단방향의 화살표와 함께 추가되도록 설계되어 있다. 당신은 유량 변수를 만들 때 Esc 키를 눌러서 이름이 없는 상태로 두어도 일단은 스케치가 가능하고 이후 변경할 수도 있다. 당신은 **Move/Size** 도구가 선택된 상태에서 변수의 손잡이를 마우스 오른쪽 버튼으로 클릭하여 다른 쪽 방향에 화살표를 추가해 양방향으로 표현할 수도 있다. PLE와 PLE Plus 버전을 제외하고 당신은 유량 변수에 대한 옵션중 **Query Valve Name** 혹은 **One Way Flow**를 변경할 수 있다.

NOTE 유량 변수에 화살표가 있거나 없다는 것은 시뮬레이션 모델에서 수식에 아무런 영향을 주지 않는다. 유량 변수에 대한 수식은 하나의 화살표가 스케치 영역에 나타나 있더라도 그것은 저량 변수의 값을 감소 혹은 증가시킬 수 있다. 모델에 입력된 수식만이 적합한 방향으로 유량 변수의 흐름을 결정짓는 요소라고 볼 수 있다.

상수값, 보조변수, Lookups, 데이터 변수 등은 **Variable** 도구를 사용해 테두리가 없는 상자 형태로 입력한다. 일부 다이어그램 규칙에서 보조변수와 상수값에 원 모양의 테두리를 갖게 하나 이는 전달하려는 정보를 증가시키는 것이 아니라 다이어그램 작성에 혼란을 끼칠

수 있다. 표준 규칙을 따르지 않고 제각각인 모델링은 광범위한 형태로 나타날 수 있다. 시뮬레이션 모델을 구축하기 위해 우리는 일반적인 방식의 저량 변수, 유량 변수에서 밸브모양의 그림, 꾸밈이 없는 다른 변수를 우리는 기본 사항으로 추천하며, 이러한 방식으로 모델을 개발한다.

PLE와 PLE Plus 버전을 제외한 나머지 버전에서는 당신은 스케치 도구 모음에 더 많은 도구를 추가하고 변수 스케치를 **원형** 혹은 **다이아몬드**와 같은 모양으로 생성할 수 있도록 동작을 변경할 수 있다는 것만 기억한다.

6.2 토끼 인구 모델 Sketching the Rabbit Model

- Vensim을 실행한다.
- **New Model** 버튼을 클릭하거나 메뉴에서 **File>New Model...**항목을 선택한다.
- 모델 설정 대화창에서 시간 범위 옵션 부분에 FINAL TIME을 30으로, TIME STEP에 0.125를 입력한다. **Units for Time** 드롭다운 상자를 클릭해서 **Year**를 목록에서 선택한 후 **OK**를 클릭하거나 엔터키를 누른다.
- **Level** 도구를 선택하고 스케치 영역의 중간 부분 아무곳이나 클릭한다. 입력상자에 변수 이름으로 *Population*라고 입력한 후 엔터키를 누른다.
- **Rate** 도구를 선택한다. 저량 변수인 *Population* 변수의 좌측으로부터 약 5 cm정도 떨어져 있는 곳을 한번 클릭한 후, 마우스 커서를 *Population* 변수 위에 가져다 놓은 다음 한번 더 클릭한다. 이름으로 *births*를 입력한 후 엔터키를 누른다.
- 저량 변수인 *Population*을 한번 더 클릭하고 커서를 우측으로 약 5 cm 떨어진 곳에 가져간 뒤 한번 더 클릭한다. 이름을 *deaths*로 입력한 뒤 엔터키를 누른다.
- **Variable** 도구를 선택한다. 스케치 된 *births* 변수의 아래를 클릭한 후 이름으로 *birth rate*라고 입력한 뒤 엔터키를 누른다. *Deaths* 변수 아래를 클릭한 뒤 이름으로 *average lifetime*라고 입력한 뒤 엔터키를 누른다.
- **Arrow** 도구를 선택한다. *birth rate* 변수를 선택하고 *births* 변수를 선택한다. *average lifetime* 변수를 클릭하고 *deaths* 변수를 한번 더 클릭한다.

- *Population* 변수를 클릭하고, *Population* 변수의 좌측 아래를 클릭한 뒤 *births* 변수를 클릭한다.
- *Population* 변수를 클릭하고 *Population* 변수의 우측 아래를 클릭한 뒤 *deaths* 변수를 클릭한다.
- **Save** 버튼을 활용해 당신이 지금 작업한 내용을 *UserGuide\chap06* 폴더에 *pop.mdl* 라고 저장한다.

인구모델의 구조가 이제 완성되었고 아래의 그림과 같이 나타나게 된다. *Population* 변수에 대해서 *births* 변수를 통해 *Population* 변수값이 증가하는 양의 피드백 구조와 *deaths* 변수를 통해 *Population* 값이 감소하는 음의 피드백 루프를 담고 있다.

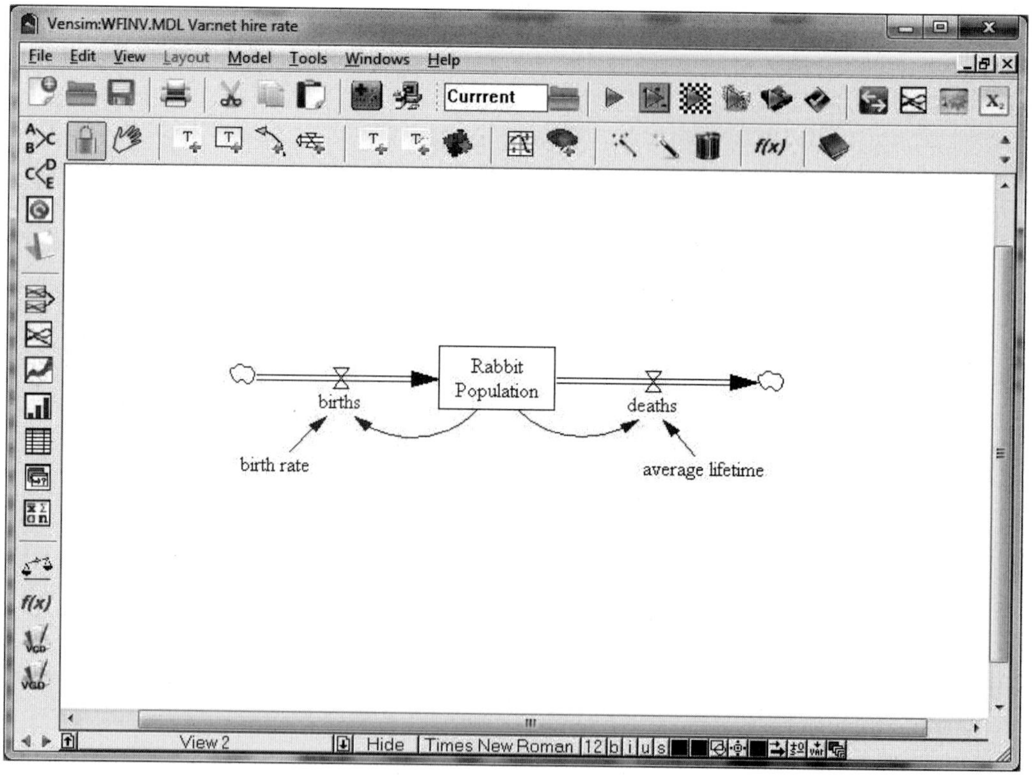

6.3 수식의 입력 Writing Equations

모델의 구조는 현재 완료되었다. 그러나 만일 당신이 이를 시뮬레이션 시도하게 된다면, 모델에 오류가 발생했고 시뮬레이션 할 수 없다는 메시지를 얻게 될 것이다. 시뮬레이션을 수행하기 위해서는 각각의 관계를 설명하는 대수학적인 수식들이 모두 입력되어야 한다. 이러한 수식은 인과적으로 연결되어 하나의 변수를 간단한 수식으로 설정할 수 있다. 예를 들어

```
births = Population * birth rate
```

스케치 화면에 보이는 것처럼 *birth rate* 변수는 아무런 원인변수를 포함하고 있지 않는다. 따라서 이는 모델에서 상수 변수 역할을 한다. 이러한 상수변수에는 숫자 값이 포함되며, 추후 설명하겠다.

우리는 입력하는 각각의 수식에 측정 단위도 입력할 수 있다. 단위는 우리가 모델의 차원적인 일관성을 유지할 수 있게 확인할 수 있는 역할을 한다. 메뉴에서 **Model>Units Check** 항목을 선택하거나 단축키 Ctrl + U를 활용해서 우리가 입력한 모든 수식에 대해 점검 가능하다.

▶ **Equations** 도구를 선택한다.

모델에 있는 모든 변수들이 검은색으로 나타난다. 하이라이트 표시는 모델의 완성도를 나타내어주는 체크리스트 역할을 하게 된다. 하이라이트 표시는 여전히 수식이 필요하거나 불완전한 수식이 입력되어 있는 변수라는 것을 나타내어 준다. 당신이 이들 각 변수에 수식입력을 완료하면, 하이라이트 표시가 사라지게 된다. 메뉴에서 **Model>Check** 항목을 선택하거나 단축키 Ctrl + T를 활용해도 가능하며, 수식 편집기에 있는 **Check Model** 버튼을 클릭해도 이를 검증 할 수 있게 해준다.

▶ *births* 변수를 클릭한다.

수식 편집기가 열리게 된다. 수식 편집기의 정확한 모양은 당신이 사용하고 있는 Vensim의 버전에 따라 다르게 나타난다. Vensim PLE와 PLE Plus 버전은 단순한 모양의 수식편집기를 가지고 있으며, 기본적인 요소들은 다른 것과 동일하다.

보조변수 입력

우리가 *births* 변수를 클릭한 결과에 따라 이의 이름이 수식 편집기 상단에 나타나게 된다. 좌측의 드롭다운 리스트 상자는 변수의 형식을 보여준다. Vensim에서는 유량 변수와 보조변수는 같은 종류의 것으로 간주된다. 다른 유형을 보기 위해서는 드롭다운 상자를 클릭한다.

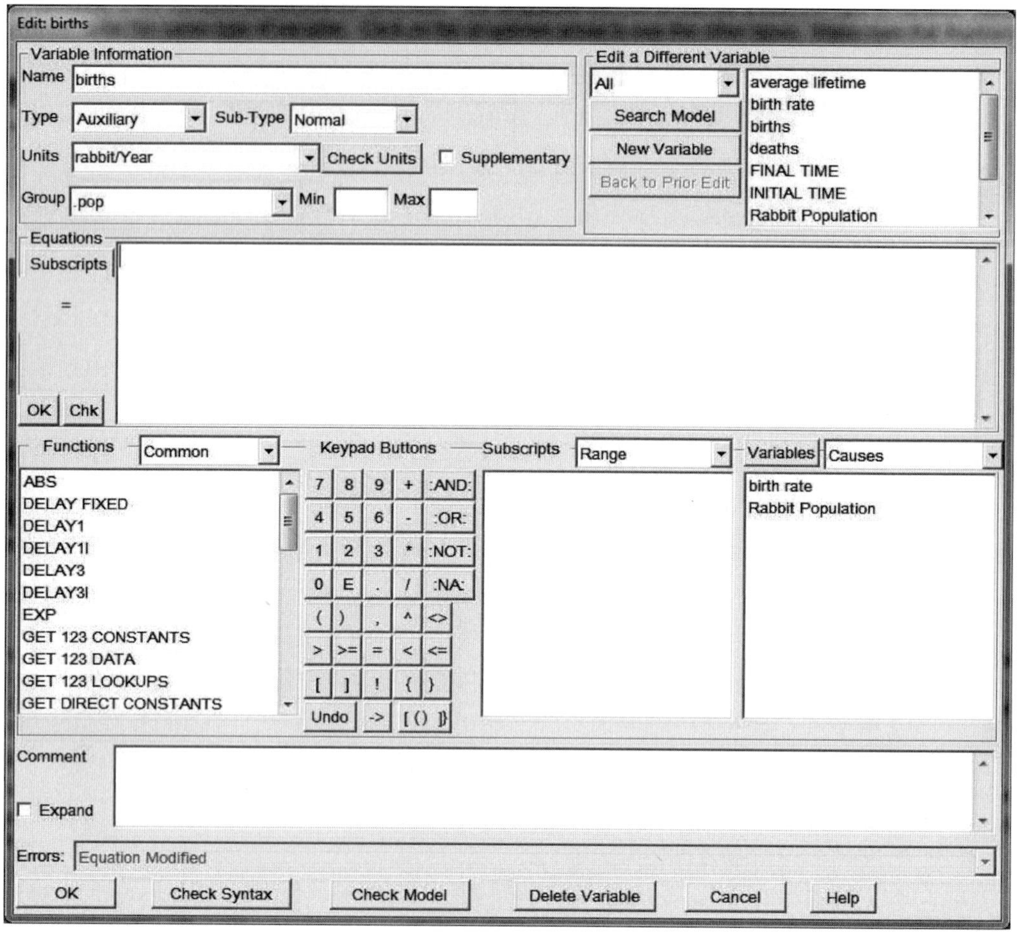

▶ *births* 변수의 수식을 아래와 같이 입력하도록 한다.

▶ *Population * birth rate*라고 직접 입력한다.

혹은

▶ **Variables** 목록에서 *Population* 변수를 선택하고 * 기호를 입력하고 다시 **Variables** 목록에서 *birth rate* 변수를 선택한다.

명확성을 높이기 위해 변수에 빈공간이나 밑줄을 활용하는 것도 방법이지만 필수적인 요소는 아니다. 새로운 라인을 추가하려면 Ctrl 키를 누른 상태에서 엔터키를 누른다.

이제 *births* 변수의 단위를 입력하도록 한다.

▶ 측정 단위 입력란에 *rabbit/Year*를 입력한다. 이는 즉, *births* 변수가 1년당 몇 마리의 토끼가 태어났는지를 측정 기준으로 한다는 것이다. **OK**를 클릭하거나 엔터키를 누른다.

만일 모델 구조와 수식이 동일하고 구문에 어떤 오류도 가지고 있지 않은 경우에는 수식 편집기 창이 사라질 것이다. 만일 어딘가에 문제가 발생한다면, 당신은 어떤 것이 잘못되어 있는지를 알려주는 에러 메시지를 발견할 수 있게 된다.

▎저량 변수의 입력

▶ *Population* 변수를 클릭한다.

수식편집기가 열리는데 *births* 변수의 그것과는 약간 다른 형태를 가지고 있다.

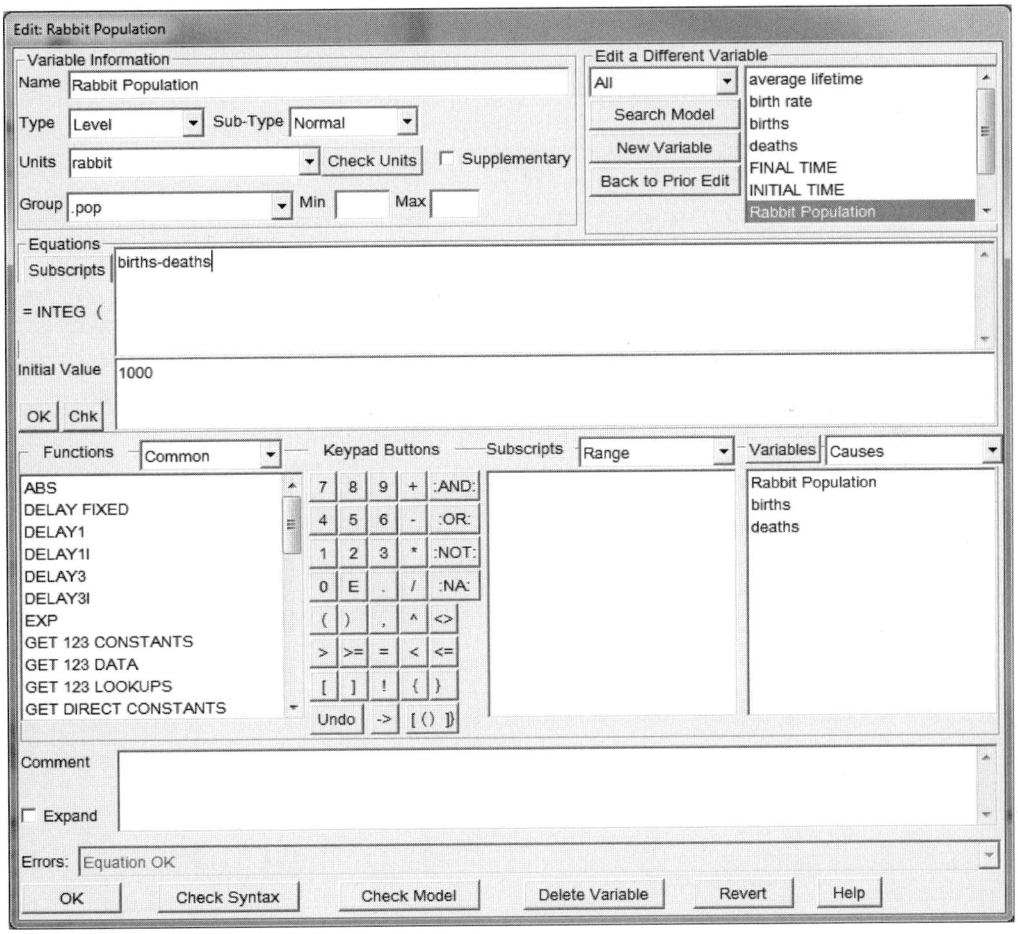

드롭다운 목록 상자가 **Level**을 나타내고 있다. 수식 입력상자의 좌측에는 INTEG 함수(시간의 흐름에 따라 가변값을 통합하는 역할)가 기본적으로 저량 변수를 정의하는데 하위 구성변수와 함께 이미 사용되어져 있다. 왜냐하면 우리가 이 저량 변수에 *births* 변수와 *deaths* 변수를 유량 변수로 입력했기 때문이다. Vensim에서는 기본적으로 연결된 유량 변수를 파악해서 수식에 반영한다. 유량 변수는 안쪽으로 흘러가는 것을 양(+)의 역할을 하는 것으로 간주하며, 바깥쪽으로 흘러가는 것을 음(−)의 역할을 하는 것으로 간주한다. 만일 유량 변수가 다른 방향으로 흘러가는 것으로 표현되어도 수식 편집기에서 정확한 내용을 설정할 수 있다. 이미 반영되어 있는 저량 변수인 *Population*의 수식은 정확하게 반영되어 있으니 변경하지 않는다.

저량 변수의 수식 편집기는 시작 혹은 초기값을 설정하는 별도의 편집 상자를 가지고 있으며, 커서가 놓여있게 된다.

▶ 여기서는 **Initial Value** 편집상자에 1000을 입력한다.
이 값은 시뮬레이션의 시작 시점상의 토끼의 기초 숫자를 의미하는 것이다.

▶ *rabbit* 변수의 Units box에 단위를 입력하고 **OK**를 클릭하거나 엔터키를 누른다.

▶ *birth rate* 변수를 클릭한다. 편집상자에 0.125를 입력한다.

▶ 단위로 *fraction/Year*를 입력한다(원한다면 1/Year로 입력해도 된다). 이는 연간 단위로 측정되는 출생률의 비율을 의미한다. 다르게 얘기하자면 이는 (rabbits born/rabbit population)/Year (*rabbit/rabbit*)/*Year* = *fraction/Year*라는 수식이 되기도 한다는 것이다. **OK**를 클릭하거나 엔터키를 누른다.

▶ 아래에 나열된 표시대로 나머지 두개의 수식 입력을 완료한다.
모든 모델의 변수가 스케치 영역에 하이라이트 표시되지 않고 명확하게 나타난다. 단위는 이전에 입력한 것이 있다면 직접 기입하지 않고 드롭다운 목록 상자를 클릭해서 선택할 수도 있다.

pop.mdl 모델의 수식들

```
average lifetime = 8
Units: Year
birth rate = 0.125
Units: fraction/Year
births = Population * birth rate
Units: rabbit/Year
deaths = Population / average lifetime
Units: rabbit/Year
```

```
Population = INTEG(births - deaths, 1000)
Units: rabbit
```

6.4 모델의 수식 및 단위 오류의 검증 Checking for Model Syntax and Units Errors

모델의 시뮬레이션을 수행하기 전에 우리는 수식과 단위 내에서 발생한 오류를 점검해야 한다.

▶ 메뉴에서 **Model>Check Model** 항목을 선택하거나 단축키 Ctrl + T를 활용한다. 당신은 "Model is OK."라는 알림창을 확인 할 수 있어야 한다.

만일 모델에 에러가 발생했다면 에러를 포함하고 있는 변수에 대한 수식 편집기가 열리게 된다. 모든 입력 요소들과 모양들이 위에 언급되었던 것과 동일하게 되어 있는지 한번 더 확인하도록 한다. 모델의 구조들은 위에서 언급된 것과 완전히 동일하게 되어 있어야 한다.

▶ 메뉴에서 **Model>Units Check** 항목을 선택하거나 단축키 Ctrl + U를 활용한다. 여려분은 "Units are AOK."라는 알림창을 확인 할 수 있어야 한다.

만일 모델의 단위에 에러가 발생했다면, 결과창에 어느 변수에서 에러가 발생했는지 나타나므로 이를 확인하도록 한다. 수식 편집기를 사용해서 위의 리스트에 언급된 변수의 단위를 수정하도록 한다.

NOTE 단위 검사(Units Check) 기능도 PLE 버전 및 PLE Plus를 제외하고 분석 도구 상에서 편집이 가능하다. 당신은 도구 모음을 수정하거나 여기에 **Units** 도구를 추가할 수도 있다. 도구모음 설정 중에서 *default2.vts* 파일은 **Units** 도구를 기본적으로 포함하고 있다.

6.5 단위 단일화 Units Equivalents

단위를 영문으로 입력할 때 당신은 변수의 단위를 단수와 복수로 입력할 수 있다. 예를 들어 rabbits 그리고 rabbit과 같이 입력할 수 있다. Vensim에서는 이러한 경우에 동일한 단위로 인식하지 못하기 때문에 에러를 나타내게 된다. 가장 간단한 해결 방법은 단수/복수를 택일해서 사용하거나 모델에 동의어로 인식하게 설정을 변경하는 것이다.

▶ 메뉴에서 **Model>Settings...**항목을 선택하고 **Units Equiv** 탭을 클릭한다. 편집상자에

rabbit, rabbits라고 입력한 뒤에 **Add Editing** 버튼을 클릭한다. 그다음 **OK**를 클릭해 대화상자를 닫는다.

6.6 모델의 시뮬레이션 Simulating the Model

▶ 도구모음에 있는 **Runname** 편집창을 더블 클릭해서 수행결과 이름으로 equilib라고 입력한다.

▶ **Simulate** 버튼을 클릭하거나 **Runname** 편집창에 커서가 있을 때 엔터키를 누른다.
모델이 시뮬레이션 될 것이다. 이 모델은 꽤 작은 규모의 모델이기에 **Simulate** 버튼을 다시 눌러도 아무것도 변하지 않은 것처럼 보일 수 있다. 당신이 만일 시뮬레이션을 다시 실행했을 때 데이터 셋을 덮어 쓸것이냐는 질문창을 확인할 수 있을 것이다.

6.7 모델의 분석 Model Analysis

이 모델은 토끼의 인구에 대한 균형 상태를 표시하도록 설계되어 있다. 상수인 *birth rate* 변수와 *average lifetime* 변수의 값 각각의 피드백 루프는 인구의 값에 의한 변화의 결과로 수치적 균형을 *Population* 변수가 12.5% 흐름의 속도로 생성하게 설정되어 있다.

그래프 및 도표 도구

▶ 스케치 되어 있는 저량 변수인 *Population* 변수를 클릭한다.
이렇게 클릭하는 것은 활성화 상태로 두기 위함이다. 이 작업을 수행하는 또 다른 방법은 변수 선택 컨트롤에서 *Population* 변수를 선택하는 것이다. Vensim의 실행창의 상단에 보면 *Population* 변수가 선택되어 있음을 확인할 수 있다.

▶ **Graph** 도구를 선택한다. *Population* 변수의 분석결과가 그래프로 나타나게 된다.

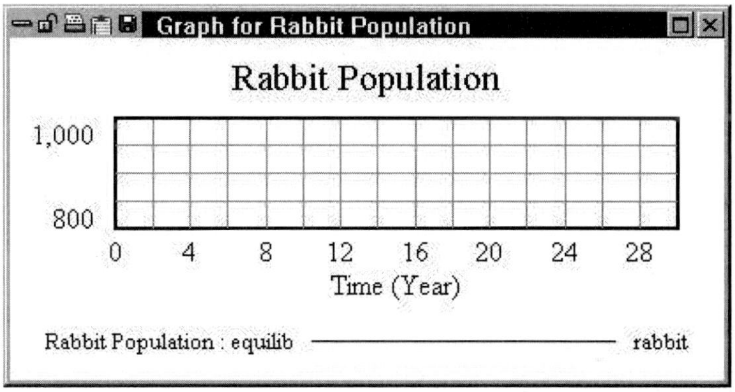

Population 변수의 값이 1000에 맞춰져 평형을 이루는 것으로 보인다. 변화가 나타나지 않고 있음을 확인한다.

▶ 이번에는 **Table** 도구를 클릭한다.

도표로 *Population* 변수의 값이 변화하지 않는 것이 나타난다. 윈도우 창을 스크롤해서 *Population* 변수의 값이 시뮬레이션 되는 동안 여전히 1000으로 나타나고 있는 것을 알 수 있다.

Table

Time (Year)		29.5	29.625	29.75	29.875	30
"Population"	Runs:	equilib				
Population		1,000	1,000	1,000	1,000	1,000

6.8 시뮬레이션 결과의 비교 Comparing Simulations

Vensim의 주요 기능은 상수(혹은 lookups)값의 변화에 미치는 영향을 테스트 하기 위해 서로 다른 조건에서 모델에 여러가지 시뮬레이션을 할 수 있는 특징이 있다. 당신이 쉽게 변수의 변화행태에 대한 정보를 접근할 수 있게 Vensim은 이를 지원한다. 또한 각 시뮬레이션 실행을 위한 모든 변수에 대한 데이터를 저장하게 된다. 실험은 일시적인 상수 값 혹은 Lookup 변수의 값을 변경하고 모델을 시뮬레이션 하는 것에 의해 이뤄지게 된다. 이 방식은 당신이 모델에 변경을 주지않고 계속 유지상태로 두고 있을 때 불변의 참조값을 유지하게 된다.

6.9 기하급수적인 성장 Exponential Growth

이제 우리는 평형조건이 충족되는 것을 확인했다. 이제 모델의 상수값의 변경을 통해 제약이 없는 성장을 살펴보도록 한다. 이러한 기하급수적인 성장은 가장 간단한 동적 변화 행태 중의 하나이다.

6.10 시뮬레이션 실험 Simulation Experiments

▶ **SyntheSim** 버튼 을 클릭한다. 당신이 수행결과를 덮어 씌울 것인지를 묻는 질문에 **Yes**를 선택한다.

도구 모음이 다음과 같이 바뀌게 된다.

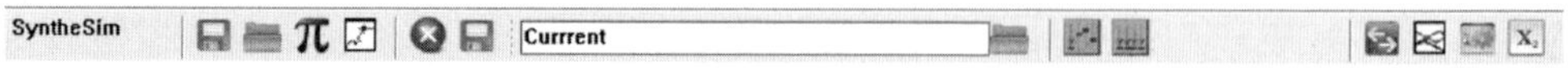

그리고 다이어그램의 모든 요소들에서 변수의 변화 행태를 미리보기 할 수 있게 된다.

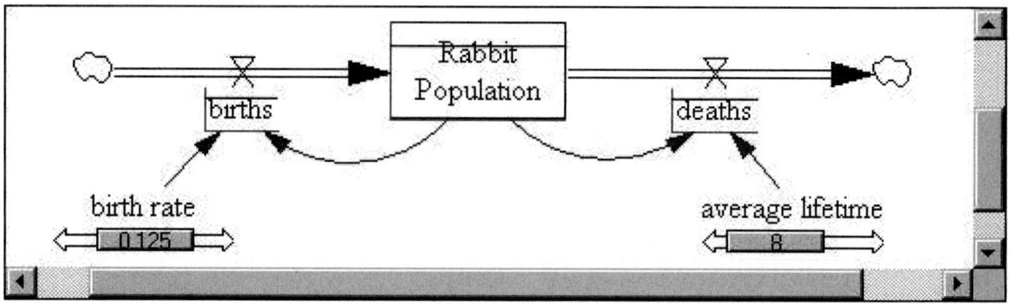

▶ **Runname** 편집상자를 더블클릭해서 *equilib*라는 수행결과의 이름을 *growth*로 대체한다.

▶ *birth rate* 아래에 있는 슬라이드 바를 이동해서 0.2를 값으로 갖게 한다. 만일 당신이 정확하게 이 값으로 맞추는데 어려움을 느낀다면, 키보드의 왼쪽 혹은 오른쪽 키를 사용해서 작은 단위로의 값 설정이 가능하다.

당신의 스케치 화면이 다음과 같이 나타나야 한다.

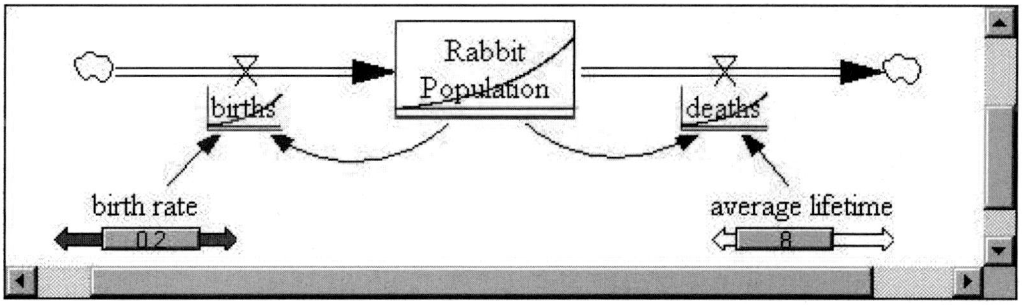

현재의 수행결과가 파란색 선으로 표시되고 기존의 *equilib* 수행결과에 담겨있는 내용은 빨간색 선으로 표시된다.

▶ **Stop** 버튼을 클릭해서 SyntheSim 모드를 종료한다.

행태를 나타내던 그래프와 슬라이드 바가 스케치 영역에서 사라지게 된다.

▶ **B** 키를 누르거나 메뉴에서 **View>Show Behavior** 항목을 선택하면 행태를 나타내던 작은 그래프가 다시 나타나게 된다.

계속 B 키를 누르면 그래프가 표시되지 않는 것으로 전환할 수 있다.

❙ 다른 방법으로 시뮬레이션 설정

SyntheSim 모드의 시작 대신에 다른 방법으로 시뮬레이션 실험을 설정할 수 있다. 한번의 시뮬레이션에 몇 초 이상이 걸리는 용량이 큰 모델에서는 SyntheSim 모드를 사용하는 것보다 더 실용적인 방법이다.

▶ **Set up a Simulation** 버튼  을 클릭한다.

시뮬레이션 도구 모음이 다음과 같은 형태로 변화한다.

이 도구 모음은 적분방식의 변경이나 상수값 및 Lookup값을 변경하는 모델의 시뮬레이션을 규정하는 특별한 기능을 가지고 있다. 또한 이 토끼 인구 모델의 스케치된 상수 값은 파란색 배경에 노란색 단어로 나타나는 것을 알 수 있다. 스케치 도구는 스케치창에서 작업이 이뤄지는 것을 방지하기 위해서 회색으로 표시되게 된다.

▶ 만일 당신이 **Runname**을 변경하지 않은 경우라면 수행결과의 이름을 *equilib*에서 *growth*로 변경한다.

▶ *birth rate* 변수(스케치 영역에 파란색 배경/노란색 글씨로 나타나는)를 한번 클릭하고 편집 상자에서 0.2를 값으로 입력하고 엔터키를 누른다. 이는 이번 수행결과에만 반영된 일시적인 변화이며, 모델의 값 자체를 변경 시키는 것은 아니다.

▶ **Simulate** 버튼을 클릭하면 시뮬레이션이 실행된다. 만일 당신이 *growth* 수행결과를 SyntheSim 모드에서 작업했을 경우 데이터 셋을 덮어쓰기 할 것이냐는 물음창을 확인할 수 있을 것이며, **Yes**를 선택한다.

▶ 만일 작업결과 미리 보기를 미리 선택하지 않았다면 B 키를 누르거나 메뉴에서 **View>-Show Behavior** 항목을 선택한다.

6.11 원인변수 그래프 Causes Strip Graph

▶ *Rabbit Population* 변수를 선택해서 활성화 상태로 둔다.

▶ **Control Panel** 버튼 을 클릭하면 컨트롤 패널이 가장 앞으로 튀어 나오게 된다. **Datasets** 탭을 클릭해서 데이터 셋 설정창을 열고 여기서 두개의 수행결과 데이터 셋을 선택해서 오른쪽의 열에 위치하게 불러오도록 만든다.

당신이 작업한 최근의 수행결과인 *growth* 데이터 셋이 먼저 나타나게 된다. 대부분의 분석 도구는 양측의 데이터 셋에 적용되며 각 수행결과의 변화 행태를 비교분석할 수 있도록 해준다.

▶ **Graph** 도구를 선택한다.

아래의 그림에서 보는 것과 같이 양측의 수행결과 내용을 담고 있는 하나의 그래프가 나타나게 된다.

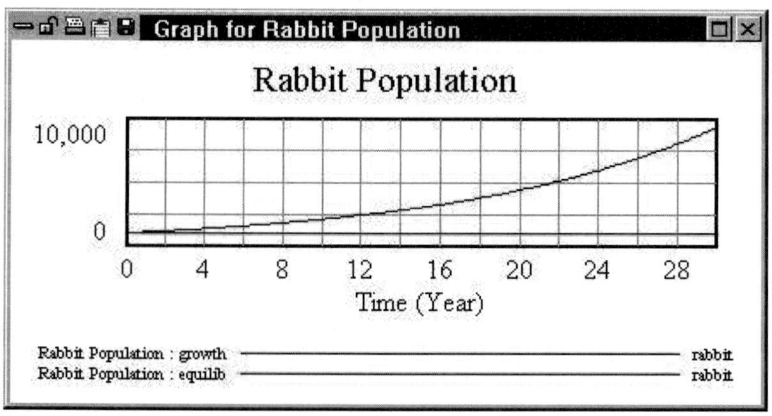

▶ Del 키를 누르거나 **Close** 버튼을 클릭해 그래프를 제거한다.

▶ 이제 **Causes Strip** 도구를 선택한다.
원인 추적 그래프가 *Population* 변수를 중심으로 원인 변수인 *births* 변수와 *deaths* 변수의 결과를 나타내어 준다.

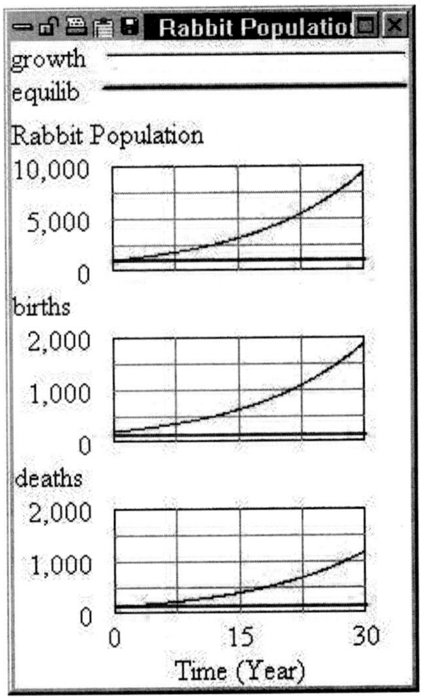

6.12 수행결과 비교 Runs Compare

첫번째와 두번째의 수행결과의 차이를 발견하기 위해서, 우리는 모든 상수값 혹은 Lookup 값의 차이를 비교하는 도구를 사용한다. 이 도구는 첫번째와 두번째 수행결과에서 값들을 불러오는 역할을 한다.

▶ **Runs Compare** 도구를 선택한다. 리포트 형태의 결과창이 *equilib* 데이터 셋과 *growth* 데이터 셋에서 상수 변수인 *birth rate*에서 값에 차이가 있음을 알려준다.

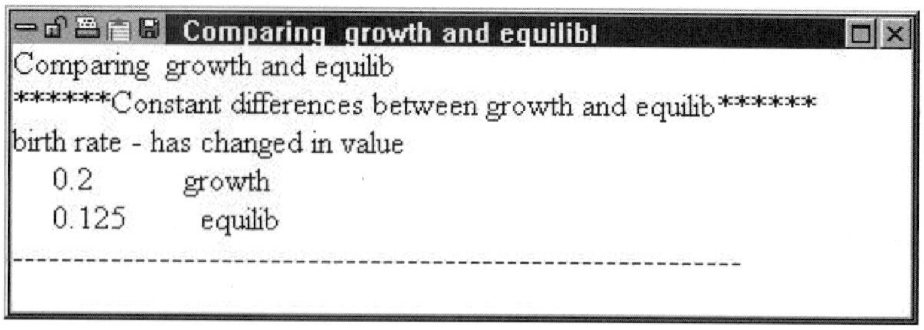

Population 변수는 *growth* 수행결과에서 *birth rate* 값이 평형 상태였던 것에 비해 크게 설정되었기에 큰 값을 갖게 된다. 이는 *births* 변수를 통한 양의 피드백 루프가 *deaths* 변수를 통한 음의 피드백 루프보다 그 영향이 크게 적용된 결과로 볼 수 있다.

▶ 메뉴에서 **Windows>Close All Output** 항목을 선택한다.
분석 도구를 통해서 생성되었던 모든 작업 결과창이 닫아지게 된다.

6.13 지수함수적인 감소 Exponential Decay

다음으로 우리는 지수함수적인 토끼인구의 감소를 나타내도록 모델 값을 변경하도록 한다. 기하급수적인 성장과 마찬가지로 이는 가장 간단한 동적 변화 행태 중의 하나이다.

▶ 작업명을 더블클릭하고 *growth* 수행결과명을 *decay*으로 대체한다.

▶ SyntheSim 버튼을 클릭한다.

▶ *average lifetime* 변수 아래의 슬라이드 바를 끌어 값이 4가 되도록 한다.

▶ Stop 버튼을 클릭한다.

혹은

▶ **Set Up a Simulation** 버튼을 클릭한다.

▶ *average lifetime* 변수를 클릭한 뒤에 대화창에 4라는 값을 입력하고 엔터키를 누른다.

▶ **Simulate** 버튼을 클릭해 모델이 시뮬레이션이 되게 한다.
위의 두가지 방식 모두 *decay*라는 새 작업명에 새로운 시뮬레이션 결과를 저장하게 된다.

▶ **Graph** 도구를 선택해 3개의 수행결과를 비교한다.

- 도구 모음의 **Control Panel** 버튼을 클릭한다. 데이터 셋 설정에서 우측에 있는 *equilib* 작업명을 더블 클릭해서 내보내기 한다. 이는 수행결과를 제외시켜 분석결과에 나타내지 않는 것을 의미한다. 이 작업이 잘 되지 않으면 데이터 셋을 한번 클릭한 다음에 **Move** 버튼 (<< 혹은 >>)을 사용해서 불러오거나 내보내기 할 수 있다.

- **Causes Strip** 도구를 선택한다. *Population* 변수와 이의 원인 변수인 *births* 및 *deaths* 변수의 값이 마지막 두개의 수행결과들에 대해 값이 나타나게 된다.

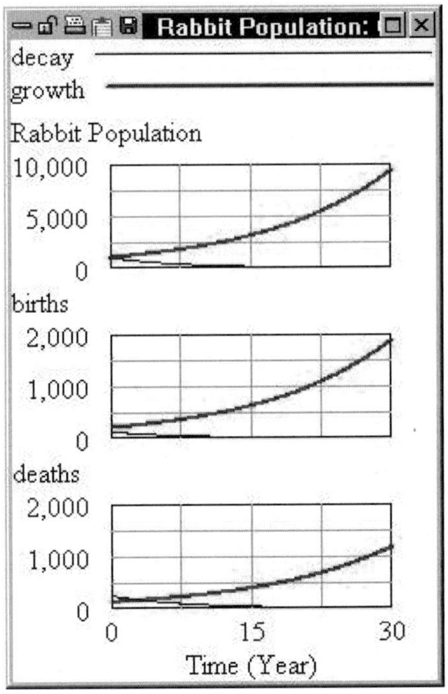

decay 수행결과에서는 *Population* 변수의 값이 감소하게 되는데 이는 *average lifetime* 변수의 값이 평형상태보다 낮게 설정되어 있기 때문이다. 이는 *deaths* 변수를 통한 음(−)의 피드백 루프의 영향이 *births* 변수를 통한 양(+)의 피드백 루프의 영향보다 더 크게 *Population* 변수에 작용해서 시간의 흐름에 따라 감소하게 만든다.

6.14 입력–출력 개체 Input and Output Objects

당신은 스케치에 슬라이드 바 및 그래프와 도표가 내장된 입력–출력 개체를 사용할 수 있다. 우리는 여기서 사용자 정의 그래프를 나타내는 작업을 수행하고자 한다.

▶ **Control Panel** 버튼을 클릭한 뒤 **Graphs** 탭을 선택한다.

▶ **New** 버튼을 클릭하고, 사용자 정의 그래프 설정창이 열리게 된다.

▶ "Population, Births and Deaths."라는 이름을 입력한다.

▶ 첫번째 **Sel** 버튼을 클릭하고 목록에서 *Rabbit Population* 변수를 선택한다.

▶ 두번째 **Sel** 버튼을 클릭하고 목록에서 *births* 변수를 선택한다.

▶ 세번째 **Sel** 버튼을 클릭하고 목록에서 *deaths* 변수를 선택한다.

▶ *births* 변수와 *deaths* 변수 사이에 있는 **Scale** 체크 박스를 선택한다. .
사용자 정의 그래프 편집창이 아래와 같이 나타나야한다.

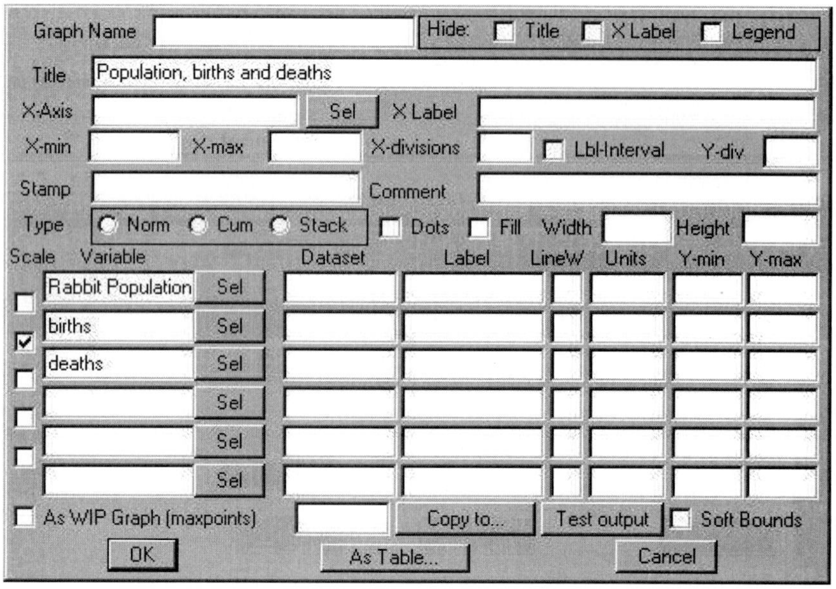

▶ **OK**를 클릭한다.

▶ **Input Output Object** 스케치 도구  를 클릭한다.

NOTE 만일 당신이 SyntheSim 모드를 종료하는 것을 잊고 작업을 한다면 스케치 도구 모음이 회색으로 나타날 것이다. 다음의 단계로 진행하기 위해 **Stop** 버튼을 클릭하도록 한다.

▶ 당신이 작업한 스케치 영역의 빈 공간이나 다이어그램의 오른쪽 아래를 클릭한다.
입력-출력 개체 설정창이 열리게 된다.

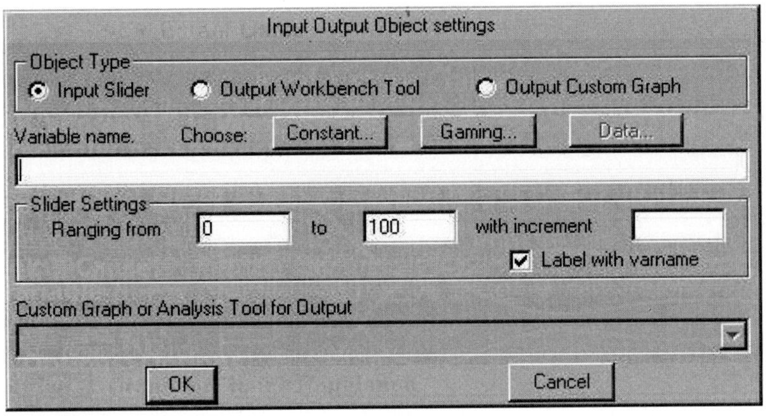

- **Output Custom Graph** 버튼을 클릭한다.
- **Custom Graph or Analysis Tool for Output** 아래에 있는 드롭다운 상자에서 POPULATION_,BIRTH_AND_D를 선택한다. 여기에는 사용가능한 개체만이 나타나게 된다.
- **OK**를 클릭한다.
- 당신의 취향에 맞춰 위치와 크기를 조정한다.
- *runname* 대화창을 더블 클릭해 작업명을 *decay*에서 *experiment*로 대체한다.
- **SyntheSim** 버튼을 클릭한다.
- 슬라이드 바의 이동함에 따른 결과를 사용자 정의 그래프 상에서 볼 수 있다.

12장, 입력–출력 개체 설정(Input and Output Controls)에 스케치 영역에 사용자정의 분석 도구를 활용하는 방법에 대한 보다 상세한 내용이 담겨 있다.

07 함수와 시뮬레이션 에러
Functions and Simulation Errors

앞 장에서 설명했던 인구 모델은 곱셈과 나눗셈을 주된 수식으로 하는 구조로 만들어진 모델이다. 덧셈, 뺄셈, 곱셈 그리고 나눗셈은 대부분의 수식에 주로 사용되는 함수지만 때때로 관계의 다른 형태를 나타내기 위해 이상의 것이 필요하기도 하다. 본 장에서는 Vensim이 가지고 있는 다양한 수식들을 어떻게 추가하고 사용하는지를 설명하고자 한다. 다음 장에서는 곡선을 그리는 변화행태를 나타내는 Lookup 함수를 사용하는 방법에 대해서 별도로 설명한다.

본 장에서는 다양한 함수에 대해서도 살펴보겠지만 "Floating Point Errors."라는 것이 발생했을 때 우리가 어떻게 해야 하는지에 대해서도 살펴본다. 이런 에러는 모델이 너무 크거나 0으로 값을 나누거나 주어진 함수 구분이 범위를 초과했을 경우에 나타나는 오류이다.

모델의 완성되어 있는 예시는 참고용으로만 제공된다. UserGuide\chap07\Complete 폴더에 price1.mdl, price2.mdl 그리고 price3.mdl 파일에 저장되어 있다.

7.1 가격과 수요 모델 Price and Demand

하나의 예로서 본 장에서 우리는 가격과 수요를 둘러싼 구조의 일부분을 사용하고자 한다. 아래에 있는 예시는 완전하게 완성된 것이 아니다. 수요가 가격에 따라 실제로 변경되지만 수요가 가격에 의해서 변경되지는 않을 것이라는 기대 및 명확한 목표 수익을 달성하기 위해 결정되어진다. 본 모델에서는 단일 동적 가설을 구현하고, 당신이 확인할 수 있는 것과 같이 꽤 비현실적인 경우에도 독립적으로 실험을 할 수 있게 도와 준다.

▶ 아래에 있는 그림과 같이 모델을 직접 그리거나 *UserGuide\chap03\complete* 폴더에 저장되어 있는 *price1.mdl* 파일을 불러온다.

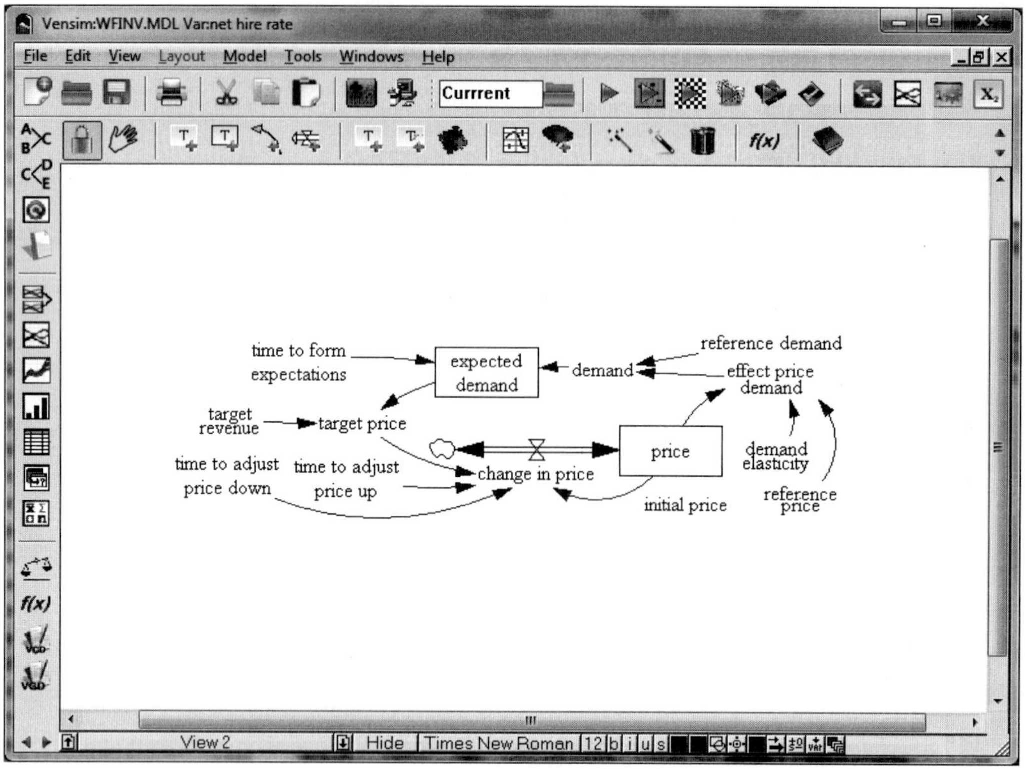

이 모델을 만들기 위해서 앞장에서 설명했던 절차들을 수행하도록 한다. 기존에 수행된 것과 이 다이어그램에는 서로 다른 두 가지 요소가 있다. 첫번째는 유량 변수인 *change in price* 변수의 양방향 흐름이다. 두번째는 저량 변수인 *expected demand* 변수에 유량 변수구조의 부재이다. 두가지 흐름에 대해서 다음과 같이 스케치 하도록 한다.

▶ **Rate** 도구를 사용해서 *price* 변수의 좌측에 *change in price*라는 이름의 유량 변수를 추가한다.

▶ **Move/Size** 도구를 클릭한다.

▶ 오른쪽 버튼을 클릭하거나 컨트롤 키를 누른 상태에서 구름 그림과 유량 변수인 *change in price* 변수 좌측 사이에 있는 손잡이 부분을 클릭한다.

▶ 나타나는 설정창에서 **Arrowhead** 항목을 선택한다.

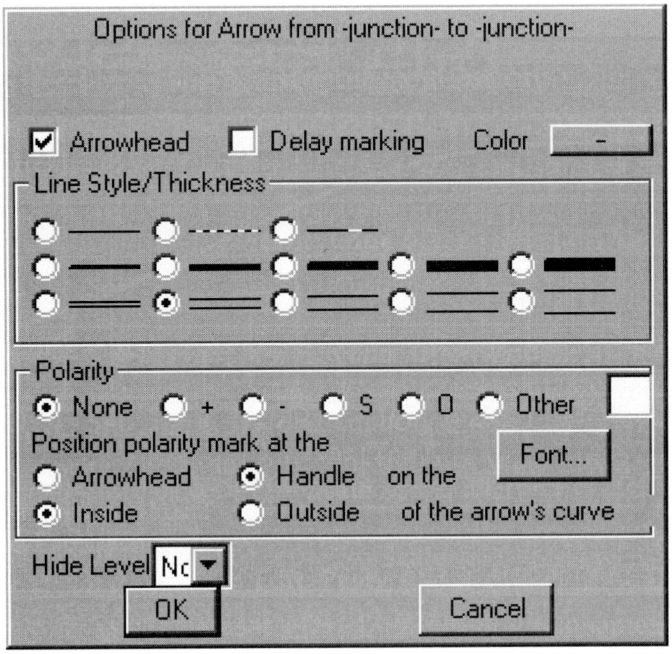

저량 변수인 *expected demand*에 화살표의 생성은 다른 화살표를 생성하는 것과 동일하다. 이러한 형태의 저량 변수의 수식 입력할 때 더 많은 내용에 대해서 언급하고 어떻게 활용할 것인지에 설명하겠다.

7.2 함수식의 입력 Entering a Function

- "*effect price demand*" 변수의 수식을 열도록 한다.
- Equation edit 도구를 선택한다.
- *effect price demand* 변수를 클릭한다.

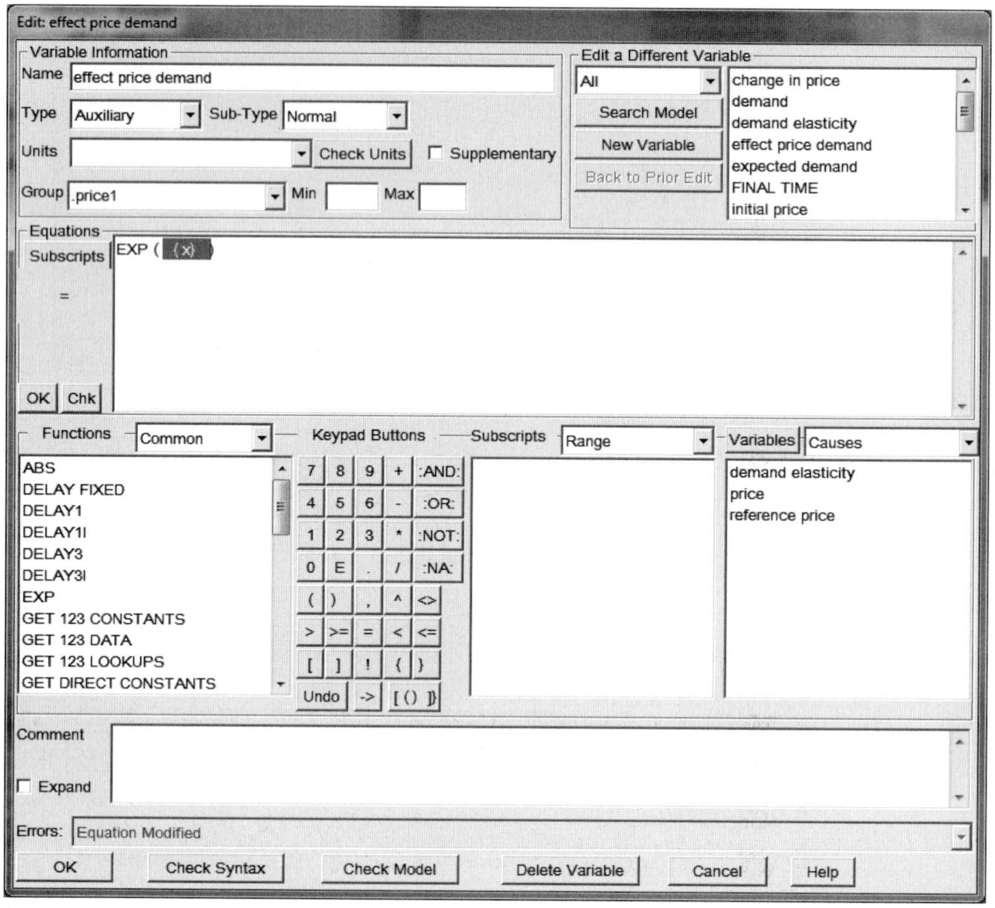

대화창의 좌측에는 사용가능한 함수들의 목록이 있다. 당신이 여기 목록에 있는 어떠한 함수를 선택하게 되면, 곧 바로 수식 입력 공간에 함수 구문이 입력되게 된다. 목록을 클릭한 후에 화살표 키를 위아래로 이동하면 목록중에서 선택 할 수 있다.

수식 입력 상자에서 아무런 함수 구문이나 클릭해서 추가해 보도록 한다.

▶ 함수 구분의 목록에서 EXP 함수를 선택하도록 한다.

편집창의 화면에서 당신은 EXP({x})라는 구문과 함께 {x} 부분이 하이라이트 표시되는 것을 확인할 수 있다.

▶ −키를 누르거나 −라고 쓰여 있는 버튼을 클릭한다.

▶ **Variables** 탭을 클릭하고 *demand elasticity* 변수를 클릭한다.

▶ * 키를 누르거나 *라고 쓰여 있는 버튼을 클릭한다.

- ▶ **Functions** 탭을 클릭한다.
- ▶ 목록에서 LN 함수를 클릭한다(L 키를 누르면, 단축키처럼 LN함수 근처로 이동한다). 그리고 엔터키를 누른다.
- ▶ **Variables** 탭을 클릭한다.
- ▶ *price* 변수를 클릭한다.
- ▶ / 키를 누르거나 /라고 쓰여 있는 버튼을 클릭한다.
- ▶ 변수의 목록에서 *reference price* 변수를 클릭한다.

당신의 수식이 아래와 같이 나타나야 한다.

```
effect price demand =
  EXP(−demand elasticity*LN(price/reference price))
```

당신은 목록에 있는 것을 클릭하는 방법보다 때때로 직접 입력하는 방식으로 좀 더 편하게 입력할 수도 있다.

이러한 수식은 중요한 기능을 수행한다. LN 함수는 어떠한 수를 자연 로그값으로 변환해 주는 기능을 수행하고, EXP(x) 함수는 *e*(약 2.72의 값을 갖는 수) 값의 x 승을 나타내어 주는 기능을 수행한다. 이 수식은 또한 아래와 같은 두개의 수식과 동일한 기능을 수행한다.

```
effect price demand =
  POWER(price/reference price, −demand elasticity*)
effect price demand =
  (price/reference price)^(−demand elasticity)
```

(실제로 이러한 수식에는 *price* 변수와 *reference price* 변수 그리고 *demand elasticity* 변수의 변화를 포함하는 3개의 추가적인 수식이 있다.)

이 수식은 상수의 일반적인 민감도 수요 곡선을 나타내는데 사용된다. *price/reference price* 구조의 사용은 표준정규화를 통해 발생할 수 있는 오류의 방지를 위한 역할을 하기도 한다. 이에 대해서는 다음 장에서 표준정규화를 설명할 때 추가적으로 언급하도록 하겠다.

위에 있는 각각의 수식들은 종속변수의 역할로 사용되었으며, 이는 동일한 구조이다. 당신은 이를 직접 입력할 수도 있고 목록에서 선택하여 작업할 수도 있다.

7.3 IF THEN ELSE

몇 개의 조건에 기반한 대안들 사이를 이동하는 역할을 하는데 주로 사용되는 함수가 있다. IF THEN ELSE 함수는 당신이 이를 수행할 수 있도록 한다. 이 함수는 Vensim에서 두 개의 이유로 수행된다. 첫째, 이 함수는 다른 함수에 대한 반환 값으로 사용할 수 있다. 둘째, 다음의 선언문을 참고한다.

```
d = IF a THEN b ELSE c
```

실제로 변수의 수식인 "*IF a THEN b ELSE c*"는 *d* 변수에 대응되는 구조이다. 선언문 IF: a :THEN: b :ELSE: c와 같은 형식으로 변수를 차별화 할 수 있는데 이는 Vensim 내에서 다음과 같이 표현될 수 있다.

```
d = IF THEN ELSE(a,b,c)
```

- ▶ Equation edit 도구로 *Change in Price* 변수를 클릭한다.
- ▶ **Functions** 탭을 클릭한 뒤 목록에서 IF THEN ELSE를 선택한 후 엔터키를 누른다.
- ▶ **Variables** 탭을 클릭한다.
- ▶ *target price* 변수를 클릭한 뒤, > 키를 클릭하거나 **More** 탭을 클릭한 뒤, > 라고 쓰여 있는 버튼을 클릭한다. 그다음 *price* 변수를 클릭한다.
- ▶ 수식에서 하이라이트 표시되어 나타나는 {ontrue} 부분을 클릭한다.
- ▶ 컨트롤 키를 누르고 있는 상태에서 엔터키를 누른다.
- ▶ 좌측 괄호 모양의 버튼을 누르고 *target price* 변수를 클릭하고 – 키를 입력하고, *price* 변수를 클릭한 뒤 우측 괄호 모양의 버튼을 클릭한다. 나눗셈 기호인/키를 클릭한 뒤, time to adjust price up 변수를 클릭한다.
- ▶ 수식에서 하이라이트 표시되어 나타나는 {onfalse} 부분을 더블 클릭한다.
- ▶ 컨트롤 키를 누르고 있는 상태에서 엔터키를 누른다.
- ▶ 좌측 괄호 모양의 버튼을 누르거나 직접 "("를 입력한다. *target price* 변수를 클릭하고 – 키를 입력한다. 그다음 *price* 변수를 클릭하고, 우측 괄호 모양의 버튼을 누르거나 직접 ")"를 입력한다. 그다음 나눗셈 기호인 /키를 클릭한 뒤 *time to adjust price down* 변수를 클릭한다.

당신의 수식은 다음과 같이 나타나야 할 것이다.

```
change in price =
   IF THEN ELSE(price > target price,
   (target price-price)/time to adjust price up,
   (target price-price)/time to adjust price down)
```

이 수식의 선언문은 이들의 구문단위를 더블 클릭하고, 다른 값을 입력하여 대체 가능하다. 수식의 선언문들이 중괄호인 {}의 개념에 대응되는 구조로 묶여 있을 경우 이들은 단순한 코멘트로 처리되기에 권장하는 방식은 아니다. Ctrl + Enter 키를 입력하여 줄을 바꾸는 것은 수식을 좀 더 읽기 쉬운 구조로 나타내어 줄 수 있다.

7.4 SMOOTH

SMOOTH 함수는 기대하고 있는 수식의 평균값을 나타나는데 주로 사용되는 방법이다. 이것은 LN, EXP 그리고 IF THEN ELSE 함수와는 다르게 시간의 변화 행태가 내장되어 있는 것이 차별점이다. 즉, 만일 당신이 변수의 값인 x를 취하는 EXP(x) 함수의 값을 계산 할 수는 있다. 그러나 x 값을 취하는 SMOOTH(x,4) 함수의 경우에는 그 값을 유추하기가 쉽지 않다. 이는 SMOOTH 함수는 내장되어 있는 어떠한 임의의 수준을 포함하고 있기 때문이다.

우리는 아래의 수식을 살펴보도록 한다.

```
expected demand = SMOOTH(demand, time to form expectations)
```

위의 수식은 아래의 수식과 동일하다.

```
expected demand = INTEG((demand-expected demand)/
   time to form expectations,demand)
```

당신이 Vensim에서 SMOOTH 함수를 사용하면 실제로는 두개의 변수를 생성하게 된다. 이 경우에, 하나는 보조변수 역할을 수행하는 *expected demand* 변수이고, 이에 대한 저량 변수 역할을 수행하는 #SMOOTH(*demand,timetoformexpectations*)#를 생성한다. 일반적으로, Vensim은 이러한 기능을 내부에서 수행하고 밖으로 드러나지는 않는다. 이를 확인하기 위해서는 Global Options 대화상자에 있는 **Settings** 탭에 있는 **Macro Variables: Show** 항목을 체크하면 가능하다. 이러한 기능은 Vensim PLE 혹은 PLE Plus 버전에서는 불가능하다.

아래와 같이 smooth 함수 구문을 입력하도록 한다.

▶ *expected demand* 변수에 대한 수식 편집기를 불러온다.

expected demand 변수는 박스안에 그 값이 쓰여 있는데 Vensim에서는 이를 저량 변수에 해당되는 것으로 인식하기 때문이다. 그러나 SMOOTH 수식이 저량 변수와 같이 쓰여있어도 우리는 이를 보조변수로 활용하기 위해 생성한 것이다. 우리는 목적에 맞는 사용을 위해 다음과 같은 작업을 수행하도록 한다.

▶ 수식 편집기에서 **Type**에 있는 드롭다운 상자를 클릭해서 Level로 되어 있는 것을 보조변수 Auxiliary로 변경한다.

▶ **Functions** 탭을 클릭해서 SMOOTH 함수를 클릭한 뒤, 엔터키를 누른다.

▶ **Variables** 탭을 클릭한 뒤, *demand* 변수를 클릭한다.

▶ {*stime*}구문을 더블 클릭한 뒤, 목록에서 *time to form expectations* 변수를 선택한다.

▶ 단위로, *Box/Month*를 입력하고 *demand* 변수에도 동일한 단위를 입력한다.

▶ **OK**를 클릭해서 수식 편집기를 닫는다.

여기에는 smooth 함수와 같이 숨겨진 변수의 형태로 동적인 변화를 나타내는 다양한 수식들이 있다. DELAY1, DELAY1I, DELAY3, DELAY3I, FORECAST, SMOOTH3, SMOOTH3I, SMOOTHI 그리고 TREND 함수 등이 이러한 기능을 수행한다. 이들 함수는 숨겨진 저량 변수와 같은 형태로 변수를 두는데 유용하게 사용된다. SMOOTH 함수 구문은 대안적인 방법으로 간단하게 INTEG 수식으로도 동일한 기능을 수행하게 할 수도 있지만 이는 개인적인 취향이니 상황에 맞춰 활용토록 한다.

SMOOTH(x,t) 형식 혹은 INTEG((x-sx)/t,x) 형식을 활용하는 것이던지 우리는 유량 변수의 유입을 나타내는 화살표나 정보들을 포함해야 한다. 우리는 종종 편의를 위해서 우리만을 위해 기존의 일반적인 모델링 규칙을 벗어나 어떠한 프로세스를 생략하거나 임의의 방식으로 모델을 변경해서 설계할 수 있다. 그러나 당신이 수행한 작업을 다른 사람들에게 보여주고 공유하기 위해서는 기본적인 모델링 규칙을 따르는 것이 바람직하다.

7.5 STEP

- *target revenue* 변수의 수식 편집창을 열도록 한다.
- "10000 +"를 수식의 앞 부분에 입력한다.
- **Functions** 탭을 클릭한다.
- 목록에서 STEP 함수를 선택한 뒤, 엔터키를 누른다.
- "5000"을 입력한다.
- 수식에서 {stime} 구문 부분을 더블 클릭한다.
- "10"을 입력한다.
- 단위로 $/Month를 입력한 뒤, **OK**를 클릭한다.

최종적인 수식은 다음과 같이 나타나야 한다.

```
target revenue = 10000 + STEP(5000,10)
```

STEP 함수는 입력 함수로 가장 많이 사용되는 함수의 하나이다. 이 함수는 *Time* 값이 특정 시간을 의미하는 {stime}에 도달 할 때까지는 계속 0이라는 값을 나타내다가 그 이후에는 {sheight}값을 반환하는 역할을 수행한다. 여기 예시에서는 시간이 10 시점에 도달하기 전까지는 0의 값을 반환하다가, 이후에는 5000의 값을 반환하여, *target revenue* 변수의 값을 10000부터 시작되게 하여, 10 시점의 이후에 값이 15000이 되도록 할 것이다. STEP 함수는 모델의 값을 단계적으로 변화 할 수 있게 만들어 주는데 유용하게 사용되는 중요한 함수중의 하나이다. 예를 들어 공급 체인의 모델과 같은 경우, 당신은 공급량을 취하는 수요의 값을 값을 단계적으로 변화 시키는 역할을 수행한다.

STEP 함수와 유사한 형태의 다양한 함수들이 있다. PULSE, PULSE TRAIN, RAMP 그리고 RANDOM 함수가 그 예이다. 이들 함수들은 다른 시간대에 각각 다른 값들을 반환하는 역할을 수행한다. RANDOM 함수는 수행결과의 복사를 통해서 동일한 결과를 나타낼 수는 있지만 시간의 흐름에 따라 임의의 값들을 반환하는 역할을 수행한다.

다양한 변화 행태를 나타내는 일을 수행하는 것은 Chapter 16 "Using Data in Models."에서 소개될 Data 기능이다. 이는 시간의 흐름에 따라 SIN 함수와 같은 수식을 통해서 다른 행태를 나타내는 역할을 수행한다.

7.6 초기 조건 Initial Conditions

Price 변수의 초기 값은 *initial price* 변수에 포함되어 있다. 이는 *initial price* 변수로부터 *Price* 변수에 보이지 않는 구조로 연결되어 있다. 수식 편집기를 사용해서 *Price* 변수를 확인하면 *initial price* 변수가 입력값으로 사용되어 있지 않는 것을 볼 수 있을 것이다.

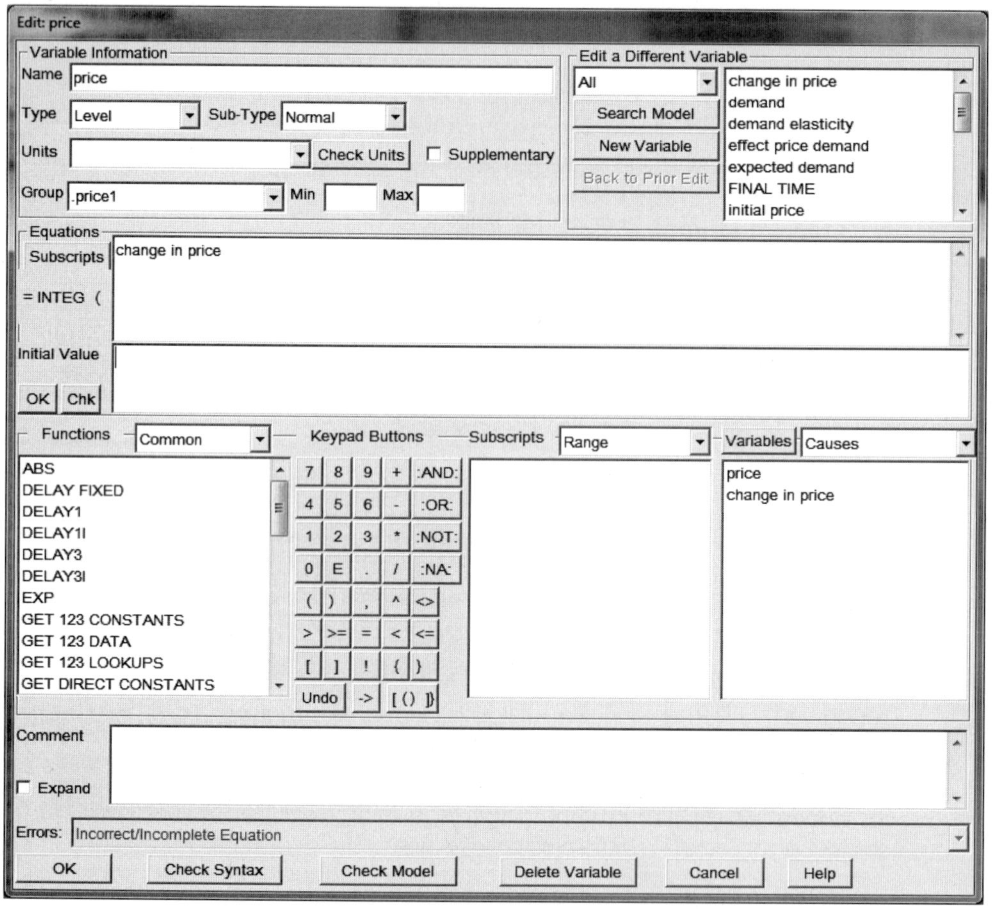

▶ **Variables** 변수 버튼을 클릭한다.

- 목록에서 *initial price* 변수를 클릭한 뒤, **OK**를 클릭한다.
- 단위로 *$/Box*를 입력한다.
- **OK**를 클릭해서 수식 편집창을 닫는다.

입력되어 있는 변수들을 찾는 다른 방법중의 하나는 "Causes" 항목을 "All"로 변경하는 것이다. 여기서는 필요로 하는 변수를 한번만 클릭하는 것으로 가능하다.

알아 둘 것은 당신이 만일 입력변수로 사용된 *initial price* 변수로부터 *Price* 변수로 가는 화살표를 나타내려고 한다면 수식 편집기를 닫았을 때에도 기본적으로 이 변수가 원인 변수로 설정되어 있지 않기에 화살표는 나타나지 않았을 것이다. 만일 초기 값을 나타내는 변수의 화살표를 나타내게 하기 위해서는 메뉴에서 **Model** > **Settings** 항목을 선택한 뒤, **Sketch Appearance** 탭에서 **Show initial causes on model diagrams** 항목을 체크하도록 한다.

7.7 모델의 수식 Model Equations

다음은 이 모델의 완성된 수식이다. 이들의 대부분은 아주 간단하다. *UserGuide\chap07\complete* 폴더에 있는 *price2.mdl* 파일은 이들 수식이 완료되어 있는 모델을 포함하고 있다.

```
change in price =
   IF THEN ELSE(target price > price,
   (target price - price)/time to adjust price up,
   (target price - price)/time to adjust price down)
   Units: $/Box/Month
demand = reference demand * effect price demand
Units: Box/Month
demand elasticity = 1
Units: Dmnl
effect price demand =
   EXP(-demand elasticity * LN(price/reference price))
Units: Dmnl
expected demand = SMOOTH(demand,time to form expectations)
Units: Box/Month
FINAL TIME = 100
Units: Month
initial price = 100
Units: $/Box
INITIAL TIME = 0
Units: Month
price = INTEG (change in price,
      initial price)
Units: $/Box
reference demand = 100
Units: Box/Month
reference price = 100
Units: $/Box
SAVEPER = TIME STEP
Units: Month
target price = target revenue/expected demand
Units: $/Box
```

```
target revenue = 10000 + STEP(5000,10)
Units: $/Month
TIME STEP = 1
Units: Month
time to adjust price down = 10
Units: Month
time to adjust price up = 10
Units: Month
time to form expectations = 2
Units: Month
```

7.8 시뮬레이션 오류의 검사 Simulation Errors

당신이 작업한 모델을 시뮬레이션 준비가 되었는지 점검이 필요하다.

▶ 메뉴에서 **Model>Check Model** 항목을 선택하거나 단축키인 Ctrl+T를 사용한다.
당신은 "Model is OK."이라고 하는 알림창을 확인할 수 있어야 한다. 만일 이 메시지를 확인하지 못했다면, 문제를 가지고 있는 변수에 대한 수식 편집창이 열리게 된다. 이전의 작업에 대한 오류를 수정할 필요가 있다.

▶ 메뉴에서 **Model>Units Check** 항목을 선택하거나 단축키 Ctrl+U를 사용한다.
당신은 "Units are A.O.K."라는 메시지를 확인할 수 있어야 한다. 만일 이러한 메시지를 확인하지 못했다면, 당신은 오류들을 수정할 필요가 있다.

다음으로 우리는 의도적으로 이 모델에 몇 개의 오류를 포함하도록 할 것이고, 이러한 문제들을 어떻게 해결할 것인지를 확인할 것이다.

7.8 (1) Zero 시간대에서의 오류 Errors at Time Zero

▶ **Setup a Simulation** 버튼을 클릭한다.

▶ *Reference Demand*를 클릭하고, 0 값을 입력한 뒤, 엔터키를 누른다.

▶ **Simulate** 버튼을 클릭한다.

당신은 에러 메시지를 확인할 수 있어야 한다.

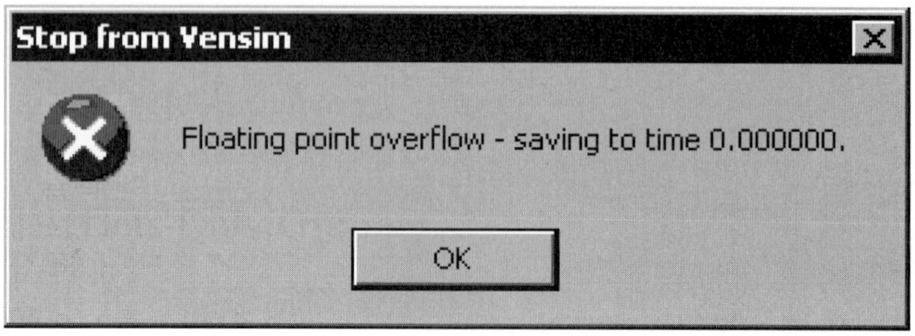

▶ **OK**를 클릭한다.

또한 여기에는 하나의 에러 메시지가 나타나는 것을 확인할 수 있다.

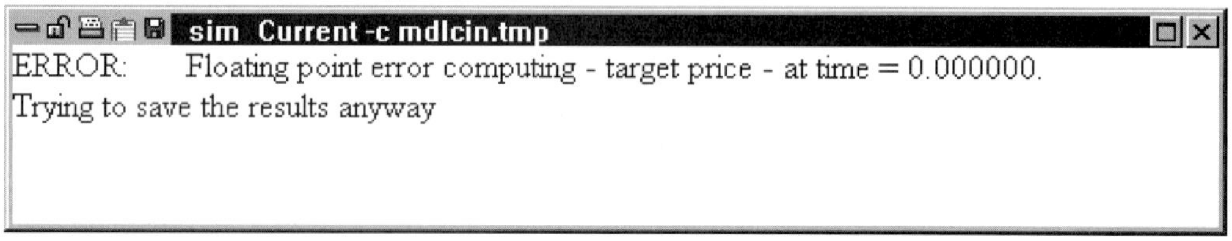

이 에러 메시지를 담고 있는 대화창은 에러가 발생한 경우, 당신에게 어떠한 시점대에 문제가 발생했는지를 알려준다. 에러 메시지가 에러가 0 시간대에서 발생했으며 테이블 도구를 활용해서 오류를 추적할 수 있다.

▶ 에러 메시지를 나타내는 대화창에서 *target price* 변수를 선택해서 활성화 변수 상태로 둔다.

■ **만일 당신이 Vensim PLE 및 PLE Plus 버전의 사용자일 경우:**

▶ Table 도구를 클릭한다.

▶ Causes Tree 도구를 클릭한다.

▶ 원인 추적 결과에서 *expected demand* 변수를 클릭한다.

▶ Table 도구를 선택한다.

▶ 원인 추적 결과에서 *target revenue* 변수를 클릭한다.

▶ Table 도구를 선택한다.

■ **혹은 당신이 Vensim PLE Plus, Professional 혹은 DSS 사용자일 경우:**

▶ Table 도구를 마우스 오른쪽 버튼으로 클릭한다.

▶ **Show Link**의 **Cause**를 클릭하고 **OK**를 클릭한다.

▶ Table 도구를 클릭한다.

당신은 다음과 같은 결과창을 볼 수 있을 것이다.

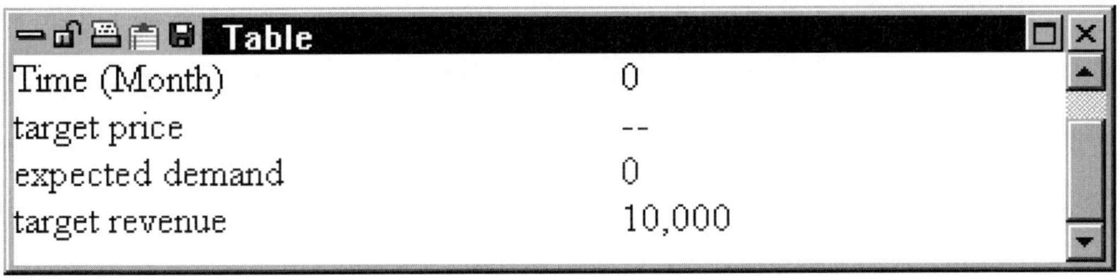

다음으로 *target price* 변수의 값이 "--"로 되어 있는 것을 확인 할 수 있다. 이는 *target price* 변수가 성공적으로 계산되지 않았음을 의미한다. *expected demand* 변수와 *target revenue* 변수 모두 계산된 값이 나타나있다. *target price* 변수는 다음의 수식으로 되어 있다.

```
target price=target revenue/expected demand
```

앞서 모델에 오류가 나타나 있는 이유는 이들이 0으로 나눠졌기 때문이다. *expected demand* 변수의 값이 0으로 되어 있는 이유를 확인하기 위해서 원인 추적을 계속한다. 우리는 매우 빠르게 *expected demand* 변수값이 0인 이유는 *reference demand* 변수의 값이 0으로 되어있기 때문이란 것을 확인할 수 있다.

target price 변수의 수식을 수정하여 *expected demand* 변수의 값이 0이 되지 않도록 수정할 것이다. 이는 이후에 상세히 기술되어 있다.

7.8 (2) 시뮬레이션 수행 동안의 오류 발생 Errors During the Simulation

▶ **Setup a Simulation** 버튼을 클릭한다.

▶ *demand elasticity* 변수를 클릭한 뒤, 값으로 2를 입력하고 엔터키를 누른다.

▶ *time to form expectations* 변수를 클릭한 뒤, 값으로 1을 입력하고 엔터키를 누른다.

▶ **Simulate** 버튼을 클릭하고 수행결과 이름을 덮어쓰기 해도 되는가라는 물음에 **Yes**를 선택한다.

당신은 마지막 시점에 에러가 발생했다는 것을 확인 할 수 있어야 한다.

```
ERROR: Floating point error computing-target price-at time
       = 30.000000.
```

결과를 저장하고 그대로 진행토록 한다.

당신은 이전과 동일한 분석 방법을 활용해서 문제를 해결할 수 있다. 여기에 있는 테이블은 *target price* 변수와 이의 원인들을 나타내고 있다.

Table

Time (Month)	29	30
target price	2.26674e+027	2.26674e+027
expected demand	6.61744e-024	0
target revenue	15,000	15,000

NOTE 당신은 원하는 시간대에 대한 모든 시뮬레이션 결과값을 보기 위해 테이블 도구의 결과물을 활용할 수 있고, 테이블 도구를 다시 클릭할 수 있다.

이 결과물에 대해서 확인해야 할 두가지가 있다. 첫번째는 29번째 및 30번째 시점의 *target price* 변수의 값이 입력값이 다름에도 동일한 결과를 나타내고 있다는 것이다. 시뮬레이션이 진행되는 동안 발생한 모델의 오류는 이전의 시간대의 것과는 다르게 성공적으로 계산되지 못했음을 나타낸다. 둘째로, 오류의 원인은 이전의 사례에서와 동일한 것이다(0으로 그 값이 나뉘었기 때문이다).

시뮬레이션이 진행되는 동안 오류가 발생했기에 우리는 어떤 것이 문제를 야기했는지를 확인하기 위해 원인 추적을 진행한다.

▶ *target price* 변수를 클릭해서 활성화 변수로 둔다.

▶ Causes strip 도구를 클릭한다.

▶ Causes strip 도구를 활용해 연속적으로 *expected demand, demand, effect price demand, price, change in price* 그리고 *target price* 변수의 변화 행태를 확인토록 한다.

우리는 낮은 수요에서의 높은 목표 수익 달성을 위해서는 높은 가격의 책정이 필요한데, 높은 가격에 대한 양의 피드백 루프를 포함하고 있었으며, 모델 내에서 이는 기하급수적인 성장을 나타내었고 이러한 매우 빠른 변화 행태 때문에 오류가 발생 했음을 확인할 수 있다.

7.8 (3) 알 수 없는 파동형태의 변화 Mysterious Oscillations

▶ **Setup a Simulation** 버튼을 클릭한다.

▶ *form expectations* 변수를 클릭하고 값으로 0.5를 입력한 후 엔터키를 누른다.

▶ **Simulate** 버튼을 클릭하고, 수행결과를 덮어쓰겠냐는 물음에 **Yes**를 선택한다.

당신은 44번째 시간대에 *effect price demand* 변수의 계산에 에러가 발생했다는 에러 메시지를 확인해야 한다.

▶ *effect price demand* 변수를 선택한 뒤 Causes Strip 도구를 클릭한다.

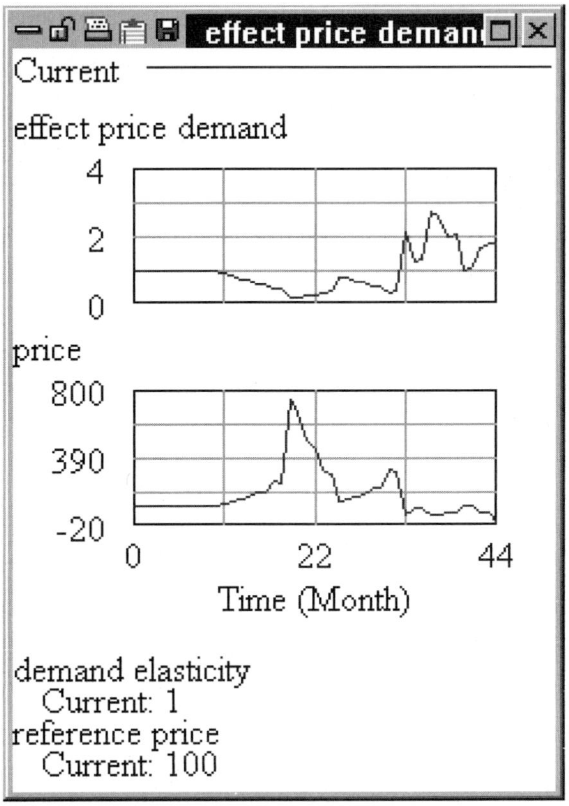

변수의 값이 꽤 많이 튀어 올랐음을 확인할 수 있고, 에러의 원인은 *price* 변수가 시뮬레이션 말미에 마이너스의 값을 갖게 되었다는 것을 확인할 수 있다.

▶ Causes strip 도구를 활용해서 *effect price demand, price, change in price, target price,* 그리고 *expected demand* 변수를 연속적으로 살펴보도록 한다.

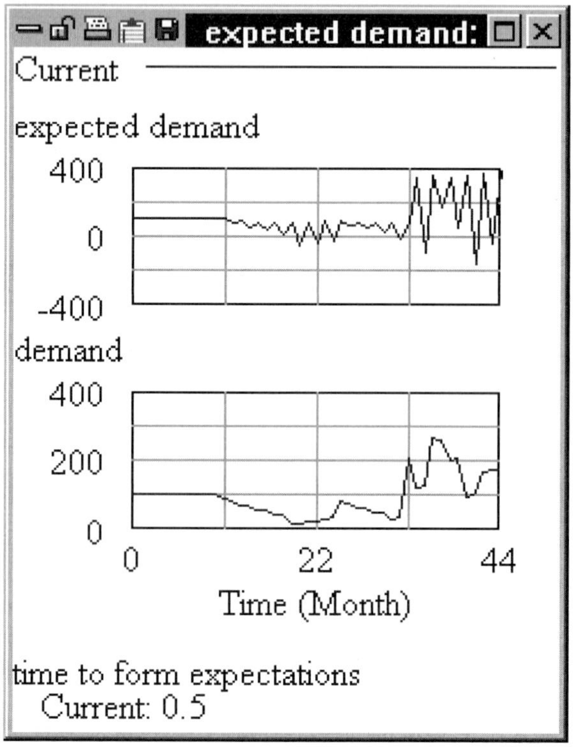

expected demand 변수의 값이 *demand* 변수가 양의 값인데에도 불구하고 마이너스의 값을 갖는 것을 알 수 있다. 이는 우리가 *expected demand* 변수의 변화가 *TIME STEP* 변수의 변화보다 적음에 나타나는 결과임을 알 수 있다.

여기에 이러한 문제로 인해서 이와 같이 특이한 변화행태를 나타내는 변수가 있다. 만일 당신이 이러한 파동 형태의 변화를 보게 되었고 TIME STEP의 변화를 시도해도 계속 문제가 발생한다면, 시간 설정에 대한 값이 너무 작게 되어있기 때문이다. 같은 시간 동안 *expected demand* 변수가 명시적으로 예상되지 않는 방법으로 정의되어 있기 때문임을 알 수 있다.

7.8 (4) 오류의 통합 Errors Integrating

여기에는 다른 형태의 오류를 나타내는 메시지가 있다. 다음을 확인한다.

```
ERROR:
Floating point error integrating - Big Level - at time = 340.0
Trying to save the results anyway
```

이 에러 메시지는 모든 수식이 저량 변수의 계산이 너무 크게 만들고 있음을 나타낸다. 이러한 형태의 오류는 종종 양의 피드백 루프가 시뮬레이션 수행기간 동안 계산된 것과 같이 너무 큰 영향을 나타내는 경우에 발생한다.

7.8 (5) 모델의 수정 Model Corrections

모델의 완전성을 더욱 강화하는 하나의 수정 방법이 있다. 우리는 *target price* 변수의 수식을 수정해 *expected demand* 변수의 값이 0이 되어도 정상적으로 그 값을 계산할 수 있게 할 수 있다. 모델의 수정된 내용은 UserGuide\chap07\complete 폴더의 price3.mdl 파일에 저장되어 있다.

7.8 (6) 0으로 값을 나누는 것에 대한 대처방법 Preventing Division by Zero

- *target price* 변수가 스케치된 곳 근처에 *maximum price* 변수를 새로이 추가 한다.
- *maximum price* 변수로부터 *target price* 변수로 가는 화살표를 그린다.
- Equation edit 도구를 활용해서 *target price* 변수를 클릭하고 다음과 같은 새로운 수식을 입력한다.

```
target price = MIN(
   XIDZ(target revenue, expected demand, maximum price),
   maximum price)
Units: $/Box
```

▶ *maximum price* 변수에 새로운 수식을 추가한다.

```
maximum price = 25000
Units: $/Box
```

XIDZ 함수는 0으로 값을 나누는 경우를 제외하고는 나눗셈을 계속 수행하며, 0으로 나눌 경우에는 세번째 선언문에 지정된 숫자를 반환하게 된다. 다른 표현으로는 다음과 같다.

```
XIDZ(target revenue, expected demand, maximum price)
```

이는 또한 다음과 같다.

```
target revenue/expected demand
```

expected demand 변수의 값이 0인 경우를 제외하고는 이 경우에서는 첫 번째 반환 값인 *maximum price* 변수와 그리고 두 번째에는 에러를 야기한다.

XIDZ 함수는 당신이 합법적으로 변수의 값이 0을 취하고 있을 것으로 예상되나 시뮬레이션을 계속하고 싶은 경우에 유용하게 쓰일 수 있는 방법이다. 이와 관련된 함수식으로 ZIDZ 함수가 있는데 이는 0으로 값을 나눌 경우 0을 반환하는 역할을 수행한다.

CHAPTER V • E • N • S • I • M • M • A • N • U • A • L

08 Lookup 기능을 활용한 모델 개발

Building a Lookup Function

앞장에서 우리는 함수식을 활용하는 모델을 개발했다. 함수를 내장하는 모델을 만드는 것은 항상 충분하지는 않겠지만 많은 관계를 나타내는데 사용 할 수 있다. 이는 당신이 원하는 속성이나 모양으로 특수 기능을 작성하는데 가장 쉬운 방법이다.

Lookup은 변수와 그 원인에 대한 관계를 정의할 수 있다. 수식은 특수한 작성 기능으로 정의될 수 있다.

y = 함수(x)

결과 변수인 *y*는 사용자가 지정하는(일반적으로 비선형 형태) 입력 변수인 *x*의 값과 이에 따른 Lookup 기능을 활용한 함수식에 따라 그 형태와 값이 변경될 수 있다.

Lookup 기능은 Lookup 함수, Graphical Functions, Lookup Tables, 혹은 simply Tables 등으로 알려져 왔으며, 이는 수식편집기 내에 숫자의 테이블 형태로 구성되거나 그래프 조회 편집기 상의 그래프로 표현될 수 있다.

모델의 완성된 예는 참조용으로만 제공된다. UserGuide\chap08\Complete 폴더에 있는 rabbit.mdl, rabbit2.mdl 그리고 rabbit3.mdl l 파일을 참고하도록 한다.

참고 항목 : Vensim.com에서 building lookups의 튜토리얼 영상 참조

8.1 토끼 성장에의 한계 Limits to Rabbit Growth

Chapter 6에서 작업했던 토끼 인구 모델은 본 장에서 제한된 보유 자원이 있는 환경에서 인구 증가의 결과를 포함하는 것으로 확장될 것이다. 이전에 작업했던 모델의 확인되지 않은 성장은 지역환경에 대한 보유 능력에 의해 인구의 상대적인 크기가 제한되어 그 성장의 크기가 대체된다.

pop.mdl 모델의 *deaths* 변수는 토끼 인구의 크기에 정비례한다. 결과적으로 우리는 *Population* 변수와 *deaths* 변수에 선형관계를 확인하게 된다.

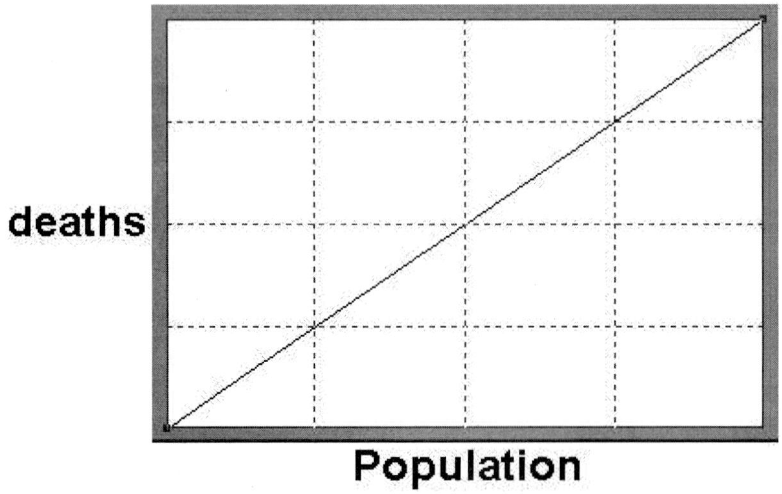

여기서 *deaths* 변수의 값은 시간의 지남에 따라 선형적으로 증가한다는 것을 의미하는 것이 아니다. 여기서의 선형관계는 토끼 인구가 기하급수적으로 증가하는 경우 죽어버리는 수가 동일한 형태로 늘어난다는 것을 의미한다.

우리는 위와 같은 선형 관계를 표현하는 Lookup 테이블을 만들 수 있지만 단지 인구의 수에 상수 값을 곱한 것을 사용하는 것이 기울기가 같은 Lookup 함수를 만드는 것보다 더 간편한 방식이다. 사실 6장에서 개발된 모델은 *Population/average lifetime*의 기울기는 *1/average lifetime*와 동일하게 사용되었다. 이 선의 모양과 기울기를 이해하는 것 보다, 모델에 사용된 *average lifetime* 변수의 개념을 이해하는 것이 훨씬 쉽다.

우리가 여기서 이 모델에 기대하는 것은 인구가 크게 성장함에 따라 죽음은 인구보다 더 빠르게 증가한다는 것이다. 이러한 것은 더 많은 인구는 자원(예: 식량 등)의 제한수준에 빨리 도달할 것이기에 평균적으로 더 빨리 죽을 것이라는 것이다. 우리는 다음과 같은 형태를 기대한다.

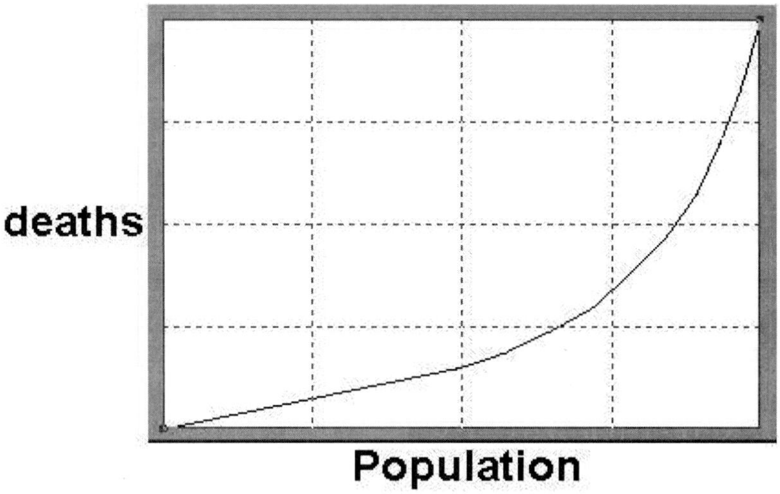

당신은 Lookup 함수를 사용하여 이러한 기능을 개발할 수 있고, 그다음 단계로 나아갈 수 있다. 그렇게 하기전에 우선 Lookup 함수의 입력과 출력값에 대해서 표준정규화 하는 것이 중요하다.

8.2 Lookup 함수의 표준정규화 Normalized Lookups

위에 그려져 있는 그래픽 함수는 입력과 출력에 대한 대응값으로 매년 죽는 토끼의 수와 토끼 인구의 수를 가지고 있다. 이것은 생성하기 어려운 그래프이며, 이를 변경하기가 매우 까다롭다. 예를 들어 당신이 토끼가 일정 수준 이상 더 살 수 있는 품종이 도입될 때 발생하는 상황에 대해서 이해하려면 전체 함수 구조를 다시 조정해야 한다. 또한 이것들 외에 토끼의 환경에 대한 수용역량의 증가되는 효과를 추가로 이해한다고 가정해 보다.

표준정규화된 입력값은 (0, 0), (1,1) 등의 참조점을 중심으로 구축되어 있다. 입력값은 모델의 다른 변수의 측정 또는 규모 단위와 차원에 독립적으로 조정된다. 출력값도 독립적으로 조정되는 것이고 기타 변수의 측정 치수와 단위에 대해 독립적이다. 예를 들어, 우리는 한달에 수천의 *Population* 값과 수천의 *deaths* 변수의 값을 측정했다고 가정하자. 이 경우 *Population* 변수는 이의 입력값으로 *deaths* 변수를 취하게 되는데 기존값이 가지고 있던 범위를 초과할 경우 Lookup함수가 더 이상 유효하지 않다고 판단하게 될 것이다.

Population 변수에 대해 관계적인 입력값으로 *carrying capacity* 변수를 사용하면 *effect on deaths* Lookup 변수값을 기본 베이스라인으로 기존의 *Population/average lifetime* 구조의 규모 변화의 단위를 대체변경 할 필요없다.

표준정규화는 우리가 Lookup 함수 기능에서 숫자의 일반화된 집합체로 원하는 행동의 관계를 쉽게 달성할 수 있다. 인구 크기나 특성에 대한 정보가 변경되면, 오히려 당신은 전체값의 Lookup 함수 기능보다 단순한 구조로 모델 구조를 만들 수 있다.

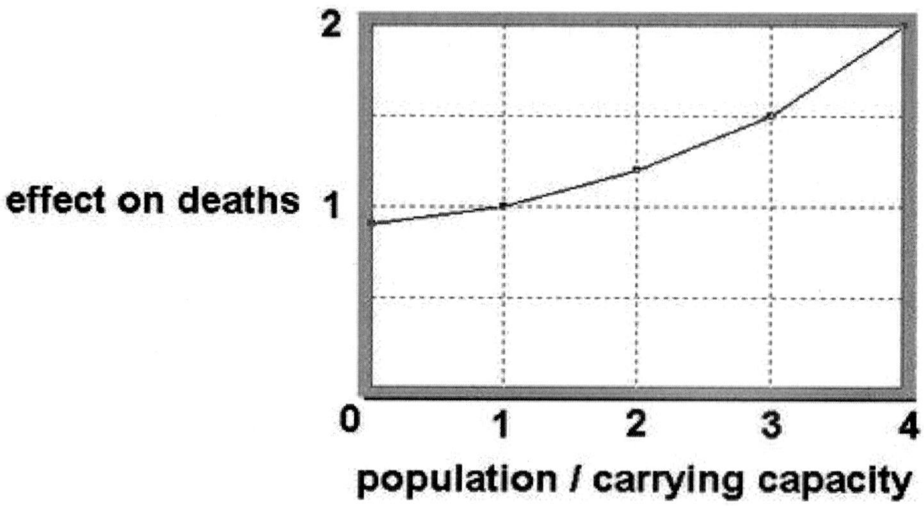

표준정규화 하기 위해서는 우선 입력변수를 어떤 기준값이나 평균값으로 나눈다. 실제 *Population* 변수의 값은 평균적인 값과 동일한데 이 경우 표준정규화 하면 값이 1이 된다. 이 경우 *Population* 변수의 다른 입력값으로 1보다 낮거나 높은 어떤 특정한 숫자를 활용해 그 값을 변경시키게 될 것이다. Lookup의 출력 결과들은 보통 하나의 값에 대해 다양하게 만들어지고 이를 다른 변수를 구동하게 한다. 입력변수가 정상적인 값이거나 평균값과 동일 할 경우 이 변수의 출력값은 1이 되며, 연결된 다른 결과변수의 값의 변화에 영향을 주지 않게 된다.

8.3 모델 스케치 하기 Sketching the Model

본 모델(*rabbit.mdl*)은 Lookup 기능을 갖는 모델을 구축하는 간단하고 직접적인 방법을 보여준다. 표준정규화는 *effect of rabbit crowding on deaths*라는 Lookup 함수를 활용한 변수를 통해 직접적으로 유량 변수인 *deaths* 변수에 작용하는 역할을 수행한다. 이러한 예시를 살펴보기 위해서는 본 챕터 뒷부분을 참고하거나 *rabbit2.mdl* 모델을 불러온다. 이는 기능적으로는 *rabbit.mdl* 파일에 있는 모델과 동일하지만 몇가지 더 많은 변수를 포함하고 있다.

- **New Model** 버튼을 클릭한다.
- 모델 설정대화창에서, Time Bounds탭에 FINAL TIME의 값으로 30을 입력하고, TIME STEP의 값으로 0.125를 입력한다. **Units for Time** 드롭다운 체크박스에 있는 리스트에서 단위를 **Year**를 설정하거나 직접 입력한다.
- **Units Equiv** 탭을 클릭한다. 편집상자에서, rabbit과 rabbits를 입력한 후 **Add Editing**를 클릭하고 **OK**를 클릭하거나 엔터키를 누른다.
- 모델의 스케치 결과가 아래와 같이 나타난다.
- 작업한 모델을 *UserGuide\chap08* 폴더에 *rabbit.mdl*라는 이름을 입력한다.

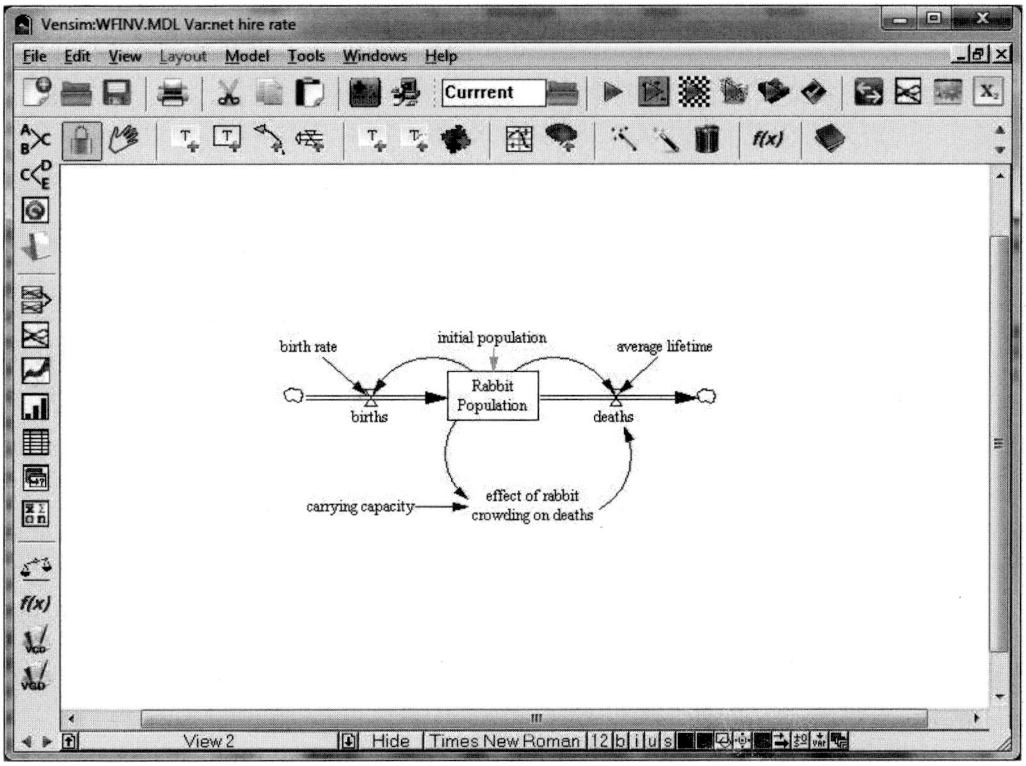

8.4 수식의 입력 Entering Equations

▶ **Equations** 도구를 선택한 뒤, 다음에 있는 변수들을 클릭해서 수식편집창을 열고 수식과 단위를 정확하게 입력한다.

```
Rabbit Population = INTEG(births-deaths, initial population)
Units: rabbit
initial population = 1000
Units: rabbit
birth rate = 0.23
Units: fraction/Year
average lifetime = 8
Units: Year
births = Rabbit Population * birth rate
Units: rabbit/Year
deaths = (Rabbit Population / average lifetime) *
      effect of rabbit crowding on deaths
Units: rabbit/Year
carrying capacity = 1000
Units: rabbit
```

carrying capacity 변수는 이 환경에서 최대로 살 수 있는 토끼의 최대수준을 의미하는 것이 아니다. 대신에 *carrying capacity* 변수는 이 환경에서의 일반적으로 살 수 있는 토끼의 수를 나타낸다. 만일 우리가 최대한도로 하려는 용량을 별도로 정의하기를 원한다면 다른 수식을 활용하도록 한다.

NOTE 우리는 저량 변수의 초기값을 상수 변수인 *initial population* 변수 내에 직접 입력하여 사용하는 방식 말고 변수의 수식 내에 직접 입력할 수도 있다. 이는 시뮬레이션 내에서 실험을 할 경우에 그 값을 직접 변경해줘야 한다. 또한 deaths 변수의 수식은 *effect of rabbit crowding on deaths* 변수의 토끼의 사망숫자에 곱셈의 효과를 갖게 된다.

초기변수를 추가하기 위해서는 변수 탭에 있는 **Choose Variable** 버튼을 사용한다.

8.5 표준정규화된 Lookup 함수의 개발 Creating and Normalizing Lookups

▶ **Equations** 도구가 선택된 상태에서 *effect of rabbit crowding on deaths* 변수를 클릭한다. **Type** 레이블 아래에 두개의 드롭다운 상자가 있다. 하나는 보조변수(Auxiliary)를 나타내고 다른 하나는 일반 변수(Normal)를 나타낸다.

▶ Normal이라고 씌여 있는 드롭다운 상자를 클릭하고 항목을 **with Lookup**로 변경한다. 이는 보조변수내에서 Lookup 테이블 값을 생성하는 기능을 포함하고 있다.

▶ **Variables** 탭을 클릭하고 목록에서 *Rabbit Population* 변수를 선택한다.

▶ 나누기 기호인 /를 입력하고 *carrying capacity* 변수를 선택한다. 아래와 같은 수식이 입력될 것이다.
effect of rabbit crowding on deaths = WITH LOOKUP(
Rabbit Population/carrying capacity

Rabbit Population 변수의 값이 변화 함에 따라 *effect of rabbit crowding on deaths* 변수의 값 또한 Lookup 테이블에 입력해 놓은 기울기 값에 따라 변화 하게 될 것이다. 이제 우리는 Lookup 기능을 설정하기 위한 그래프를 그리거나 대응값을 나타내는 테이블을 작성하는 것이 필요하다.

▶ 수식 편집기내에 있는 **As Graph** 버튼을 클릭한다(**Type** 박스 아래에 있는). 그래픽적으로 표현된 Lookup 편집기가 열린다.

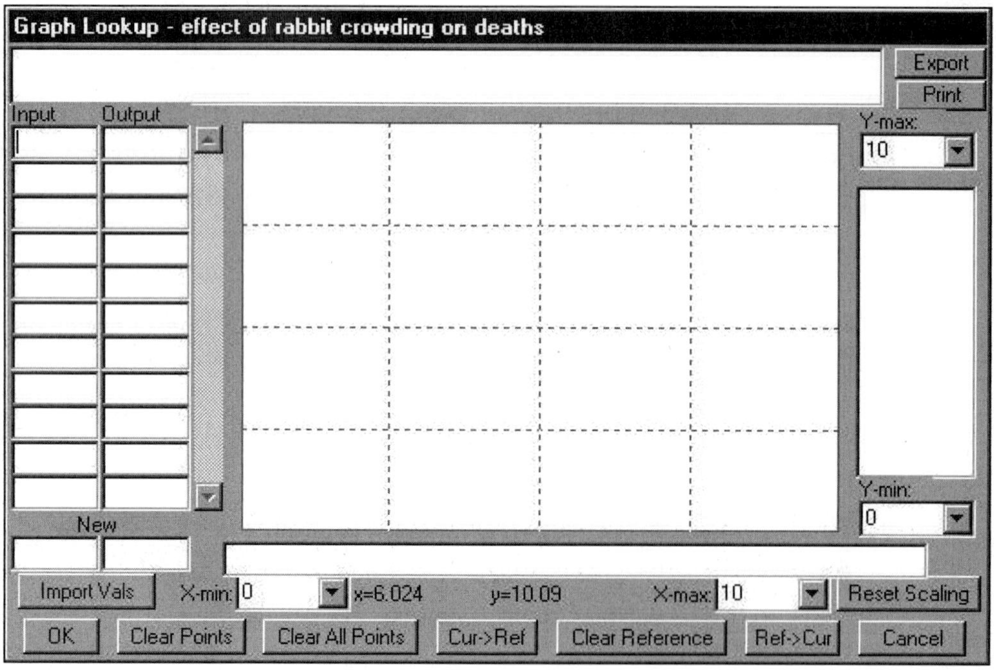

- ▶ 좌측에 있는 **New** 박스의 좌측 맨위의 박스에 0을 입력하고 엔터키를 누른다. 마우스 커서가 우측의 박스로 이동하게 되며, 여기에 0.9를 입력한 뒤 엔터키를 다시한번 누른다. 마우스 커서가 좌측 박스로 돌아가게 되며 새로운 값을 입력하는 행과 열이 만들어 지게 된다.
- ▶ 아래의 괄호안에 있는 값을 참고하여 나머지 값들인 (0,0.9), (1,1), (2,1.2), (3,1.5), (4,2) 좌표를 입력한 뒤 엔터키를 누르면 각각의 축에 대한 대응 값들이 만들어지고 이를 나타내는 그래프를 생성하게 된다.
- ▶ 다른 방법으로 당신은 그래프내에서 각각의 축에 대응되는 좌표점을 직접 클릭하는 방법으로도 Lookup 함수 값을 입력할 수 있다. 당신은 우선 **X-max(X축의 최대값)** 값과 **Y-max(Y축의 최대값)** 값으로 4와 2를 입력한다.
- ▶ **Reset Scaling** 버튼을 클릭해서 X와 Y축의 범위를 재설정 하도록 한다.

당신이 좌표값들을 생성하면서 정확한 값을 찍지 못할 것을 걱정할 필요는 없다. 그래프의 기울기가 Lookup 함수에 있어서 가장 중요한 핵심적인 것이다.

8.6 값의 편집 Editing Values

▶ 당신은 **Input/Output** 목록에 있는 것을 활용하거나 그래프 상의 좌표를 직접 클릭하는 방식으로 Lookup값을 조정할 수 있다.

▶ 좌표점을 지우기 위해서는 **Clear Points** 버튼을 클릭하고 **Delete** 아이콘이 나타났을 때 그래프 상에서 지우고자 하는 좌표를 클릭한다. 당신의 그래프는 아래와 같이 나타나야 한다.

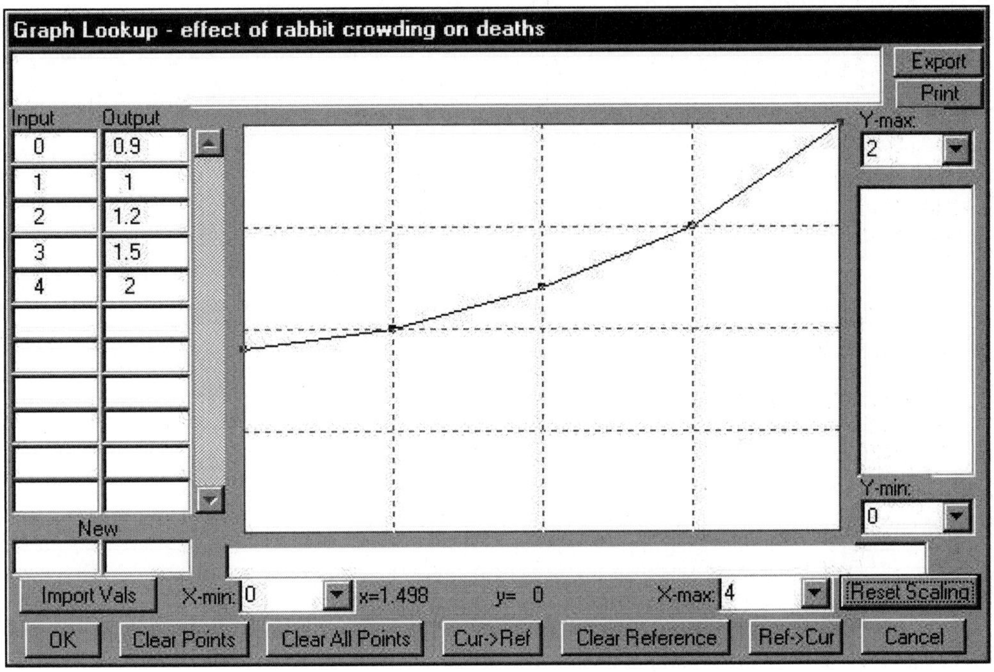

▶ **OK** 버튼을 클릭해서 그래프 Lookup 편집기를 닫는다.

이제 당신은 괄호안에 들어 있는 값을 활용한 테이블을 그래프로 볼 수 있다. 이들 값은 직접적으로 입력된 것은 아니지만 이를 그래프 Lookup 편집기를 통해 생성할 수 있었다.

▶ 이의 단위로 *Dmnl*((차원이 없다는 의미의 Dimensionless의 약자)를 수식 편집기에서 입력한다. 그리고 **OK**를 클릭해 수식편집기를 종료한다.

차원없음이라는 단위인 *Dmnl*은 꽤 중요한 개념이다. 우리가 Lookup값의 입력값을 표준정규화 했을 때, *Rabbit Population*(단위가 rabbits인) 변수를 *carrying capacity*(단위가 rabbits인) 변수로 나눴다. 그렇기에 단위가 차원이 없는 것으로 이해하는 것이다.

▶ 도구모음에 있는 **Save** 버튼을 클릭해서 당신이 작업한 모델을 저장하도록 한다.

8.7 모델의 구문과 단위오류의 점검 Checking for Model Syntax and Units Errors

당신이 시뮬레이션을 수행하기 전에 수식과 단위에 오류가 없는지 확인하는 것이 좋다.

▶ 메뉴에서 **Model>Check Model** 항목을 선택하거나 단축키 Ctrl+T를 활용한다. 당신은 "Model is OK."이라는 알림창을 확인할 수 있어야 한다.

만일 모델에 에러가 있다면, 다이어그램의 구조가 동일하게 되어 있는 지를 확인한다. 만일 구조가 위에 있는 것과 동일하다면 각각의 변수에 대해 수식을 확인하여 위에 나와있는 것과 동일한 수식이 입력되어 있는지를 점검한다.

▶ 메뉴에서 **Model>Units Check** 항목을 선택하거나 단축키 Ctrl + U를 활용한다. 당신은 "Units are OK."라는 알림창을 확인할 수 있어야 한다.

만일 단위의 오류가 발생했다면, 결과창에 어느 변수에 오류가 있는지를 확인한다. 해당되는 변수에 수식 편집기를 활용하여 오류를 수정한다. 단위가 잘못되었다는 것의 대부분은 정확하지 않거나 잘못된 수식의 입력에 따른 결과이다.

8.8 모델의 시뮬레이션 Simulating the Model

▶ 도구 모음에 있는 **Runname** 편집상자를 더블 클릭한 뒤, 첫번째 수행결과의 이름을 입력한다(예: *base*).

▶ **Simulate** 버튼을 클릭한다.
모델이 시뮬레이션 되면서, 시뮬레이션이 완료될 때까지 수행중이라는 것을 알리는 창을 보여줄 것이다(대부분의 컴퓨터에서는 워낙에 빠르게 처리되기에 당신은 이 알림창을 보지 못할 수도 있다).

8.9 모델의 분석 Model Analysis

▶ 스케치영역에 있는 *Rabbit Population* 변수를 클릭한다. 이는 활성화 변수로 선택이 된다. Vensim 윈도우 창의 상단에 *Rabbit Population* 변수의 이름이 나타나 있는지 확인한다.

▶ **Graph** 도수를 선택하면 *Rabbit Population* 변수의 시뮬레이션 결과를 나타내는 그래프가 열리게 된다.

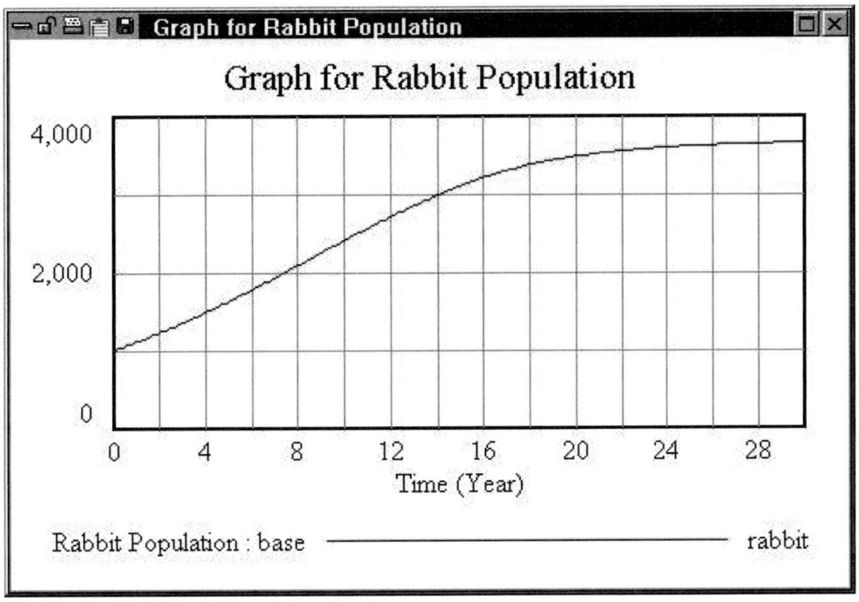

우리는 *Rabbit Population* 변수의 값이 지수함수적으로 급증하다가 그 속도가 점점 늦춰져 최대값으로 보이는 약 3,500에 도달할때까지 느리게 성장하는 첫번째 수행 결과를 확인하였다.

8.10 별도의 표준정규화 변수 관리 Separate Normalized Variables

여기서는 선택사항으로 이미 작업된 *rabbit.mdl* 모델과 동일한 변화행태를 갖는 모델을 개발하게 된다.

Lookup 테이블은 이들의 일반적인 상위/하위 변수의 효과를 나타내어 모델을 구동하는데 가장 널리 사용되는 방법이다. 이전에 사용된 rabbit.mdl 모델에서는 표준정규화된 변수가 유량 변수인 *deaths* 변수에 감추어져 노출되지 않고 있었다. 다른 모델에서 당신은 이런 표준정규화된 변수를 노출시키기 원할 수도 있다. 여기에서는 상수 혹은 보조 변수로 *normal death rate* 변수를 추가해 *rabbit2.mdl* 모델을 아래와 같이 만들고자 한다.

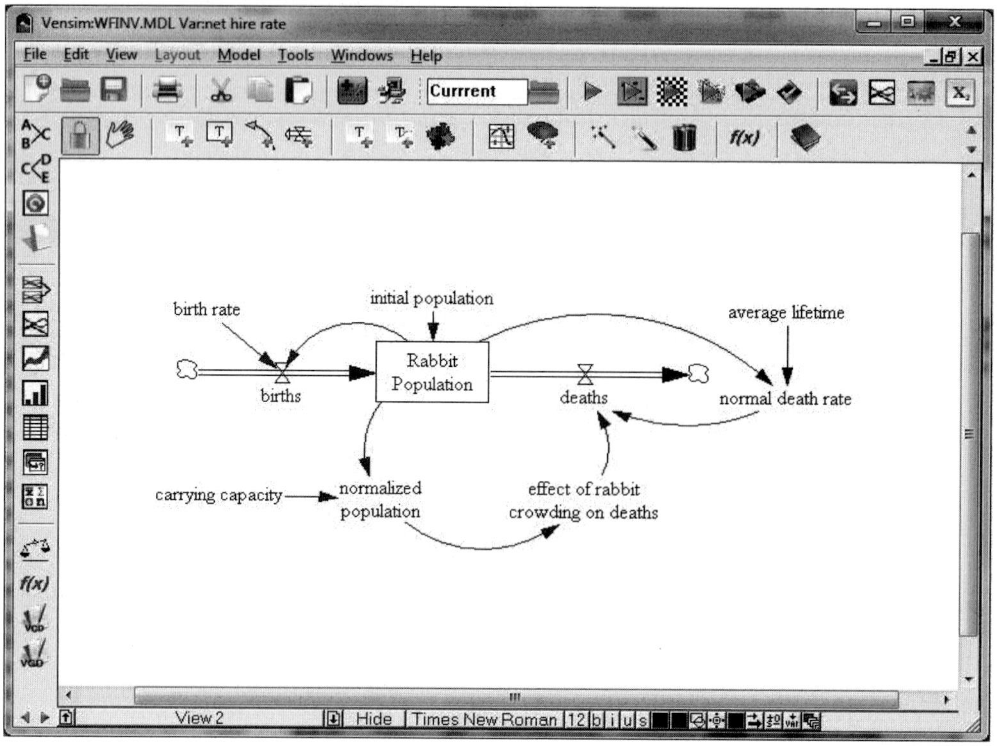

이 모델은 *effect of rabbit crowding on deaths* 변수에 숨겨놓기 보다는 별도로 구분되어 노출된 표준정규화된 입력값을 활용해서 만들어 졌다.

- ▶ 이전의 토끼 모델을 다른 이름으로 저장하고 위와 같은 구조로 만들도록 한다.
- ▶ 화살표를 유량 변수인 *deaths* 변수에서 보조변수인 *normal death rate* 변수로 연결한다. **Move/Size** 도구를 활용해서 화살촉 부분을 변경할 수 있다. 대안적으로 **Delete** 도구를 사용해서 화살표를 모두 삭제한 뒤, **Arrow** 도구를 사용해서 새로 다시 그리는 방법도 있다.
- ▶ *normal death rate* 변수를 클릭한 뒤, 다음의 수식과 단위를 입력한 후 엔터키를 누른다.

```
normal death rate =
    Rabbit Population / average lifetime
Units: rabbit/Year
```

- ▶ *deaths* 변수를 클릭한 뒤, 기존의 수식을 다음과 같이 대체한 후 엔터키를 누른다.

```
deaths =
   normal death rate * effect of rabbit crowding on deaths
```

▶ *normalized population* 변수를 클릭한 뒤, 아래의 수식을 입력한다.

```
normalized population =
   Rabbit Population / carrying capacity
Units: Dmnl
```

▶ *effect of rabbit crowding on deaths* 변수를 클릭하고 WITH LOOKUP 편집상자에 있는 내용을 다음과 같이 수정한다.

```
effect of rabbit crowding on deaths = WITH LOOKUP
   normalized population
```

수식 편집기는 종료되며, 더 이상 하이라이트 표시되는 변수가 없는 것으로 나타나야 한다.

▶ 도구모음에 있는 **Save** 버튼을 클릭해서 당신의 모델을 저장토록 한다.

NOTE 일반 결과변수인 *normal death rate* 변수는 여기서는 보조변수가 아니라 상수값으로 되어있을 것이다. 예시를 통해서 알고 싶다면 아래의 구조를 살펴본다.

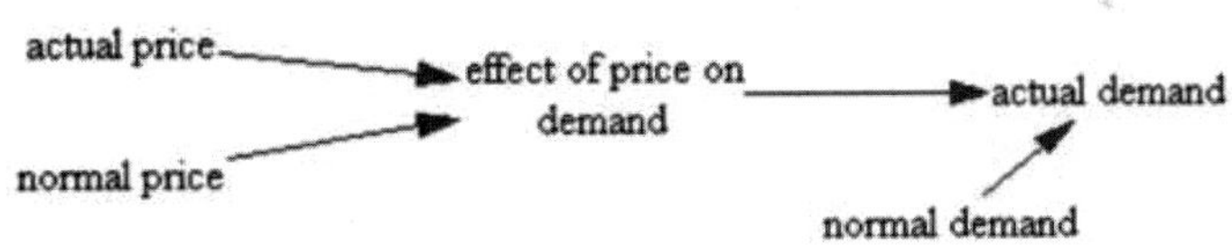

8.11 시뮬레이션 Simulation

▶ 시뮬레이션을 수행하기 이전에 단위 검사(Ctrl + U) 및 모델 검사(Ctrl + T)를 수행한다.

▶ 시뮬레이션 작업명을 선택한 후 시뮬레이션을 수행한다. 그래프 도구를 활용해서 결과물을 확인한다. 당신은 앞의 모델에서 작업했던 것과 동일한 변화 행태를 확인해야 할 것이다.

별도의 추가된 변수인 *normal death rate*에 대해서 알아보도록 한다. 이는 만약에 Lookup 테이블을 통해 사망에 영향을 미치는 것이 아무것도 없다면 죽는 토끼의 양과 동일하게 처리될 것이다. 우리는 이를 이전의 변수에서 유량 변수인 *deaths* 변수에 계산되도록 설정해 놓았다. 여기에서는 명확성을 위해 이를 분리해 놓고, 표준정규화된 변수를 Lookup 기능의 출력값에 영향을 줄 수 있도록 설정해 놓았다.

8.12 Lookup 함수값의 변경 Changing Model Lookups

이제 일시적인 변화를 Lookup 함수에 주고 모델을 다시 시뮬레이션 하도록 한다.

▶ **Set Up a Simulation** 버튼을 클릭한다.

▶ 도구모음에 있는 **Runname** 편집상자를 더블 클릭하고 *run2* 혹은 선호하는 다른 이름을 입력한다.

▶ 노란색/파란색으로 화면에 나타나는 *effect of rabbit crowding on deaths* 변수를 클릭한다.
그래프 Lookup 편집창이 열릴 것이다.

▶ 마우스를 활용해서, 그래프의 기울기를 변경할 수 있는 좌표를 임의로 클릭해서 변화를 준다. 예를 들어, 좌표값을 약간 위로 올려 값을 변화시킨다. 만일 당신이 필요로 한다면, 드롭다운 상자의 **Y-max: Y-min: X-max: X-min**: 값을 변화시키거나 새로운 변수값을 입력한다. 당신은 여분의 좌표값을 추가하거나 삭제할 수 있다. 당신은 또한 좌측에 있는 **Input** 및 **Output** 필드를 화살표 키를 활용해서 변경할 수도 있다. **OK** 버튼을 클릭한다.
일시적인 변화는 본 수행결과에만 영향을 미치며, 모델의 변수 값 자체를 변경하기 전에는 영구적인 변화를 줄 수 없다.

▶ **Simulate** 버튼을 클릭해서 모델의 시뮬레이션을 수행한다.

▶ *Rabbit Population* 변수를 선택하고 **Graph** 도구를 클릭한다.
당신은 아래와 같은 그래프를 볼 수 있을 것이다. 최종적으로 *Rabbit Population* 값이 더 낮게 떨어지거나 혹은 다른 형태로 출력되었을 것이다. 아래에 있는 그래프는 Lookup 테이블의 값을 변화시킴에 따른 결과이다.

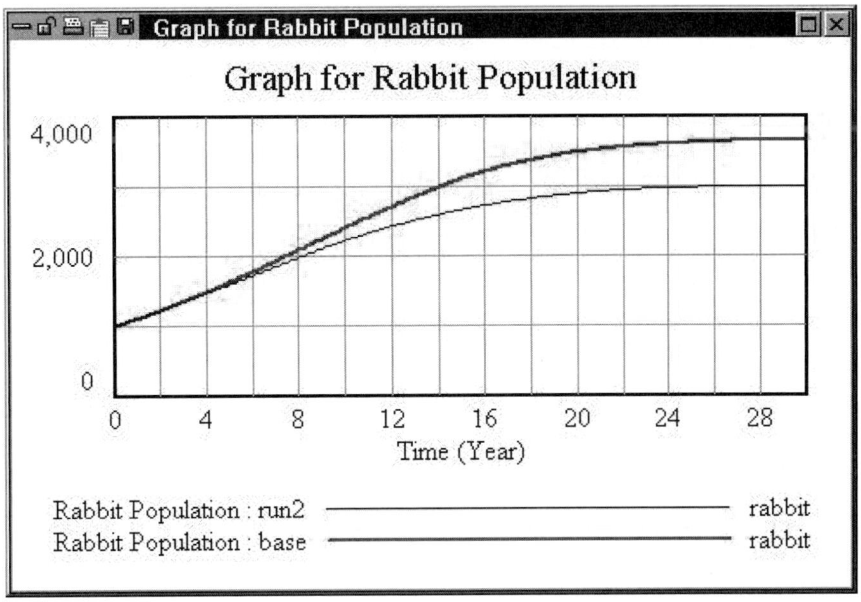

8.13 Lookup 함수의 명명 Named Lookups

이전의 모델에서는 우리는 토끼의 밀집현상에 따른 죽음의 수 제한하는 비선형적인 효과를 나타내는 Lookup 함수를 보조변수의 subtype에서 With Lookup을 선택해서 표현하였다. 몇몇 케이스에서는 기능적인 형태를 이름에 남겨두는 것이 바람직한 방법이다. 만일 당신이 한 군데 이상의 장소에서 Lookup을 사용할 경우에는 필요한 작업이다.

▶ *rabbit2.mdl* 새로운 이름(*rabbit3.mdl*)으로 저장한다.

▶ **Variable** 도구를 활용하여 새로운 변수인 *effect of rabbit crowding on deaths function*를 추가한다.

▶ *effect of rabbit crowding on deaths function* 변수로부터 *effect of rabbit crowding on deaths* 변수로 연결되는 화살표를 그린다.

▶ *effect of rabbit crowding on deaths function* 변수에 대한 수식 편집기를 열도록 한다.

▶ 변수 형태에 대한 드롭다운 상자를 클릭해서 Lookup을 선택한다. **As Graph** 버튼을 클릭해, 앞서 수행했던 Lookup 값을 입력하도록 한다.

▶ Graph Lookup 편집기를 닫고, 단위로 Dmnl을 추가한 뒤 **OK** 버튼을 눌러서 수식 편집기를 닫는다. 아래와 같은 값을 입력해야 할 것이다.

```
effect of rabbit crowding on deaths function( [(0,0)-
(4,2)],(0,0.9),(1,1),(2,1.2),(3,1.5),(4,2))
Units: Dmnl
```

- 수식 편집기를 이용해서 *effect of rabbit crowding on deaths* 변수의 수식을 열도록 한다.
- Subtype 드롭다운 상자를 클릭하여, **Normal**을 선택한다. 아래에 있는 윈도우 창이 사라질 것이다. 수식 편집기의 변수 리스트에서 *effect of rabbit crowding on deaths function* 변수를 선택한다. 괄호() 기호가 *normalized population* 변수 주위부에 추가된다.

```
effect of rabbit crowding on deaths=
effect of rabbit crowding on deaths function(normalized popu-
lation)
```

- **OK** 버튼을 클릭해서 대화창을 닫는다.

이 모델은 Lookup 함수와 관련된 변수 요소들이 밖으로 드러나 있는 것을 제외하고는 앞의 *rabbit2.mdl* 모델과 동일하다. 이러한 방법으로 Lookup 함수의 이름을 입력하는 것은 당신이 한군데 이상에서 Lookup 함수를 활용한 모델링 작업시 간단한 관계로 모델을 정의할 수 있게 해준다. 당신이 시뮬레이션 설정 버튼을 클릭하면, 미리 지정해 놓은 이름으로 쉽게 Lookup 값을 변경할 수 있도록 표현해 줄 것이다.

09 다중 작업화면
Multiple Views

큰 모델은 모델을 이해하는데 더 어렵다. 모델과 다이어그램을 개발하는데 모든 것을 하나의 작업화면에서 진행할 경우 빠르게 이해하는데 어려움에 봉착할 수 있다. 이에 대한 해결책은 모델을 관리 가능한 부분인 작업화면으로 나누는 것이다. 작업화면과 관련해서 모든 Vensim의 버전에서 이용가능하지만 Vensim PLE 이전의 버전은 이 기능에 제약이 존재 한다.

하나의 시작 지점은 CAP1.mdl 모델이 될 것이며, 이 모델은 UserGuide\Chap09 폴더에 저장이 되어 있다.

9.1 작업 화면이 작동하는 방법 How Views Work

큰 모델은 단일 작업화면으로 이뤄진 모델에 비해 여러 개의 작업화면으로 표현할 경우 좀 더 명확하게 파악할 수 있다. 작업화면은 하나의 책에서 하나의 스토리를 담고 있는 페이지와 유사하게 생각할 수 있다. 각각의 작업화면은 변수나 그림자 변수를 통해 다른 작업화면 중의 하나 혹은 그 이상의 작업화면에 연결되어 표현될 수 있다. 다중작업화면은 모델을 생산, 재무, 고객 등의 부문으로 나눌 수 있게 한다.

그래픽 모델 및 변수

Vensim 모델은 결정적으로 수식 또는 텍스트 형태로 표현된다. 모델의 스케치 또는 시각적으로 표현된 작업화면은 이러한 변수들 사이의 관계에 존재하는 모든 변수 또는 전부를 표시하지 않게 할 수 있다. 새로운 모델을 스케치할 때 당신은 작업 화면에 변수를 추가한다. 이러한 변수는 작업화면 내에서 제거할 수 있지만 여전히 모델에 존재한다. 변수와 변수의 구조는 **마술 지팡이** 도구를 활용해 숨길 수도 있다. 변수는 수식 편집기(혹은 Professional 버전과 DSS에서의 텍스트 편집기)를 활용해서 모델에 직접 추가 할 수 있고 혹은 **Variable** 도구를 활용해서 다른 변수의 원인으로 설정할 수 있다.

모델들 중에서 시각적으로 표현된 것들은 다른 작업화면에서 동일한 변수를 표시할 수는 있다. 반대로 현재의 모델에 있는 변수는 작업화면에 표시되지 않을 수 있다. 변수들은 일반 변수 혹은 그림자 변수로 표시 할 수 있다.

NOTE 다른 작업화면에서 별도의 작업 모델을 구축하는 것은 가능하나 이들 중에 일부가 나중에 인과관계로 다른 것들과 연결되지 않을 경우에는 권장하지 않는 방법이다. 모델내에서는 그들 자신의 이름과 관련된 시간 범위가 설정되기에 관련이 없는 부분은 별도의 완전히 새로운 모델을 구축하는 것이 더 나은 방법이다.

9.2 고객 확산 모델 Customer Diffusion Model

본 모델은 제품의 잠재고객(이미 제품을 소유하고 있는)들이 고객의 구전효과를 통해 제품 구매에 영향을 미치는 단순한 확산 과정을 설명한다. 첫번째 작업화면에서는 확산 과정을 보여준다. 두 번째 작업화면은 잠재적으로 한번에 판매될 수 있는 제품의 수량을 제한하는 생산 능력을 설명하는 변수를 추가한다. 세번째 작업화면에서는 제품의 판매에서 발생하는 판매 수익 구조를 설명한다. 이러한 유형의 모델에 대한 이론의 일부는 교재의 4장에서 설명하였다.

9.3 고객 확산 모델 개발하기 Building the Diffusion Model

▶ 기존의 모델을 불러온다. **Open Model** 버튼을 누른 후 *UserGuide\chap09\complete* 폴더에 있는 *cust1.mdl* 파일을 불러온다. 그 뒤에 모델의 시뮬레이션 부분을 앞으로 건너 뛴다.

혹은

▶ 새로운 모델을 개발한다. **New Model** 버튼을 클릭하거나 메뉴에서 **File>New Model**을 선택한다.

▶ **OK**를 클릭하여, 기본 시간 범위 그대로 설정한다.

▶ 아래에 나타나 있는 것과 같이 모델을 스케치 한다.

▶ 당신의 모델을 *UserGuide\chap09* 폴더에 *cust1.mdl*라는 이름으로 저장한다.

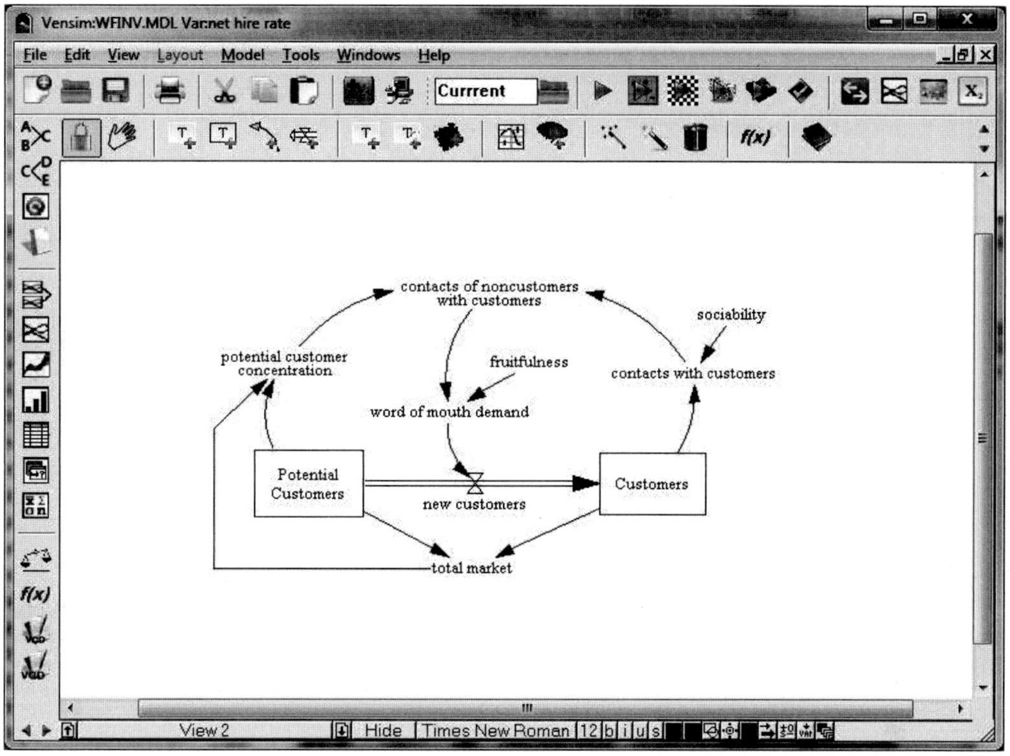

이 스케치는 폴리라인 화살표를 포함하고 있다. 폴리라인 화살표는 일반적인 화살표와 동일하나 화살표의 하나의 호가 일련의 부분으로 나눠져 있는 것이 차이다. Vensim PLE Plus 버전의 사용자는 이러한 폴리라인 화살표를 그릴 수 없다. 이 버전에서는 일반 화살표를 우선 그리는 것이 필요하다. Professional 혹은 DSS 버전에서 폴리라인 화살표를 그리기 위해서는

▶ 마우스 오른쪽 버튼 혹은 Ctrl 키를 누른 상태에서 마우스 버튼을 스케치 도구모음을 클릭해야 한다.

▶ 여기서 **Polyline** 옵션을 클릭하고 **OK**를 클릭한다. 아이콘이  이렇게 변경되고 마우스 포인터도 변경된다.

▶ *Total Market* 변수를 클릭하고, 왼쪽으로 이동하고 다시 클릭을 한 후 똑바로 이동하고 다시 *potential customer concentration* 변수로 이동해 클릭한다.

▶ 화살표 도구에서 마우스 오른쪽 버튼을 클릭하고, 유형을 **Normal** 보통으로 다시 설정한다.

수식 입력하기(Entering Equations)

▶ **Equations** 도구를 클릭하고 모델의 각 변수에 대해 다음과 같은 수식과 단위를 입력한다.

```
new customers = word of mouth demand
Units: person/Month
contacts of noncustomers with customers = contacts with
   customers * potential customer concentration
Units: contacts/Month
contacts with customers = Customers * sociability
Units: contacts/Month
Customers = INTEG(new customers, 1000)
Units: person
fruitfulness = 0.01
Units: person/contacts
potential customer concentration = Potential Customers /
   total market
Units: dmnl
Potential Customers = INTEG( - new customers, 1e+006)
Units: person
sociability = 20
Units: contacts/person/Month
total market = Customers + Potential Customers
Units: person
word of mouth demand = contacts of noncustomers with customers
   * fruitfulness
Units: person/Month
```

모델의 구문 및 단위에러 점검

당신이 모델의 시뮬레이션을 진행하기 전에 수식과 단위에 에러가 없는 지를 점검하는 것이 바람직하다.

▶ 메뉴에서 **Model>Check Model**를 선택 혹은 단축키 Ctrl + T를 활용한다. 이상이 없다면 화면에 "Model is OK."라는 알림창이 나타나야 한다.

만일 모델이 에러를 나타낸다면, 화면의 도표와 동일하게 구성되어 있는지를 다시 점검 한다. 만일 모델의 구조가 위에서 보았던 것과 동일하다면, 수식 편집기를 열어 각각의 변수에 대한 수식들이 위에 있는 것과 동일한지 점검한다.

▶ 메뉴에서 **Model>Units Check**를 선택 혹은 단축키 Ctrl + U를 활용한다. 이상이 없다면 "Units are OK."라는 알림창이 나타나야 한다.

만일 단위에 에러가 발생하였다면, 결과창에서 나타내주는 단위 점검에 문제가 있는 변수를 확인하고, 수식편집기를 활용해 그 변수의 단위를 위에 기재되어 있는것과 동일하게 되어 있는지를 재확인한다.

▶ **Save** 버튼으로 파일을 저장하거나 메뉴에서 **File>Save**를 선택 혹은 단축키 Ctrl + S를 활용한다.

9.4 모델의 시뮬레이션 Simulating the Model

▶ **Runname** 편집상자를 더블 클릭하고 첫번째 데이터 셋의 이름으로 *cust1*를 입력한다.

▶ **시뮬레이션** 버튼을 클릭한다.

9.5 모델의 분석 Model Analysis

▶ **Graph** 도구 혹은 **Causes Strip** 그래프 도구를 클릭하여 핵심변수라 할 수 있는 *Potential Customers*, *Customers*, 그리고 *new customers* 변수등의 변화 행태를 살펴보도록 한다.

new customers 변수는 다음의 그래프와 같이 나타나야 한다.

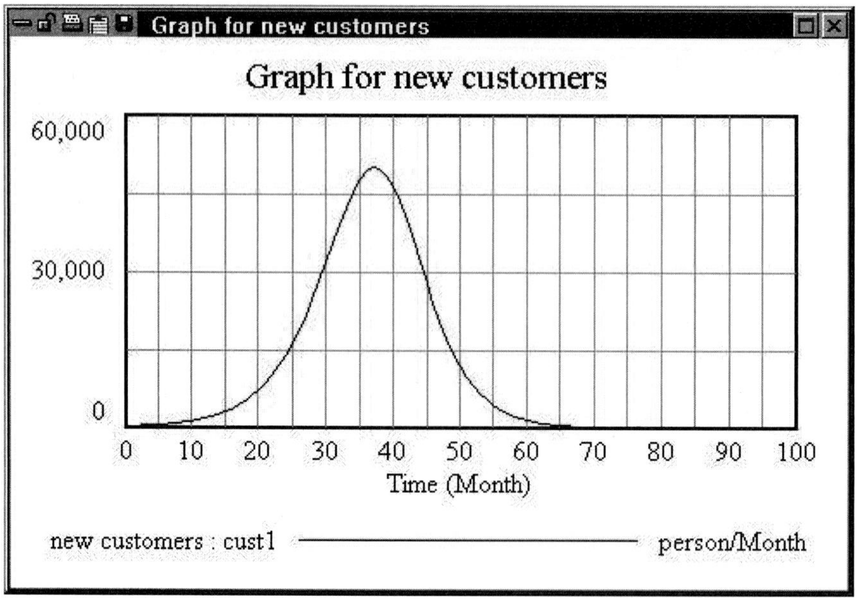

9.6 모델의 이름부여 및 저장하기 Naming and Saving Your Model

다음 작업창을 시작하기 전에, 작업창 이름을 다른 작업된 모델과 구분하기 위해 새로운 이름으로 저장한다.

▶ 메뉴에서 **View>Rename**를 선택하고 Customer라고 입력한 후 **OK**를 클릭한다.

▶ **File>Save As...**를 선택하고 파일이름을 *cust2.mdl*라고 입력한 후 **Save**를 클릭한다.

9.7 생산역량 작업화면의 추가 Adding the Capacity View

이제 우리는 생산 능력의 문제를 고려하여 우리의 모델을 확장하고자 한다. 고객의 요구는 제품을 공급하는 기업의 능력을 초과하여 발생할 수 있다. 따라서 우리는 앞서 작업한 고객(*Customer*)이라고 입력한 작업화면에 연결된 고객의 요구가 공급 가능한 생산 역량을 제한하는 생산 능력 작업화면을 만들 것이다.

▶ 메뉴에서 **View>New**를 선택한다.

이러한 작업화면의 이름은 우리가 다른 작업화면 사이를 쉽게 이동할 수 있게 해준다.

▶ 메뉴에서 **View>Rename**를 선택한다. 생산역량(Capacity) 이라고 입력한 후 **OK**를 클릭한다.

▶ **Level** 도구를 선택한 뒤 작업화면을 클릭한다. *Capacity*를 입력한 후 엔터키를 누른다.

▶ **Rate** 도구를 선택하고, *Capacity* 변수의 왼쪽에서 *Capacity* 변수를 클릭한다. *capacity adjustment*라는 이름을 입력하고 엔터키를 누른다.

▶ **Move/Size** 도구를 사용하여 왼쪽에 있는 유량변수의 손잡이 부분을 왼쪽의 스케치 영역에 한다. 화살표 옵션 대화상자가 열리게 된다. 대화상자의 상단에 있는 **Arrowhead** 상자를 선택하고 **OK**를 클릭한다.

이 여분의 화살촉 부분은 유량변수가 어느쪽으로든 흘러갈 수 있다는 것을 가리킨다. 바꾸어 말하면 저량변수인 *Capacity* 변수의 값을 증가 혹은 감소 시킬 수 있다는 것이다. 알아둘 것은 실제의 유량변수 흐름은 수식이 좌우하지 우리가 추가한 화살표에 의해서 이뤄지지는 않는다는 것이다.

▶ 다른 변수들과 다른 연결들을 아래와 같이 진행하도록 한다.

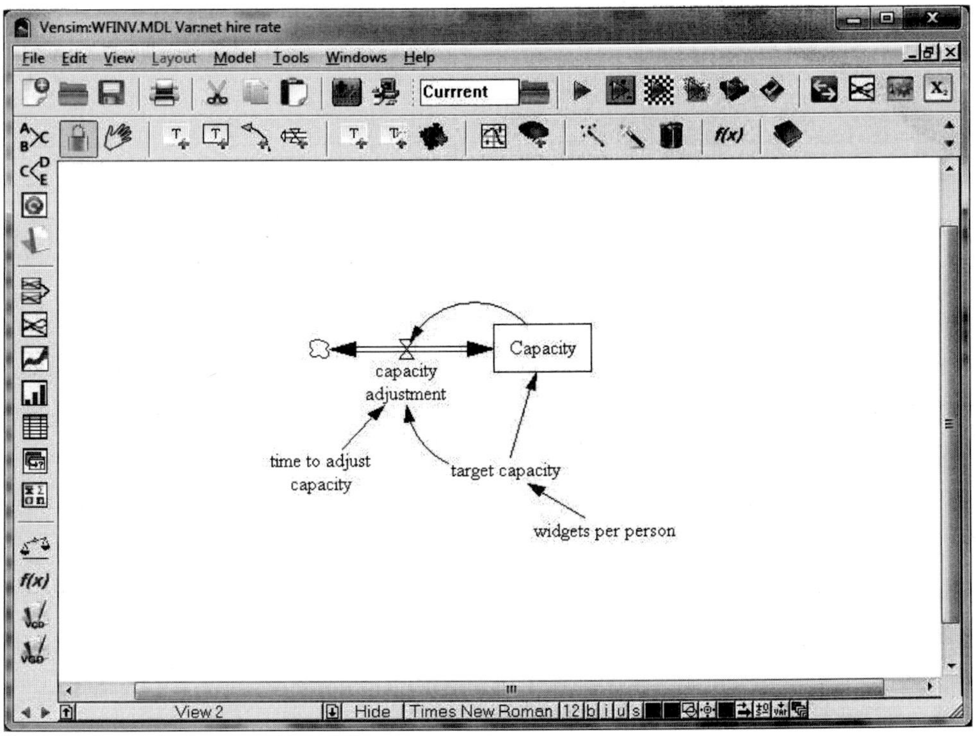

9.8 그림자 변수 도구 Shadow Variable Tool

Shadow Variable 도구를 선택하고 스케치 영역의 하단에 있는 *target capacity* 변수 아래를 클릭한다. 다음과 같은 대화상자가 열린다.

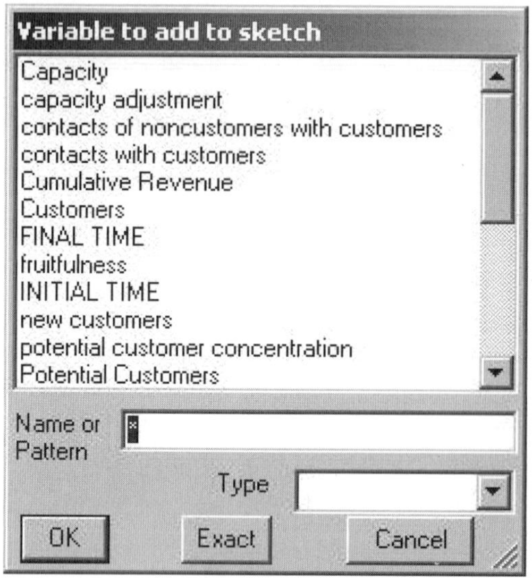

- 리스트에서 *word of mouth demand* 변수를 선택하거나 단어의 첫 글자를 입력하면 가장 가까운 단어가 하이라이트 표시가 된다. 첫글자를 입력해보고 해당 변수가 나타나면 **OK**를 클릭한다.
- **Arrow** 도구를 선택하고, 그림자 변수인 *word of mouth demand then click on target capacity* 변수를 클릭한다.

이 작업화면의 구조가 이제 완성이 되었다. 이 구조는 word of mouth demand 변수와 인과관계에 의해서 첫번째 작업화면과 연결이 되었다.

NOTE 그림자 변수는 오직 다른변수의 변화를 위해서만 삽입한다. 만일 당신이 다른 변수에서 영향을 받는 구조로 화살표로 연결을 시도하는 경우 화살표가 연결되지 않는다. 만일 당신이 다른 작업화면으로부터의 하나의 변수를 현재의 작업화면에 원인으로 연결하고 이에 영향을 주기 위해서는 어떠한 변수와 그 변수의 원인변수들을 모두 불러오는 **Model Variable** 도구를 사용해야 한다.

9.9 수식의 추가 Adding Equations

▶ **Equations** 도구를 선택한다.

모든 변수들이 검은색으로 표시된다. 예외적으로 그림자 변수인 *word of mouth demand* 변수만은 첫번째 작업화면에서 정의된 그대로의 수식을 담고 있다.

▶ 아래에 나와있는 수식과 단위를 현재 작업화면상의 각각의 변수에 입력한다.

```
Capacity = INTEG(capacity adjustment, target capacity)
Units: Widget/Month
capacity adjustment =
   (target capacity - Capacity) / time to adjust capacity
Units: Widget/Month/Month
target capacity =
   word of mouth demand * widgets per person
Units: Widget/Month
time to adjust capacity = 12
Units: Month
widgets per person = 1
Units: Widget/person
```

이제 우리는 첫번째 작업화면으로 돌아가서 Capacity 작업화면에 만들어져 있는 변수의 연결을 통해 피드백 루프를 완전하게 한다.

▶ **View** 버튼을 클릭한다(스테이터스 바에서 현재 "Capacity"로 나타나고 있다). 그리고 Customer를 선택한다.

NOTE 당신은 또한 Page Up키와 Page Down키를 사용해서 다른 작업화면들로 이동할 수 있다.

▶ **Shadow Variable** 도구를 선택하고 *new customers* 변수의 오른쪽 아래를 클릭한다. 목록에서 *Capacity*를 선택한다(혹은 *Capacity* 변수 이름의 한두글자를 입력한다). 그리고 엔터키를 누르거나 **OK**를 클릭한다.

▶ 이러한 과정들을 *widgets per person* 변수에 대해서도 반복한다.

▶ 필요할 경우 *total market* 변수의 위치를 이동하고 공간을 확보하기 위해 화살표를 이동한다.

▶ **Arrow** 도구를 선택하고 *Capacity* 변수에서 *new customers* 변수로 화살표를 연결한다. 그리고 *widgets per person* 변수를 *new customers* 변수로 연결한다.

9.10 수식의 교체 Altering An Equation

▶ **Equations** 도구를 선택한다.

오직 *new customers* 변수의 수식만이 검은색으로 강조 표시되어 나타나야 할 것이다. 왜냐하면 이는 본 작업화면 상에서 원인을 추가한 유일한 변수이기 때문이다. 제품의 판매는 생산공장의 역량에 의해서 제한된다. 그래서 우리는 *word of mouth demand* 또는 공장의 생산 역량을 고객당 구매물량의 단위에 맞추어 수요의 확산을 제한하도록 할 것이다.

▶ *new customers* 변수를 선택하고 아래와 같이 수식을 변경한다.

```
new customers =
  MIN(word of mouth demand, Capacity/widgets per person)
```

당신은 MIN 함수를 **Functions** 탭 아래에 있는 리스트에서 선택하거나 위와 같이 직접 입력하여 사용할 수 있다.

9.11 판매 수익 작업화면의 추가 Adding a Sales Revenue View

우리가 제품을 판매함에 따라 판매 수익을 축적하고, 또한 모든 판매량에 대한 누적 매출을 보여주는 작업화면을 추가하도록 한다.

▶ 메뉴에서 **View>New** 항목을 선택한다.

▶ 메뉴에서 **View>Rename** 항목을 선택한 후 *Sales Revenue*를 입력한 후 엔터키를 누른다.

9.12 Model Variable 도구 Model Variable Tool

만일 당신이 Vensim PLE 혹은 PLE Plus 버전을 사용한다면 Model Variable 도구가 존재하지 않을 것이다. 이경우 *widgets per person* 변수와 *new customers* 변수를 그림자 변수로 추가하고 나머지 변수들을 추가해야 한다.

▶ **Model Variable** 도구를 선택한다. 작업화면에 클릭한 후 *new customers* 변수를 선택한 후 엔터키를 누른다.

이는 *new customers* 변수를 추가하고 작업화면상에 이 변수의 원인들을 추가한 것이다. 이 원인들은 서로의 상단에 위치하게 될 것이다. 그렇기에 우리는 이들의 관계를 명확하게 하기 위해 다시 정렬해야 한다.

▶ **Move/Size** 도구를 사용하거나 혹은 현재 선택되어 있는 **Model Variable** 도구를 사용해서 변수들을 재정렬해 각각의 변수들을 *new customers* 변수의 좌측에 위치하게 한다.

▶ **Model Variable** 도구를 선택한다. 그림자 변수인 *widgets per person* 변수를 선택한다.

이것은 그림자 변수를 일반적인 변수로 돌리는 것이다. 왜냐하면 이것은 상수변수로 *widgets per person* 변수와 아무런 연결관계가 없기 때문이다.

▶ 아래의 그림에서 보이는 것과 같이 변수들과 화살표들을 추가한다.

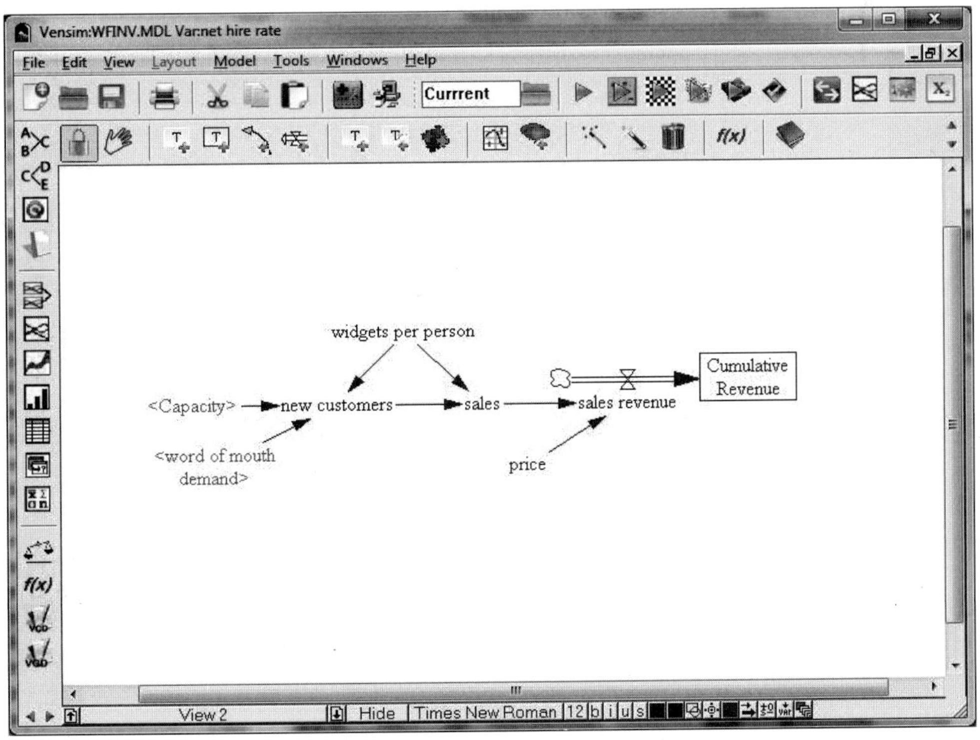

당신이 만일 PLE 혹은 PLE Plus 버전을 사용한다면 당신의 모델은 아래와 같이 나타날 것이다.

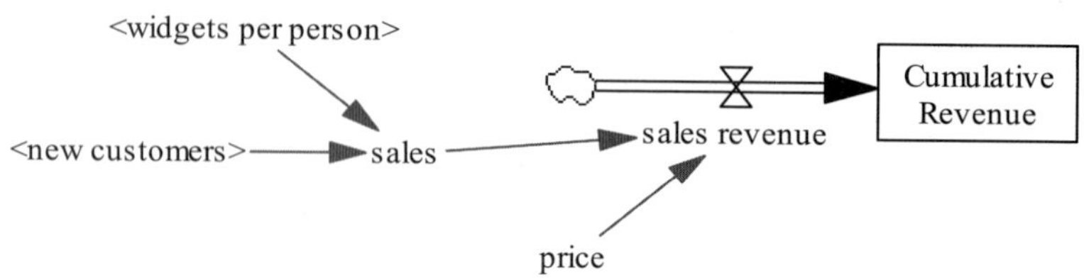

9.13 또 다른 수식들 More Equations

▶ **Equations** 도구를 클릭한 후 각각의 변수에 대해서 아래에 있는 수식과 단위들을 입력한다.

```
sales = new customers * widgets per person
Units: widget/Month
price = 50
Units: dollar/widget
sales revenue = sales * price
Units: dollar/Month
```

▶ *Cumulative Revenue* 변수의 수식을 입력할 때에는 **Supplementary** 체크박스를 선택하도록 한다. 이는 Vensim이 이 변수를 다른 곳에서 사용하지 않는다는 것을 의미한다.

```
Cumulative Revenue = INTEG(sales revenue, 0)
Units: dollar
```

▶ 메뉴에서 **File>Save**를 선택하거나 단축키 Ctrl + S를 사용한다.

9.14 모델의 시뮬레이션 Simulating the Model

▶ 모델의 에러를 점검하기 위해 메뉴에서 **Model>Check Model**를 선택하거나 단축키 Ctrl + T를 활용한다.

▶ 단위의 타당성을 점검하기 위해 메뉴에서 **Model>Units Check**를 선택하거나 단축키 Ctrl + U를 활용한다.

▶ 데이터 셋의 이름을 *cust2*로 두고 시뮬레이션을 시행한다.

9.15 모델의 분석 Analyzing the Model

▶ **Graph** 도구 혹은 **Causes Strip** 그래프 도구를 사용하여 *Potential Customers, Customers,* 그리고 *new customers*와 같은 핵심변수들의 변화 행태를 살펴 보도록 한다.

만일 당신이 스스로 만든 파일을 열지 않고 기존에 있던 *cust2.mdl* 파일을 열어서 작업한 경우, 당신은 현재의 데이터 셋으로 *cust2*에 대한 결과만이 나타난 것을 알 수 있을 것이다. 컨트롤 패널의 **Datasets** 탭에서 *cust1* 데이터 셋을 불러오도록 한다.

▶ *new customers* 변수를 선택해서 활성화 상태로 두고, **Graph** 도구를 선택한 상태에서 클릭하도록 한다.

NOTE *cust1* 데이터 셋은 *cust1.mdl* 모델에 입력된 모든 변수들의 값을 가지고 있으며, 우리의 새로운 모델의 고유한 변수에 대한 결과값을 가지고 있지는 않다. 만일 당신이 원래의 모델에 있지 않은 모델의 결과값을 보기를 선택한 경우에는 *cust2* 데이터 셋에 시뮬레이션 되어 있는 결과만이 확인 가능하다.

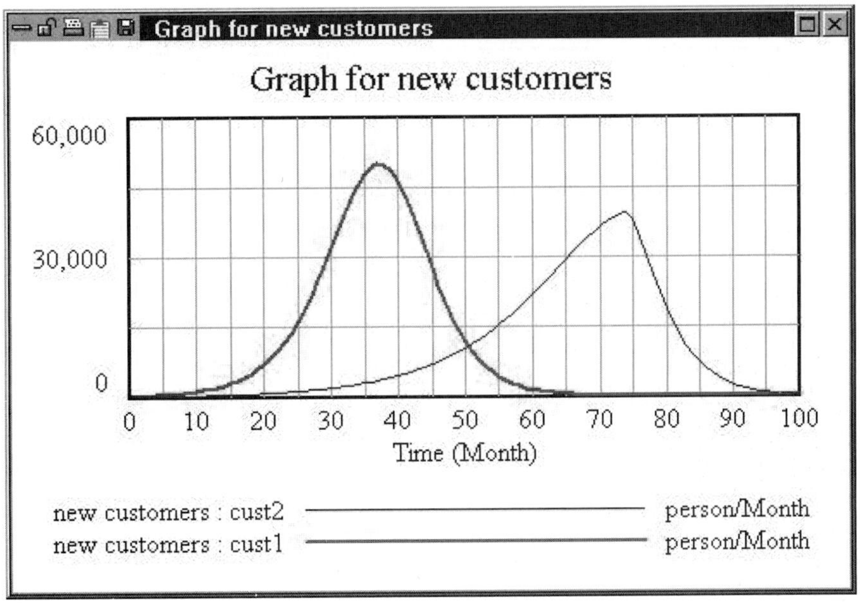

우리는 이 두개의 수행결과 간의 차이를 알게 되었다. 제품 제조에 따른 생산역량의 제약 때문에 두번째 시뮬레이션 결과에서는 첫번째 것의 시뮬레이션 결과보다 매출이 느리게 상승하고 나중에 피크를 보여주고 매출이 이뤄지는 총 시간이 더 길게 된다.

9.16 모델의 저장 Saving Your Model

다음 단계에 대한 언급을 하기전에 당신의 모델을 새로운 이름으로 저장해서 작업한 결과들을 구분토록 한다.

- ▶ 메뉴에서 **File>Save As...** 항목을 선택한 후 모델 이름으로 *cust3.mdl*를 입력한 뒤 **OK**를 클릭한다.
- ▶ 메뉴에서 **File>Close**를 선택해 모델을 닫도록 한다.

9.17 정교한 생산 역량 모델 Detailed Capacity Model

우리가 보다 정확하게 회사의 생산 역량부분에 대한 모델링을 해야 한다고 가정해 보자. 어딘가에 우리의 현재 모델보다 생산 역량의 분야를 설명하는 기존 모델을 가지고 있는 경우라면, 우리는 현재의 모델을 강화하고 구체화 하는데 이 모델을 사용할 수 있다. 우리는 건설지연과 투자에 따른 생산 역량을 *cap1.mdl*이라고 부를 것이고, 이는 생산 역량이 소진에 있어서 기존의 모델과 다른 형태를 나타내는 모델이다. 이 부분에서 하나의 완전한 작업 모델을 형성하기 위해 두개의 서로 다른 모델(구조와 수식)의 병합하는 개념을 소개하고자 한다.

9.18 복사하기와 붙여 넣기 Copying and Pasting

우리는 기존의 다른 모델(*cap1.mdl*)에서 모델의 구조를 사용하게 할 것이다. 이 모델은 대안을 가지고 있으며, 어느 정도의 생산 역량을 결정하는 수식의 설정이 개선되어 있다. 그러나 이는 고객의 니즈에 대한 수식이 없다. 대신 원하는 수준의 생산을 결정하는 내장 함수인 STEP 함수를 사용한다(STEP 함수에 대한 설명은 Chapter 7을 참고하도록 한다). 우리는 모델에 이 구조를 붙여 넣기 한 후 이미 *cap1.mdl* 모델에 정의된 변수의 연결을 확인코자 한다.

▶ **Open Model** 버튼을 클릭한 후, *UserGuide\chap09* 폴더에 저장되어 있는 *cap1.mdl* 모델을 선택한다.

▶ 메뉴에서 **Edit>Select all** 항목을 선택하거나 단축키 Ctrl + A를 활용한다. 또는 **Move/Size** 도구를 사용해서 모든 구조를 포함하도록 드래그 한다.

▶ **Copy** 버튼을 클릭하거나 메뉴에서 **Edit>Copy** 항목을 선택한다(단축키 Ctrl + C도 가능하다).

▶ **Open Model** 버튼을 클릭하거나 메뉴에서 **File>Open Model...** 항목을 선택해서 *cust3.mdl* 파일을 열도록 한다(혹은 메뉴의 **File** 부분에서 최근 작업 파일로 나타나 있을 것이다).

▶ 만일 당신이 Capacity 작업화면에 있는 것이 아니라면 **View** 버튼을 클릭해서 Capacity 작업화면을 선택하도록 한다.

▶ **Paste** 버튼을 클릭하고, 메뉴에서 **Edit>Paste** 항목을 선택한다(단축키 Ctrl + V도 가능하다).

붙여넣기 대화상자가 열리게 된다. 여기에서의 선택은 다음과 같다.

- **Replicate** — 이미 같은 이름을 가진 변수가 있다고 하더라도 모델의 현재 작업화면에 구조와 수식을 붙여 넣기한다.
- **Picture** — 이는 구조의 사진 형식으로 붙여 넣고 수식은 반영되지 않는다. 만일 무엇을 붙여 넣을 때 현재의 모델에 존재하지 않는 변수가 포함된 경우 경고 대화창이 열린다.

▶ **Replicate** 옵션(기본설정값인)을 선택한다. 왜냐하면 우리는 변수들과 수식을 현재의 모델에 붙여 넣기 하려고 하기 때문이다. 그리고 나서는 **OK** 버튼을 클릭한다.

Paste Model 대화상자 선택이 없는 벤심 PLE 또는 PLE Plus를 사용 중이라면 기본 동작은 스케치를 복사하는 것과 같다.

아래 부분은 벤심 PLE/PLE+에는 해당되지 않는다(병합 도구 없음).

이 새로운 구조는 원래에 위치해있던 것과 동일한 구조와 위치로 복사가 된다.

▶ 중앙의 강조된 부분을 **Move/Size** 도구를 사용해서 조정하고, 그다음 마우스 버튼을 누른 상태에서 기존의 구조 아래의 상자를 드래그 한다.

▶ 상자의 외부를 클릭하여 스케치에 영구적으로 변수를 삭제한다.

NOTE 만일 당신이 그것을 이동하기 전에 박스의 바깥쪽을 클릭하면, 새로운 구조는 우리가 현재의 작업화면에 놓기를 원하는 부분이 아닌 기존의 구조의 상단에 놓여지게 된다. 만일 당신이 이동을 하기 전에 박스의 바깥쪽을 클릭했다면 메뉴에서 **Edit>Undo** 항목을 선택하면 붙여넣기된 구조가 사라지게 된다. 그러면 다시 붙여넣기 옵션에서 **Replicate**를 선택하면 된다.

▶ **Merge** 도구를 선택한다. 새로운 생산 역량을 의미하는 변수(*Capacity 0*)를 클릭한다. 그리고 마우스 버튼을 누르고 있는다. *Capacity 0* 변수는 *Capacity* 변수의 바로 위에 놓고 마우스 버튼을 뗀다.

당신은 "This will delete the variable *Capacity* and replace it with *Capacity 0*. Do you want to continue?"라는 영문 메시지를 보게 될 것이다.

▶ **Yes** 버튼을 클릭한다.

▶ 마우스 커서를 *Capacity 0* 변수 위에 두고 버튼을 누른 상태를 유지한다. 그다음 *Capacity 0* 변수를 작업화면에서 *investment* 변수와 *reductions* 변수 사이에 위치하게 한 후 마우스 버튼을 뗀다.

우리가 *Capacity* 변수를 대체할 변수로 *Capacity 0* 변수를 병합하면 원래대로 *cap1.mdl* 모델에 입력된 *Capacity* 변수의 모든 인과관계 연결 및 수식이 유지된다. 기존의 *Capacity* 변수를 사용했던 변수는 이제 자신의 입력값으로 *Capacity 0* 변수를 사용하게 된다.

새로운 생산 역량의 구조는 변화를 위한 입력값으로 *desired production* 변수를 필요로 하고, 이는 구전에 의한 매출과 판매단위의 수량에 따라 원하는 생산을 변경하는 입력을 필요로 하게 된다. 예전의 생산 역량 구조에서 이 값의 계산 대상인 *target capacity* 변수의 가변값에 의해 변화가 되게 되어있다. 그러므로 수식의 손상을 가지 않게 하기 위해 우리는 새로운 변수를 *target capacity*에서 새로운 변수인 *target capacity 0*를 활용할 수 있도록 병합하는 것이 필요하다.

▶ **Merge** 도구를 사용해서 *target capacity* 변수를 *target capacity 0* 위로 가게 한다. 경고창이 뜨면 **Yes**를 선택한다.

우리는 또한 상수값인 *time to adjust capacity* 변수를 원래의 값으로 유지하게 해야 한다.

▶ **Merge** 도구를 사용해서 *time to adjust capacity* 변수를 *time to adjust capacity 0* 변수에 드래그 한다. 경고창이 뜨면 **Yes**를 선택한다.

▶ *word of mouth demand* 변수와 *widgets per person* 변수 두개를 *target capacity* 변수 아래에 위치하도록 드래그 한다.

▶ **Delete** 도구를 선택한다. *capacity adjustment* 변수를 선택해서 모델내에서 삭제되도록 한다. 유량 변수가 있었던 곳의 좌측에 있는 구름부분을 클릭한다.

▶ **Move/Size** 도구를 사용해 모델의 개체들이 깔끔하게 보이도록 재정렬을 한다.

- 만일 화살표를 이동하는 것이 어렵다면 손잡이를 찾기 어렵기 때문일 것이다. 간단하게 **Arrow** 도구를 사용하면 변수사이의 새로운 화살표를 쉽게 그릴 수 있다. 당신은 "This connection exists, remove the old arrow?"라는 메시지를 보게 될 것이다. **Yes**를 클릭한다.

- **Variable** 도구를 선택한다. *Capacity 0* 변수를 선택하면 새로운 이름을 입력하는 대화창이 열리게 된다. 마우스 커서를 0이라는 글자 앞에 두고 공백과 0이라는 이름을 지운뒤 엔터키를 누른다.

- *capacity adjustment 0* 변수를 클릭하고 커서를 0이라는 글자 앞에 두고 공백과 0이라는 이름을 지운 뒤 엔터키를 누른다.

- **Arrow** 도구를 선택하고 *target capacity* 변수와 *desired production* 변수를 아래와 같이 연결한다.

이러한 스케치 개체들의 조작은 모두 우리가 원하는 수식과 변수에 대해 원하는 이름을 계속 유지하게 할 수 있다. 당신이 작업한 작업화면은 아래의 그림과 유사하게 나타나야 할 것이다.

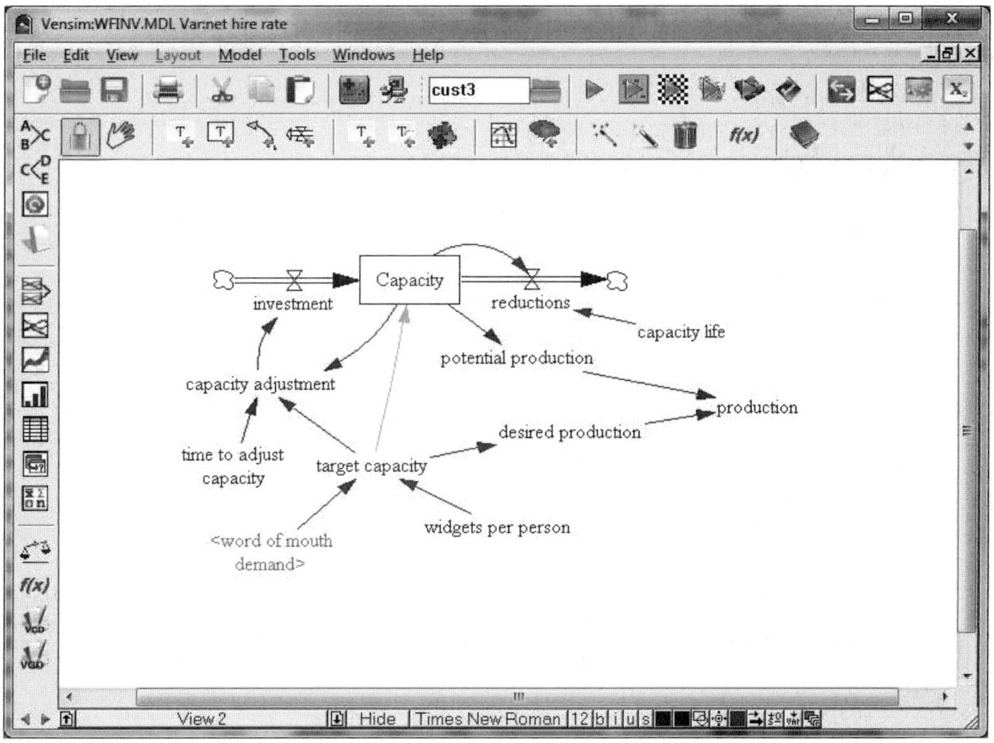

- **Equations** 도구를 선택한다. *desired production* 변수를 클릭한 후, 값들을 입력변수인 *target capacity* 변수와 함께 STEP 함수를 활용해서 아래와 같이 입력한다.

```
desired production = target capacity
Units: Gadget/Month
```

이제 당신은 검은색으로 강조표시된 변수들이 하나도 없는 것을 확인할 수 있다. 만일 당신이 이를 발견했을 경우 이들을 클릭하여 수식과 구조들이 앞서 설명된 것과 동일하게 진행되었는지를 확인하고 수정토록 한다.

▶ *production* 변수를 클릭한 후 **Supplementary** 체크박스를 클릭한 후 **OK**를 누른다.

9.19 생산역량 작업화면의 수식 Capacity View Equations

```
Capacity = INTEG(investment-reductions, target capacity)
Units: Gadget/Month
capacity adjustment=
   (target capacity - Capacity)/time to adjust capacity
Units: Gadget/Month/Month
capacity life = 20
Units: Month
desired production = target capacity
Units: Gadget/Month
investment = capacity adjustment
Units: Gadget/Month/Month
potential production = Capacity
Units: Gadget/Month
production = MIN(desired production, potential production)
Units: Gadget/Month
reductions = Capacity/capacity life
Units: Gadget/(Month*Month)
target capacity = word of mouth demand * widgets per person
Units: Widget/Month
time to adjust capacity = 12
Units: Month
```

9.20 동일 단위 Units Synonyms

Vensim에서의 단위라는 것의 동의어는 동일한 측정이 가능한 기준을 의미한다. 단위를 입력할 때에는 당신은 또 다른 하나의 단위와 복수의 단일 측정 단위를 만들 수 있다는 것을 찾을 수 있을 것이다. 단위 점검은 당신이 설계한 모델상의 단위가 동일한 의미와 기준들에 맞춰 논리적으로 측정가능하게 설계되어 있는지를 점검하는 것이다.

몇 가지 단위를 의미하는 것은 이미 정의가 되어있다(Month, Months, Year and Years 등).

▶ 메뉴에서 **Model>Units Check** 항목을 선택하거나 단축키 Ctrl + U를 활용한다.
당신은 3개의 에러가 발생했다는 것을 확인할 수 있다. 이들은 단위의 복수 및 단수에 대한 구분이 잘못되었기 때문으로 이러한 경우에는 하나하나 복수 혹은 단수로 조정할 수도 있지만 동의어로 인식하게 할 수 있도록 설정할 수도 있다. 모델에 Gadget/Gadgets 그리고 Widget/Widgets으로 입력된 단위를 서로 동일한 단위로 인식하게 설정하도록 하자.

▶ 메뉴에서 **Model>Settings...** 항목을 선택하고 **Units Equiv** 탭을 클릭한다.

▶ 편집상자 내에서 Gadget, Gadgets, Widget, Widgets이라고 입력한 후 **Add Editing**를 선택한 후 **OK**를 클릭한다.

▶ 메뉴에서 **Model>Units Check** 항목을 선택하거나 단축키 Ctrl + U를 사용한다.
이제 단위가 모두 이상이 없다는 것인 "Units are OK."를 확인해야 한다. 만일 그렇게 되지 않았다면 단위 오류 결과창을 보고 이유를 알아내기 위한 노력을 기울여 위의 설정과 동일하게 각 변수의 단위를 설정하도록 한다.

9.21 모델의 시뮬레이션과 분석 Simulating and Analyzing the Model

▶ 모델의 에러를 점검하기 위해 메뉴에서 **Model>Check Model**를 선택하거나 단축키 Ctrl + T를 사용한다.

▶ *cust3*으로 저장된 데이터 셋을 점검한다.

▶ **Control Panel** 버튼을 클릭하고 **Datasets** 탭을 선택한다. 그다음 미리 불러오기 되어있지가 않다면 *cust1* 및 *cust2* 데이터 셋을 불러 오도록 한다.

▶ *new customers* 변수를 선택하여 활성화 상태로 두고 **Graph** 도구를 사용해서 클릭한다.

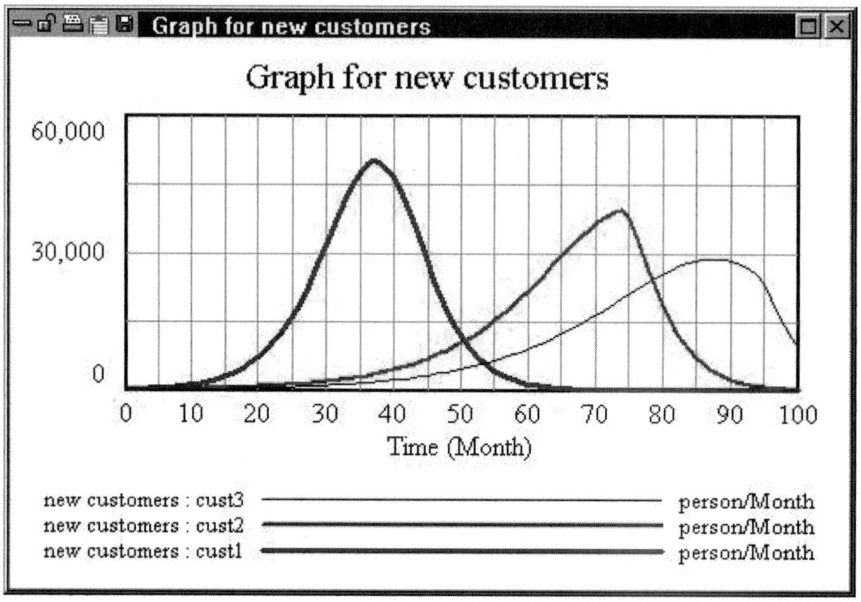

여기서 알아둘 것은 *cust3* 데이터 셋에서의 *new customers* 변수의 결과곡선이 느리게 변화하고 다른 데이터 셋상의 값에 비해서 피크에 늦게 도달하는 것을 확인할 수 있다. 이 문제는 생산 역량 감소에 의해서 *cust3.mdl* 모델의 생산역량이 다른 시뮬레이션 조건에 비해서 낮기 때문이다.

9.22 생산 역량 투자 정책 Capacity Investment Policy

우리가 영위하고 있는 신제품의 공급시장(*new customers* 및 *Customers*에 대한)에서 시장점유율이 느슨하게 되고 있는 경우라면 우리가 제품을 고객에게 빨리 공급(즉, *new customers* 변수의 값을 크게)하게 하기 위해서는 무엇을 해야 할까? 한번 *Capacity* 변수의 값을 조정하기 위해 *time to adjust capacity* 변수의 값을 낮게 만들어 보자.

▶ **Runname** 편집상자에서 *cust4*를 입력한다.

▶ **Set Up a Simulation** 버튼을 클릭한다.

▶ Capacity 작업화면에서 하이라이트 표시되고 있는 상수인 *time to adjust capacity* 변수를 선택하고 값으로 4를 입력한 후 엔터키를 누른다.

▶ **Simulate** 버튼을 클릭한다.

▶ *new customers* 변수를 선택하여 활성화 상태로 두고, **Graph** 도구를 클릭한다.

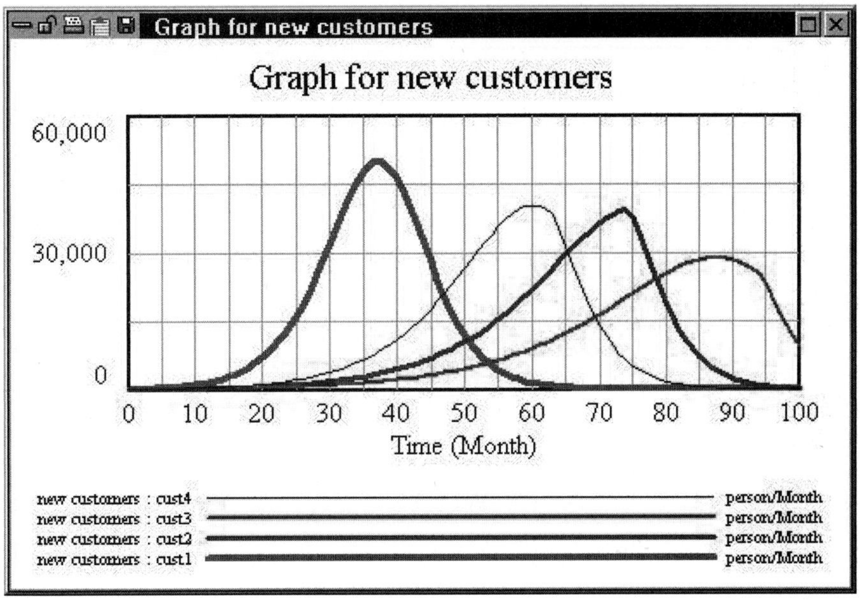

이제 우리는 *new customers* 변수의 값이 이상적인 첫번째 모델인 *cust1.mdl*에 가까워진 것을 볼 수 있다. *Capacity* 변수의 제약조건이 제거되지는 않았으나 생산역량의 제약이 뒤로 밀려난 것을 확인할 수 있다.

10 결과물 편집하기
Customizing Output

본장에서는 사용자 정의 그래프와 테이블 형태의 결과물을 나타내는 방법을 학습한다.

10.1 그래프와 스트립 그래프 Graphs and Strip Graphs

그래프와 스트립 형태의 그래프는 다른 색으로 선을 표시하고 연결된 숫자와 기호뿐만 아니라 두께도 차별화할 수 있다. 우리는 그래프 도구의 옵션들을 조작하는 것과 동일한 방법으로 스트립 **그래프 도구**에도 적용할 수 있다.

▶ Chapter 8에서 당신이 만든 *cust3.mdl* 모델을 불러온다.

혹은

▶ *UserGuide\chap08\complete* 폴더에 저장되어 있는 *cust3.mdl* 파일을 불러온다.

▶ **Control Panel** 버튼을 클릭하고 **Datasets** 탭을 클릭한다. *cust1* 부터 *cust4*의 모든 데이터 셋이 불러와져 있는지 확인한다. 만일 그렇지 않다면 각각의 **Available** 목록 상자에서 각각의 runname을 더블 클릭해서 실행되도록 해 불러온다.

▶ 작업 영역에 나타나 있는 *new customers* 변수를 클릭하여 활성화한다.

얇은 선과 색상(Thin Lines and Color)

▶ **Graph** 도구를 클릭한다.

Vensim에서 **Graph 도구**의 기본적인 설정은 다른 색상으로 구분되어진 가는 선이다.

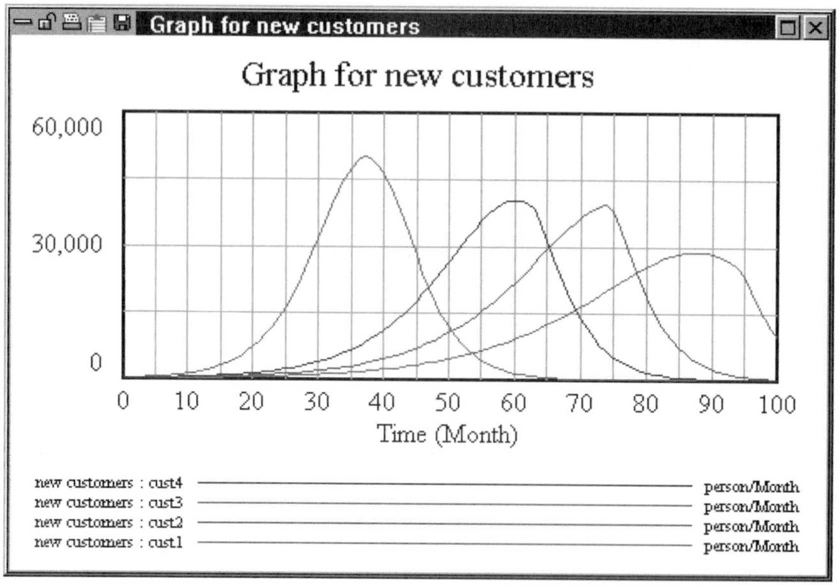

▎두꺼운 선과 색상(Thick Lines and Color)

▶ 메뉴에서 **Tools>Options**…을 선택하고 **Graphics**을 클릭한다. **Graph Tool** 필드 아래에 있는 첫 번째 확인란을 클릭한다. 그다음 **OK**를 클릭한다.

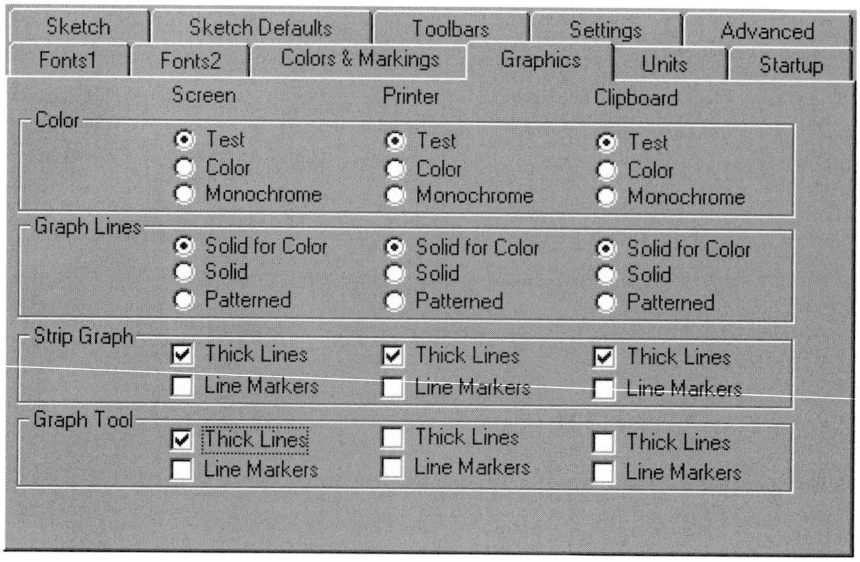

그래프 도구의 결과 값이 두꺼운 선으로 업데이트가 된다. 알아둘 것은 이 그래픽 옵션은 새로 만드는 것을 포함하여 열려있는 모든 그래프에서 작동한다.

이 선들의 모양은 화면(왼쪽), 프린터(가운데), 클립보드(오른쪽)에 대해서 개별적으로 조정할 수 있다. 우리는 여기서 화면에 대해서만 변경하고자 한다.

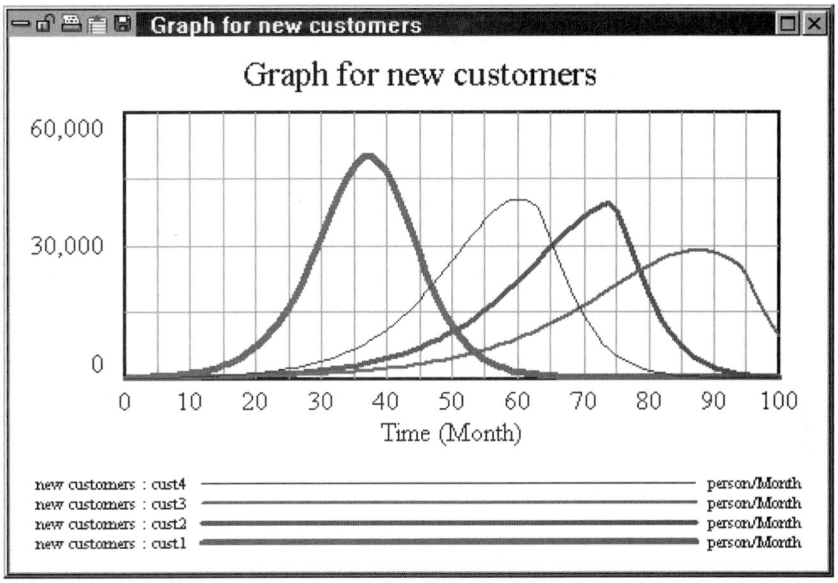

패턴 그래프 선과 색상(Patterned Graph Lines and Color)

▶ 메뉴에서 **Tools>Options…**. 를 선택한다. **Graph Lines** 필드에서 화면 아래에 있는 **Patterned** 버튼을 클릭한다. 그리고 **OK**를 클릭한다.

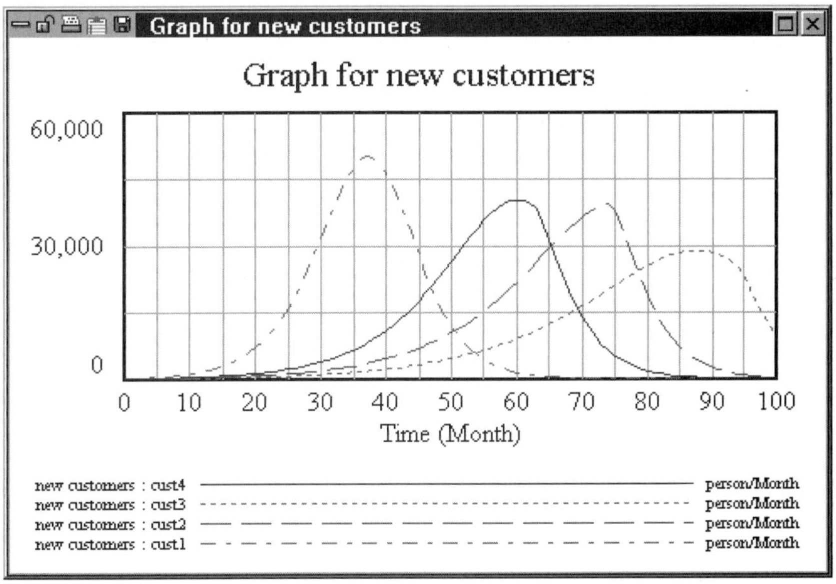

기본적으로 설정되어 있는 글로벌 옵션 대화상자를 리셋하도록 한다.

▶ 메뉴에서 **Tools>Options**…를 선택한다. **Graph Lines** 필드 아래에서 **Solid for Color**에 있는 첫 번째 버튼을 클릭한다. 만일 당신이 원한다면 **Graph tool**에서 **Thick lines**를 선택한다. 그리고 **OK**를 클릭한다.

▶ Close 버튼이나 Del 키를 눌러서 그래프를 닫는다.

점선 그래프(Dots-Only Graphs)

▶ 그래프 도구를 마우스 오른쪽 버튼으로 클릭한다. **Line Type** 필드에서 **Dots Only** 버튼을 클릭하고 **OK**를 클릭한다.

▶ 이제 다시 **Graph** 도구를 클릭한다.

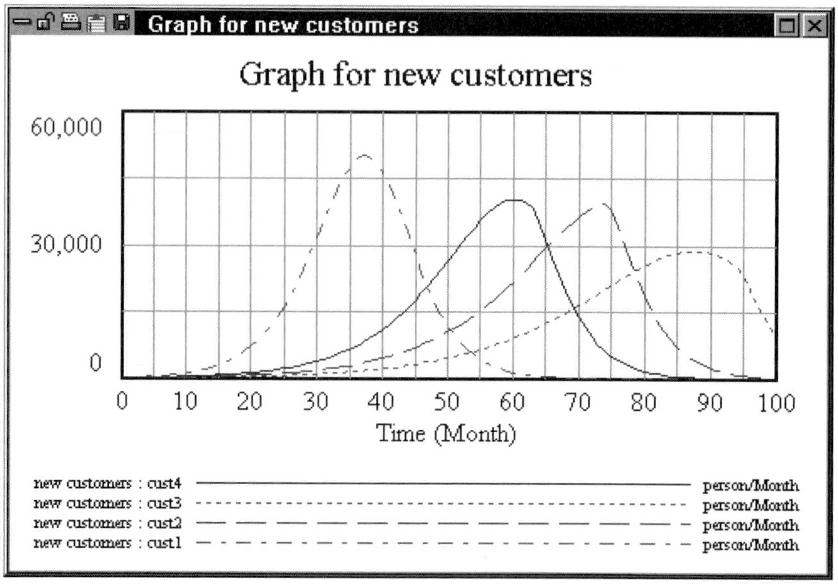

Graph 도구의 옵션들은 아래와 같이 리셋될 수 있다.

▶ 그래프 도구를 마우스 오른쪽 버튼으로 클린한다. **Line Type** 필드에서 **Linear Interp** 옵션을 클릭하고 **OK** 버튼을 클릭한다.

10.2 마킹표시를 활용한 그래프 Graphs Lines with Markers

다른 선 스타일 뿐만 아니라, 그래프의 선에 마킹을 하는 것도 가능하다. Vensim PLE와 PLE Plus 버전에서는 이 기능들을 단순하게 켜고 끄는것만 가능하다.

마킹 표시는 선을 따라 표시되는 문자이다. 기본 값은 숫자(혹은 문자)이지만 다른 형태의 심볼 값도 사용될 수 있다.

▶ 메뉴에서 **Options>Options**…을 선택한다.

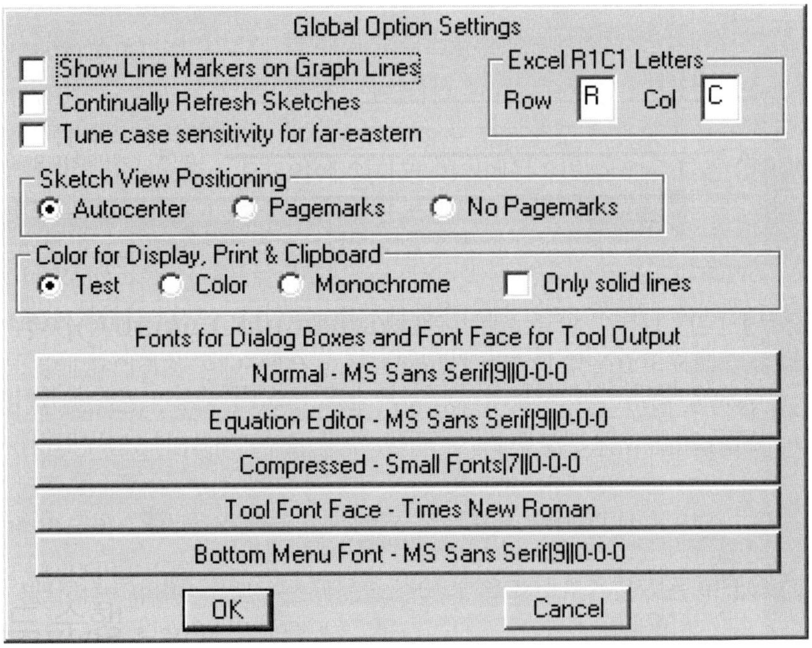

▶ **Show Line Markers on Graph Lines**을 선택한다.

■ 다른 버전의 Vensim에서의 설정

▶ 메뉴에서 **Tools>Options**…를 선택하고 **Colors & Markings**탭을 클릭한다.

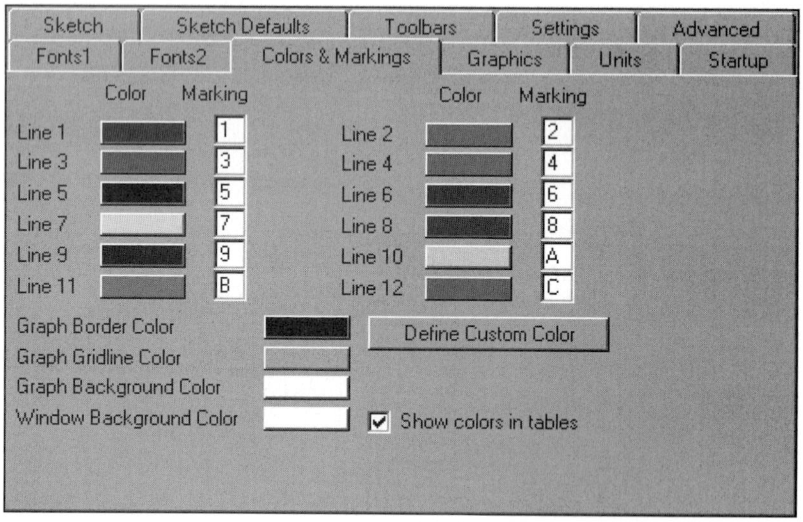

각각의 선에 대해서 색상과 마킹을 선택할 수 있다. 당신은 어떤 색상이나 어떤 단일 문자로도 표현할 수 있다.

▶ **Graphics** 탭을 클릭한다. 모든 설정에 대해서 적용하기 위해 **Graph Tool** 필드에서 가장 왼쪽에 있는(**Screen** 아래의) 체크 박스를 선택하고 **OK**를 클릭한다.

▶ **Graph** 도구를 클릭해 본다.

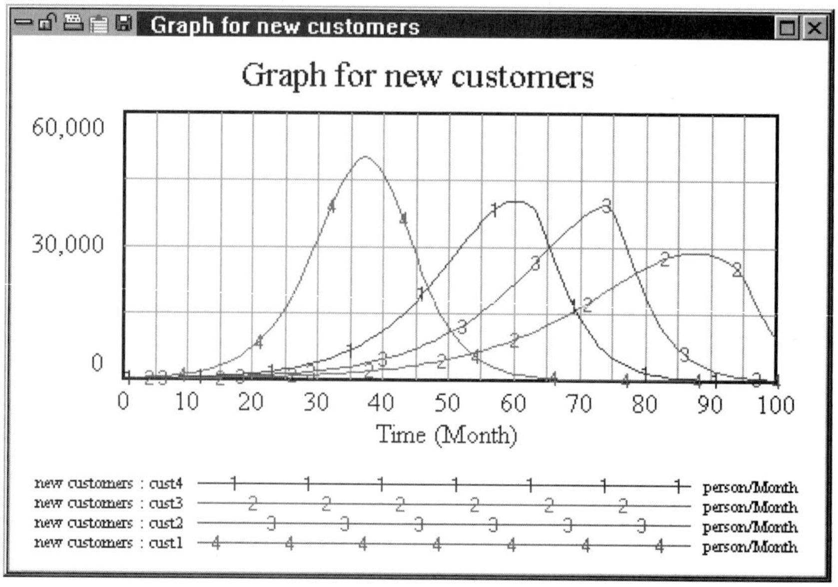

Line Markers 체크 박스를 해제하여 기본적으로 설정되어 있는 글로벌 옵션 대화상자를 리셋 하도록 한다.

NOTE **Colors & Markings**와 **Graphics** 탭의 설정을 변화시키는 것으로 기존의 화면에 나타나는 것과 그들이 출력되었을 때 모두에 적용이 되어 나타난다.

10.3 트리 다이어그램 Tree Diagrams

트리 다이어그램은 화살표의 두께, 색상, 부호 등 모델과 연관된 모든 그래픽 요소를 취향에 맞게 해서 보여 줄 수 있다.

▶ *UserGuide\chap04\complete.* 폴더에서 *project.mdl* 파일을 불러 들인다.
Work To Do 변수를 클릭하여 활성화 되도록 한다.

▶ **Causes Tree** 도구를 마우스 오른쪽 버튼으로 클릭한다.

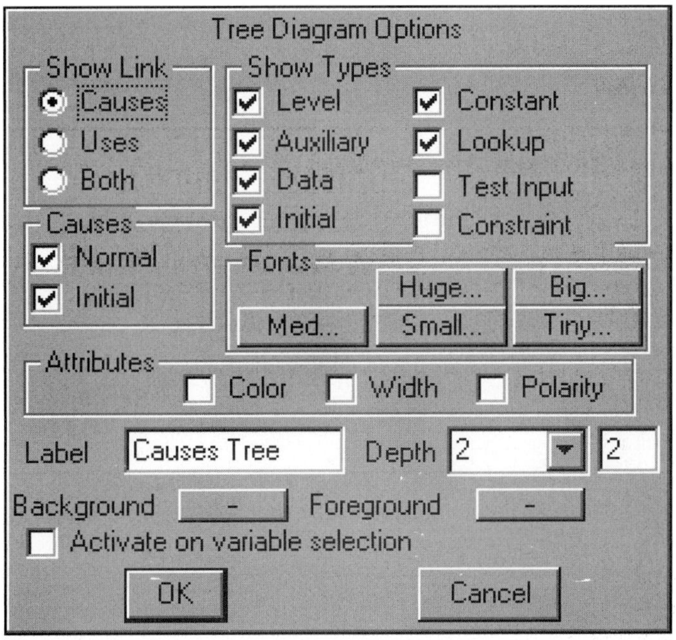

▶ **Color, Width**, 그리고 **Polarity** 에 대한 **Attributes** 체크 박스를 선택한다. 그리고 **OK** 를 클릭한다.

▶ 마우스로 **Causes Tree** 도구를 클릭한다.

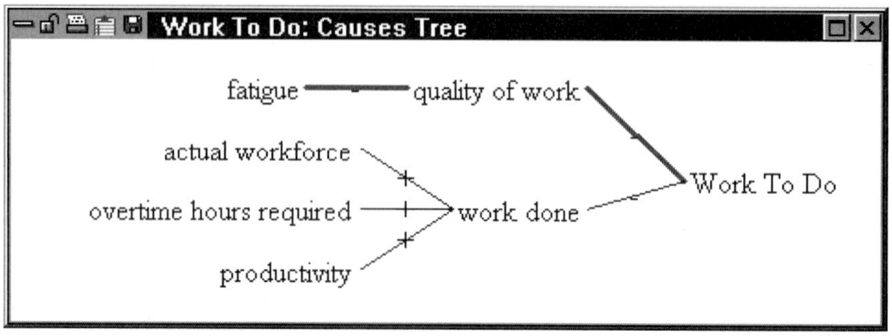

10.4 사용자 정의 그래프 Custom Graphs

사용자 정의 그래프는 하나의 그래프에서 선택한 변수, 시뮬레이션 결과 그리고 스타일을 하나의 그래프로 나타낼 수 있도록 정의하는데 사용된다. 사용자 정의 그래프는 컨트롤 패널에 있는 Graph Control 부문에서 정의되어 진다.

만일 cust3.mdl 파일이 미리 열려있지 않은 경우

▶ *UserGuide\chap08\complete* 폴더에서 *cust3.mdl* 파일을 불러온다.

사용자 정의 그래프를 만들기 위해서

▶ 도구모음의 **Control Panel** 버튼을 클릭하고 컨트롤 패널에서 **Graphs** 탭을 클릭한다.

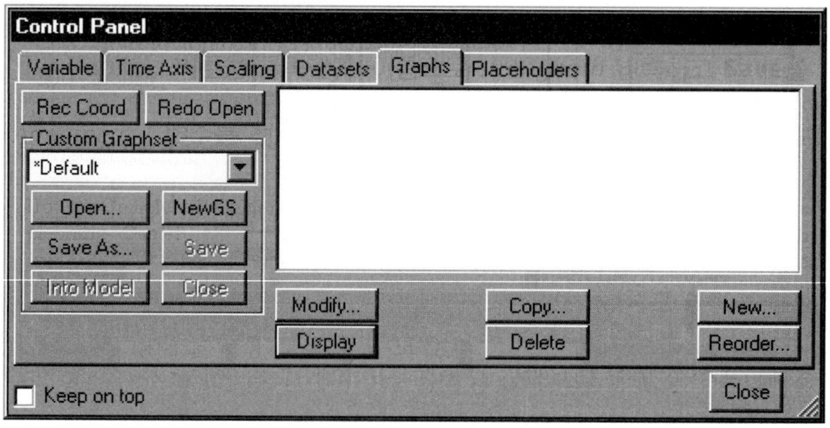

▶ **New**… 버튼을 클릭한다. 사용자 정의 그래프 편집 화면이 열리고 **Title** 편집상자에 마우스 커서가 놓여져 있다.

- 그래프의 이름을 입력한다(e.g., Customer Diffusion).
- 마우스를 사용하여 변수 **Variable** 상자로 이동하여 그래프 편집기의 왼쪽에 있는 Sel.의 이름 위쪽 버튼을 클릭한다. 변수 선택 대화 상자가 나타나게 된다. 스크롤 바를 아래로 내리고 Customers 변수에서 마우스를 더블 클릭한다(혹은 변수명의 첫 글자를 입력하고 원하는 변수에 하이라이트 표시가 될때에 엔터키를 입력한다).
- 아래 두번째에 있는 **Sel.** 버튼을 클릭하고 *Customers* 변수를 더블 클릭한다.
- 아래 세번째에 있는 **Sel**. 버튼을 클릭하고 *Capacity* 변수를 더블 클릭한다.
- 아래 네번째에 있는 **Sel.** 버튼을 클릭하고 *Capacity* 변수를 더블 클릭한다.
- 왼쪽 첫 번째 두 변수 사이에 놓여 있는 **Scale** 항목을 체크한다.
- 왼쪽 세 번째와 네번째 변수 사이에 놓여 있는 **Scale** 체크 박스를 체크한다.
- 첫번째 변수의 바로 왼쪽의 **Dataset** 편집 상자를 클릭하고 Runname으로 *cust2*를 입력한다.
- 두번째 변수의 바로 왼쪽의 **Dataset** 편집 상자를 클릭하고 Runname으로 *cust4*를 입력한다.
- 세번째 변수의 바로 왼쪽의 **Dataset** 편집 상자를 클릭하고 Runname으로 *cust2*를 입력한다.
- 네번째 변수의 바로 왼쪽의 **Dataset** 편집 상자를 클릭하고 Runname으로 *cust4*를 입력한다.
- 첫번째 변수의 바로 왼쪽에 있는 **LineW**(라인 폭) 편집 상자를 클릭하고 2를 입력한다.
- 두번째 변수의 바로 왼쪽에 있는 **LineW**(라인 폭) 편집 상자를 클릭하고 2를 입력한다.

사용자 정의 그래프 편집기는 다음과 같이 나타나야 한다.

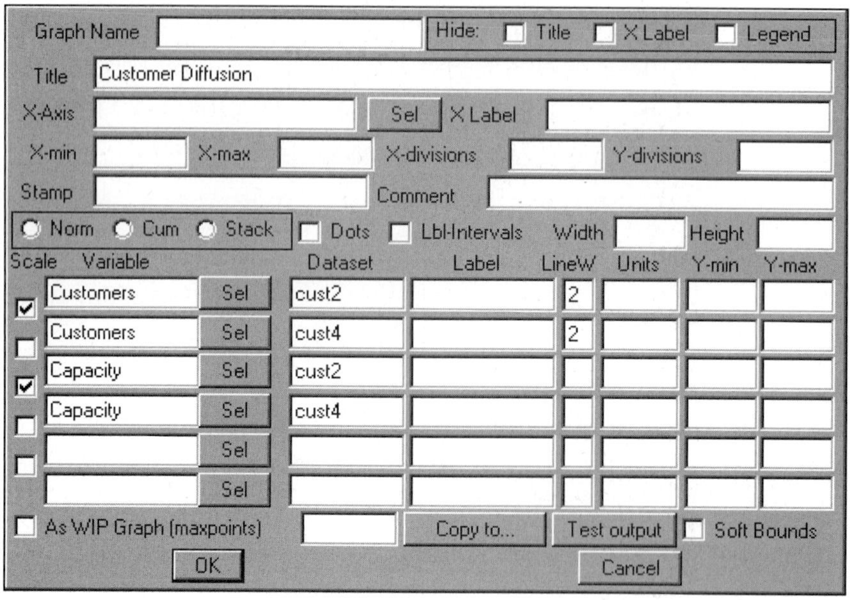

▶ **OK** 버튼을 클릭한다. 사용자 정의 그래프 편집기가 닫히고 그래프 설정창이 열려있게 된다.

▶ 그래프 설정창에서 그래프의 이름을 클릭한 후 **Display** 버튼을 클릭한다.

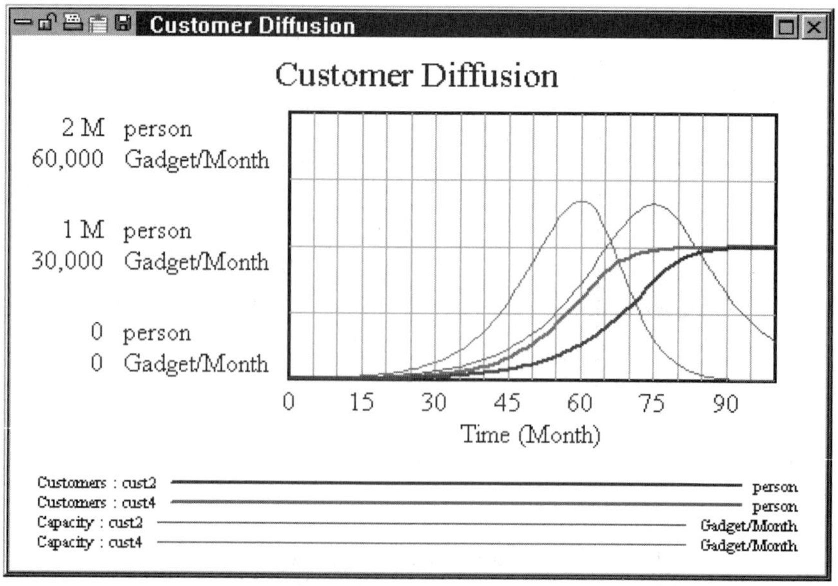

그래프가 표시된다. 당신은 쉽게 하나의 변수의 변화 행태가 다른 어떤 것과 어떤 관련있는지 알 수 있다. 그래프 설정에서 **Modify** 버튼을 활용해 설정을 바꿔가며 다른 설정을 통한 결과를 실험해 볼 수 있다. 만일 당신이 변수 이름 옆에 데이터 셋을 포함하지 않은 경우 **Display** 버튼으로 먼저 결과값을 불러와 보여줄 수 있다.

10.5 사용자 정의 테이블 Custom Tables

사용자 정의 테이블은 하나의 테이블 내에서 선택된 변수의 시뮬레이션 결과를 보여주는데 사용되어 진다. 사용자 정의 그래프와 같이 사용자 정의 테이블은 컨트롤 패널에서 만들 수 있다.

cust3.mdl 파일이 아직 열려있지 않은 경우

▶ *UserGuide\chap08\complete.* 폴더에 저장되어 있는 *cust3.mdl* 모델을 불러온다.

사용자 정의 테이블을 만들기 위해선

▶ 도구모음의 **Control Panel** 버튼을 클릭한다. 컨트롤 패널에서 **Graphs** 탭을 클릭한다.

▶ **New....** 버튼을 클릭하면 앞서 보았던 설정창이 나타나고 마우스 커서가 **Title**에 놓여져 있게 된다.

▶ 대화상자의 위에 있는 **As Table...** 버튼을 클릭한다. 사용자 정의 그래프 편집기에서 마우스 커서가 **Title**에 놓여져 있게 된다.

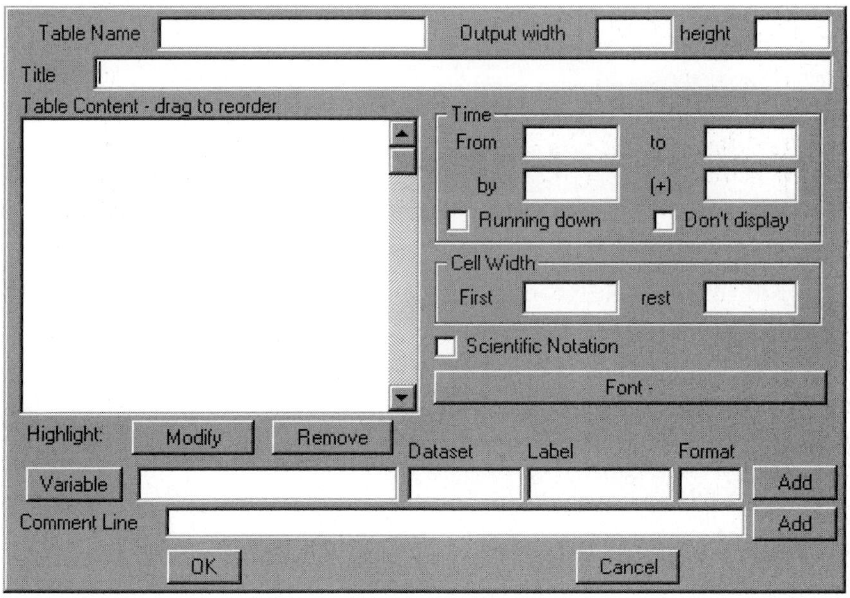

- 그래프의 이름을 입력한다(e.g., Table for Customer Diffusion).
- 마우스를 사용하여 대화 상자의 왼쪽 아래에 **Variable** 표시 버튼을 클릭한다. 변수 선택 대화 상자가 나타나게 된다. 스크롤바를 아래로 이동하여 목록에서 *Customers*를 더블 클릭한다(혹은 변수명의 첫 글자를 입력하고 원하는 변수에 하이라이트 표시가 될때에 엔터키를 입력한다).
- 방금 입력한 변수 이름의 오른쪽에 있는 **Add** 버튼을 클릭한다.
- **Variable** 버튼을 다시 클릭하고 *Capacity* 변수를 더블 클릭한다.
- **Add** 버튼을 다시한번 클릭한다.
- 사용자 정의 테이블 편집기가 아래와 같이 나타나야 한다.

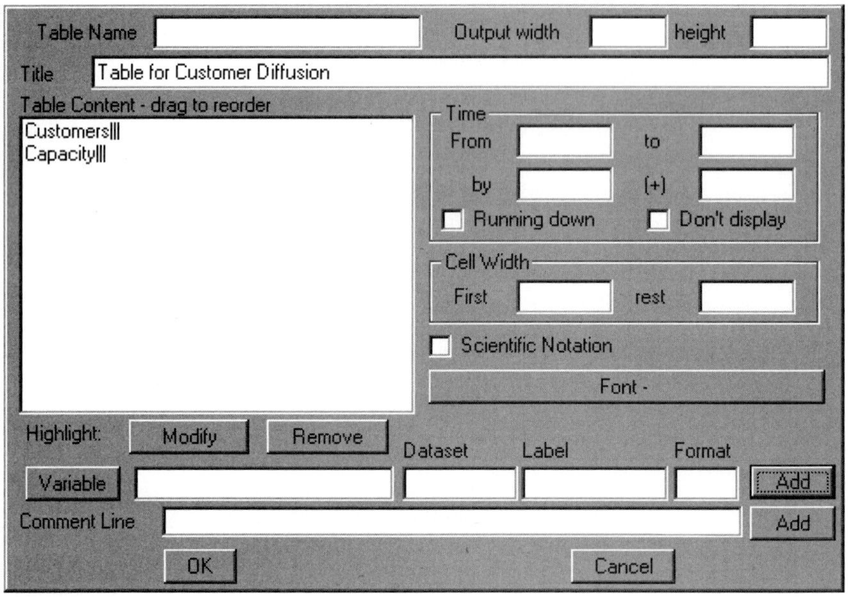

- **OK** 버튼을 클릭한다. 사용자 정의 테이블 편집기가 닫히고 그래프 설정 화면은 열려 있다.
- 그래프 설정 화면에서 테이블의 이름을 클릭한 후 **Display** 버튼을 클릭한다.

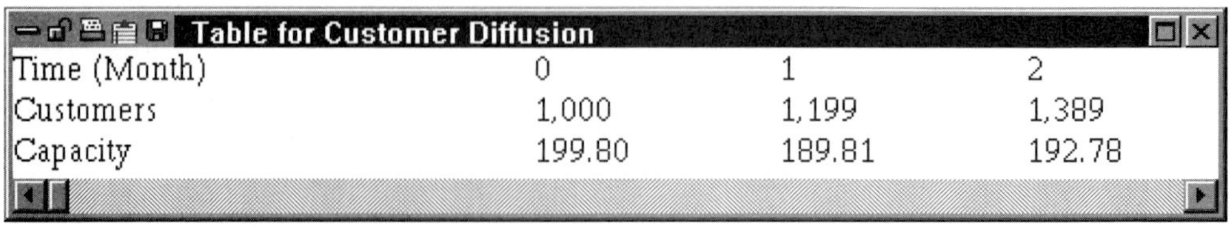
Table for Customer Diffusion

Time (Month)	0	1	2
Customers	1,000	1,199	1,389
Capacity	199.80	189.81	192.78

테이블에 당신이 선택한 변수가 나타나게 된다. 당신은 쉽게 추가적으로 변수를 추가하고 왼쪽 열에서 표시되는 레이블들을 변경할 수 있다.

그래프 설정에서 **Modify** 버튼을 클릭해 설정을 바꿔가며 다른 설정을 통한 결과를 실험해 볼 수 있다. 당신은 또한 커멘트와 다른 정보들을 추가할 수도 있다.

Numbr formatting : 당신은 각각의 변수에 대한 C 포맷 규칙(e.g. % 표기시 반올림을 위한 기준 숫자 등)을 적용할 수도 있다.

11 Vensim의 게임 기능

Games in Vensim

게임기능은 Vensim PLE에서는 지원하지 않는 기능이다.
게임 기능은 적극적으로 시뮬레이션의 진행에 참여하는 방법이다. 게임은 당신이 각 단계에 대한 시뮬레이션 결과에 영향을 미칠 의사 결정에 참여하는 일종의 비행 시뮬레이터 접근과 같다. Vensim 시뮬레이션 모델은 시간을 단계별로 그리고 그 궤적을 따라 게임의 변수값을 변경하여 실행할 수 있다. 대조적으로 일반적인 시뮬레이션 모델은 모델의 초기 설정에 기초하여 시간 전체 범위를 통해 시뮬레이션을 실행하는 것이다.

11.1 부동산 게임 The Real Estate Game

▶ **Open Model** 버튼을 누르거나 *UserGuide\chap11* 폴더에 저장되어 있는 *houses.mdl* 파일을 불러온다(완성본은 하부 폴더인 *Complete* 폴더에 저장되어 있다).

혹은

▶ 아래에 나와 있는 것과 같이 다이어그램과 수식을 설계한다. 그리고 *UserGuide\chap11* 폴더에 다른 이름으로 저장한다(예: *myhouses.mdl*). 시뮬레이션 기본설정으로 시간 범위에 INITIAL TIME = 0, FINAL TIME = 100, TIME STEP = 0.5, Units for Time: Month로 설정한다.

11.2 모델 구조 Model Structure

아래는 부동산 산업의 구조를 나타내는 모델이다. 이 모델은 건축의 계획에서 준공까지 공정별로 시간의 지연현상이 묘사되어 있다. 이 모델구조는 여러 개에 걸쳐 음의 피드백 루프가 존재하고 있다.

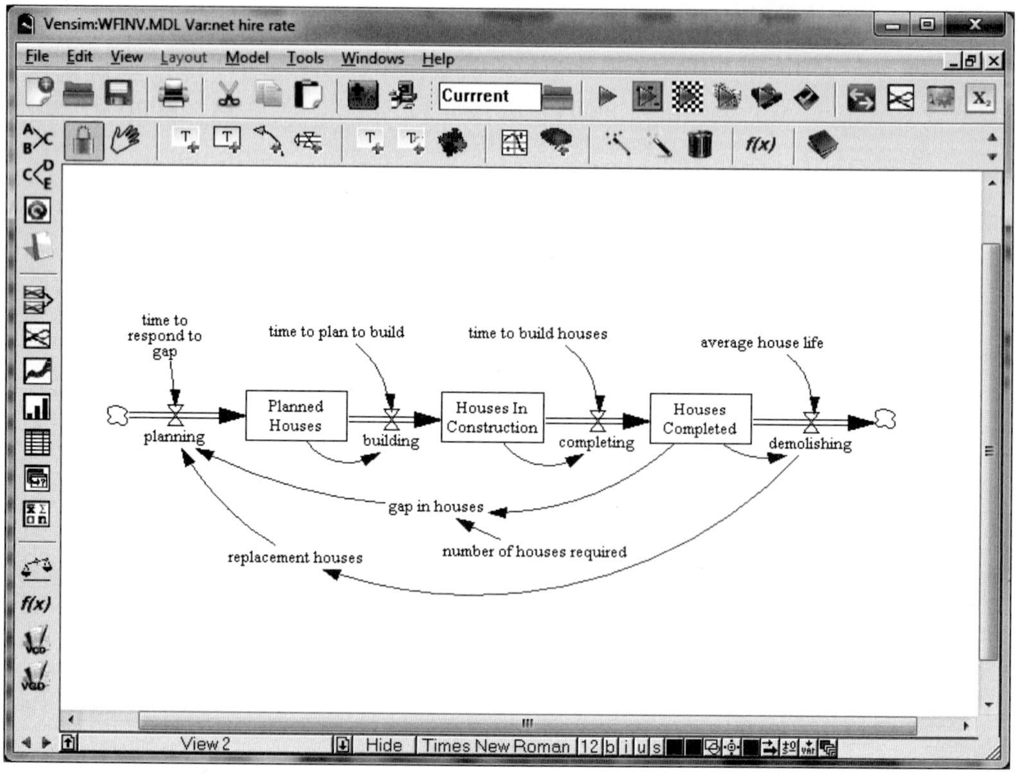

houses.mdl 모델의 수식

```
average house life = 1200
Units: Month
building = Planned Houses / time to plan to build
Units: house/Month
completing = Houses In Construction / time to build houses
Units: house/Month
demolishing = Houses Completed / average house life
Units: house/Month
gap in houses = number of houses required - Houses Completed
Units: house
```

```
Houses Completed = INTEG(completing - demolishing , 5000)
Units: house
Houses In Construction = INTEG(building - completing ,
       building * time to build houses)
Units: house
Planned Houses = INTEG(planning - building ,
       planning * time to plan to build)
Units: house
planning = MAX (0, replacement houses + (gap in houses /
       time to respond to gap))
Units: house/Month
replacement houses = demolishing
Units: house/Month
time to build houses = 6
Units: Month
time to plan to build = 3
Units: Month
time to respond to gap = 8
Units: Month
```

11.3 내장 함수 Built-in Functions

우리는 이 모델을 균형상태에서 시작할 것이다. 우리는 *number of houses required* 변수의 값을 5000으로 놓고 초기값으로 *houses completed* 변수를 놓는다. 왜냐하면 *gap in houses* 변수는 *planning* 변수와 *replacement houses* 변수의 값을 동등하게 놓기위해 0이 될 것이고 이는 결국 *demolishing*의 값과 동일해 진다. 이러한 방식 때문에 우리는 다른 레벨 변수의 값을 초기화 시키고 이들의 각각 값은 균형상태가 되는 것이다. 우리는 그러므로 어떠한 변수값의 변화 없이 시뮬레이션을 실행할 것이다(예를 들어 *Planned Houses* 변수는 *planning * time to plan to build*의 값과 동일하다).

우리의 모델에 대한 이해가 정확하고 아무런 변화가 없는 상태에서 시뮬레이션이 진행되는지 확인 하는 것은 중요하다. 따라서 우리는 5,000이라는 값을 *number of houses required* 변수의 값을 사용하고, 시간을 늘어날 때마다 값이 늘어나는 함수식을 사용한다. 이를 위해 우리는 아래의 함수식을 설정한다.

```
number of houses required = 5000 + STEP (50, 10)
Units: house
```

STEP 함수는 두 개의 입력영역을 가지고 있다. 괄호로 묶여서 정의되는 **height**와 **start time**이다. 이는 **start time** 될 때까지 0의 값을 취하고 있다가, 때가 되면 **height** 값에 도달 하게 된다. 이 함수는 모델의 입력값으로 광범위하게 사용되는 것으로 간단하게 광범위한 행태의 반응을 나타내준다.

위에 있는 함수식을 추가하기 위해서 *number of houses* 변수의 수식 편집기를 연다.

- ▶ 5000이라는 값을 넣고 플러스 기호를 넣는다.
- ▶ **Functions** 탭을 클릭하고 스크롤 바를 목록상에서 STEP 함수가 보일 때까지 내린다. STEP 함수를 클릭하고 **Add Sel** 버튼을 클릭한다.
- ▶ {height}이 강조되어 나타날 것이고 그 위에 50이라는 값을 입력한다.
- ▶ {stime}를 더블 틀릭하고 이 선언문 자리에는 10이라는 값을 입력한다.
- ▶ 단위를 입력하고 **OK**를 클릭한다.

11.4 WIP 그래프 WIP Graph

- ▶ 맞춤 그래프의 속성을 아래와 같이 정의하여 생성한다. **As WIP Graph** 체크박스를 선택하는 것을 확실히 하도록 한다. chapter 10에 이러한 맞춤 그래프를 어떻게 만드는지 기술되어 있다.

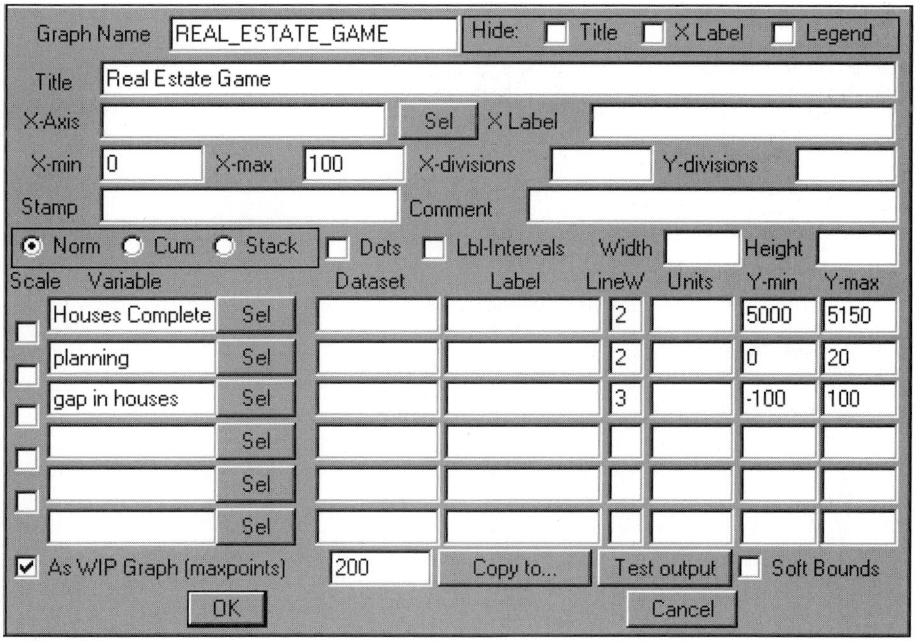

11.5 게임 변수 추가하기 Adding Game Variables

본 게임 기능의 수행을 통한 목적은 주택 수요를 알아가기 위함이다(*in houses* 변수와의 차이가 없어지는 것이다). 당신은 계획 및 건설 과정에 새로운 주택에 대한 의사결정을 planning 변수의 변화를 통해 수행 하는 것이다. 지금 상태에서는 *planning* 변수의 값은 수식에 의해서 정의되어 있다. 이 수식은 당신이 모델을 시뮬레이션 할 수 있게 만들어 준다. 다만, 시뮬레이션이 일어나는 동안 *planning* 변수에 대한 변화를 일으키는 메커니즘은 제공하지는 않는다. 당신은 *planning* 변수를 게임 변수로 만들어야 한다. 이를 위해서는 아래와 같은 작업을 수행한다.

▶ **Equations** 도구를 선택한다.

▶ *planning* 변수를 선택한다.

아래와 같은 수식을 보게 된다.

```
planning = MAX(0, replacement houses + (gap in houses /
      time to respond to gap))
Units: house/Month
```

이 수식은 건축계획량이 절대로 음수가 되지 않게 설계되어져 있다. 당신은 주택의 건축 계획 값을 양수(+)로 설정하거나 0의 값을 주어 아무것도 짓지 않게 계획할 수도 있다. 이를 게임 변수로 만들기 위해서 우리는 변수의 형태를 변수형태 박스상에 있는 드롭다운 목록을 변경 시킨다.

- ▶ 변수 **Type** 박스에 있는 드롭다운 상자의 화살표를 클릭한다(현재에는 **Normal**로 나타나고 있는). 그리고 목록에서 **Gaming**을 선택한다.
- ▶ **OK** 버튼을 클릭한다.
- ▶ 모델을 저장한다.

당신은 보조변수, 상수, 유량이던 어떠한 변수도 이러한 방법으로 게임 변수로 할 수 있다. 만일 게임변수가 시뮬레이션이 이뤄지는 동안 게임 변수는 보조변수, 유량 혹은 상수값으로서 원래의 역할을 할 수 없다. 그러나, 게임이 이뤄지는 동안은 당신은 게임 진행과정으로 각각의 시간대에 대한 게임변수의 값을 설정할 수 있다.

11.6 모델의 시뮬레이션 Simulating the Model

게임모드를 실행하기 전에, 모델이 어떻게 시뮬레이션 되는지 살펴 보자.

- ▶ **Runname** 편집상자를 더블 클릭한다. 여기에 *run1* 혹은 어떤 이름이던 입력한다. 그리고 나서 **Simulate** 버튼을 클릭한다.

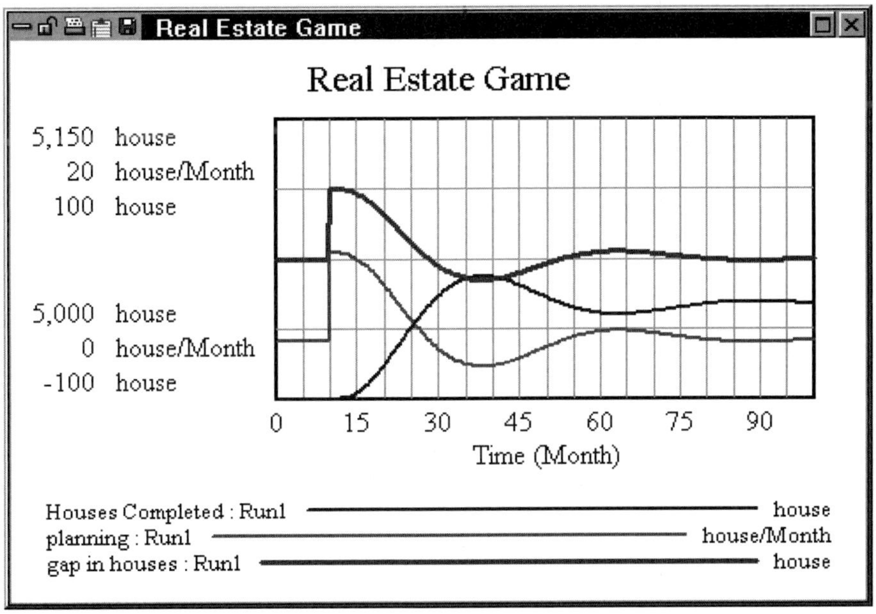

WIP(Work-In-Progress) 그래프는 모델의 3개의 핵심 변수(*Houses Completed, planning, gap in houses*)의 행태를 굵은 선으로 보여준다. 목표에 도달하기 위한 위/아래로의 파동 형태로 나타나는 것에 유의하자. 이 모델은 *gap in houses* 변수의 값을 0이 되도록 한다. 모델의 스텝형태의 변화는 *number of houses required* 변수에서 오고 있다. 만일 우리가 *gap in houses* 변수의 값을 0으로 두어 어떤 주택 형태의 값을 나타나게 할 수 있다면 한번 살펴 보자.

11.7 게임 모드 수행 Playing the Game

▶ **Runname** 편집상자를 더블클릭하고 *game1* 혹은 아무 이름이나 입력한 뒤, **Game** 버튼을 클릭한다.

WIP (Work-In-Progress) 그래프가 나타나고 툴 바가 기존의 툴 바가 아닌 아래와 같은 게임 기능 툴 바로 변경된다.

Time은 화면에 왼쪽에 나타난다. **Change Gaming Variables** 버튼은 게임 기능 실행기간중 게임 변수의 값을 변경하고 싶을 때 사용한다. **Stop** 버튼은 게임 기능의 중단역할을 한다. **Move Forward**와 **Move Backward** 버튼은 **Amount to Move** 편집 상자에 나타나있는 기간

(현재 0.5로 나타나고 있는)만큼 시뮬레이션을 앞으로 뒤로 이동 시키는 역할을 한다. 이 3개의 기본 클래스 창 버튼은 오른쪽에 있다.

11.8 게임에서 앞으로 이동 Moving Forward in a Game

▶ WIP 그래프가 스케치 영역을 덮어 버리지 않도록 화면상에서 그래프를 약간 이동시킨다.
당신은 *planning* 변수가 노란색 배경으로 강조표시 되면서 파란색 글씨로 나타나는 것을 볼 수 있다. 이것은 게임 모드가 실행되고 있는 동안 게임변수의 값을 변경시키는 두 번째 방법이다.

▶ *planning* 변수를 클릭한다. 당신은 이 변수의 초기값인 4.166을 볼 수 있다. 여기서 엔터키를 누르고 변수 값의 아무런 변화 없이 마치고 나온다.

WIP 그래프가 Build window 뒤로 가며 사라지는 것에 주의 하자. 만일 우리가 게임 변수의 값을 툴 바의 **Change Gaming Variables** 버튼을 이용해서 변경하면 WIP 그래프는 맨 앞에 머물러 있게 된다. 두 개의 창을 보는 또 다른 방법은 당신의 화면에 맞추어서 이 창의 크기를 변경하는 것이다.

▶ reduce  버튼을 클릭한다(오른쪽 상단 모서리에 있다. 하지만 Vensim 버전에 따라 다를 수 있다).

스케치 영역을 담고 있는 Build 윈도우 창은 더 작은 크기로 줄어 들 수 있다.

▶ Build 윈도우 창과 그래프 윈도우 창의 크기와 위치를 변경한다. 그러면 당신은 두가지 모두 모델에서 WIP 그래프와 함께 볼 수 있을 것이다.

▶ 게임 툴 바에있는 **Amount to Move** 편집상자를 더블 클릭하고 값으로 5를 입력한다.

▶ **Move Forward**  버튼을 클릭한다.

WIP 그래프가 하나씩 값을 드러내기 시작할 것이다. 행태는 균형상태에 있다. 우리는 어떤 파라미터 값을 변경할 필요는 없다. 왜냐하면 *gap in houses* 변수의 값이 현재에는 0으로 되어 있기 때문이다(정확하게는 그래프 실선 사이의 중간에 위치한다).

▶ **Move Forward** 한번 더 클릭한다. 당신은 *gap in houses* 변수의 값이 한단계 더 나아가는 것을 볼 수 있다.

▶ 스케치 영역에서 *planning* 변수를 클릭하고 그 값으로 18을 입력한 뒤 엔터키를 누른다.

▶ **Move Forward** 버튼을 두번 더 누른다.

Houses Completed 변수의 값이 올라가면서 얼마나 *gap in houses* 변수의 값이 줄어 들었는지 확인한다. 우리는 거의 차이를 0으로 만들어가고 있다. 우리는 많은 주택들을 짓는 것을 멈추는 것이 낫다.

▶ 스케치 영역에서 *planning* 변수를 클릭하고, 0을 입력한 뒤 엔터키를 누른다.

▶ **Move Forward**를 클릭한다.

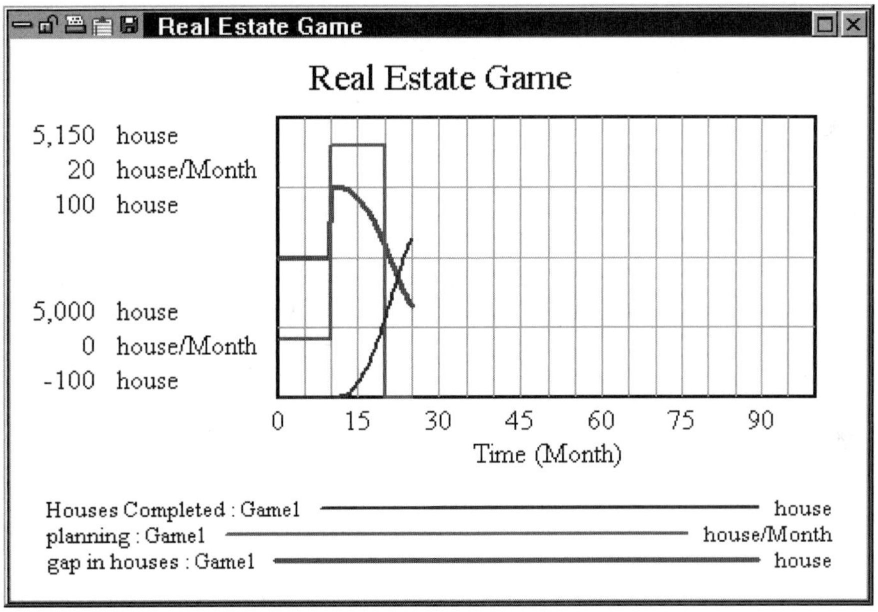

우리는 위로 치고 올라오는 것을 보게 된다. 우리의 목표값(*gap in houses* 변수)이 이제 음의 값으로 그래프 중간의 아래로 내려 오는 것을 볼 수 있다. 우리는 주택 건축량을 음수의 값으로 계획할 수 없기 때문에 우리는 잠깐동안 주택건축 계획 값을 0으로 두는 것이 낫다.

▶ *gap in houses* 변수의 값이 양수로 될때까지 **Move Forward**를 클릭한다(거의 Time값이 50이 될 것이다).

이제 우리는 *gap in houses* 변수의 값이 양수값을 갖지 않게 하기 위해 건축을 다시 시작해야 할 것이다. 우리는 *gap in houses* 변수의 값이 양수가 되기 전까지 다소 약간의 건축을 하는데 참여할 수 있다.

11.9 게임의 백업 Backing Up in a Game

▶ **Move Backward** 버튼을 두번 클릭한다(*gap in houses* 변수값이 음수가 될 때까지). 물론, 우리는 실제 세계를 저장할 수는 없다. 그러나 게임 기능을 수행하면서 몇 가지 다른 방향의 다른 옵션을 선택함에 따른 변화를 저장할 수는 있다.

▶ 스케치 영역에서 *planning* 변수를 클릭하고 더 큰 값을 입력한다(예: 10). 그리고 나서 엔터키를 누른다.

▶ **Move Forward**를 클릭한다.

▶ 게임의 진행을 계속 이어가며, 최종 시간대가 100에 닿기 전에 *gap in houses* 변수의 값이 0에 도달하도록 한다.

▶ **Stop** 버튼 을 클릭한다.

당신의 WIP 그래프가 끝에 달하며 아래와 같이 된다.

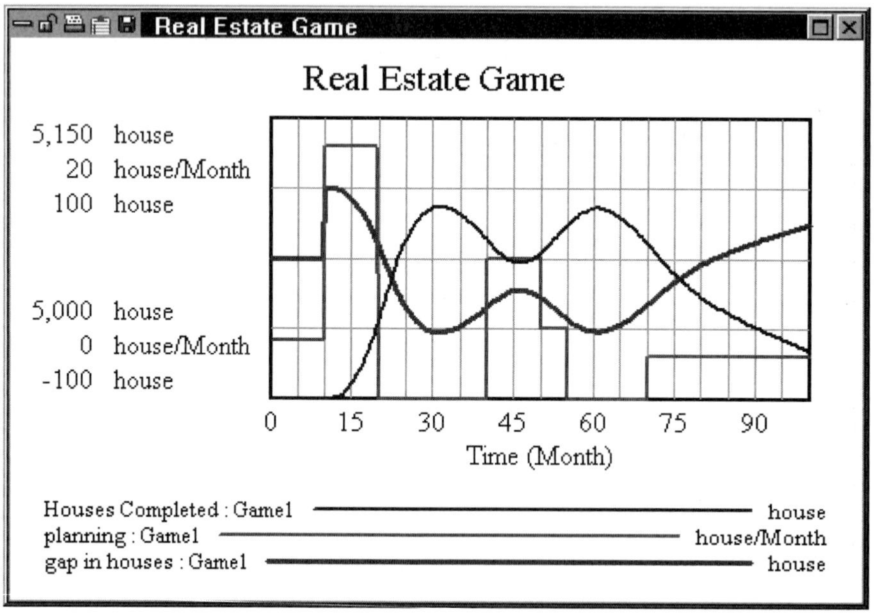

당신의 게임 결과는 아마 훨씬 더 원래의 시뮬레이션 결과보다 좋아지거나 나빠졌을 것이다. 위의 그래프에 있는 것처럼 우리가 *planning* 변수에 대한 선택에 따라 *gap in houses* 변수(우리가 0으로 묶어 두려고 했었던)의 값이 넓게 편차를 보일 것이다.

12 입력 출력 관리
Input Output Controls

당신은 Input&Output 설정 기능을 화면에 추가하는 방법으로 당신의 모델을 편집할 수 있다. 이 기능들은 모델 구조의 한쪽면이나 모델 구조의 별도 화면상에 추가되어 질 수 있다. Input&Output 기능을 사용한다는 것은 당신이 모델의 입력값과 시뮬레이션 결과화면의 관리를 할 수 있는 통제실을 짓는 것과 같다.

본 장에서 당신은 하나의 기본 모델의 통제실을 구축해보게 될 것이다. Input&Output 설정은 모델 구조의 일부분이 아니다. 그러므로 모델의 변화 행태에 직접적인 영향을 주지는 않는다. 이들은 단지 어떠한 완성되어진 모델에 간단하게 추가되어져 모델을 사용하는 다른 사람들이 쉽게 이용할 수 있도록 도와준다. 이 기능들은 Vensim Model Reader내에서 쉽게 사용되기도 하고, 당신의 모델들을 사용하는 사람들이 쉽게 모델을 활용할 수 있는 단순한 메커니즘을 제공하는 것이다. Input&Output 설정 기능은 또한 모델 구조의 변화에 쉽게 적응한다. 만일 당신이 변수의 이름을 변경하면 해당되는 기능이 자동으로 업데이트 된다. 당신이 한 변수를 삭제하거나 해당되는 유형을 변경하면 이와 관련된 모든 설정들이 더 이상 작동하지 않게 된다. 그러나 모델의 작동을 중단시키지는 않을 것이다. 오히려 이 설정 기능들은 단순하게 공란이나 비활성 상태로 나타나게 된다.

12.1 구전 확산에 의한 판매 모델 Word of Mouth Sales

본 기능의 실습을 위해서 당신은 구전 확산에 의한 판매 모델을 이용할 것이다. 이러한 형태의 모델을 개발하기 위한 개념적인 근본의 일부는 앞서 실습했던 **사업 성장 모델**에 대한 논의에 적용된다.

▶ *UserGuide\chap12* 폴더에 저장되어 있는 *wom1.mdl* 파일을 불러오기 한다(최종완성본 모델은 하위 폴더인 *Complete*에 저장되어 있다).

혹은

▶ *wom2.mdl*에 저장되어 있는 것과 같이 아래에 있는 그림과 수식 목록을 참고해서 모델을 작성한다. Time Bounds 변수의 설정은 INITIAL TIME = 0, FINAL TIME = 5, TIME STEP = 0.0625, Units for Time: Year로 둔다.

12.2 wom1.mdl 모델의 수식 wom1.mdl Equations

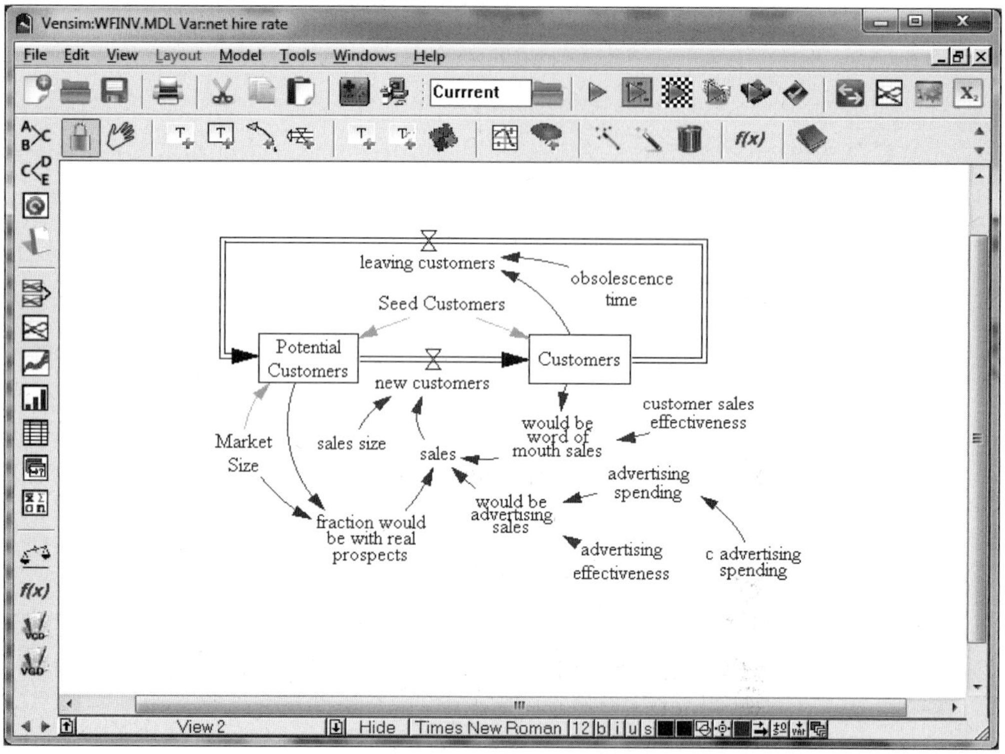


```
advertising effectiveness = 0.1
Units: Widget/$
advertising spending = GAME(c advertising spending)
Units: $/Year
c advertising spending = 2e + 007
Units: $/Year
customer sales effectiveness = 3
Units: Widget/(Year*Person)
```

```
Customers = INTEG(new customers - leaving customers, Seed
   Customers)
Units: Person
fraction would be with real prospects =
       Potential Customers / Market Size
Units: Dmnl
leaving customers = Customers / obsolescence time
   Units: Person/Year
Market Size = 1e+008
Units: Person
new customers = sales / sales size
Units: Person/Year
obsolescence time = 2
Units: Year
Potential Customers = INTEG(- new customers + leaving
   customers, Market Size - Seed Customers)
Units: Person
sales = (would be word of mouth sales + would be advertising
   sales) * fraction would be with real prospects
Units: Widget/Year
sales size = 1
Units: Widget/Person
Seed Customers = 10000
Units: Person
would be advertising sales = advertising spending *
   advertising effectiveness
Units: Widget/Year
would be word of mouth sales = Customers*customer sales
   effectiveness
Units: Widget/Year
```

12.3 출력 설정 Output Controls

우선 출력 설정들을 추가할 수 있는 새로운 작업 화면을 작성하여 시작한다.

▶ 스테이터스 바를 클릭하고(이 화면은 화면의 하단에 위치하고 본 모델상에서는 **View 1** 이름으로 되어있다), **New**를 클릭한다.

하나의 새로운 비워져 있는 화면이 열린다.

▶ **Input Output** 도구 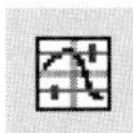 를 클릭하거나 숫자키 0을 눌러서 Input&Output 설정을 선택한다.

▶ 스케치 영역의 오른쪽으로 마우스를 가져간 후 클릭한다. Input&Output 설정화면이 열리게 된다.

▶ 형태를 **Output Workbench Tool**로 선택하고 **Auxiliary** 버튼을 클릭한다. 그리고 리스트상에서 *sales* 변수를 클릭한다(**OK** 버튼을 클릭하면 변수 선택 대화상자를 닫게 된다).

▶ 드롭 다운 상자를 클릭하고 목록에서 **Graph** 도구를 선택한다.

당신의 대화상자가 아래와 같이 나타날 것이다.

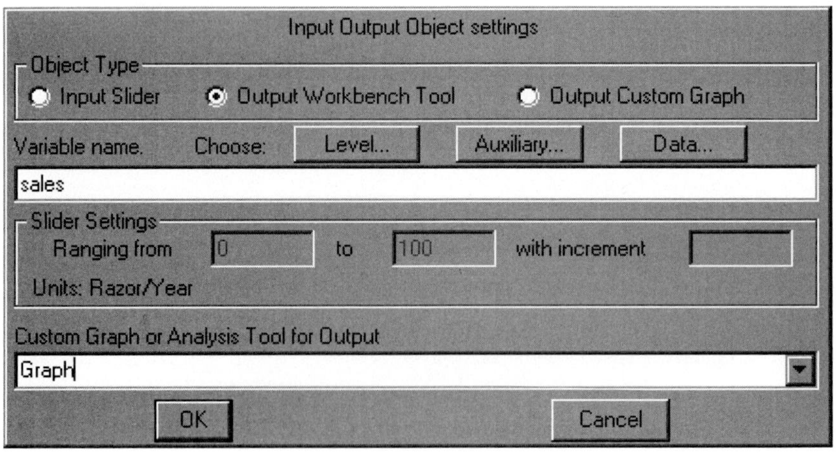

▶ **OK** 버튼을 클릭한다.

당신은 크기 조정 손잡이가 붙어있는 꽤 큰 사각형을 보게 될 것이다. 본 스케치 개체를 본 스케치 화면의 오른쪽에 보이도록 크기를 조정한다. 당신의 모델은 다음과 같아야 한다.

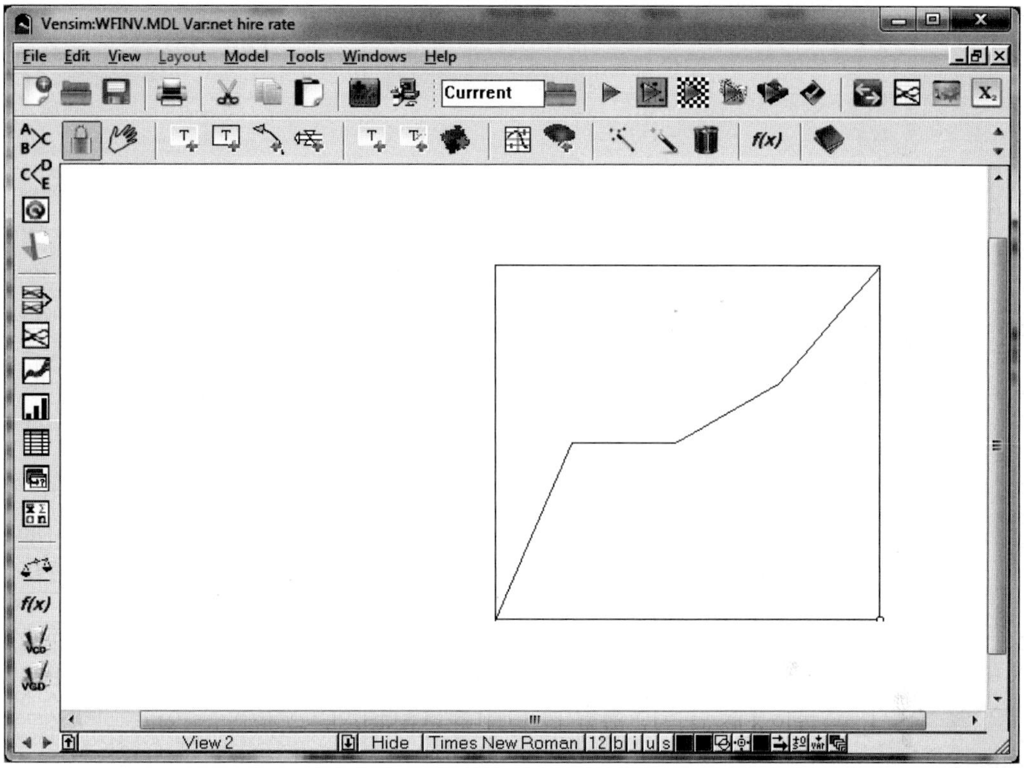

▶ 도구 상자에서 **Simulate** 버튼을 클릭하거나 단축키 Ctrl+R를 활용한다. 이 화면은 시뮬레이션 하고 그래프가 채워질 것이다.

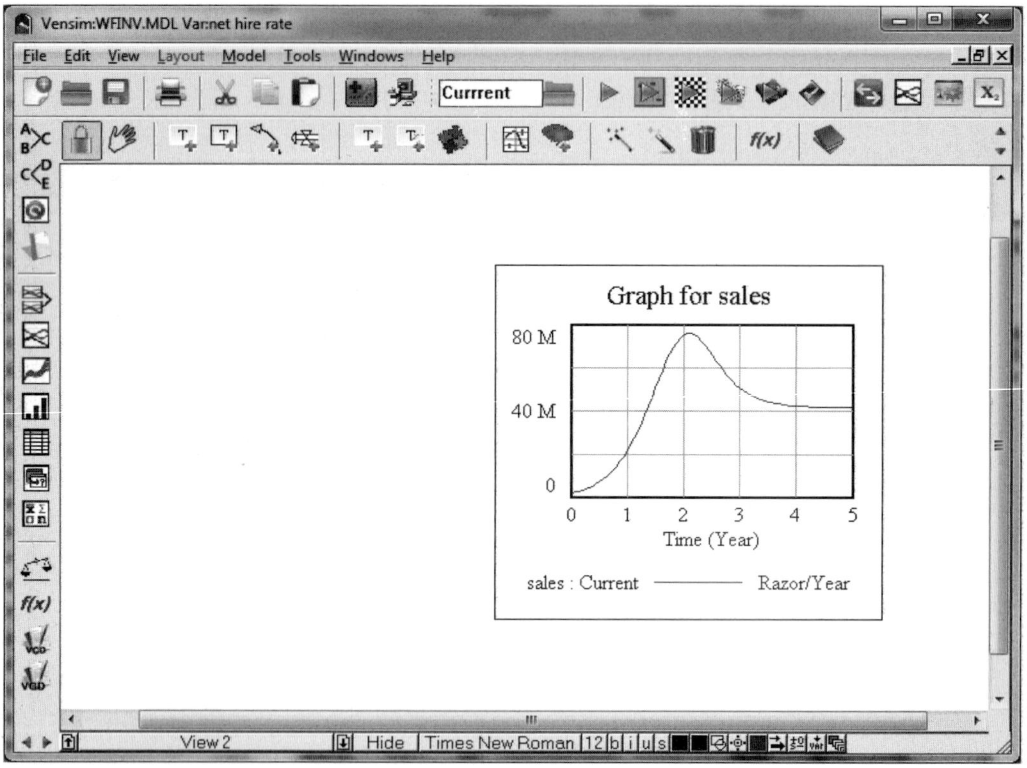

12.4 입력 설정 Input Controls

우리는 동일한 화면 상에서 작업을 계속할 것이다.

▎'Advertising 변수값'의 조절을 위한 슬라이드 바

- ▶ **Input Output** 도구 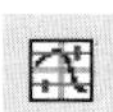 를 선택하고 스케치 왼쪽 상분 부분을 클릭한다. Input&Output 개체의 설정창이 열린다.
- ▶ 형태에서 **Input Slider**를 선택한다(아마도 이미 기본값으로 선택되어져 있을 것이다).
- ▶ **Constant...** 버튼을 클릭하고 대화상자에서 *c advertising spending* 변수를 선택한다.
- ▶ **Ranging from, to** 그리고 **with increment** 영역에 각각 0, 200 E6, 5E6라는 값을 입력한다.
- ▶ **Label with varname**를 클릭해 체크되어 있는 것을 해제 시킨다.

당신의 대화 상자가 아래와 같이 나타나야 한다.

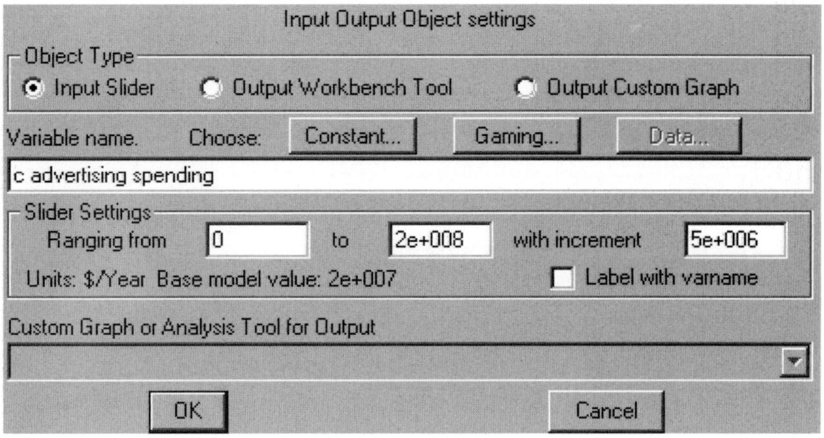

▶ **OK** 버튼을 클릭한다.

하나의 슬라이드 바가 화면에 그려지게 될 것이다.

▶ 이 개체가 그래프가 놓여져 있는 공간에 대해서 더 크거나 작은 공간을 차지하도록 크기를 조정한다.

▶ **Comment** 도구를 선택한다. 그리고 스라이드 바 위를 클릭한다.

▶ 코멘트를 삽입할 수가 있는데 여기에 "Advertising Spending ($/Year),"를 입력하고 Shape에는 **None**을 설정하고 **OK**를 클릭한다. 이것은 당신이 방금전 생성한 슬라이드 바의 이름이다.

제품 수명주기를 위한 슬라이드 바(Slider for Product Life)

이제 *obsolescence time* 변수값을 0.5~10까지의 범위 내에서 0.1단위로 변경하는 슬라이드 바를 반복해서 만들어 본다. 그 후에는 이 슬라이드 바 위에 "Product Lifetime (years)"라는 이름을 달아 놓는다.

다른 변경 가능한 상수값들

▶ **그림자 변수(Shadow Variable)** 도구  를 클릭하고 상수값인 *customer sales effectiveness and Market Size* 변수를 추가한다.

▶ 새로운 그림자 변수를 강조 표시하고, 스테이터스 바의 색상 버튼을 클릭하거나 이들을 마우스 오른쪽 버튼으로 클릭하고 이들의 색상 설정에서 검은색으로 표시한다.

정리정돈하기

▶ 당신이 추가한 것들을 보기 좋게 강조하기 위해 왼쪽에 있는 모든 요소들을 드래그 한 후 **Size/Move** 도구  를 사용한다.

▶ 최상위 코멘트인 Advertising Spending ($/year)를 시프트 키를 누른 상태에서 한번 클릭하여 강조상태를 풀고, 다시 한번 반복해서 다시 강조할 수 있다.

▶ 메뉴의 **Layout**에서 **Center on LastSel**를 선택한다.

▶ 보기 좋게 보일때까지 선택 상자의 가운데를 드래그 하여 수정한다.

다 끝나면 아래와 같이 될 것이다.

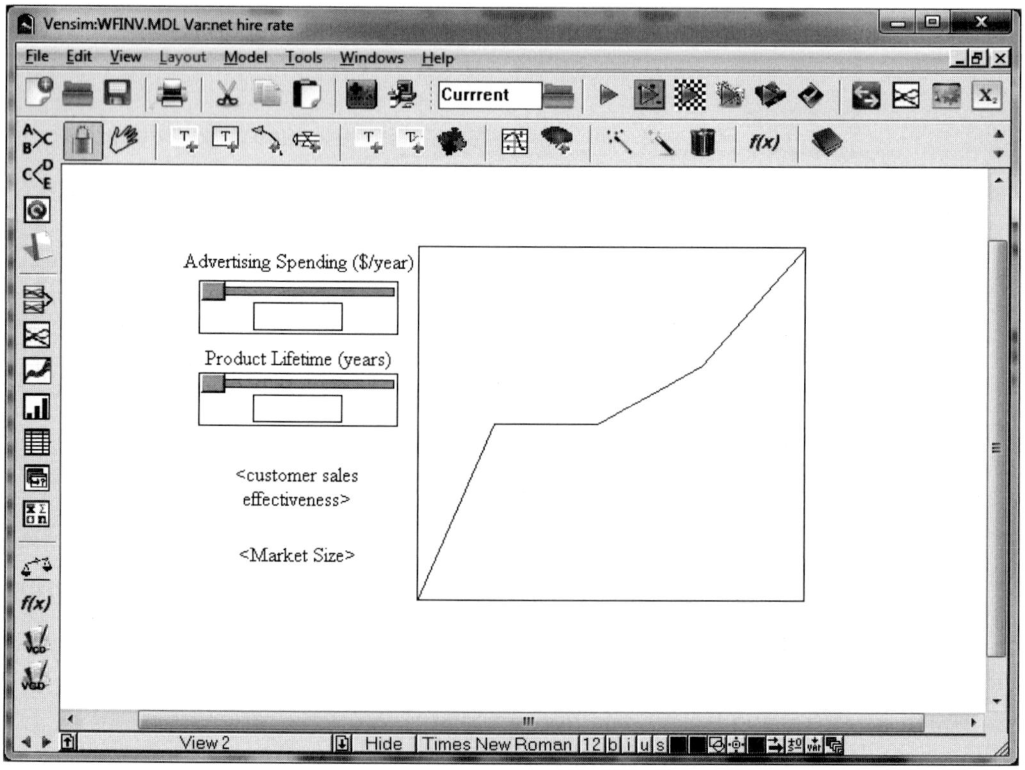

이제 새로운 이름으로 작업을 저장한다. 당신이 스스로의 변화와 비교해 보기 위해서는 *wom1.mdl* 모델에 적용된 변경 사항은 *UserGuide\chap11\Complete* 폴더에 있는 *wom2.mdl* 모델에 저장된다.

❙ 모델 시뮬레이션

▶ 도구 상자에서 **Set Up a Simulation** 버튼 을 클릭하거나 단축키 Ctrl+E를 사용한다. 새로운 runname을 입력한다.

그래프가 채워지고, 슬라이드 바가 활성화 되며 그리고 2개의 그림자 변수가 강조표시 된다.

▶ 슬라이드 바를 드래그 한 후 도구 상자의 **Simulate** 버튼 을 클릭하거나 단축키 Ctrl+R를 사용한다.

모델은 시뮬레이션을 실행하고 이에 대한 결과가 그래프에 표시되어질 것이다. 이러한 변화를 계속 반복한다. 당신은 Runname을 변경하거나 동일하게 유지할 수 있다. 당신이 이러한 Runname을 변경하고 시뮬레이션 할 때마다 오른쪽에 있는 그래프에 동일한 Runname명으로 결과가 나타내지게 된다.

또한 당신은 **SyntheSim** 버튼 을 클릭하여 이 기능을 통해 당신이 이동하는 슬라이드 바에 따라 자동으로 업데이트 되는 시뮬레이션 결과를 그래프로 볼 수 있다. 여기서는 슬라이드 바는 *customer sales effectiveness* 변수와 *Market Size* 변수이다.

12.5 게임 설정 Gaming Control

구전 모델은 *Advertising Effectiveness* 변수가 하나의 게임 변수로 설정되어 있다. 우리는 시뮬레이션 설정에서 했던 것과 동일한 기본적인 화면의 레이아웃을 이용하도록 한다.

▶ **Move/Resize** 도구 를 선택한다.

▶ 오른쪽에 있는 출력 개체들을 강조하도록 한다. 코멘트인 “Advertising Spending ($/Year)”를 슬라이드 바 아래를 강조한다.
당신은 이를 한번 클릭하고 다른 두 개의 개체에 시프트 키를 누른 상태에서 클릭해서 수행할 수 있다.

▶ 메뉴에서 **Edit>Copy**를 선택하거나 단축키 Ctrl+C를 활용한다.

NOTE Input&Output 개체를 복사하기 위해서 활성화된 Move/Resize 도구를 사용하는 것이 가장 간단한 방법이다. 당신이 **Lock** 도구를 활성화 시켜두면 이들 개체들을 주위에 드래그 하여 선택할 수는 있지만 개체들을 클릭하거나 시프트 키와 함께 클릭하지 않도록 할 수도 있다.

새로운 작업화면에 붙여 넣기

- ▶ 하단에 있는 스테이터스 바에 있는 **New**를 클릭하여 새 작업 화면을 시작한다.
- ▶ 편집 명령인 붙여 넣기를 사용한다. 혹은 단축키 Ctrl+V를 사용한다.
- ▶ 붙여넣기 대화상자가 나타나면 **OK**를 클릭한다. 여기에는 어떠한 모델 구조가 있는 것은 아니기에 **Replicate**를 선택하거나 **Paste Picture**를 선택해도 동일한 효과를 갖게 된다.
- ▶ **Input Output** 도구 를 선택하고 슬라이드 바를 클릭한다.
  Input&Output 설정 대화상자가 열리게 된다.
- ▶ **Gaming**... 버튼을 클릭하고 *advertising spending* 변수를 선택한다(아마도 목록에 유일하게 나타나는 변수일 것이다). 그리고 **OK**를 클릭한다.

한가지 알아 둘 것은 여전히 통제가 되고 있는 광고 지출 변수를 의미하고 있기에 당신은 이러한 변화에 대한 코멘트/라벨 등을 붙일 필요는 없다.

게임 실행 하기

- ▶ 컨트롤 패널에서 **Datasets** 탭을 선택하고 모든 데이터 셋들을 내보내기 한다.
- ▶ **Game** 버튼 을 클릭하여 게임을 실행한다.

그래프가 채워지게 된다(만일 아마도 당신이 불러와져 있는 수행 결과에 덮어쓰기를 하고 있는 중이라면 0에서 100의 시간 단위의 실행이 가능할 것이다). 당신은 시간을 앞으로 이동 시키는 조정은 수행해야 한다. 슬러이드 바가 활성화 되고 도구 모음은 게임 상태를 반영하도록 변경된다.

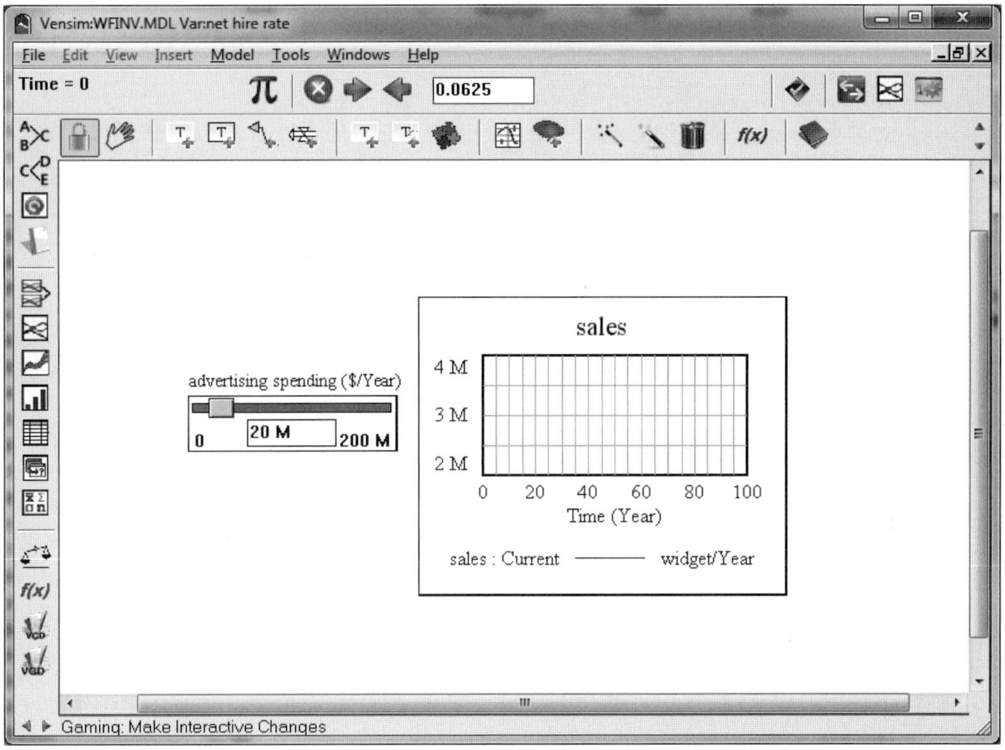

게임 간격이 도구 모음 안에 있는 편집상자에서 강조되어 나타나게 된다. 게임 간격의 기본적인 설정은 TIME STEP에 맞춰져 있는 0.0625이다.

▶ 0.25를 입력한다.

▶ 슬라이드 바를 이용하여 변화를 주던가 **Advance** 버튼  을 활용해서 앞으로 진행할 수 있다.

그래프가 업데이트 될 것이다. 당신은 **Backup** 버튼  을 활용해서 뒤로 되돌아 갈 수도 있다.

이제 모델을 저장하는 적합한 시간이다. 여기에서 변경된 사항은 *UserGuide\chap12\Complete* 폴더의 *wom3.mdl* 파일에 저장되어 있으니 당신 자신이 수행한 결과와 비교해 보고자 한다면 이를 활용토록 한다.

12.6 모델 출판하기 Publishing the Model

본 모델은 지금 작업해온 것처럼 모델 상수값을 변경하고, 시뮬레이션을 실행하며, 그리고 게임 모드를 위한 간단한 인터페이스를 가지고 있다. 당신은 모델에 대한 지식이 없는 사람들을 돕기 위해 작업화면에 네비게이션 버튼을 추가 할 수 있고, 기본 게임 간격보다 더 적합한 게임 간격으로 변경할 수도 있다.

12.6 (1) 게임 간격 Game Interval

기본 게임 간격을 더 합리적으로 설정하기 위해서는 모델에 *Game Interval* 변수를 추가 변수로 하고 이를 0.5년과 동일한 설정값으로 둘 수 있다. 게임 기능이 시작되면, 이 상수값 0.5는 게임 모드의 실행 간격으로 불러 들여지게 된다.

12.6 (2) 해설 및 네비게이션 링크 Commentary and Navigation Links

모델에 대한 새로운 사용자를 위해 그들이 모델을 둘러보는데 도움이 되는 몇 가지 지침과 가이드를 세워 두는 것은 적절한 방법이다.

▶ 스테이터스 바의 **View** 버튼에 있는 **New**를 클릭해 작업 화면을 추가한다.

작업화면 이름 변경(Renaming Views)

▶ 메뉴에서 **View>Rename**를 선택한다. 대화상자에서 "Overview"를 선택하고 **OK**를 클릭한다.

당신의 작업화면은 지금 "Overview."라고 할 것이다. 당신은 동일한 방법으로 다른 작업화면의 이름을 "Structure," "Simulate," 그리고 "Game."으로 변경하고 저장한다.

작업화면 순서 재배치(Reordering Views)

▶ 메뉴에서 **View>Reorder**를 선택한다.

▶ 작업화면들의 목록에서 "Overview"에 마우스 버튼을 클릭한다.

▶ 마우스 버튼을 누른 상태에서 "Overview" 작업 화면이 맨 위로 올라갈 때까지 마우스를 이동하여 포인터의 모양이 십자모양으로 되도록 해야한다.

▶ 첫번째 작업 화면인 "Structure"의 위로 올라 가도록 상단 중앙에 있는 십자선을 마우스 버튼을 클릭한 상태로 이동하도록 한다. "Overview" 작업 화면이 맨 첫번째 위치에 나타나게 되어야 한다. 만일 이렇게 될 때까지 작업을 반복하지 않으면 지시한 작업이 조금 낮은 위치로 이동할 것이고 "Overview" 작업화면 외부의 십자선의 중심을 이동하면 바로 이전에 있던 위치로 내려가게 될 것이다.

▶ **OK**를 클릭한다.

코멘트 추가(Adding Commentary)

만일 당신이 현재 "Overview" 작업화면에 머물러 있지 않는 상태라면 아래의 View 버튼을 클릭한다. 아니면 Page Up 키와 Page Down 키를 이용해서도 이동할 수 있다.

▶ **Comment** 도구  를 선택하고 화면의 윗 부분을 클릭한다.

▶ 당신이 생각하는 어떠한 코멘트든 유용할 것이다. 우리가 추가한 것은 아래에서 볼 수 있다.

네비게이션 링크(Navigation Links)

네비게이션 링크(Navigation Link)는 바로 **Navigate** 필드값이 채워져 있는 하나의 코멘트이다. 당신이 어떤 네비게이션 링크 버튼(**Lock** 도구가 선택된 상태에서)을 클릭한다면 작업화면이 자동적으로 **Navigate** 값에 지정된 곳으로 이동하게 된다.

▶ **Comment** 도구를 사용하여 기존의 코멘트 아래에 있는 그림을 클릭한다.

▶ "Model Structure"라고 입력한 후 **Shape** 필드 영역에서 **Box**를 선택한다.

▶ **Navigate View** 작업화면의 오른쪽에 있는 ... 버튼을 클릭한다.

작업화면의 목록이 새로운 대화상자안에 나타나게 될 것이다.

▶ 목록에서 "Structure"를 선택한 후 **OK**를 클릭한다.

▶ **Shape Color**의 오른쪽에 있는 버튼을 클릭하고 어두운 회색 버튼을 클릭한다.

▶ **Background Color**의 오른쪽에 있는 버튼을 클릭하고 밝은 회색을 클릭한다.

▶ **Thickness** 필드에 값을 2로 놓는다.

두께 값이 2로 맞춰져 있는 밝고 어두운 회색의 상자모양이 마치 버튼처럼 만들어진다.

코멘트 정의 대화 상자는 아래와 같이 나타야 할 것이다.

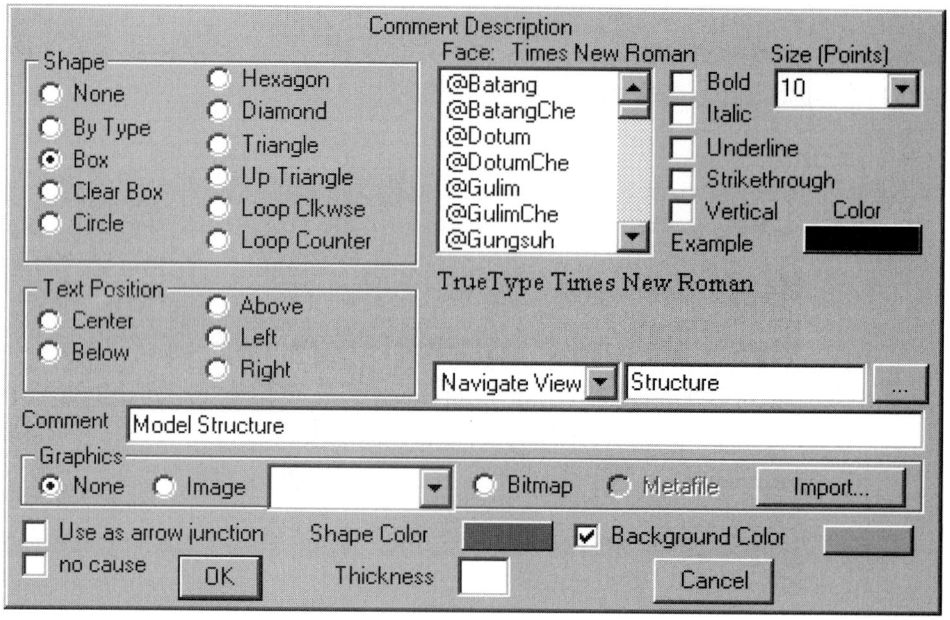

▶ 다른 나머지 것들 각각에 "Simulation Setup"과 "Gaming Control."라는 라벨을 붙여주고 이를 위한 링크를 설정하도록 한다.

당신의 작업화면이 아래와 같이 나타나야 한다.

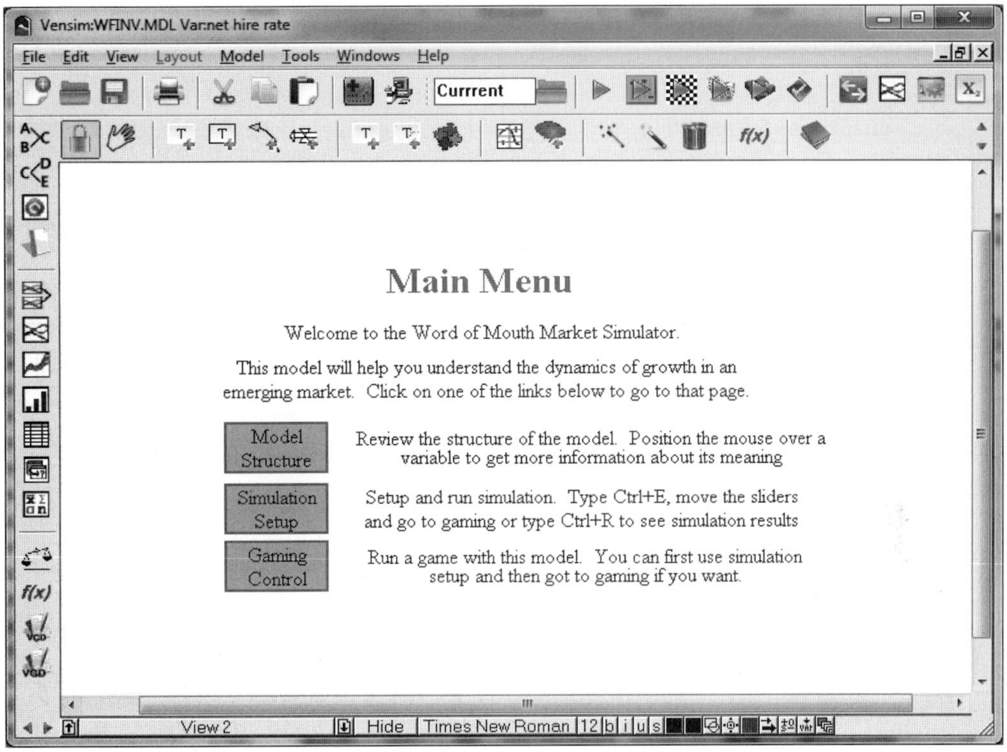

▶ "Overview" 작업 화면으로부터 각각 다른 작업 화면으로 이동하는 네비게이션 링크를 추가하도록 한다. 시뮬레이션 작업화면에서는 당신은 또한 "Game" 작업화면으로 가는 네비게이션 링크를 추가해야 한다.

이제 모델을 저장하는 적합한 시간이다. 여기에서 변경된 사항은 마찬가지로 *UserGuide\chap12\Complete* 폴더에 *wom4.vmf* 파일에 저장되어 있으니 당신이 직접 작업한 것과 비교해 보고 싶으면 활용토록 하자. *vmf* 확장자로 되어 있는 파일은 보통의 *.mdl* 확장자 파일 대신에 사용되며 이것들은 아래에 기술되어져 있다.

12.6 (3) 테스트 해보기 Test It Out

Lock 도구를 활용해서 네비게이션 링크를 시도해 보자. 시뮬레이션을 설정하고 실행하는 프로세스 또한 반복하도록 한다. 시뮬레이션 설정 모드에서의 "Game" 작업 화면의 모양을 확인하도록 한다. Lock 도구가 선택되어져 있는 당신 모델의 변화 행태가 본질적으로 Vensim Model Reader의 그것과 동일할 것이다.

12.6 (4) 패키지 출판하기 Publish a Package

Vensim model reader는 텍스트 형태의 모델(*.mdl*)은 불러들일 수 없는 읽기만 가능한 프로그램이다. 이것 때문에 다른 사람들이 Vensim model reader에서 모델을 불러오기 전에 당신이 개발한 모델을 특별한 이진형태(binary form)로 저장하는 것이 필수적이다. 이를 위해서는 메뉴에서 **File>Publish**를 선택하도록 한다.

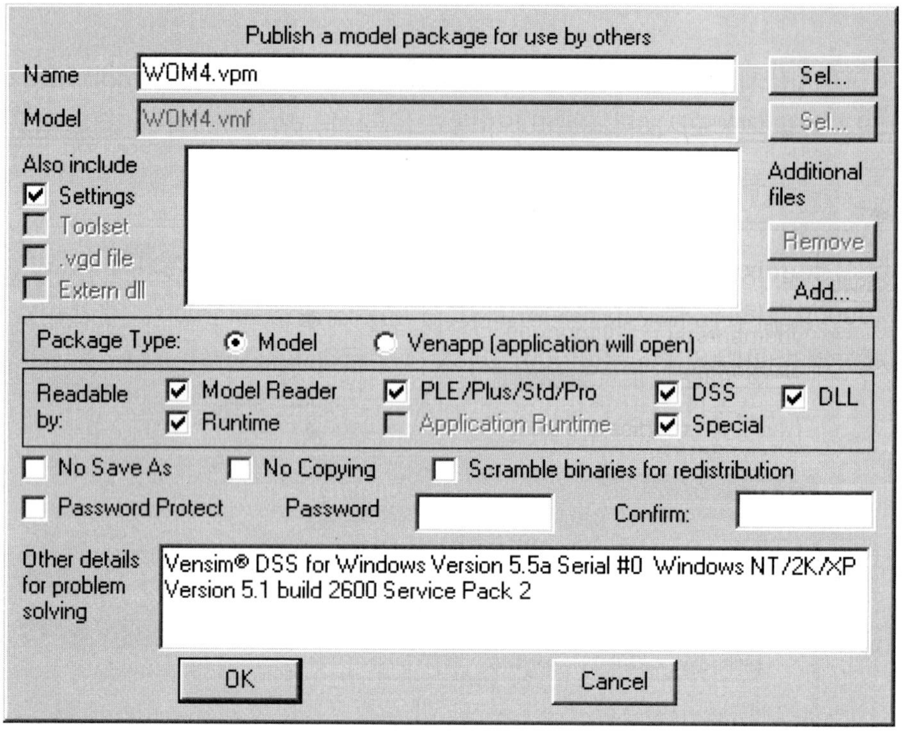

만일 당신이 활성화를 실행하지 않는다면 대화상자가 위와 같을 것이다. 이 모델에서는 이것들이 필요하지 않다. 나열된 각각의 이름을 클릭하여 제거하도록 한다.

당신은 또한 모델을 이진 형태를 사용하여 저장할 수도 있다. **File>Save As...**를 메뉴에서 선택한다. 다른 이름으로 저장하기 대화상자에서 **Binary Format Models**를 파일 형태로 선택하고 파일명을 설정한다. 당신은 또한 확장자명을 *.vmf*와 같이 그대로 입력해서 Vensim이 당신이 원하는 파일의 형태를 확정 짓게 할 수도 있다.

어떤 패키지를 출판 하는 것은 당신이 모델이 열리고 사용할 수 있는 방식을 제어하는 것이다. 자세한 내용은 Sending Model to Others에 설명되어 있다. 이진 형태의 모델로 저장하면 마치 텍스트 형태의 모델과 같이 열고 수정할 수 있게 된다. 이진 형태의 파일은 Vensim 상에서 불러들일 때에는 더 용량이 크고 보관하기에 적합하지 않다. 그러나 이진 형태의 파일은 Simulation Control Dialog에 근간한 작업을 간단하게 하는 장점을 가지고 있다. 이진형태의 모델은 쉽게 compiled simulations을 지원한다.

당신은 이제 무료로 Vensim Model Reader을 내려받은 어떤사람들도 사용할 수 있는 모델을 생성한 것이다.

13 SyntheSim

모델을 시뮬레이션 하는 것은 전통적으로 하나의 묶음 프로세스라 할 수 있다. 몇 가지를 가정해보자. 어떤 시뮬레이션 모델을 만들고 그들의 수행 결과들을 살펴본다고 해보자. 25년전에는 이것은 필수적이었다. 컴퓨터들은 오늘날의 기준에 비교했을 때 크고 비싸고 매우 느렸었다. 접속하는 것은 시간을 소비하며 터미널을 활용해야 했었고, 심지어는 작업을 실행하고 출력을 하기 위해 메인 컴퓨터 사무실에 가야 했고 혹은 시간 공유 단말기를 통해 제출해야만 했었다.

기술은 큰 과정을 변화시켰으나 시뮬레이션의 일괄처리 방식은 여전히 지금까지 유산으로 남겨져 있다. 어떤 방법의 진행으로 시뮬레이션의 결과를 볼 수 있게 되었음에도 이것은 시뮬레이션 모델의 변경, 계산 그리고 검토 방식을 바꾸지는 않는다. Vensim 6부터 모델과 상호작용하는데 더 나은 방법이 개발되었다. 그리고 당신의 모델의 사용에 놀라울 정도로 많은 부분들이 실용적으로 개선되었다. 우리는 이 방법을 SyntheSim이라고 부른다.

13.1 단순한 군비경쟁 모델 Simple Arms Race Model

아래와 같은 모델을 직접 작업하거나 *UserGuide\chap13\complete* 폴더의 *arms2.mdl* 파일을 열도록한다. 이것은 경제 성장을 포함하는 간단한 군비 경쟁 모델이다.

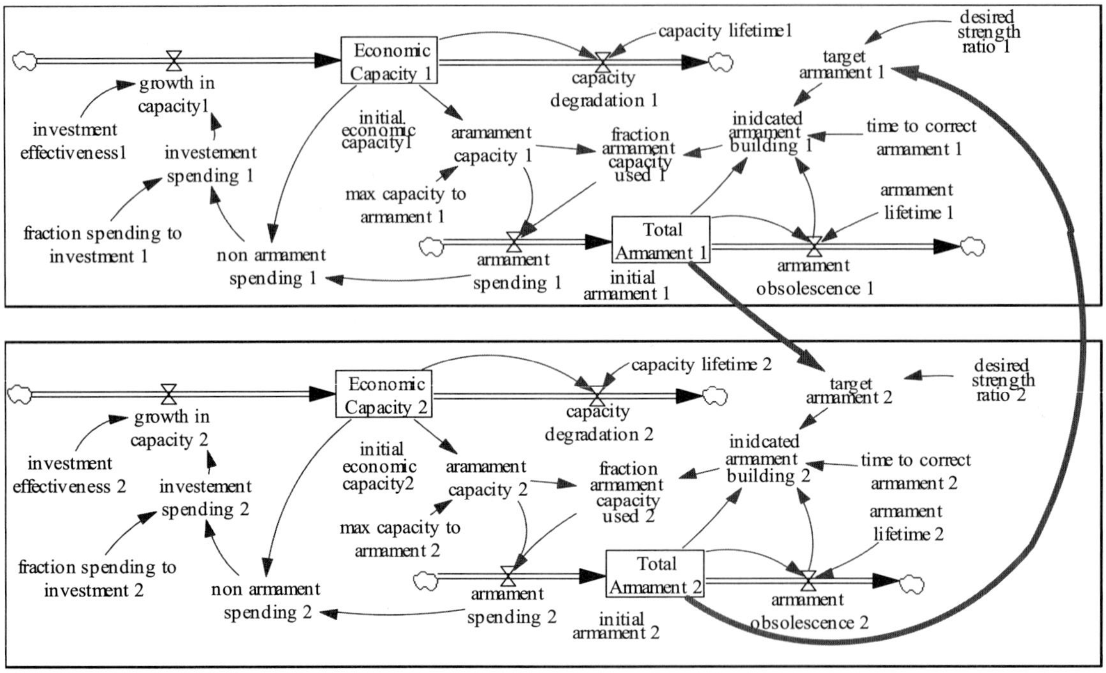

13.2 새로운 다이어그래밍 New Diagramming Flourishes

위의 다이어그램은 두가지를 제외하고는 직선적이다. 하나는 군비 경쟁의 각 모델을 묶는데 사용되는 큰 사각형이다. 두번째는 양측을 연결하는 긴 화살표이다. 다음의 작업들은 언급한 이 두가지를 적용하여 모델링하는 것이다. 당신이 원한다면 *UserGuide\chap13* 폴더의 *arms1.mdl* 파일을 열어서 시작할 수 있다

❙ 긴 연결

Total Armament 2 변수로부터 *target armament 1* 변수까지 이어지는 화살표는 일반적인 원형 화살표가 아니다. 이것은 화살표를 허용하는 작은 커멘트를 통해 연결된 작은 화살표의 번호를 활용해 만들어 졌다(접합이라고 지칭함). 이들을 생성하기 위해서는 당신은 우선 접합을 만들어야하고, 그다음 화살표를 추가하고 여분의 화살표 머리부분을 제거하고 접합의 크기를 0으로 만들어야 한다.

▶ **Comment** 도구를 선택한다.

- 스케치 영역의 오른쪽에 비어있는 부분을 클릭하거나 *armament obsolescence 1* 변수를 클릭한다.
- 배경 색상으로 파란색을 선택한다.
- **Use as arrow junction** 체크박스를 클릭한다.
- OK를 클릭한다. 우리는 이것을 접합 상자라고 부를 것이다.
- 접합상자를 작은 크기로 그리고 조정한다(약 10×10 픽셀).
- *armament obsolescence 2* 변수의 오른쪽에다 위의 작업들을 반복해서 수행하고, 접합상자를 복사한다.
- **Arrow** 도구를 선택한다.
- *Total Armament 2* 변수로부터 아래쪽에 있는 접합 상자로 화살표를 그린다.
- 아래쪽에 있는 접합상자로부터 위까지 화살표를 그린다.
- 위쪽에 있는 접합상자로부터 *Total Armament 1* 변수까지 화살표를 그린다.
- 두개의 아래쪽 화살표에 마우스 우클릭을 하고 **Arrowhead** 박스의 체크를 해제한다. 화살표의 너비를 두번째 단계의 두께로 조정하고 화살표의 색상을 어두운 녹색으로 변경한다.
- 접합상자와 화살표들의 위치를 보기 좋게 조정한다.
- 접합상자의 크기를 0으로 조정한다. 이는 단지 개체의 손잡이 부분을 왼쪽에 아무것도 보이지 않을때까지 올린다.

Hint 만일 당신이 접합 상자의 크기를 0으로 만든 이후에 위치를 옮기고자 한다면, Move/Shape 도구를 선택하고 여기서 rubber banding 도구를 선택해 놓은 사각형 주변으로 옮기면 된다.

컨테이너 박스

- **Comment** 도구를 선택하고, 스케치 영역의 좌측상단에 비어있는 공간에 클릭한다.
- 나타나게 되는 대화상자에서 **Shape Box**를 선택하고 두께를 2로 조정한 후 **OK** 버튼을 클릭한다.

▶ 모델의 위쪽 부분을 포함할 수 있도록 박스의 크기를 변경한다.

NOTE 당신이 어떤 박스를 만들게 되면, 크기조정 손잡이가 몇초 정도 나타나게 된다. 만일 크기조정 손잡이가 사라지면 그냥 **Move/Size** 도구를 선택하면 다시 나타나도록 만들어 줄것이다.

▶ **Lock** 도구를 선택한다.

▶ 새로운 상자를 클릭한다. 강조표시가 될 것이다.

▶ 스테이터스 바에 있는 **Push the highlighted words to the background** 버튼 을 클릭한다. 강조표시가 사라질 것이다.

▶ 위에 있는 프로세스들을 모델의 하단에 있는 반쪽에도 적용한다.

당신은 만일 원한다면 컨테이너 박스에 배경색상도 적용할 수 있다. 이들은 시각적으로 개체들을 분리하는데 유용할 뿐이며 모델의 인과관계에 아무런 영향을 미치지 않는다.

13.3 최소값, 최대값 그리고 증가분 Min, Max and Increment

수식편집기에서 당신은 각각의 수식에 최소값, 최대값 그리고 증가분을 설정할 수 있다. Vensim PLE와 PLE Plus 버전에서는 이 필드값들이 명시적으로 되어있다.

다른 버전에서는 **Range**값들을 설정할 수 있게 되어 있다.

동적 모델의 변수들에서 이 범위값이 너무 작거나 큰값을 갖게 될 때에는 경고메시지를 나타내기도 한다. 예를들어 범위값으로 [10,500]를 갖는 변수에 10이하의 값이나, 500을 넘는 값을 주게되면 어느때나 경고문을 나타내게 된다.

상수값의 범위는 그 상수값의 크고 작은 크기를 규정하는데 사용된다. 여기서 증가분은 어떤 슬라이드 바를 한 단위 움직일 때 변화하는 값의 강도를 나타낸다. 예를 들어 어떤 상수변수의 범위값이 [10,500,5]로 놓여져 있는 경우에는 이 상수의 값은 최소 10에서 최대 500까지 변화하며 한번에 5만큼씩 변화함을 의미한다. 이 범위값이 [0,1,1]로 놓여져 있는 것은 하나의 On/Off 스위치 역할을 한다.

만일 당신이 Vensim에 있는 한 상수값에 어떤 범위값도 두지 않을 경우에는 Vensim은 모델값에 기반한 임의의 범위값을 만들어내고 그냥 범위값을 1/80분 위로 나누게 된다.

13.4 모델의 수식 Model Equations

이 모델의 수식은 꽤 직선적이다. 이러한 범위값은 단위 다음에 대괄호[]로 표시된다. *target armament* 변수를 제외하고 2라고 수식에 이름붙여진 변수는 1이라고 붙여진 것과 정확하게 동일한 구조로 되어 있다. 단지 1로 되어진 것을 2로만 변경하면 되기에 여기서 반복 설명하지는 않는다.

```
armament capacity 1 = Economic Capacity 1 * max capacity to
      armament 1
   Units: M$/Year
armament lifetime 1 = 20
Units: Year [2,60,1]
armament obsolescence 1 = Total Armament 1/armament lifetime 1
Units: M$/Year
armament spending 1 = armament capacity 1 * fraction armament
   capacity used 1
Units: M$/Year
capacity degradation 1 = Economic Capacity 1/capacity
   lifetime1
Units: M$/Year/Year
capacity lifetime 2=30
Units: Year [3,80,1]
desired strength ratio 1 = 1
Units: Dmnl [0,5,0.1]
Economic Capacity 1 = INTEG (growth in capacity1 - capacity
   degradation 1, initial economic capacity1)
Units: M$/Year
```

```
FINAL TIME = 100
Units: Year
fraction armament capacity used 1= WITH LOOKUP
   (ZIDZ(indicated armament building 1,aramament capacity 1),
([(0,0)-(10,1),(0,0),(1,1),(10,1)],(0,0),(0.4,0.4),(2,0.8),
   (3,0.9),(5,1),(10,1) ))
Units: Dmnl
fraction spending to investment 1=0.3
Units: Fraction [0,0.6,0.05]
growth in capacity 2=investment spending 2 * investment
   effectiveness 2
Units: M$/Year/Year
indicated armament building 1 = MAX(0,armament obsolescence 1 +
   (target armament 1 - Total Armament 1)/time to correct
       armament 1)
Units: M$/Year
initial armament 1 = 50
Units: M$ [0,200,5]
initial economic capacity1 = 100
Units: M$/Year [10,500,5]
INITIAL TIME = 0
Units: Year
investment spending 1 = non armament spending 1 *
   fraction spending to investment 1
Units: M$/Year
investment effectiveness 2 = 0.15
Units: 1/Year [0.01,0.4,0.01]
max capacity to armament 1 = 0.4
Units: Fraction [0,1,0.05]
non armament spending 1 = Economic Capacity 1 - armament
spending 1
```

```
Units: M$/Year
SAVEPER = TIME STEP
Units: Year [0,?]
target armament 1 = Total Armament 2 * desired strength ratio 1
Units: M$
target armament 2 = Total Armament 1 * desired strength ratio 2
Units: M$
TIME STEP = 0.125
Units: Year [0,?]
time to correct armament 1 = 5
Units: Year [1,20]
Total Armament 1 = INTEG (armament spending 1-armament
   obsolescence 1, initial armament 1)
Units: M$
```

13.5 구조, 행태 그리고 속도 Structure, Behavior and Speed

SyntheSim은 당신이 수행하는 시뮬레이션을 모델의 행태와 구조의 변화에 동기화하기 때문에 그렇게 불리워졌다. 이벤트, 행태 그리고 구조는 종종 행태를 나타내는 패턴의 변화를 보여주는 방법의 체계로 나타내어 졌다. 시뮬레이션 모델들은 행태가 어떻게 나타나고 구조화되어져 있는지를 나타내 준다. 구조와 행태간의 연결은 견고하다. 그러나 행태들의 원인이 어떻게 구성되어져 있는지를 알게 되는 것은 어렵다. 구조의 행태의 상세한 검토와 당신이 변화시키는 결과에 대한 즉각적인 업데이트를 통해서 SyntheSim은 당신을 새롭고 굉장히 강력한 툴로 당신의 모델을 이해하는 도구를 제공한다.

13.6 행태 보여주기 Showing Behavior

▶ 모델의 시뮬레이션을 수행하기 위해 **Simulate** 버튼을 클릭한다.

▶ 메뉴에서 **View>Show Behavior**를 선택하거나 단축키 B를 클릭한다.

하나의 다이어그램 대신에 당신은 다음과 같은 것을 볼 수 있다.

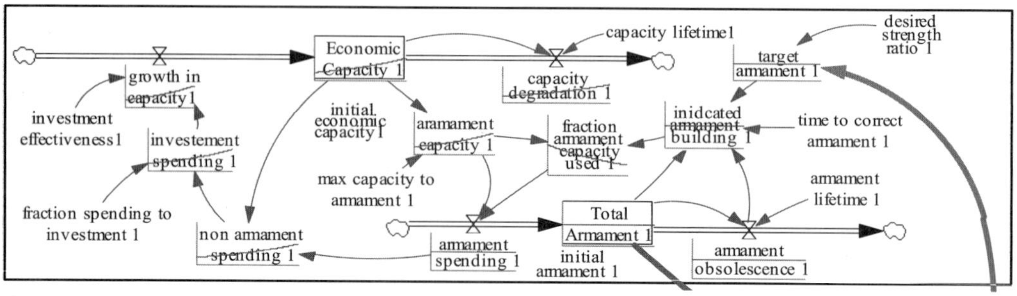

동적인 개별 변수들의 시간의 흐름에 따른 변화가 즉각적으로 스케치 화면에 나타난다. 당신은 스케치작업, 워드 개체 및 화살표의 이동 그리고 수식의 변화에 따른 행태의 변화를 볼 수 있다. 만일 당신이 하나의 변수위에 마우스를 두고 기다리면, 작은 그래프가 거대화 되어 나타나게 될 것이다

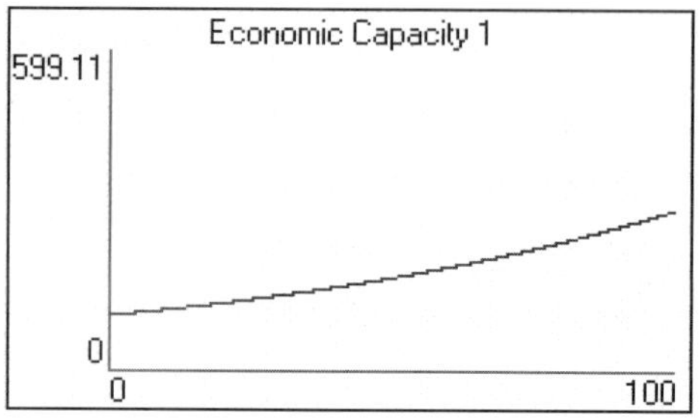

이 그래프는 이름이 붙어있는 그래프를 나타내고 이 변수의 행태를 나타내는 그래프의 동일한 작은 형태이다. 당신은 변수를 클릭해서 활성화할 수도 있다

만일 당신이 각각의 많은 시뮬레이션들을 수행한다면, 다른 색상의 그래프가 작은 형태로 나타나게 된다. 컨트롤 패널로부터 도구모음의 가져오기와 내보내기를 통해서 당신은 화면에 나타나는 것을 통제할 수 있다. 본 장의 이후에 이에 대한 예제가 담겨 있다.

13.7 시뮬레이션 만들기 Making Simulations

▶ **SyntheSim**  버튼을 클릭한다.

▶ 기존에 있는 시뮬레이션 수행 결과에 덮어쓸 것인지 묻는 질문에 "예"를 선택한다.
그래프들에 추가적으로 당신은 각각의 상수 변수에 슬라이드바가 있는 것을 볼 수 있다.

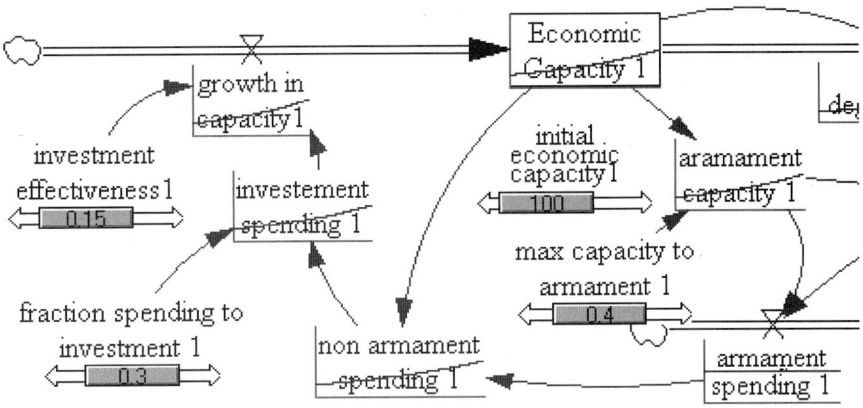

이 슬라이드 바들은 상수로된 모든 변수의 이름 아래에 자동적으로 생성된다.

SyntheSim 모드에서는 시간의 흐름에 따라 당신이 만들어내는 모델 상수값 혹은 모델의 Lookup값의 변화에 대한 시뮬레이션 결과를 보여준다. 개체들을 변화시키는 데에는 다양한 방법이 있다.

슬라이드 바의 이동

당신은 슬라이드 바 위의 버튼의 드래깅을 통해서 즉각적으로 상수값을 변화시킬 수 있다.

▶ *desired strength ratio 1* 변수 아래에 있는 슬라이드 바에 마우스를 놓는다.

▶ 마우스 버튼을 클릭한다.
이 작업을 수행하는 동안 마우스를 누르고 있어야 할 것이며, 마우스 포인터가 더 나은 현재 슬라이드 바의 위치를 반영하기 위해 움직일 수 있다.

▶ 2에 도달할 때까지 슬라이드 바를 우측으로 이동한다.
모델 안에서 일어나고 있는 당신이 하고 있는 일은 시계와 같은 일이다. 변수가 평평한 모양에서 점점 더 빠르게 성장하며 S형 커브의 행태를 나타내는 것을 참조하도록 한다. 그래프는 간단하게 빨간색으로 깜박거리며 척도가 증가하고 있음을 나타내고, 파란색으로 깜빡이는 것은 척도 값이 감소하고 있는 것을 나타내는 것이다.

만일 당신이 무언가 백업을 해야 하는 것을 놓쳤다고 생각되면 다시 시도하도록 한다.

▶ 마우스 버튼으로 돌아간다.

당신이 이동한 슬라이드 바는 회색으로 될 것이며, 현재의 슬라이드 바를 가리키게 될 것이다.

▶ 홈키를 누르거나 **Reset Current Slider** 버튼을 클릭한다.

이 슬라이드 바의 값은 원래의 모델 값으로 다시 되돌리며, 모델은 원래의 조건으로 돌아와 다시 시뮬레이션 된다. 당신은 다시 수평하게 된 무기변수의 그래프를 볼 수 있을 것이다.

슬라이드 바의 값의 설정

슬라이드 바는 상수의 수식에 설정해 놓은 값의 범위에 따라 앞뒤로 이동한다. 만일 아무런 범위가 설정되어 있지 않다면, 상수값의 범위로 Vensim에서 지정해 놓은 범위를 따라 이동한다. 당신은 또한 슬라이드 바의 레일을 클릭하여 상수의 값과 슬라이드 바의 범위를 설정할 수 있다.

▶ *desired strength ratio 1* 변수 아래에 있는 슬라이드 바의 레일을 클릭한다(슬라이드 바 자체를 클릭하는 것은 아니다).

하나의 대화상자가 열리게 된다. 만일 당신이 버튼을 클릭하는 것을 놓쳤다면, 마우스 버튼이 눌려있다. 이럴때에는 마우스 버튼을 떼고 다시한번 시도한다.

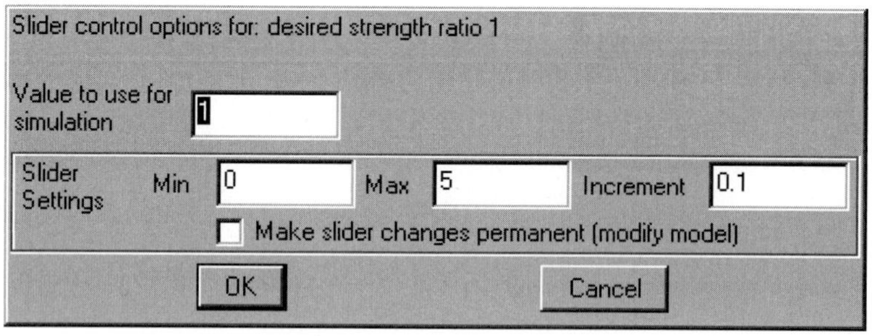

▶ **Value to use for simulation**의 값을 2로 변경한다. 그리고 **Min**에는 1, **Max**에는 2를, **Increment** 값에는 0.01를 설정한다. 그다음 **OK**를 클릭한다.

모델이 *desired strength ratio 1* 변수의 값을 시뮬레이션 한다. 그리고 앞서 설정한 2로 설정된 결과를 시뮬레이션 하고 그 결과를 나타내어 준다. 슬라이드 바는 그 범위의 거의 우측에 나타나게 된다.

▶ 슬라이드 바를 앞뒤로 드래그 하면서 결과들을 살펴보도록 한다.

당신은 이제 변수값들의 더 좁은 범위의 값 안에서 컨트롤할 수 있게 되었다.

▶ Home key를 클릭하거나 **Reset Current slider** 버튼을 클릭한다.
desired strength ratio 1 변수의 값은 1로 재설정된다. 그러나 슬라이드 바의 범위는 당신이 앞서 설정해 놓은 상태로 남겨져 있다. 이 범위값은 작업화면을 전환하거나 SyntheSim 모드를 종료 할 때까지 변경되지 않게 된다. 만일 당신이 범위의 변화를 세팅해 놓았을때 **Make Slider Changes Permanent (modify model)** 체크박스를 체크해 놓았다면 범위의 변화가 모델에 계속 남겨지게 된다.

❙ 화살표 키 사용하기

마우스로 슬라이드 바를 이동하는 것 외에도 당신은 화살표를 활용해서 상수의 값를 변화 시킬 수 있다. 당신이 SyntheSim 모드안에 있다면 여기에는 일반적으로 다른 것들과는 다르게 보이는 하나의 슬라이드 바가 있다. 대부분의 슬라이드 바는 

이렇게 생겼다. 반면에 이들 중의 하나는 슬라이드 바의 레일 부분이 채워져 있는 

와 같이 나타난다. 이 색이 채워져 있는 슬라이드 바는 활성화 되어 있는 것이다. 당신이 슬라이드 바를 클릭하면 언제든 활성화 된다. 당신은 또한 탭키(and Shift+Tab)를 사용해서 슬라이드 바 사이를 이동할 수도 있다. 이 슬라이드 바의 이동은 눈에 명확하게 보이지는 않지만 당신이 모델 상에 생성한 상수의 순서대로 이동하게 된다.

▶ 활성화된 슬라이드 바는 *desired strength ratio 1* 변수 있어야 한다. 만일 그렇지 않다면 그렇게 될 때까지 탭 키를 누른다.

▶ 우측 화살표 키를 누른다.
슬라이드 바의 값이 1부터 1.01까지 증가하게 되며 당신은 그래프 상에서 작은 변화를 볼 수 있다. 클릭을 반복하면 값이 1.02 그리고 그 이상으로 변화하게 된다.

▶ 좌측 화살표 키를 누른다.
슬라이드 바의 값이 0.01 단위로 감소하게 된다. 만일 당신이 상수들의 값에 따른 매우 느린 이동을 하고 싶을 때 화살표 키들은 많이 유용할 것이다. 이들은 당신이 매우 큰 모델을 작업할때나 각각의 시간에 대한 하나의 시뮬레이션을 수행하고자 할 때 유용하다(슬라이드 바를 드래그 하는 것은 종종 두개 혹은 세개의 시뮬레이션을 만들고 종료하게 된다).

13.8 Lookups값 변화 시키기 Changing Lookups

Lookups 값을 변화 시키는 것은 Lookup 편집기를 불러들이고 이를 수정하는 것으로 수행된다. 당신이 모델을 변화하는 것에 따라 반복적으로 변화하게 되고 그 결과들이 화면에 나타나게 된다.

▶ *desired strength ratio 1* 변수에 있는 슬라이드 바의 값을 변경시켜 그 값이 2가 될 때까지 진행한다.

▶ *fraction armament capacity used*를 클릭한다.
Lookup 편집기가 열릴 것이다.

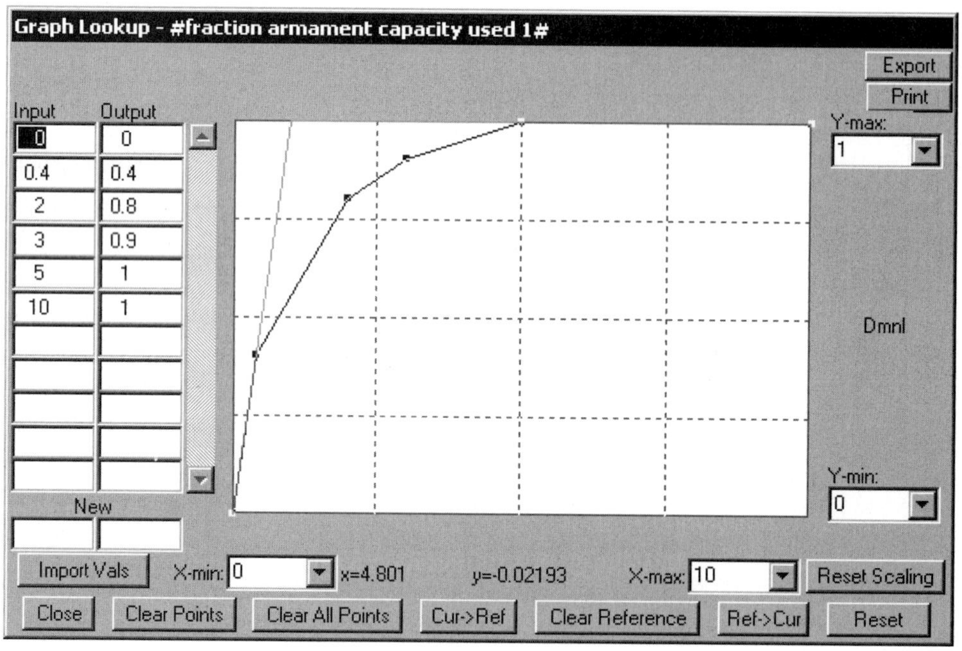

SyntheSim 모드에서의 Lookup 편집기는 **close** 버튼 대신에 **Reset** 버튼을 갖고 있다. 당신이 모델의 Lookup의 값의 변화를 만들어 내는 순간마다 모델은 시뮬레이션이 되며, 변경된 것을 취소할 수 있는 방법은 없다. **Reset** 버튼은 원래의 모델의 값으로 되돌려 주게 된다.

이 Lookup의 값은 자원의 비율에 따라 나타나는 참조선(회색으로 나타나는)이다. 그래프 자체는 이 참조선을 따르거나 그 아래에 놓여지게 된다.

▶ 세번째 선을 넘어서 마우스를 가져다 놓고 이 참조선을 따라 드래그를 한다.

점들의 움직임에 따른 변수들의 변화행태를 살펴봐라. 만일 당신이 변수들을 노출하기를 원한다면 Lookup 편집기에서 마우스 드래깅을 활용할 수 있다.

▶ **Close** 버튼을 눌러서 Lookup 편집기를 닫는다.

13.9 도구 모음으로부터 변화시키기 Changing from the Toolbar

화면에서 Change Model Constants  버튼과 **Change Lookups** 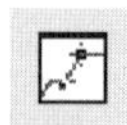 버튼을 활용해 상수값 및 Lookup값을 변경시킬 수 있다. 이것들은 대응적으로 상수값과 Lookups 값에 대한 목록을 불러 온다.

▶ **Change Model Constants** 버튼을 클릭한다.

▶ 리스트에서 desired strength ratio 1를 선택한 다음 **Modify**를 누르거나 엔터키를 누른다. 편집상자 안에 강조되어진 현재의 값이 나타나게 된다.

▶ 1.8을 입력한 뒤 엔터키를 누른다. 모델이 시뮬레이션 된다. 당신은 또한 *desired strength ratio 1* 변수의 원하는 값에 따른 변화가 표시되는 것을 알 수 있다.

▶ **Close**를 클릭한다.

▶ **Change Lookups** 버튼을 클릭한다.

▶ *#attraction armament capacity used 1#*를 선택한다. #은 Vensim에 의해 입력되어 진다. 그리고 **Modify** 버튼을 클릭한다.

▶ 종료하기 전에 Lookup 변화를 준 후 **Close**를 클릭한다.

13.10 시뮬레이션 실험하기 Doing Simulation Experiments

지금까지 우리는 각 변수들의 단지 하나의 그래프로 보는 것을 학습해왔다. 당신은 작은 형태의 여러 개의 그래프들을 통해서 관심있는 시뮬레이션 결과들을 볼 수 있다.

▶ **Reset all Constants** 버튼을 클릭하거나 Ctrl+Home 키를 누른다.
상수의 변화값들이 초기화 될 뿐만 아니라 당신이 모델에 작업했었던 모든 Lookup 값들의 변화도 초기화 된다.

▶ **Save this Run to...** 버튼을 클릭한다.

▶ **baserun** 이라고 입력한다.

▶ **Save**를 클릭한다.

당신은 화면이 깜빡이는 것을 알아챌 것이다. 그러나 아무것도 변하지 않은 것처럼 보일 것이다. 왜냐하면 이것은 현재의 기본 실험 결과로 기본 시뮬레이션 결과가 설정된 것이다.

▶ *desired strength ratio 1* 변수의 값을 2로 변화 시킨다.

각 변수에 대한 두개의 그래프가 되어야 한다.

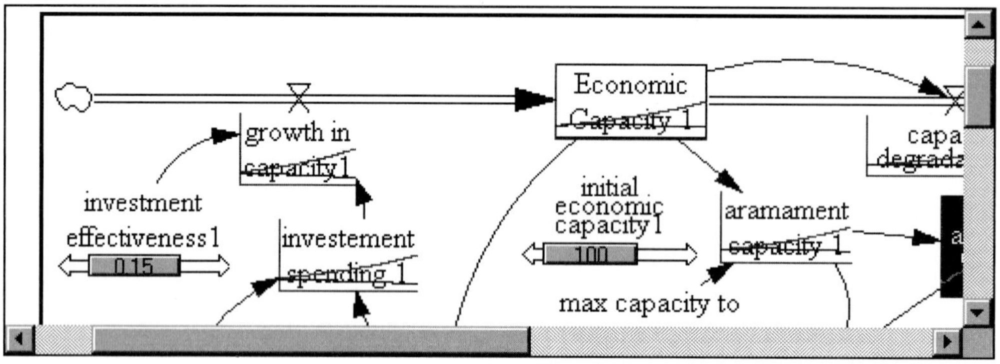

▶ **Save this Run to...** 버튼을 클릭한다. *strong1*로 입력하고 Save 버튼을 클릭한다.

▶ *desired strength ratio 2* 변수의 값을 2로 조정한다. 이것은 모델의 하부에 있는 것이다. 이것은 우리가 이 변수에 대해 첫번째로 값을 변경하는 것이다.

▶ **Save this Run to...** 버튼을 클릭한다. 이름으로 *strongboth* 입력하고 **Save**를 클릭한다.

▶ *Total Armament 2* 변수를 선택하고 **Graph** 도구를 클릭한다. 아래와 같은 그래프를 볼 수 있다.

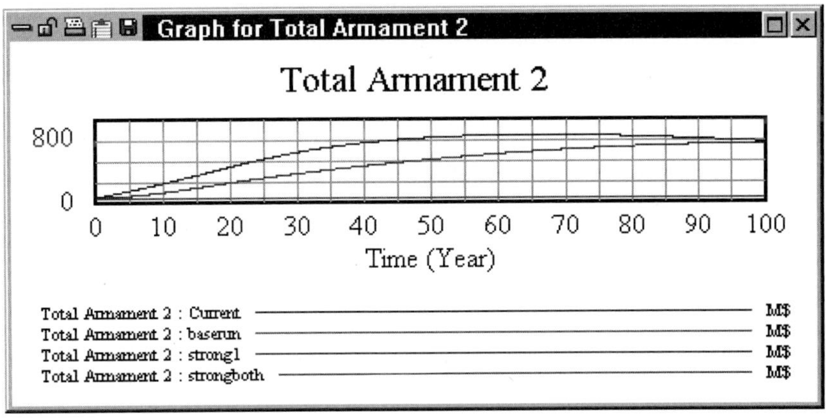

strong1 변수와 *strong2* 변수의 값이 시뮬레이션 수행의 끝부분에서는 같은 위치에 놓여져 있는 것을 확인할 수 있다.

▶ *Economic Capacity 2* 변수를 선택하고 **Graph** 도구를 클릭한다.

두개 국가가 더 전략적인 판단에 공격적으로 무기를 구축하는 경우에 국가경제 활동수준 보다 높게 될 수는 없다. 만일 당신이 원하는 국가의 무기 구축강도를 가지고 시뮬레이션 하는 경우 당신은 더 큰 투자를 한 시점 이후에 시뮬레이션 끝부분에서 낮아지는 것을 볼 수 있다.

13.11 수행결과 불러오기와 내보내기 Loading and Unloading Runs

당신은 컨트롤 패널을 통해서 수행 결과들을 불러오고 내보내기 할 수 있다. 만일 당신이 시간축의 설정을 변경한다면, 이것은 전체윤곽이 보이는 축소된 그래프에는 영향을 주지는 않지만 그래프의 전반적 변화 모양이 다르게 나타날 수 있다(전체 시뮬레이션 기간동안의 범위를 표시하기 때문이다).

▶ **Control Panel** 버튼을 클릭하고 **Datasets** 탭을 클릭한다.

▶ *strong1* 변수를 클릭하고 **<<** 버튼을 클릭한다.

▶ *baserun* 변수를 클릭하고 **<<** 버튼을 클릭한다.

당신이 이 변화를 일으킴에 따라 당신은 불러오기 되어 있는 수행결과의 리스트에서 반영되도록 설정된 작은 썸네일 그래프를 볼 수 있게 된다. 실제로는 좀처럼 유용하지는 않겠지만 최대 16개까지의 수행결과를 불러올 수 있다.

13.12 피드백 루프 중단 Breaking Feedback Loops

모델의 이해에 아주 효과적인 하나의 방법은 모델의 피드백 루프를 끊고 어떤 변화가 일어나는지를 살펴 보는 것이다. 이것은 SyntheSim을 통해서 간단하게 진행할 수 있다.

13.12 (1) 군비경쟁 중단 Stopping the Race

▶ **Reset All Constants**  버튼을 누르거나 Ctrl+Home 키를 누른다.

이것은 모든 슬라이드 바를 재설정하여 원래의 위치로 돌려 놓는다(Lookup을 포함해서 모든 것을 재설정한다). 만일 당신이 하나의 슬라이드 바만 옮겼다면, 재설정되어도 슬라이드 바가 활성화가 되어 있다는 것을 알아야 합니다.

▶ *desired strength ratio 1* 변수 아래에 있는 슬라이드 바를 드래그 하여 값을 2로 만든다.

두 개의 그래프 선이 이제 다른 하나의 위에 있게 된다. 만일 이렇게 되지 않는다면 당신이 수행한 두개의 수행결과가 strong1와 current로 구분되어져 저장되어 있는지 확인한다.

▶ *Total Armament 2* 변수에 마우스 오른쪽 버튼을 클릭한다(혹은 컨트롤 키를 누른 상태에서 클릭한다).

변수에 대한 오버라이드(override) 설정화면이 나타나게 된다.

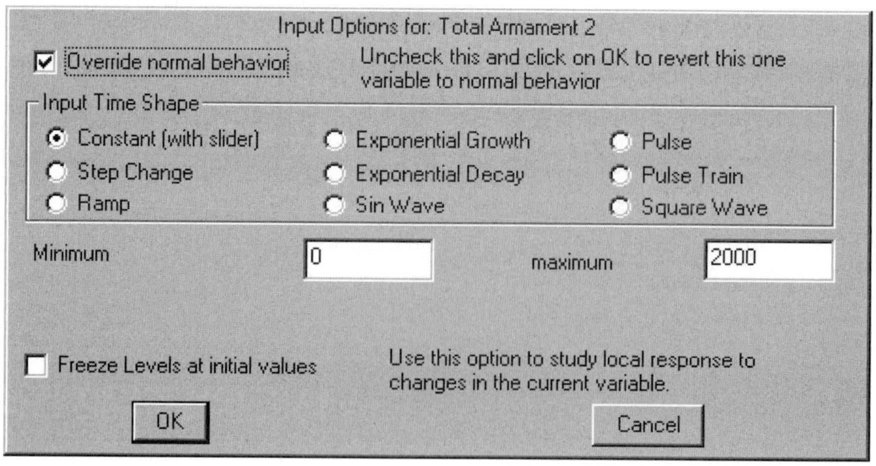

변수가 오버라이드 되면 변수의 계산이 외부적으로 입력되어진 것으로 사용되어 진다. 이 값은 하나의 상수값이 될 수도 있고 혹은 입력 되어진 다양한 패턴값이 될 수도 있다.

▶ **maximum** 필드에 1000을 입력한다.

▶ **OK**를 클릭한다.

모델이 *Total Armament 2* 상수값이 500으로 맞춰진 상황에서 시뮬레이션 된다. 이 변수 자체가 다른 색상으로 표시 되어져 일반적으로 수행되어진 결과와 다르게 나타나게 된다.

▶ *Total Armament 2* 변수 아래에 있는 슬라이드 바를 드래그 하여 값을 50으로 둔다. 이는 이 변수의 본래의 초기 값이다.

▶ *Total Armament 1* 변수를 선택하고 **Graph** 도구를 클릭한다.

Total Armament 1 변수가 50부터 시작되어 꽤 빠르게 100이라는 값에 도달하게 된다. 그리고 더 이상의 증가현상이 없게 된다.

▶ 도구 모음에서 **Stop Override**를 클릭한다.

그래프가 원래대로 되돌아가며, 하나의 선만 나타나게 된다.

13.12 (2) Overriding 변화 행태 Overriding Behavior

이 모델에서 경제환경은 장비를 생산하는 능력에 중요한 영향을 제공한다. 만일 군비 소비가 공식대로 시간에 따른 용량의 변화 효과를 반영했다면, 우리는 단순히 그 효과를 무시하고 그 영향이 계속 되는 것으로 수동적으로 할 수 있다. 불행하게도 실제의 군비 지출이 절대 경제 용량을 초과하지 않는 것이 중요하기에 이러한 공식을 반영하는 것은 어렵다. 이 모델의 경우, 모델내 경제의 지배 영향을 제거할 수 있는 적절한 방법이 무엇인가가 아니라 군비에 대한 지출 수준에 좌우되지 않는 경제활동을 만드는 상수값을 만들 수 있다.

▶ *Economic Capacity 1* 변수를 마우스 오른쪽 버튼으로 클릭한다(혹은 **Ctrl key**를 누르고 있는 상태에서 클릭한다).

▶ 대화상자에서 **Exponential Growth** 라디오 버튼을 클릭한다.

▶ **Starting From**에 100을 채워 넣는다.

▶ **Growth Rate**(%/unit time)에 10을 채워 넣는다.

다른 변수들의 변화결과를 보도록 한다. *Total Armament 1* 변수가 더 많이 성장하고 S자 커브 형태인 상태이다. 실제로 *Economic Capacity 2* 변수값은 *strong1* 수행결과와 연동되어서 감소하게 된다.

Economic Capacity 2 변수에 우리가 *Economic Capacity 1* 변수에 했던것과 동일한 변화를 주도록 한다.

- ▶ *Economic Capacity 2* 변수에 마우스 오른쪽 버튼을 클릭한다(혹은 Ctrl key를 누른 상태에서 클릭한다).
- ▶ 대화 상자에서 **Exponential Growth**에 있는 라디오 버튼을 클릭한다.
- ▶ **Starting From**에 100을 채워 넣는다.
- ▶ **Growth Rate**(%/unit time)에 10을 채워 넣는다.

이제 변화행태를 보도록 한다. 우리는 양측에서 매우 빠른 군사력 수준이 증가하는 것을 볼 수 있다. 우리는 양 국가의 국방비 투자 비율이 양국가간의 경쟁적인 구도로 움직이기 때문에 경제적인 역량이 탈락을 결정짓는 요인은 아니라는 것을 확신할 수 있다.

- ▶ *desired strength ratio 2* 변수 또한 값을 2로 올린다.

경제성장이 한번 더 연간 10%로 억제되어져 나타난다.

13.13 컨트롤 패널 설정 만들기 Building a Control Panel

전제 윤곽이 보이는 축소된 그래프의 스케치 작업외에도 SyntheSim 모드는 입력-출력 개체에 내장된 그래프와 테이블과 함께 작동될 수 있다.

- ▶ **Stop Simulation** 버튼을 클릭한다.
- ▶ **Control Panel** 버튼을 클릭하고 **Graphs** 탭을 클릭한다.
- ▶ **New** 버튼을 클릭한다
- ▶ 맞춤형 그래프 편집기에 "Comparative Total Armament"라는 제목을 붙이고, *Total Armament 1* 변수와 *Total Armament 2* 변수를 추가한다. **Graph Name**에 COMPARE를 입력한다.
- ▶ 변수이름의 왼쪽에 있는 체크박스에서 Scale 항목을 체크한다. 맨위의 행의 우측에 위치한 **Y-Min** 아래에 0을 입력하고 **Y-Max** 아래에 800을 입력한다.

▶ 맨 우측 아래에 있는 **Soft Bounds** 체크 박스를 선택한다. 대화상자가 아래와 같이 나타난다.

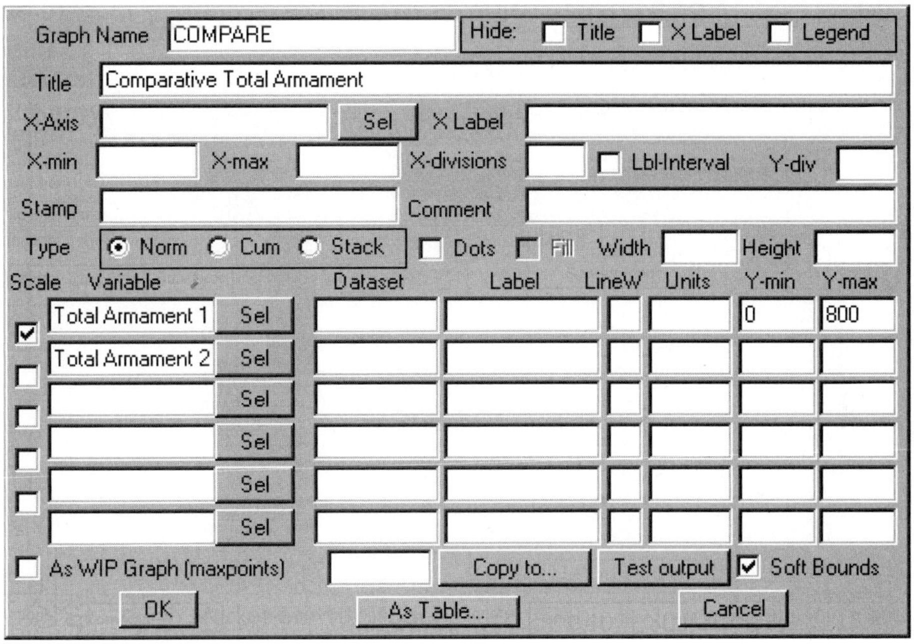

▶ **OK**를 클릭한다.

▶ 메뉴에서 **View>New**를 선택한다.

▶ **Input Output** 도구를 선택한다.

▶ 대화상자 안에서 **Output Custom Graph** 라디오 버튼을 클릭한다. 아래쪽에 있는 드롭다운 목록에서 COMPARE를 선택하고 **OK**를 클릭한다.

▶ 그래프를 적당한 크기로 놓는다.

▶ 왼쪽에 있는 그래프의 아래 부분을 클릭한다.

▶ 입력–출력 설정 대화창을 클릭하고 여기서 **Constant...** 버튼을 클릭한 후, *desired strength ratio 1* 변수를 선택한다.

▶ 범위를 0 에서 2로 놓고 증가분을 0.01로 놓는다. 그리고 **OK**를 클릭한다.

▶ 오른쪽에 있는 그래프의 아래 부분을 클릭한다.

▶ 입력–출력 설정 대화창을 클릭하고 여기서도 **Constant...** 버튼을 클릭한 후, desired strength ratio 2 변수를 선택한다.

▶ 범위를 0 에서 2로 놓고 증가분을 0.01로 놓는다. 그리고 **OK**를 클릭한다.

당신은 슬라이드 바를 크게 하거나 위치를 바꾸어 보기 좋게 할 수 있다. 컨트롤 패널로 가서 수행 결과를 삭제한다. 그리고 나서 SyntheSim 모드를 시작하고 슬라이드 바를 이동시켜 보자. 당신은 아래와 같은 결과를 보게 될 것이다.

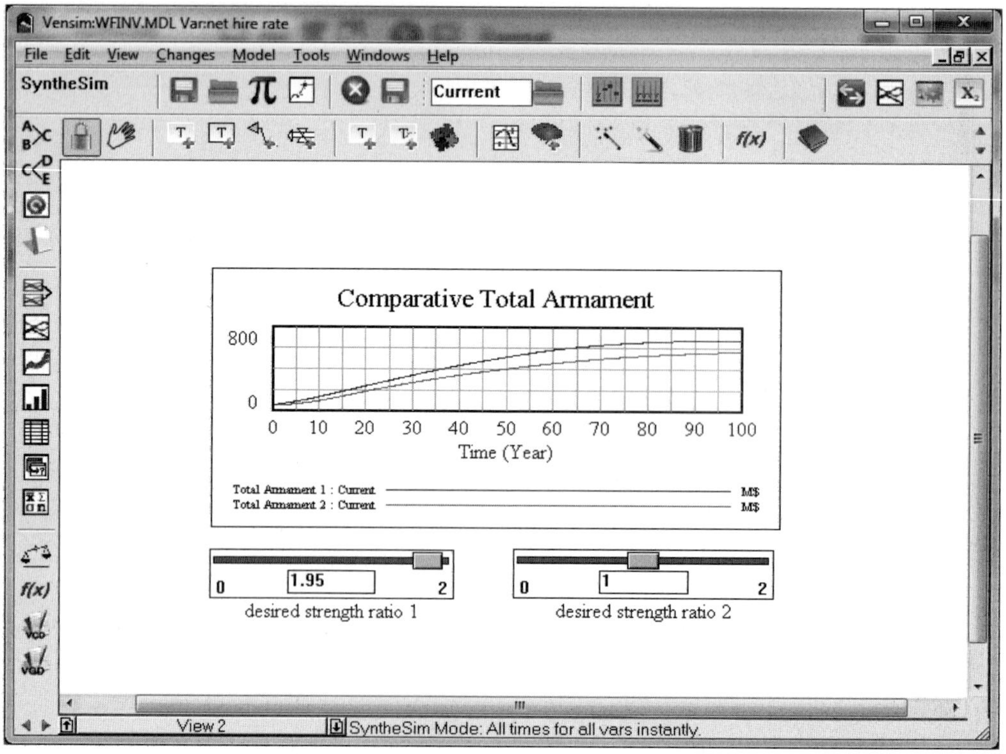

당신은 이전의 작업화면으로 돌아 갈 수 있고 모델 상수값의 변화를 계속할 수 있다. 당신이 이 작업화면으로 돌아오면 당신은 그래프에 나타나는 결과들을 볼 수 있다.

13.14 서브스크립트와 SyntheSim 모드 Subscripts and SyntheSim

몇가지 단어들이 서브스크립트(subscript)와 SyntheSim 모드의 상호작용을 위한 목적으로 사용될 수 있다. 당신이 SyntheSim 모드에 있는 동안에는 오직 하나의 그래프가 각각의 변수들 중에서 오직 하나의 상수값을 각각의 슬라이더를 통해서 보여지게 된다. Vensim은 서브스크립트 대화상자를 통해서 정의되어진 정보를 나타나게 해준다. 첫번째로 선택되어진 서브스크립트의 조합이 표시된다(만일 아무것도 선택되어 있지 않다면 첫번째 조합이 나타난다).

당신은 정확하게 지원도구의 수행을 통해 나타내어지고 전달되는 어떤 변수를 정의할 수 있다.

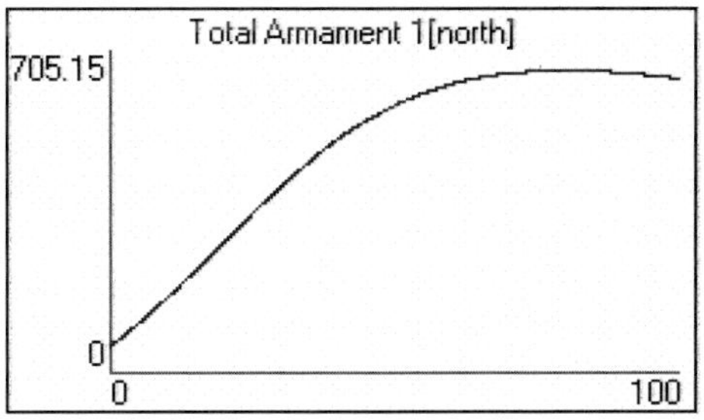

유사하게 당신은 지원도구를 통해 전달되는 상수값을 정의할 수 있다.

[north] = 20 Year

NOTE 당신은 지원도구에 표현되게 하기 위해서 이름을 정의해야 하고, 또한 슬라이드 바의 손잡이의 클릭을 통해서 다른 서브스크립트를 정의하고 재설정 할 수 있다.

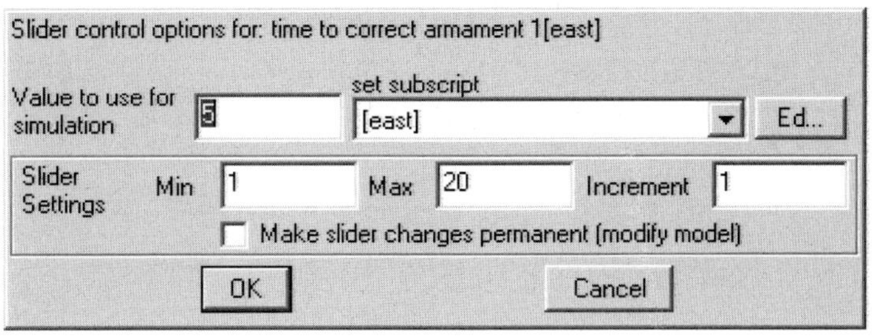

새로운 서브스크립트는 당신이 서브스크립트 설정창에서 서브스크립트 선택을 변경하거나 작업화면 보기를 변경하기 전까지 슬라이드 바에 붙어 있는다. Ed… 버튼은 당신이 상수값에 대한 서브스크립트의 모든 집합의 값을 변경 시킬 수 있도록 만들어 준다. 하지만 활성화된 슬라이드 바에 대한 변경을 안된다.

14 타당성 검증
Reality Check

당신은 어떠한 문제를 해결하기 위해서 모델을 개발할 것이다. 이렇게 모델을 개발하게 될 때에는 이들이 현실에 견주어 타당하게 만들어 졌는지를 검증하는 다양한 방법이 있다. 여기에는 명시적으로 모델의 변화행태의 형식이 바르게 되어져 있는지 혹은 여러 다양한 가정들 하의 변화 행태의 분해 그리고 명시적인 상상 시뮬레이션을 통해 당신이 작업한 모델의 이해과정을 분석하는 것이 있다. 각각의 케이스에서 이러한 타당성 검증은 당신이 개발한 모델이 적절하게 이들이 적용되는 문제를 해결할 수 있는 지를 보장하는 것으로 중요하다고 할 수 있다.

타당성 검증(Reality Check)은 당신의 모델이 유용하게 하기 위해서 반드시 타당하고 참이라고 생각되는 것에 대해서 직관적인 설명력을 가져다 줄 것이다. 타당성 검증은 당신이 개발한 모델을 타당하게 만들어 주는 의미있는 요소들을 보완하는 새로운 기법이다. 이는 또한 멀리 현실의 본질에 대한 더 굳은 신념들을 모델로 만들어 특정한 가정 혹은 토론에서 집중할 수 있게 만들어 준다.

본 장에서는

- 첫째, 타당성 검증에 대한 개념을 소개한다.
- 둘째, 제약 조건과 테스트하고자 하는 입력값을 정의하는 방법에 대해서 소개한다.
- 셋째, 타당성 검증 수식을 모델의 테스트에 어떻게 적용하는 지를 소개한다.
- 넷째, 타당성 검증을 통한 하나의 모델에 대한 타당성 검증을 예시한다.

14.1 모델과 타당성 Models and Reality

모델은 현실의 표현 혹은 이러한 현실에 대한 우리의 인식을 반영한 것이다. 모델의 실용성을 검증하기 위해 실제로 관찰한 볼거리가 모델에서 성립하는지의 여부를 결정하는 것이 중요하다. 이러한 검증작업은 측정, 모델의 변화 행태를 정의하는 수식 또는 비공식적인 방법들을 활용해서 수행할 수 있다. 과거의 시계열 자료를 보고 결과값을 비교하는 것, 조건이 정성적 묘사에 일치하는 지를 보는 것, 모델의 가정에 대한 민감도를 테스트 하는 것 그리고 일반적인 행동과 행동의 패턴을 모델에 대한 합리적인 설명을 추론하는 방법 등의 다양한 방법에 의해서 수행될 수 있다.

모델의 타당성을 검증하는 또 다른 중요한 요소는 구조에 대한 가정의 고려라고 할 수 있다. 다시 말해, 현실의 문제가 구조적으로 반영되어 있는지를 확인하는 것이다. 모델의 관리자에게는 의사결정에 도움이 되지 않는 정보들이 필요하지 않다. 여기에는 인과관계들 간의 연결을 단단하게 해줄 요소들 만으로 한정될 뿐이다. 이를 위한 자료들은 보존되어야 할 것이다.

구조의 세부적인 요소들과 변화 행태를 결정 짓는 요소들의 풍부함 사이에서 모델을 작동하는데 영향을 미치지 않는 요소들은 필요가 없게 된다. 만일 당신이 하나의 모델 혹은 작은 단위 모델에서 " ___________ 했을 때, ________ 해야만 한다."라는 합리적인 요소를 찾게 된다면, 문제를 발견하고 당신의 신뢰를 구축하기 위해 모델을 다양하게 활용할 수 있다는 것을 알게 될 것이다.

대부분의 경우에 있어서 모델에 대한 이러한 요구사항들은 합리적이어야 하고 또한 검증 가능할 수 있는 구조여야 하는 것이 무엇보다 중요하다. 많은 경우에 있어서는 이러한 것들이 하나의 완전한 구조의 모델에서 작은 모델, 수식 심지어는 아주 작은 요소들이 될 수도 있다. 당신이 스스로의 경험을 바탕을 그리거나 다른 사람들간의 관계를 설계하거나, 유전자 구조 그리고 특수한 수식을 설계하는 개발자라도 이러한 것들이 모두 해당된다고 할 수 있다.

그러나 궁극적으로 이러한 것들의 대부분이 합리적으로 참이라고 검증될 필요가 있음에도 불구하고 검증조차 되지 못하고 있다. 전통적인 모델 개발 기법을 활용한다면 검증하는 과정은 다른 입력값들을 넣어보고, 선택된 장소에 기본적인 구조를 변경해 보고, 여러 번 시뮬레이션을 시도해보고 그리고 결과물을 살펴보는 반복작업이 필요하다. 심지어는 이러한 과정들을 마쳤을지라도 검증되지 못한 효과들은 다음 또는 추후에 다시 확인해볼 필요가 남겨져 있는 것도 있다.

타당성 검증 작업은 합리적인 모델에 필요한 사항을 지정하기 위한 언어로 자동으로 요구사항에 대한 적합성을 검증해 볼 수 있는 기법이라고 할 수 있다. 당신이 만들고자 하는 이러한 작업은 하나의 모델의 어떤 버전에 묶여 있지 않게 할 수 있다. 일반적인 모델과 다른 독립적인 구조로 분리되어 모델의 정상적인 수식과 기능을 방해하지 않게 할 수 있다. 이 타당성 검증 버튼을 클릭하면, 당신이 현실에 부여하고자 하는 제한 조건의 여부 등을 확인하는 작업을 수행할 수 있다.

14.2 전문적인 영역 Domains of Expertise

Vensim의 타당성 검증 수식은 Vensim 모델링 언어, 기술, 그리고 경험으로서 발전되어 왔지만, Vensim의 기본적인 모델링에 사용되는 수식 구조와는 다소 차이가 있다. 타당성 검증 수식은 현실에 있어서의 변화행태에 대한 제약조건이라고 할 수 있다. 이들은 특정한 행동을 발생하는 구조를 만들 필요가 없다. 사실, 검증을 수행하는 수식의 이행조건을 만든 다음에 모델의 구조가 적절하게 이러한 이행조건의 반응에 관여하는지를 확인하는 것이라고 할 수 있다.

타당성 검증 수식들은 실제 세계의 행동과 행동간의 관계를 수식으로 나타낸 것이기 때문에 이를 가장 잘 활용할 수 있는 것은 각 분야의 전문가들 이라고 할 수 있다. 이러한 이유로 모델 타당성 검증 단계에서는 일반적인 모델의 오류 검증 때보다 더 많은 오류를 찾아 낼 수 있으며, 더 많은 일을 수행할 수 있다. 이들의 수행을 통해서 모델의 이용자들이 검증결과의 정확성에 확신을 갖게 할 수 있다.

14.3 타당성 검증 수식의 정의 Defining Reality Check Equations

당신은 Vensim의 다른 수식을 입력하는 것과 같은 방법으로 타당성 검증 수식을 입력한다. 이러한 타당성 검증 수식에 입력 개체를 정의하거나 수식 편집기 혹은 텍스트 편집기를 통해서 직접 수식을 작성하는 스케치 도구를 사용할 수도 있다. 구조적으로 타당성 검증 수식은 모델의 수식에 입력하지는 않으며, 이들의 정의에 모델 변수를 사용한다. 타당성 검증이 수행될 때 모델의 변수의 값뿐만 아니라 이들 변수를 계산하기 위해 사용되는 수식을 변경할 수 있다. 다시 말하지만, 타당성 검증 수식은 인과관계 구조에 대한 기술이 아니라 시스템내의 어떠한 행태에 대한 진술인 "만일 이러한 일이 일어난다면 저러한 결과가 반드시 나타난다"라는 개념으로 이해하면 된다.

타당성 검증 수식에 대한 적절한 이름 등의 지정 규칙은 모델의 변수에 따라 다르다. 모델의 변수는 명사 혹은 더 적은 개념의 명확한 의미로 표현 되어야 한다(예: *Workforce, productivity, capacity, determination, propensity to save* 등). 타당성 검증의 수식은 다른 한편으로는(예: *no workers no production, rain means flooding* 등) 어떠한 현상에 대한 성질을 설명하는 짧은 문구여야 한다. 사실 타당성 검증 수식에 가장 좋은 가이드 라인은 어떠한 현상을 True와 False로 생각하고 이의 결과가 True로 나타났을 때에 따른 진정한 가치를 갖는 가정에 대한 이름을 지정하는 것이다.

각종 제약조건과 Test Input 값을 사용하도록 Vensim에서 정의할 수 있는 수식은 두 가지 유형이 있다. 제약 조건의 주어진 집합에서 발생할 수 있는 결과에 대한 설명을 담는 것이 첫번째로 이들은 Test Input값의 동작을 제한해야 하는 방식을 지정하기에 이들을 제약조건 이라고 불리운다. 이러한 제약 조건의 위반은 모델에 문제가 있음을 알려주는 기준이 된다. 또 다른 하나는 Test Input으로 어떠한 결과에 대한 제약 또는 연결되는 조건 혹은 상황 등을 규정하는 방법이다. 이는 Test Input의 제약에 사용될 수 있다.

14.4 입력값의 테스트 Test Inputs

입력값을 테스트 하는 것은 모델의 한 변수의 수식을 다른 대안으로 설정하고 정의하도록 하는 것이다. 이러한 입력값의 검증의 기본적인 형태는 다음과 같다.

```
name :TEST INPUT: variable = expr
```

여기에서 *name*은 Test Input값의 이름을 의미한다. 우측에 있는 TEST INPUT는 일반적으로 모델에서 보조 변수를 정의할 때 사용하는 수식의 형식과 완전히 동일한 것이다. 당신은 SMOOTH 함수와 같은 동적인 함수와 ACTIVE INITIAL과 같은 정의된 함수 또는 사용자가 정의한 Macro 함수 등은 사용이 제한되어 있다. 만약 이 기능이 필요하다면 당신이 모델 변수를 더 만들어 TEST INPUT에 입력할 수 있다.

제약 조건의 조건부 부분에 Test Input 값을 사용할 수 있다. 당신이 Test Input을 정의하는 가장 큰 이유는 실시되고 있는 시뮬레이션 실험에 이름을 부여하여 제약 조건들을 훨씬 읽기 쉽게 만들 수 있다는데 있다. 만일 당신이 Test Input을 정의하지 않을 경우, 직접 테스트 입력 수식에 있는 *variable = expr* 선언문 부분을 사용하여 제약 조건을 정의할 수 있다. 이 작업을 수행 할 경우에도 같은 제한된 수식의 형식이 그대로 적용된다.

Dynamic Test Inputs

Test Input 입력을 위한 대체적인 방식을 위해서 시뮬레이션 시간 후에 변경을 지시하는 것이 바람직한 방식이다. 예를 들어서 10시부터 12시까지에는 생산되는 물량을 0으로 강제적으로 조정하고, 10시 이전에는 그대로 진행되게 혹은 어떤 방식으로든 시간의 흐름에 따른 Test Input을 조정할 수 있다는 것을 기억해두자. 이러한 유형의 변화는 완전한 타당성 검증 형태를 설정하고 흥미있는 부분의 Test Input에 대한 모델의 반응을 연구함에 있어 유용한 방식이라 할 수 있다.

이러한 형태와 같이 시간의 흐름을 반영하는 Test Input의 작성에 사용되는 함수 구문은 RC 라는 이름으로 시작한다(예: RC COMPARE, RC DECAY, RC GROW, RC RAMP 그리고 RC STEP) 이와 같은 수식은 모두 동일한 입력 구조를 가지고 있다.

```
TI Production to zero :TEST INPUT:
        production = RC RAMP(production,0,2,10)
```

이 Test Input은 이름이 "`TI Production to zero`"로 정의되어 있고, Production 변수에 대한 Test Input이라는 것을 의미한다. 이 수식은 10시의 시간부터 2시의 기간동안 변수의 값을 0으로 만들겠다는 것을 의미한다.

RC...로 시작하는 함수는 두 개의 선택적인 선언문을 취하게 된다. 즉, 시작 시점과 지속시간이다. 이것은 위에서 그대로 진행시간이 생략되는 경우, Test Input값이 시뮬레이션의 부분 변경이 이뤄진 상태에서 계속 된다. 당신이 지속 시간을 지정하는 경우 Test Input값은 지정 입력된 시간동안 변경된 상태로 계속 영향을 나타내며, 다음 변수는 일반적으로 계산된 값으로 되돌아 가게 된다. 이 변수에 따라 값을 되돌리지 않는 경우 변경된 가능성이 크기에 대부분의 통상적인 시뮬레이션에서는 이 값이 적용되지 않는다.

만일 시작시점(위에서는 10으로 설정)을 생략하고 모델에 포함되는 경우는, 모델의 상수값 RC START TIME은 지정된 변경 시점에서 시작하게 될 것이다. 만인 RC START TIME 값의 설정이 모델에 포함되어 있지 않다면, 변경값들은 시뮬레이션 설정에 있는 초기시간(INITIAL TIME)에서 TIME STEP을 더한 시점에서 시작되게 된다. 이러한 경우에는 RC START TIME을 사용하여, 당신이 지정하는 변경 사항을 적용하고 RC 함수에 추가 인수를 생략할 수 있도록 하는 방법은 시간을 전체적으로 변경할 수 있기에 편리한 방법이기도 하다. 이 모델의 Test Inputs 설정값을 활용하는 것은 시뮬레이션을 시작하는 동안 시뮬레이션을 방해하는 요소들을 회피할 수 있고 또한 변수에 대해 서로 다른 상대 값으로 검증을 할 수 있기에 유용한 수단이 된다.

14.5 제약조건 Constraints

제약조건은 아래와 같은 형식을 취한다.

```
name :THE CONDITION: condition :IMPLIES: consequence
```

:THE CONDITION: 과 :IMPLIES: 구문은 Vensim 특별한 키워드이다. 여기서 *condition* 과 *consequence*는 아래에 설명되는 것처럼 논리적인 구문표현이라고 생각하면 된다. 제약조건의 이름은 Vensim에서 다른 변수들에서 문자와 숫자를 사용한다. 텍스트 편집기를 사

용하는 경우에는 물결모양(~)의 기호에 배치해야 하지만 이 제약조건에는 측정 단위가 필요하지는 않는다. 또한 당신은 Vensim내의 다른 변수와 마찬가지로 이 제약 조건들에 주석을 첨부할 수 있다.

논리적인 표현들(Logical Expressions)

제약조건은 두 개의 논리적인 표현으로 정의된 구문과 조건을 사용하며, 이에 대한 예시는 아래와 같다.

```
no capital no production :THE CONDITION: Capital = 0 :IMPLIES:
        production= 0
```

타당성 검증 수식을 테스트 할 때, Vensim은 모델내에서 생성된 값의 사실 여부를 확인해야 한다. 제안된 모두에 해당 될 수 있는 조건을 강제하고 참과 거짓으로 나타나는 결과에 대해서 검증하게 된다. 조건이 "참"으로 설정되어 있지만, 그 결과가 없는 경우에는 Vensim은 사실 검증 실패라는 문제점에 대해서 보고하게 된다. Vensim은 아래에 설명된 것과 같은 방식으로 수동적인 검증을 수행한다.

실제 모델에서의 논리 구문은 아래에 있는 것보다 더 복잡할 수 있다. 이러한 구문들은 비교값을 =, 〉, 〈, 〈〉 (:OR:, :AND:, :NOT: 구문등과 함께) 연산을 통해서 나타내게 된다. 하나의 타당한 논리 구문은 아래와 같아야 한다.

```
Population > 8E9 :AND: (food ratio < .75 :OR:
        Pollution > critical pollution)
```

여기에 여러가지로 비교되는 이 논리 구문은 사실이 될 경우 Population 〉 8E9 그리고 *food ratio* 〈 .75 혹은 *Pollution* 〉 *critical pollution* 이거나 둘 다인 경우이게 된다. 논리적인 구문들은 빠르게 한번에 이해하기 여러운 구조일 수 있으며, 한번에 너무 많은 것들을 결합하지 않는 것이 바람직하다. 결과 부분에서는 많은 결합 요소들이 :AND: 구문을 통해서 사용되는 경우 유용하게 나타나기도 하며, 더 복잡한 구조에서는 그다지 도움이 되지 않을 수 있다.

제약 조건 정의의 조건 부분은 숫자로 다른 변수와 변수의 변수를 비교하는 것으로 제한된다. 유일한 예외는 조건의 논리적 구성요소로 *var=expr*와 같은 표현 혹은 명명된 Test Input이 사용 가능하다는 것이다. 따라서…

```
pop lt cc :THE CONDITION : Population < Carrying Capacity * 1.1
    :IMPLIES: deaths from crowding < 1000
```

라는 구문은 잘못된 표현방식이다. 왜냐하면 *var〈expr*라는 부분이 걸리기 때문이다.

```
pop lt cc :THE CONDITION : Population = Carrying Capacity * 1.1
   :IMPLIES: deaths from crowding < 1000
```

라는 구문은 *var=expr*하는 합법적인 구문을 사용하고 있다. 이러한 방식으로 제약 조건에 직접 TIME TRANSITION 수식을 설정할 수도 있고, 이의 사용에 있어서는 기본적인 Test Input 입력 규칙을 따라야 한다.

Test Input은 아래와 같이 하나의 제약조건을 위해 사용되어 질 수 있다.

```
pop lt cc :THE CONDITION : pop at cc plus 10
   :IMPLIES: deaths from crowding < 1000
```

*pop at cc plus 10*이라는 구문은 Test Input을 나타내는 부분이다. 한가지 알아둘 것은 Test Input 구문은 논리적인 변수로 다뤄진다는 것이다.

제약 조건의 모든 구성 요소는 간단한 함수(MIN, MAX, SUM 등)를 사용하여 제한된다. 이외에 제약조건의 정의와 반대되는 논리조건에 대한 특별한 제약은 존재하지 않는다.

입력된 수식의 항등성을 검증하는 것은 모델이 아무 문제가 없는 경우에도 실패 할 가능성이 매우 높다. 따라서 결과 자체의 항등성을 검증하는데 유용하지 않을 수 있다. 심지어는 명백하게 항등식의 구조를 갖고 있으나 상이한 방식들로 계산된 개념이 있을 수 있고 이러한 개념들로 인해 수치에 차이가 발생할 가능성이 높기 때문이기도 하다.

구문의 동적 검증(Dynamic Tests in the Consequences)

RC…함수를 사용하는 Test Input을 취하는 타당성 검증 수식은 전형적으로 구문에 RC... CHECK 형식을 선언문에 취하게 된다. 이러한 RC ... CHECK 함수는 각각의 Test Input을 유사한 방식으로 작동하게 만들어 준다. Test Input 값이 변수의 값을 변화하게 하는 동안 제약 조건의 결과 부분은 변수의 값을 비교하는 역할을 수행한다. RC...CHECK 함수는 일반적인 RC…함수에 비교해서 하나의 선언구문을 더 사용한다. 이 인수는 변화에 대한 유예기간과 그 결과를 검증하기 전에 Test Input이 입력 발생 후 일부 지연값을 취하게 된다.

예를 들어…

```
TI Production to zero :TEST INPUT:
      production = RC STEP(production,0)
RC No Production no Shipments :THE CONDITION:
      TI Production to zero :IMPLIES:
      sales <= RC RAMP CHECK(.5,sales,.0001)
```

이 Test Input은 *production* 변수의 변화를 0부터 RC START TIME이라는 시기까지 단계적으로 이끌게 된다. 만일 위의 함수 구문과 같이 RC START TIME이라는 함수식을 모델이 취하고 있다면, 0.0001 혹은 이보다 더 적은 시점에 있어서는 0.5라는 값을 취하게 된다. 0이라는 값대신 0.0001이라는 값을 쓰는 것은 지속적으로 발생할 수 있는 계량 수치의 오류(Overflow) 위반을 방지하는 좋은 방법이라 할 수 있다.

유예기간은 모든 RC...CHECK 함수 구문에 대한 첫번째 선언구문으로 되어 있으나 RC COMPARE CHECK 함수에서는 예외가 될 수 있다.

:CROSSING:

타당성 검증의 의미를 갖는 부분으로 당신은 :CROSSING: 그리고 :AT LEAST ONCE: 구문을 〉, 〈 부호등을 사용해서 본문의 위와 아래에 있는 구조로 표현할 수 있다.

```
... :IMPLIES:
        Inventory > :CROSSING: RC STEP CHECK(0,Inventory,1)
```

이 구문은 RC START TIME 시점에 Inventory 변수의 값이 먼저 기준값보다 크고 작은 부분이 남아 있는지를 확인하는 구문이다. 만일 아래와 같이 :CROSSING: 구문이 2회 활용되어 있는 경우에는…

```
Inventory > :CROSSING: :CROSSING: RC STEP CHECK(0,Inventory,1)
```

Inventory 변수의 값이 더 큰 값으로 시작되었다가 점차 작아지고, 그다음 다시 커졌다가 계속 그 상태로 남아 있어야 한다는 것을 의미한다.

만일 당신이 하나 이상의 :CROSSING: 구문을 사용하는 경우, 당신은 :IGNORE: 구문과 함께 사용하여, 필요한 부문에 실행 순서를 종료할 수 있도록 설정할 수도 있다. 필요한 수 만큼의 교차값을 만들 수도 있고 더 이상의 교차상황이 발생하지 않는 경우 검토를 종료할 수 있다.

예를 들어…

```
Inventory > :CROSSING: :IGNORE: RC STEP CHECK(0,Inventory,1)
```

위와 같은 수식을 입력했다면, 이는 *Inventory* 변수의 값을 큰 값으로 시작할 필요가 없고, 이들의 값은 점차 작아지게 된다는 것을 의미한다.

:AT LEAST ONCE:

이는 :CROSSING: 구문과 유사한 구문으로 :AT LEAST ONCE: 구문은 간단하게 RC START TIME 시간 이후 한 번이라도 "참"인 경우가 있어야 함을 의미한다.

예를 들어…

```
Inventory > :AT LEAST ONCE: RC STEP CHECK(0,Inventory,1)
```

위와 같은 수식을 입력했다면, 이는 *Inventory* 변수의 값은 시뮬레이션 기간 동안 적어도 한 번은 초기값보다 커져야 한다는 것을 의미한다.

Empty Conditions

제약조건의 일정 부분은 아래와 같은 형식으로 비워져 있을 수 있다.

```
debt bounded :THE CONDITION: :IMPLIES: debt < 4E6
```

위의 함수식은 어떤 요건에서도 상관없이 *debt* 변수의 값이 4,000,000 넘어서는 안된다는 것을 의미한다. 한가지 알아 둘 것은 Vensim은 이렇게 Test Input의 일정 부분이 비워져 있는 경우에는 모든 가능한 모델의 조건을 하나하나 검증하려고 하지 않는다는 것이다. 빈 조건을 가지고 있는 제약 조건은 수동적으로 언제라도 당신이 타당성 검증 기능을 사용하여, 확인하고 관계를 재설정 해주어야 한다.

간단한 예를 들어, *debt* 변수가 특별히 억제되지 않는 경우에서는 4,000,000이라는 값 미만에서는 아무런 경고가 나타나지 않을 것이다. 다만, *debt* 변수의 값이 수식이 취할 수 있는 최대치인 4,000,000이라는 값을 초과하게 되면 오류가 발생한다. 이와 같이 Test Input에 누락이 있는 경우는 훨씬 더 일반적인 표현 내용에 대해서 평가할 수 있다.

Wildcard Tests in the Consequence

변수를 검증하는 것 이외에도 당신은 그들이 조건을 만족하는지 확인하기 위해 모든 변수들을 검증 할 수 있다. 이 작업을 수행하기 위해서는 변수의 이름 대신 * 를 사용한다. 예를들어 당신은 아래와 같은 제약 조건을 작성 할 수 있다.

```
all peaceful :THE CONDITION: FINAL TIME=101 :IMPLIES:
    * < 1E9 :AND: * >= -1E3
```

1e9는 1에 10의 9승에 해당되는 숫자를 곱한 값으로 1,000,000,000(10억)을 의미하는 값이다. 1e9 대신에 1e+9 혹은 1.00e+09를 사용해도 동일한 결과가 나타난다. 1−e3은 1에 10의

3승에 해당되는 숫자를 곱한 값으로 −1,000을 의미하는 값이다. −1e 대신에 −1e+03 혹은 −1.00e+03을 사용해도 된다. 여기서는 어떤 타당성 검증이 수행되는 모든 시간을 확인하고 작업에 소요되는 모든 시간들을 검증하게 되며, *FINAL TIME = 101*이라는 조건이 될 때까지 모든 변수들의 값이 −1,000과 1,000,000,000이라는 값의 범위내에 있어야 함을 의미한다.

14.6 시뮬레이션과 타당성 검증 Simulation and Reality Check

우리가 실제로 타당성 검증 수식이 실행되는 메커니즘을 논의하기 전에 모델 내부에 무슨일이 일어나는지를 설명하는 것이 유용하다고 생각된다. 타당성 검증 수식은 모델의 기본 구조에 대한 시스템적인 개입을 포함하고 있다. 이들은 잘 정의된 영향관계와 경로가 없는 민감도 분석과는 질적으로 다르다. Test Input과 제약조건은 모델의 모든 지점에서 변화를 일으킬 수 있다.

타당성 검증 수식을 통해 모델의 실행과 변경을 성공적으로 달성하기 위해서는, Vensim 모델의 수식을 추가하고 수식이 일치하도록 계산되는 순서를 수정하고, 모델을 재조정하고, 타당성 검증 수식을 완료한 후, 원래의 Vensim 모델에 이 구조를 반환하는 절차가 필요하다. 이것은 하나 이상의 Test Input의 활성화로 만들어낸 인과관계의 추적과 실행결과가 겉으로는 잘못된 결과를 나타낼 수 있음을 의미한다.

일부의 경우, 구조의 조정과 재배열 하는 작업이 모델에 잘못된 결과를 남길 수 있다. 가장 일반적인 문제는 모델이 연립 방정식을 포함하여, 계산 가능하지 않을 수 있기도 한다는 것이다. 이 경우 Vensim은 이를 문제로 인식하고 시뮬레이션을 완료하게 될 것이다. 때문에 타당성 검증 수식의 행태와 행태간의 특성, 연립방정식 구조의 존재는 반드시 개념들의 문제를 나타내지 않을 수는 있지만 시뮬레이션을 방지할 수는 있다. 가능하다면, 연립방적식 구조를 피하기 위해 문제를 일으키는 Test Input을 재구성할 필요가 있다.

NOTE 타당성 검증 수식은 항상 해석(컴파일 되지 않은) 시뮬레이션을 사용하여 실행되며, 이들은 수식의 지속적인 구조조정을 필요로 하기 때문이다.

14.7 활성화된 제약조건의 검사 Active Constraint Checking

활성화된 제약조건을 검사하는 동안, 제약조건의 수식의 일부 조건을 "참"이 되게 하기 위해 Vensim은 변수값을 변경하거나 필요한 모델의 구조를 변경할 것을 요구한다.

- 항등조건인 경우나, Test Input의 경우, Vensim은 기존의 모델에 식(수식의 원래 계산된 값을 참조 할 수 있음에 유의한다)을 추가한다. 변수가 사용될 때마다 변수의 새로운 값은 다시 사용된다.
- 만일 조건이 불평등한 경우, Vensim은 불평등 조건이 "참"이 될 수 있는 조건에 대해서 검증하게 된다.

  만일 이것이 "참"으로 나타날 경우, 변수의 값은 변경되지 않는다.

  만일 이것이 "참"이 아닌 것으로 나타나는 경우, Vensim은 항등조건인 것 처럼 값을 할당하여 사용할 수 있다.

만일 구문조건들이 "참"일 경우에 Vensim은 각각의 조건들을 "참"으로 인식할 것이다.

14.8 수동적인 제약조건의 검사 Passive Constraint Checking

수동적인 제약조건의 검사에서는, Vensim은 단순한 논리식으로 제약조건 수식의 각각 부분들을 검사 한다. 그 조건이 "참"인 것으로 나타나는 동안 결과가 "거짓"인 부분에 대해 보고된다.

당신은 타당성 검증 작업을 실행 할 때마다, Vensim이 명시적으로 수동적으로 이러한 적합성에 대해 활성화 되지 않은 모든 제약조건을 테스트 한다. 이 검사는 정상적인 시뮬레이션 동안에는 수행되지 않는다.

14.9 오류의 보고 Error Reporting

제약 조건이 위반될 경우 Lookup 테이블이 오버플로우 되었을 때와 같은 형태로 오류가 나타나게 된다. 제약조건 위반이 나타나는 첫번째 시간대가 보고된다. 그 다음 제약조건들이 잘못된 반환값을 나타내지 않은 경우에는 메시지가 나타나지 않게 된다.

14.10 타당성 검증 수식의 입력 Entering Reality Check Equations

당신은 타당성 검증 수식을 일반 모델 수식을 입력하는 방식과 똑같이 입력할 수 있다. 텍스트 편집기를 통해서도 간단히 입력할 수 있다. 화면 편집기를 통해서 당신은 Test Input 및 제약조건 그리고 원인을 나타내는 구조들을 모두 다이어그램으로 입력할 수 있다. Test Input이나 제약조건은 모델의 실제적인 인과관계 구조의 일부가 아니다. 게다가 Test Input의 우측에 정의되는 수식은 관련된 변수의 원인이 아니다. 즉, 아래의 수식을 먼저 살펴보자.

```
Inventory = INTEG(production-shipments,INITIAL_INVENTORY) ~~|
always have stock :TEST INPUT: Inventory = 3*final demand ~~|
fill orders when stocked :THE CONDITION: always have stock
        :IMPLIES: shipments >= final demand ~~|
```

위와 같은 구조는 아래의 다이어그램으로 나타날 수 있다.

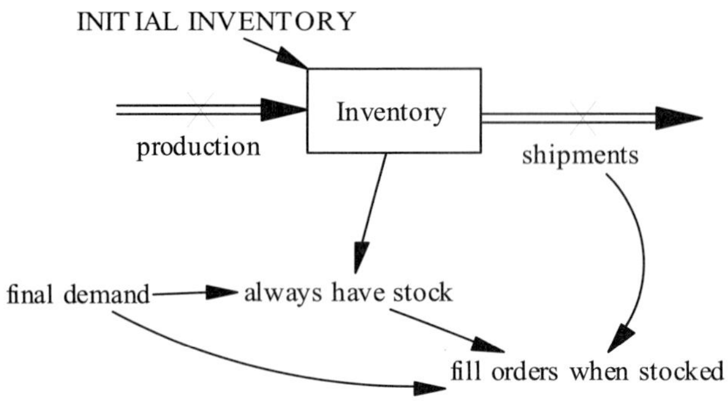

당신이 수행하고자 하는 이 작업은 모델의 수식에서 분리되어, 모델 자체의 타당성만을 검증하는데 사용해야 하나, 작업을 하던 중 인과 구조를 혼동하거나 서로 연결시켜 버리는 일이 생길 수 있다. 이 작업을 수행하는 한 가지 편리한 방법은 별도의 작업화면과 별도의 그룹에 넣어서 이를 작업하는 것이다.

다이어그램의 사용 시, 서로 다른 유형의 이름을 혼재해서 사용하는 것은 혼란을 야기할 수 있다. 여기서 예를 들자면 *fill orders when stocked* 변수로 들어오는 화살표의 경우 이 화살표에 붙어 있는 변수들은 *fill orders when stocked* 변수의 직접적인 원인이 아닌 이것이 "참"이 되기 위해 필요한 조건이고 알아 두어야 할 사항일 뿐이다. 인과관계의 연결과 흐름도를 나타내는 다이어그램을 이해하는 어려움을 감안 할 때 당신은 이러한 작업 다이어그램에서 복잡성을 제거할 필요가 있다. 이 방법은 그들이 본 모델의 구조와 혼동되지 않도록 별도의 작업화면에 필요한 타당성 검증 수식만을 배치하는 것이 가장 쉬운 방법이다.

또한 타당성 검증 수식 구문에 이름 변환을 반영하는 것은 매우 편리할 수 있다. 예를 들어 당신은 TI와 Test Input, RC로 모든 제약 조건을 정의하여 사용할 수 있다.

14.11 수식 편집기 Equation Editor

당신은 다른 수식을 입력하는 것과 같이 타당성 검증 수식을 입력할 수 있다. 변수를 생성하고, 수식편집기를 통해서 변수의 수식을 입력할 수 있게 만들고 **Type** 항목을 Reality Check로 놓고 **Suptype** 항목을 Constraint로 놓거나 Test Input로 놓은 후 수식을 입력하도록 한다.

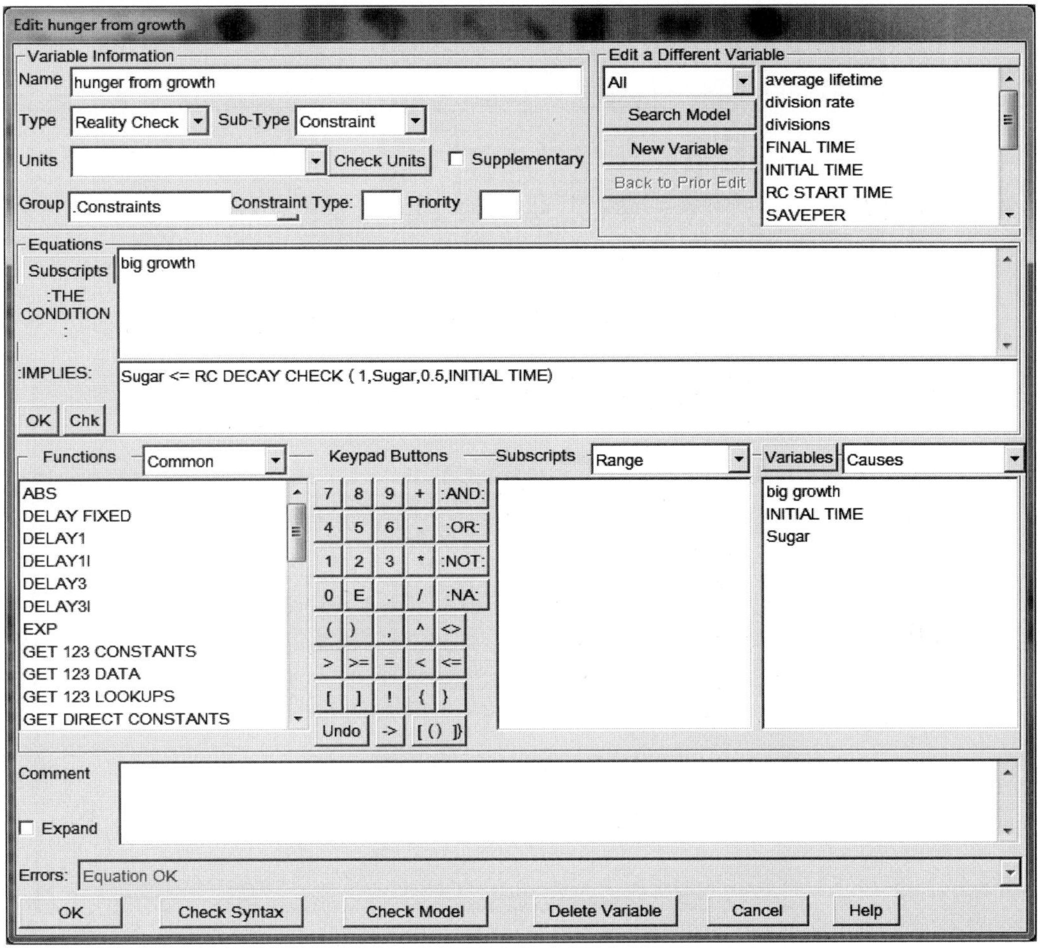

당신이 **Type** 항목을 Reality Check로 선택하게 되면, **Range** 레이블이 **TypPrio**로 바뀌게 됨을 알 수 있다(이는 **Group**의 우측 상단에 나타나게 된다). 이는 타당성 검증 설정창에서의 필터링 메커니즘으로 상세한 내용을 아래에 별도로 설명하도록 하겠다. 당신은 형식(Type)과 우선순위(Priority)를 나타내는 수치를 입력할 수 있다. 우선순위가 취할 수 있는 값은 임의이지만 일반적으로는 1에서 10을 우선순위로 할 것이다. 분류는 0과 64 사이의 정수값에 대해서 설정하게 된다. 이러한 설정은 Vensim PLE와 PLE Plus 버전에서는 사용할 수 없다.

14.12 타당성 검증의 수행 Running Reality Check

타당성 검증은 먼저 시뮬레이션을 설정하고, 입력한 타당성 검증 수식중 하나 이상을 테스트 하여 실행된다.

당신은 도구모음 또는 시뮬레이션 설정 대화상자(이들에 대한 자세한 내용은 이전 장인 시뮬레이션 수행하기를 참조하도록 한다)를 통해서 타당성 검증을 실행할 수 있다. 당신은 설정을 변경하고, 일반 시뮬레이션처럼 다른 옵션들을 조정할 수 있다. 당신은 시뮬레이션 설정 대화장자에서 **Reality Check** 부분을 클릭하거나 도구모음에서 타당성 검증(**Reality Check**) 버튼 을 클릭하여 이를 실행할 수 있다.

NOTE 당신이 사용하는 상수값, 데이터 그리고 타당성 검증을 시작하는 등 이전의 모든 변경 사항들은 타당성 검증 작업을 거쳐 반영이 될 것이다.

당신이 타당성 검증을 실행하면, 타당성 검증 확인 대화창이 다음과 같이 나타날 것이다.

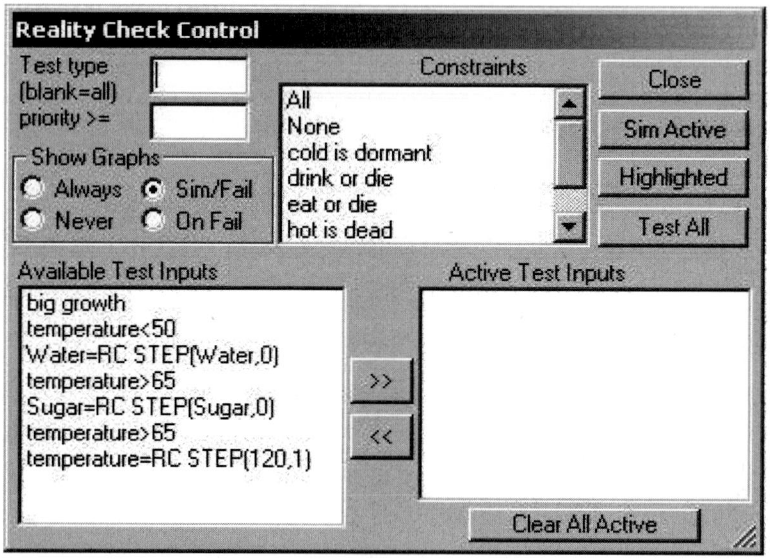

Test type(PLE 및 PLE Plus에서는 미지원): 당신이 타당성 검증을 수행하고자 하는 세부 유형을 선택할 수 있게 한다. 만일 이것이 공란으로 설정될 경우 모든 검증작업이 진행되게 될 것이다. 타당성 검증에 해당되는 유형은 일반적으로 수식 편집기에서 **TypPrio** 필드의 내용이 설정되어 있는 부분이다. 텍스트 편집기에서는 우선순위가 [] 기호안에 [유형, 우선순위]의 형식으로 입력되어 있는 경우이다. 이 필드값의 영향은 테스트 하려는 부분만을 클릭해서 진행하는 경우에는 의미가 없고 **Test All** 버튼을 클릭하여 검증을 시작하는 경우에 유효하다.

Priority(PLE 및 PLE Plus에서는 미지원): 본 항목은 〉= 기호를 통해 지정된 것과 같이 우선순위가 높게 되어 있거나 동일하게 되어 있는 데에만 제약조건을 검증하는 것으로 제한한다. **Test Type**과 마찬가지로 **Test All** 버튼을 클릭하여 검증을 시작하는 경우에 유효하다.

NOTE 만일 제약 조건이 특정한 우선순위를 가지고 있지 않는 경우, 우선순위가 없는 것이 가장 높은 우선순위로 처리되게 된다. 모든 요소들이 우선순위를 갖고 있지 않은 경우에는 모두 동등한 순위로 간주되어 진행되게 된다.

Show Graphs: 본 항목은 변수의 요구에 부합할 수 있는 행동에 대한 제약조건의 결과를 그래프로 표시하는데 사용된다. 이것은 그래프 도구의 특수한 호출 작업을 사용하여 수행되고, 이를 통해 오류가 발생하는 방식을 이해하는데 도움이 될 수 있다.

- **Always** — 항목이 체크되면 각 제약조건의 확인을 위한 그래프를 나타낸다.
- **Never** — 항목이 체크되면, 그래프의 출력이 일어나지 않게 된다.
- **Sim/Fail** — 항목이 체크되면, 타당성 검증이 실패로 나타난 경우에 대해서 그래프를 나타내게 된다. 또한 한번의 시뮬레이션의 경우에도 **Sim Active** 버튼과 **Highlighted** 버튼을 사용할 수 있다.
- **On Fail** — 항목이 체크되면, 타당성 검증에서 실패로 나타나는 항목에 대해서만 그래프를 나타내게 된다. 만일 당신이 **Test All** 버튼을 통해 타당성 검증을 실행했다면 **Sim/Fail**을 설정한 것과 동일한 결과가 나타나게 된다. **Sim Active** 버튼과 **Highlighted**버튼은 실제로 실패로 나타난 경우를 제외하고는 그래프를 표시하지 않게 된다.

Constraints: 이 항목에서는 당신이 입력하였던 모든 제약 조건들의 목록이 나타나게 된다. 이들중의 하나를 클릭하는 것으로 대응되는 Test Input들이 활성화 되게 된다. 당신은 이들 중에서 하나 혹은 그 이상의 Test Input 값을 활성화 시킬 수 있다.

Test Inputs: 이 항목은 모델에 있는 모든 Test Input의 목록을 의미한다. 이 목록은 당신이 입력한 모든 명시적인 Test Input에 대한 정의와 논리 구문들의 비교가 포함되어 있다. 이러한 비교에는 이름이 직접적으로 나타나지는 않는다.

\>> 버튼은 하이라이트 표시되어 있는 Test Input을 활성화 상태의 Test Input 목록으로 이동하게 만드는 역할을 수행한다.

<< 버튼은 활성화 되어 있는 Test Input을 삭제하는 역할을 수행한다.

목록에서 각각의 요소들을 클릭하는 것으로 하이라이트 표시되게 된다. 이 상태에서 위의 컨트롤 요소들을 클릭하면 하이라이트 된 상태의 Test Input을 추가하거나 강조된 목록에서 제거하는 것으로 전환되게 된다. 각 요소를 더블 클릭하면 활성화된 Test Input의 목록으로 이동되게 된다.

Active Test Inputs: 이 항목은 현재 명시적 및 암시적인 상태의 Test Input의 목록을 보여준다. 시뮬레이션 버튼을 클릭하면 이것의 사용이 가능해진다. 각 요소를 클릭하면, 그것을 강조할 수 있고, 강조된 것을 한번 더 클릭해서 해제할 수 있다. 위의 컨트롤 요소를 사용하여 하이라이트 표시를 전환하고, 더블 클릭하면 활성화된 Test Input의 목록에서 제거된다.

Clear All Active: 이 항목은 활성화된 모든 Test Input 목록을 초기화 시키는 역할을 수행한다.

Sim Active: 이 항목은 활성화된 목록내에 있는 Test Input을 사용하여 모델을 시뮬레이션 한다. 다른 모든 제약조건들은 수동적으로 검증된다. 시뮬레션 결과가 단지 정상 시뮬레이션으로서 저장되게 된다. 당신은 활성화된 도구를 통해서 검토할 수도 있다. 타당성 검증이 성공적으로 끝나게 되면, 모델 구조를 시뮬레이션 하는 동안 변경될 수 있기 때문에 이를 통한 인과관계 추적이 항상 예상되는 같은 결과를 제공하지는 않는 다는 것에 유의하도록 한다.

Highlighted: 이 항목은 모델의 제약조건 목록에서 강조 표시되어 있는 요소만을 사용하여 시뮬레이션을 수행한다. 때문에 제약조건 부분의 논리구조에 따라 하나 이상의 시뮬레이션을 필요로 할 수도 있고, 최종적인 시뮬레이션 결과는 통상적인 시뮬레이션으로서 저장되게 될 것이다.

Test All: 이 항목을 선택하면 각 제약조건을 활성화하는데 필요한 모든 Test Input의 집합을 생성하여 한번에 하나의 모델에 있는 모든 제약 조건에 대한 모든 검증을 진행한다. 따라서 제약조건과 수식의 논리구조, 이를 구속하는 하나 이상의 시뮬레이션을 취하게 될 수 있다. 그렇기에 이 검증 옵션을 수행하는 데에 많은 시간이 소요될 수 있다. 종료 후에는 활동결과와 발생한 오류가 별도의 창에 보고된다. 모든 검증작업을 실시하면 모든 시뮬레이션 결과를 저장하지만 단순한 하나의 타당성 검증 결과로는 나타나지는 않는다.

Close: 이 항목을 클릭하면 타당성 검증 설정창이 종료된다.

14.13 타당성 검증 도구 The Reality Check Tool

당신은 분석 도구 모음에 타당성 검증 도구를 추가하여 사용할 수도 있다(Vensin PLE 혹은 PLE Plus 버전은 제외). 이 도구는 타당성 검증을 시작하는 제약 조건들을 하이라이트 표시해 강조하고 강조 부분을 클릭해 바로가기 할 수 있는 역할을 한다. 이 도구는 현재 활성화 상태로 되어 있는 제약조건에 한해서 작동하게 된다. 활성화된 변수가 아닌 경우에 이 도구를 사용하면 에러 메시지가 나타나게 된다.

14.14 타당성 검증 결과 Reality Check Results

타당성 검증 작업의 결과는 텍스트 결과창에 그 수행결과를 나타내게 된다. 결과창은 제약조건이 확인된 표시, 제약조건을 위반 했는지에 대한 여부를 나타낸다. 새로운 결과창은 당신이 **Sim Active**, **Highlighted** 혹은 **Test All**를 선택 했을 경우에 나타나게 되며, 그 예는 아래와 같다.

하나 혹은 더 많은 그래프가 아마 나타나게 될 것이다. 이러한 그래프들은 제약 조건의 의미 부분을 표시하기 위한 것으로 이해하도록 한다.

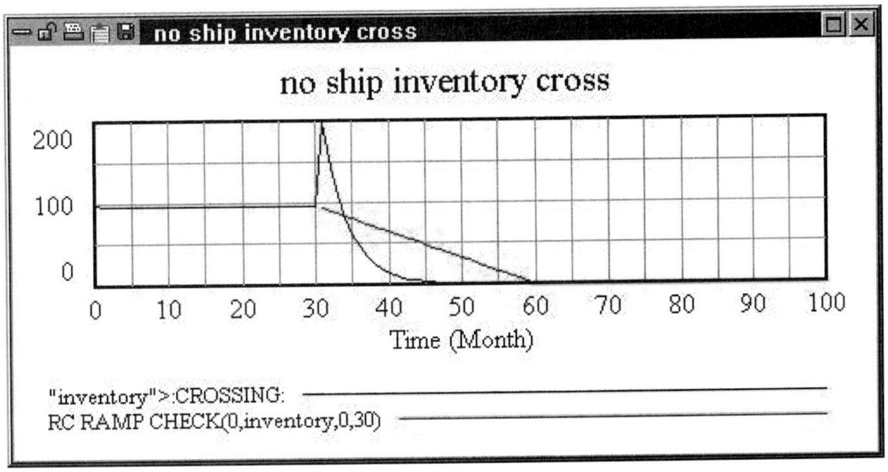

여기에 뾰족하게 솟아 오른 선은 완만하게 감소하는 재고값을 나타내는 변수의 결과와 비교하기 위한 것이다.

14.15 시뮬레이션 결과의 확인 Reviewing Simulation Results

당신이 **Sim Active** 버튼을 클릭하거나 강조 표시되어 있는 부분을 클릭할 때마다 새로운 시뮬레이션을 만들게 된다. 즉, 시뮬레이션은 현재(도구 모음 또는 시뮬레이션 설정창에서의) Runname 상자에 지정된 이름을 갖게 된다. 당신은 타당성 검증 설정이 열려있는 동안 다른 모든 시뮬레이션의 결과를 확인할 수 있다. 그런 다음 다시 다른 시뮬레이션을 하고 그 결과를 검토할 수 있다. 당신이 만드는 각 시뮬레이션은 마지막 작업을 한 것으로 덮어 씌워지게 된다. 두가지의 타당성 검증 시뮬레이션을 비교분석하고 싶은 경우에는 당신은 타당성 검증 설정창을 닫은 후 새로운 Runname을 부여한 후 다시 시작해야만 한다.

NOTE 만일 당신이 시뮬레이션 설정 창에서 제약조건을 변경하거나 화면상의 도구모음에 있는 **Set Up a Simulation** 도구를 사용한다면, 이들 제약조건은 타당성 검증 작업기간동안 계속 그 변화가 유지될 것이다.

14.16 타당성 검증과 효모의 성장 Reality Check and Yeast Growth

타당성 검증 수식을 작성하고 사용하는 메커니즘을 설명하기 위해, 다음의 간단한 예를 통해 설명하고자 한다. 당신이 물을 담아 놓은 그릇에 효모의 성장을 설명하는 모델을 만든다고 가정하도록 한다. 물은 일정한 온도로 유지하고, 시작시에 고정된 설탕의 양을 가지고 있게 된다.

우리가 먼저 만족해야 하는 타당성 검증 수식의 일부는 다음과 같다.

- 만일 온도가 50도 이하의 경우에는 효모의 성장은 중지되며 휴면상태(휴지기에 도달)가 된다.
- 만일 온도가 100도 이상이면 효모는 사멸하게 된다.
- 만일 설탕이 없고 효모가 휴지기가 아니라면 사멸하게 된다.
- 만일 물이 없다면 효모는 휴지기가 아니라면 사멸하게 된다.
- 만일 효모가 성장을 계속한다면 설탕을 모두 소모하게 된다.
- 만일 효모가 성장을 계속한다면 물을 모두 소모하게 된다.

우리가 알고 있는 다른 것은 효모가 나눠지는 조건이 있는 경우 약 10분의 시간이 지남에 따라 그 양이 2배가 된다는 것이다.

14.16 (1) Test Input과 제약조건의 수식 Test Input and Constraint Equations

우리는 타당성 검증 수식을 테스트 하는데 필요한 변수를 정의하고, 우리의 타당성 검증 수식을 입력하여 모델링 프로세스를 개시한다. 사실상 타당성 검증 수식에서 우리는 효모의 수, 물의 양, 설탕의 양, 효모의 분열과 온도에 대한 이야기들을 설명했다. 우리는 같은 구조의 모델에 이를 넣어서 저량 변수의 값을 확인하고자 한다.

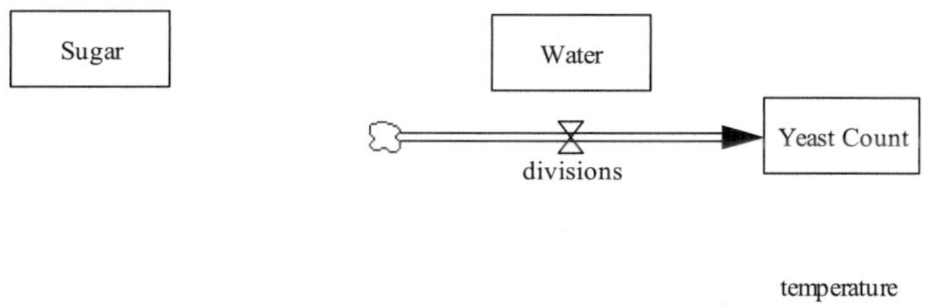

이해를 돕기 위해, 우리는 두번째 작업화면에 우리의 타당성 검증 수식을 구축하고자 한다. 당신이 Vensim PLE 버전을 사용하는 경우는 모델 구조와 동일한 작업화면에 넣어야 한다. 첫번째 단계는 그림자 변수로 모델의 모든 요소를 동일하게 배치하는 것이다. 그림자 변수를 사용하여 모델 구조가 타당성 검증도구에 직접적으로 수정을 요구하지 않은채로 변경 할 수 있다.

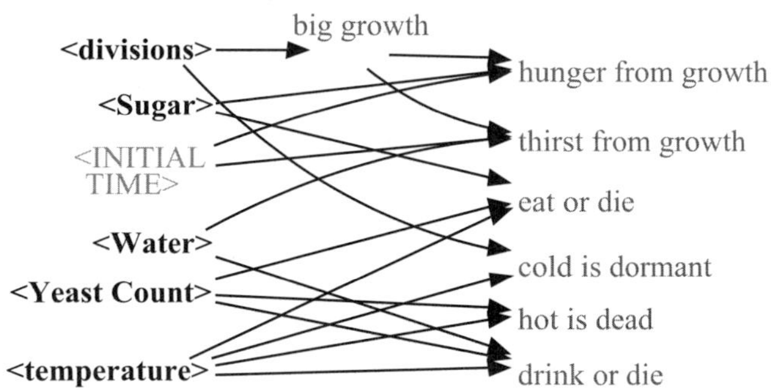

타당성 검증 기능을 위한 다이어그램에는 특별한 고정된 규칙이란 것이 없다. 우리의 경험에 의하면 일반 모델 변수에 대한 열(Column)구조를 만들고, Test Input값 및 제약 조건에 따라 그 관계를 나타내는 화살표로 연결하는 것이 따라 할 수 있는 가장 쉬운 형식이다. 또한 색상 코드(예: Test Input 부분에는 파란색으로 표시, 제약조건에는 붉은색)를 부여하는 경우도 도움이 될 수 있다. 화살표는 이 방법이 매우 혼란 스러울 수 있지만, 당신이 영향을 받는 변수에 의해 현실의 지역정보를 구성하는 경우, 이것은 보통 큰 문제가 되지는 않는다. 당신은 수식 편집기에서 제약 조건 및 Test Input 값들을 입력할 수 있다.

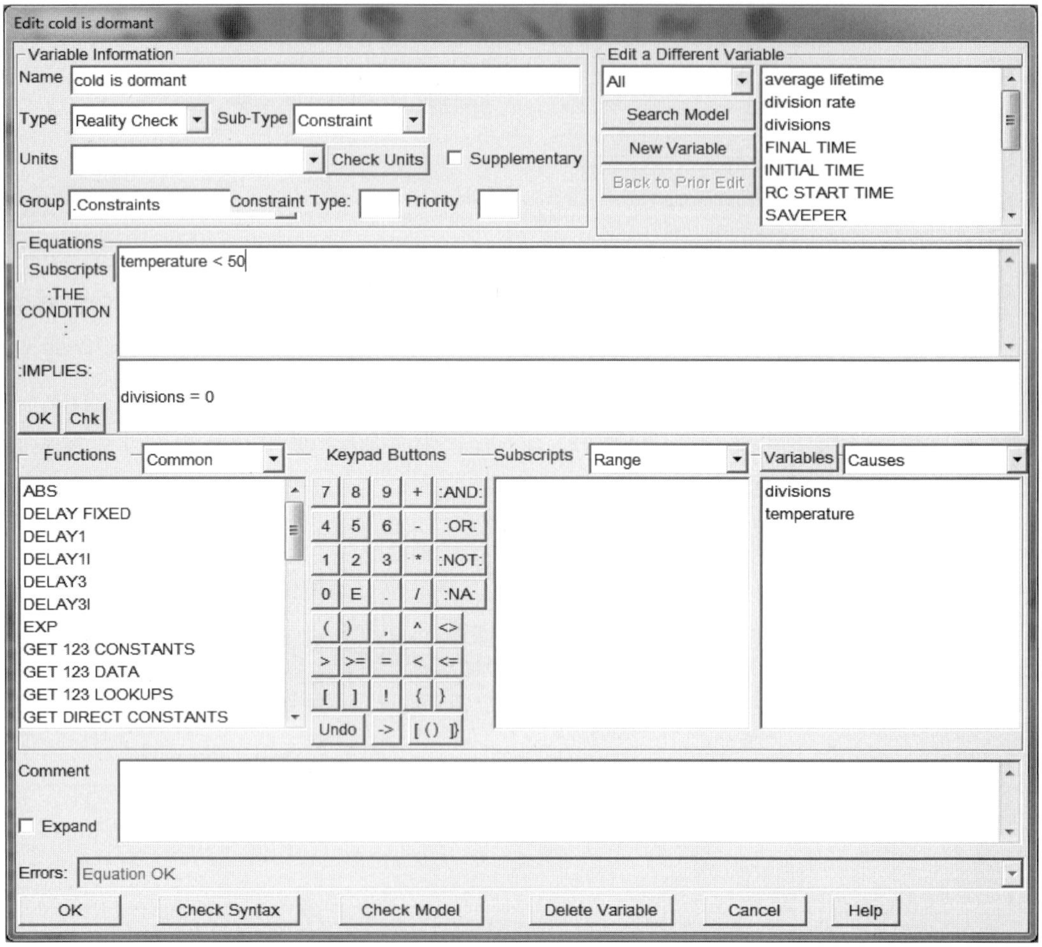

당신은 수식 편집기에서 **Type** 항목을 Reality Check로, **subtype** 항목을 Constraint로 선택할 필요가 있다. 이 조건과 결과에 대한 것은 두개의 별도의 분리된 창으로 표현되어 진다.

타당성 검증 수식은 다음과 같다.

```
cold is dormant :THE CONDITION: temperature < 50 :IMPLIES:
   divisions = 0
hot is dead :THE CONDITION: temperature = RC STEP(120,1)
   :IMPLIES: Yeast Count <= RC DECAY CHECK(1,Yeast Count,2)
```

hot is dead 변수는 *temperature*변수의 변화 단계와 *Yeast Count* 변수의 수치를 확인을 통한 RC DECAY CHECK 함수를 사용한다. 이 모델의 감소 행태는 제약조건 상황에서 예상되는 *Yeast Count* 변수의 변화 행태에 따르기에 적절한 표현 방식이라고 판단한다.

```
eat or die :THE CONDITION: Sugar = RC STEP(Sugar,0)
```

```
    :AND: temperature > 65 :IMPLIES:
        Yeast Count <= RC DECAY CHECK(1,Yeast Count,15)
```

여기에서 제약조건인 *Yeast Count*는 15라는 평균사멸 시간을 통해서 그 값이 0으로 감소하는 행태를 나타내게 된다.

```
drink or die :THE CONDITION: Water = RC STEP(Water,0)
        :AND: temperature > 65
        :IMPLIES: Yeast Count <= RC DECAY CHECK(1,Yeast
Count,1)
big growth :TEST INPUT: divisions = 1e+022
hunger from growth :THE CONDITION: big growth :IMPLIES:
        Sugar <= RC DECAY CHECK(1,Sugar,0.5,INITIAL TIME)
thirst from growth :THE CONDITION: big growth :IMPLIES:
        Water <= RC DECAY CHECK(1,Water,0.5,INITIAL TIME)
```

한가지 알아 둘 것은 마지막 두 개의 제약조건은 RC DECAY CHECK 함수를 시뮬레이션 초기부터 INITIAL TIME 시점부터 취하는 형태라는 것이다.

마지막 수식은 아래와 같다.

```
RC START TIME = 10
```

시간은 임의적이다. 이것은 초기에는 적은 효모와 그보다 더 많은 설탕이 있을 것이다. 시작을 하고 시간이 지남에 따라서 효모의 양은 늘어나게 되고, 설탕의 양은 줄어 들게 된다. 모델이 시뮬레이션 되는 동안 당신이 설정한 타당성 검증 수식에 대해 만족스럽지가 않다면 RC START TIME 항목을 변경하고 재검증하는 것도 나쁘지 않은 방법이다.

14.16 (2) 초기 모델 An Initial Model

우리는 단순하게 타당성 검증 수식을 수행하는 것이 가능하도록 설계되어 있는 간단한 모델들이 있다. 기하급수적인 성장의 아주 기본적인 이해를 바탕으로 우리는 타당성 검증 및 모델의 개발에 대한 이해를 넓힐 수 있다. 이를 위해 우리는 가장 단순한 모델부터 시작하도록 한다(*UserGuide\CHAP14* 폴더의 *yeast1.mdl* 파일에 저장되어 있다).

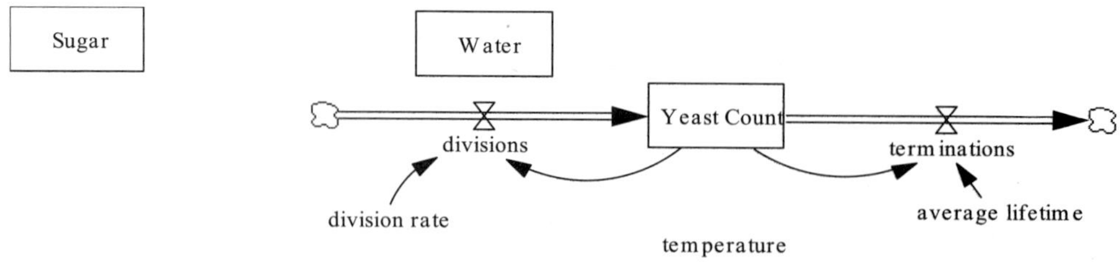


```
INITIAL TIME = 0, FINAL TIME = 300, Units: Minute
average lifetime = 250
Units: Minute
division rate = 0.08
Units: 1/Minute
divisions = Yeast Count*division rate
Units: Cell/Minute
Sugar = 100
Units: g
temperature = 85
Units: Farenheit
terminations = Yeast Count/average lifetime
Units: Cell/Minute
TIME STEP = 1
Units: Minute
Water = 100
Units: ml
Yeast Count = INTEG( divisions-terminations,100)
Units: Cell
```

이 모델에서 우리는 그냥 단순히 *Sugar*, *Water* 혹은 *Temperature* 변수와 그들의 값을 그대로 활용하는 것이 아니다. 이들을 수식 편집기에 있는 **Type** 항목의 드롭다운 상자의 목록에서 상수로 설정되어야 한다.

다음으로 우리는 이 모델에 대한 타당성 검증 수식을 실행토록 한다. 도구 모음에서 **Reality Check** 버튼을 클릭하거나, 시뮬레이션 설정 대화창을 열고 **Reality Check** 버튼을 클릭하는 것으로 가능하다.

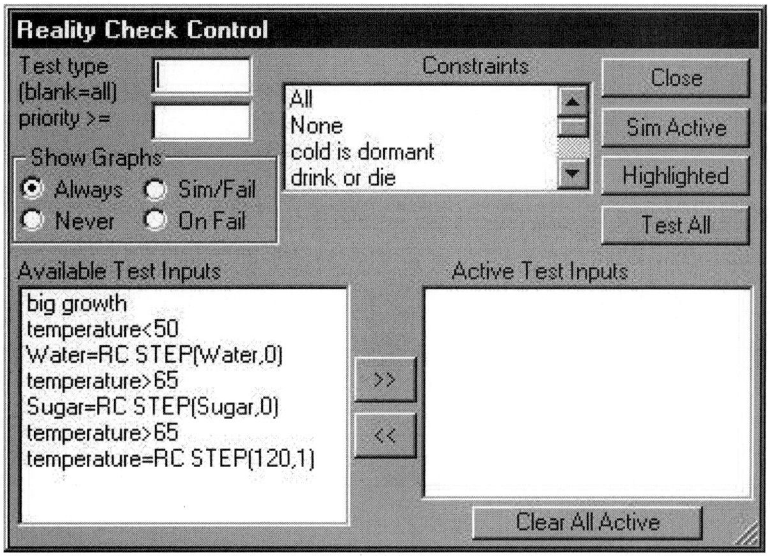

타당성 검증 설정창에서 당신은 모델에 포함되어 있는 모든 제약조건들의 목록을 확인할 수 있다. 아래는 Test Input의 목록이다. *big growth*는 다른 제약조건의 제약조건으로 파생되어 있다고 명시적으로 지정되어 있다.

모든 테스트를 클릭하면 일련의 시뮬레이션을 실행하게 되며, 다음의 위반 사항이 보고된다.

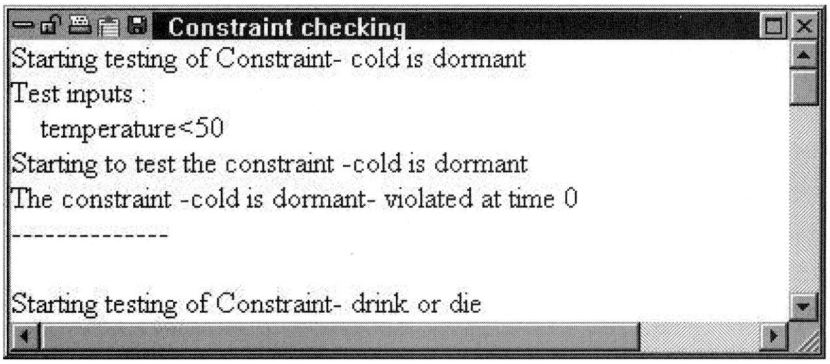

요약된 보고서는 아래와 같다.

```
Starting testing of Constraint- cold is dormant
Test inputs :
temperature<50
Starting to test the constraint -cold is dormant
The constraint -cold is dormant- violated at time 0
```

```
--------------
The constraint -drink or die- violated at time 11
--------------
The constraint -eat or die- violated at time 11
--------------
The constraint -hot is dead- violated at time 11
--------------
The constraint -hunger from growth- violated at time 1
--------------
The constraint -thirst from growth- violated at time 1
--------------
```

모든 제약조건들이 위반되었음을 나타낸다. 제약조건에 포함된 요소들이 모델에 아무것도 연결되지 않았기 때문에 놀랄 일은 아니다. 제시된 모델은 기본적인 성장 메커니즘을 나타낸다. 모든 주의 사항들은 컨트롤과 모든 제약 조건에 관련된 것이고, 오류창 외에도 같은 형태의 6개의 그래프가 있을 것이다.

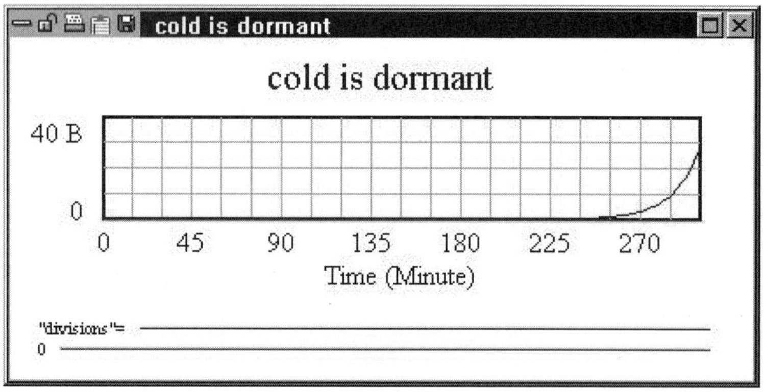

결과창의 상단에는 무엇을 나타내고 있는지를 알려주며, 그래프에서는 *divisions* 변수의 변화 행태를 나타내준다.

보고 결과창은 어떤일이 일어났었는지에 대한 요약결과를 나타내며 끝나게 된다.

```
*****************
0 successes and 6 failures testing 6 Reality Check equations
The Reality Check Index as run is 0
Closeness score is 0.0% on 6 measurements
```

첫번째 줄은 결과를 수치로 요약한 결과이다. 두 번째 줄은 타당성 검증 지수를 보고하는 내용이다. 이는 모델내 성공횟수를 동적변수와 전체 변수의 개수로 나눈 것이다. 모든 변수 쌍에 대해 하나 이상의 타당성 검증 수식의 가능성이 있기 때문에 이 지수는 완전한 타당성 검증 모델에 대해 대응되어야 한다.

최종부분은 근사도(closeness)라고 할 수 있는 수치의 보고결과이다. 근사도는 사실 각 타당성 검증 결과에 대한 근사도의 평균값이다. 만일 타당성 검증이 문제없이 통과하면 그 근사도는 1이라고 할 수 있다. 평균 실패횟수의 절대값을 확인된 변수의 변화량으로 나눈 값을 다시 1이라는 기준값에서 차감한 개념이다. 이러한 근사도는 평균적으로 타당성 검증 부분이 얼마나 많이 제약조건을 위한 했는지를 연속측정 할 수 있는 개념이다. 단순히 타당성 검증이 평균적으로 성공했냐, 실패했느냐를 확인하기 위해서는 이러한 근사도의 값으로 확인이 가능하며, 제약조건의 위반이 없는 경우 1의 값을 갖게 된다.

14.16 (3) 온도, 분열 및 사멸 Temperature, Divisions and Terminations

성장을 위한 온도와 관련된 두 가지 조건이 있다. 만일 온도가 낮으면 휴면기에 달하게 된다. 온도가 높은 효모의 경우에는 사멸하게 된다. 우리는 이와 관련된 간단한 수식을 *division* 변수와 *termination* 변수에 담아 내어 *yeast2.mdl* 파일에 저장한다.

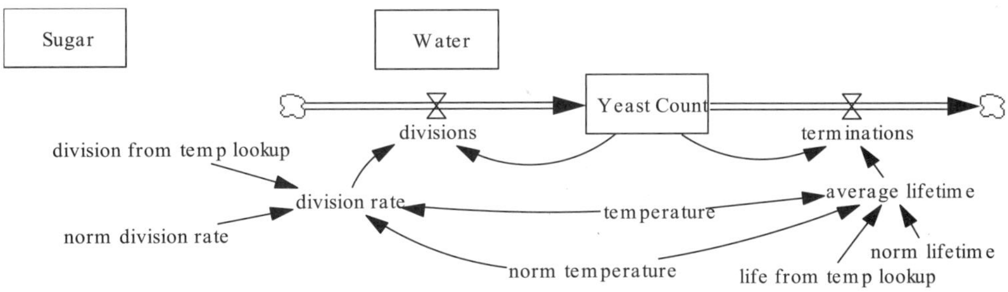


```
divisions = Yeast Count * division rate
division rate = norm division rate * division from temp lookup
   (temperature / norm temperature )
norm division rate = 0.08
norm temperature = 80
division from temp lookup ((0,0),(0.8,0),(1,1),(2,1))
```

```
terminations = Yeast Count / average lifetime
average lifetime = norm lifetime * life from temp lookup
   (temperature / norm temperature)
norm lifetime = 250
life from temp lookup ((0,1),(1,1),(1.25,0.02),(2,0.001))
```

이제 제약 조건을 테스트 하여 *cold is dormant*를 확인하도록 한다.

온도가 증가하고 있는 만큼 효모가 신속하게 사멸되고 있지 않아서 이 제약조건은 위반된다. 이 경우, 우리는 제약 조건을 충족하기 위해 모델을 재구성하거나 약간의 제약조건을 완화하거나 현실적인 부분과의 타협 부분을 찾아 내어야 한다. 제약조건을 완화하는 한가지 방법은 사멸되는 효모의 발생에 더 많은 시간을 허용하는 구조로 변경하는 것이다(즉, *RC DECAY CHECK* 함수의 선업문의 값을 2에서 5로 변경하는 것이다).

```
hot is dead :THE CONDITION: temperature = RC STEP(120,1)
   :IMPLIES: Yeast Count <= RC DECAY CHECK(1,Yeast Count,5)
```

이제 테스트 해보고자 하는 제약조건은 *cold is dormant*와 *hot is dead*이다. 상호작용의 일종인 이들은 제약조건의 어려움을 수식이 타당하도록 조정하는 과정을 통해서 이뤄진다. 이들은 작은 범위에 위반 될 수 있는 더 많은 요소를 제약조건에 집중하는 수단을 제공한다.

14.16 (4) 물과 설탕에 영향을 받는 분열 Divisions as influenced by Water and Sugar

다음의 두 가지 제약 조건은 물과 설탕이 효모의 생존을 위해 필요하다는 수식을 의미한다. 우리는 효모의 분할 비율과 효모의 평균 수명 모두에서 충분한 물과 설탕의 영향을 모델링 하고자 한다. 새로운 모델은 *yeast3.mdl* 파일에 저장되어 있으며, 형태는 다음과 같다.

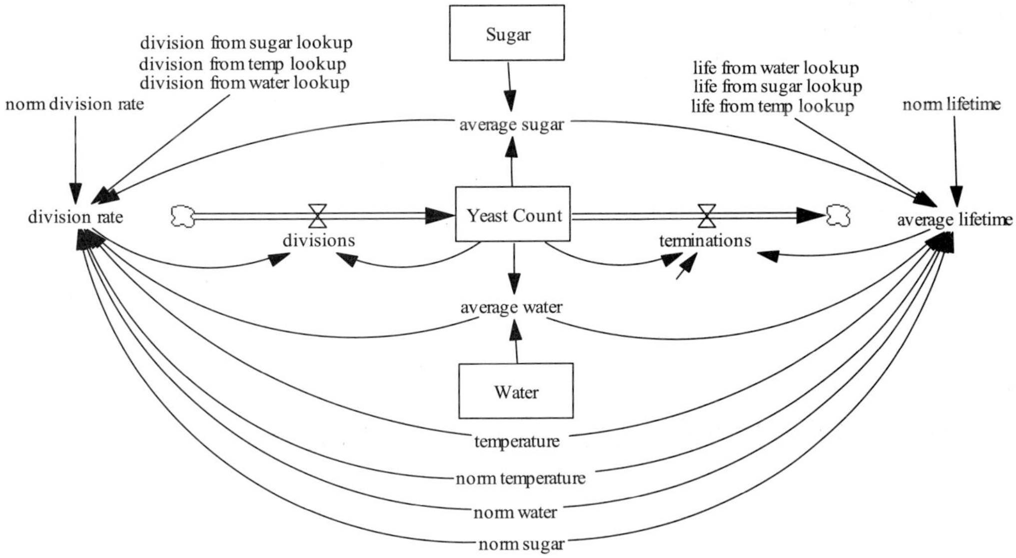

모델의 수식 입력에 샘플 파일에 있는 모델을 사용할 수도 있다. 한가지 알아둘 것은 Test Input 값은 효모의 생존을 위한 극단적인 물과 설탕의 조건을 선택하게 하며, 이 모델을 수식화하면 *terminations* 변수의 값이 수직 상승하게 된다. 오일러(Euler) 방식의 미적분 방식을 사용할 경우, 시스템은 효모의 개수가 음수로 변화함과 동시에 1기간 동안 파동형태의 파장값을 갖게 된다. 이를 방지하기 위해서는 또 다른 미적분 방식이 사용될 수 있으며, 혹은 *terminations* 변수의 수식을 다음과 같이 변경할 수도 있다.

```
terminations = MIN(Yeast Count/TIME STEP,
         Yeast Count/average lifetime)
```

이 수식은 비이상적인 행태의 발생을 방지해 주는 역할을 하며, 정확하게 *Yeast Count* 변수의 값을 0으로 설정할 수 있게 해준다. 이는 *average sugar* 변수와 *average water* 변수가 아래와 같이 계산되어야 함을 의미한다.

```
average sugar = ZIDZ(Sugar,Yeast Count)
average water = ZIDZ(Water,Yeast Count)
```

Yeast Count 변수의 값이 0이 될때, 수치의 오류(overflow) 현상을 방지해 준다.

또한 변경된 구조를 통해, 모델은 6개의 제약조건 중, 4개를 전달하게 된다.

14.16 (5) 물과 설탕에 영향을 받는 분열 Water and Sugar as Influenced by Divisions

본 장을 마치기 전에, 우리는 여전히 모델이 마지막 두 가지 제약조건을 준수하고 있지 않음을 할 수 있다. 문제는 우리가 아직 얼마나 많은 물과 설탕이 효모가 무엇을 하고 있는지에 대한 연결을 설정하지 않은 상태이다. 이를 위해 모델이 수행하는 가장 간단한 방법은 설탕과 물 자원의 소비에 분할 프로세스를 고려하는 것이다. 이는 yeast4.mdl 모델에 저장되어 있다.

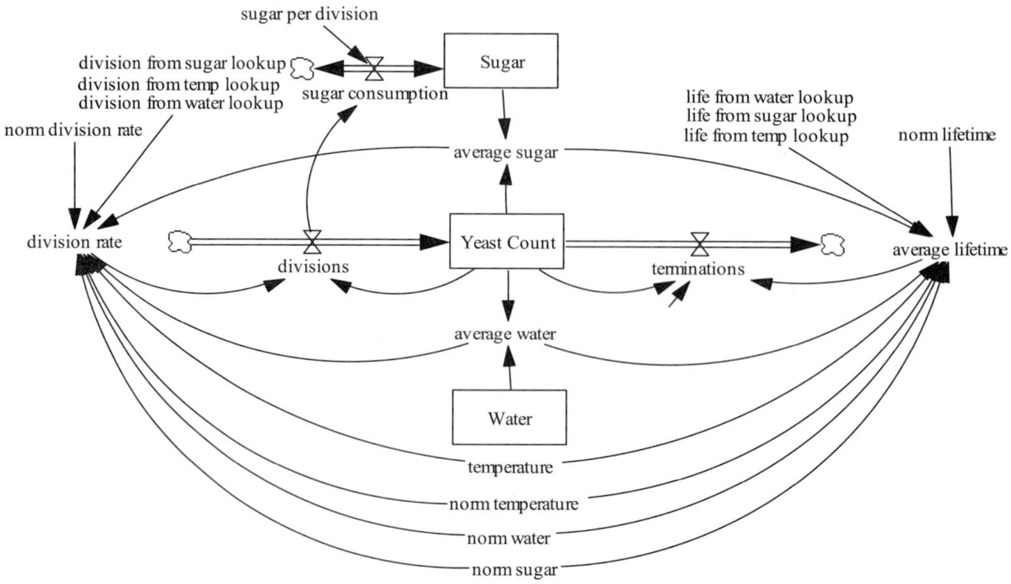

이 모델은 기록된 모든 제약조건들을 준수한다. 그러나 이것이 좋은 모델이라고 할 수 있는가? 이 경우에 대한 대답은 아마도 "아직"일 것이다. 효모의 성장에 대한 자세하고 정확한 표현을 위해 우리는 몇 가지 실험 데이터를 얻을 필요가 있고, 온도 및 자원 부족의 효과에 대한 모델의 구조를 보강해야 한다. 지금까지 수행한 이 모델에 대한 가장 명백한 사실은 지금까지 타당성 검증 수식을 하나도 위반하지 않았다는 것이다.

우리는 많은 모델들을 살펴보았다. 타당성 검증 수식이 어떤 것인지 알게 되었는가? *hot is dead*에서 만들어 두었던 작은 변화 부분을 제외하고는 대부분의 요소들이 그대로인 상태이고 정확히 같은 형태의 다이어그램 상태 그대로일 것이다.

14.17 결론 Conclusion

타당성 검증은 두 가지 목적을 가지고 사용된다. 첫째, 모델이 타당하고 의미가 있는 것이 되기 위한 기록이다. 이들은 일반적으로 모델 실험의 가장 중요한 결과라 할지라도 문서로 증명해주지 않는다. 앞서 살펴본 것과 같이 간단한 예로 효모가 계속 성장하면 물 밖으로 나와서도 성장할 지 모른다는 개념은 우리가 시스템을 이해하는데 있어서 중요한 것이다. 둘째, 효과적이고 비교적으로 효율적인 방식으로 모델의 개발 과정을 보여주는 것이다. 당신은 기본적이고 핵심적인 부분에서 출발하여, 이를 둘러싼 제약 조건들을 준수하는데 필요한 보완적인 구조를 하나하나 추가할 수 있다. 이는 모델링 작업의 속도와 품질을 크게 향상 시킬 수 있는 방법이다. 즉, 이를 통해 모델의 시스템에 엄격한 기준과 방향성을 제공한다.

15 민감도 분석
Sensitivity Testing

민감도 분석(Sensitivity Testing)은 Vensim PLE에서는 제공하지 않는다.

15.1 시장 성장 모델 Market Growth Model

아래와 같이 양의 피드백 루프를 포함하고 있는 시장 모델은 많은 판매 인력을 채용함에 따라 매출과 수익이 증가하고 수익의 증가에 따라 더 많은 인력을 채용하는 과정을 담고 있다. 다른 음의 피드백 루프는 판매 능력이 시간의 흐름에 따라서 판매사원을 채용하고 내보내는 과정에 대한 순응 과정을 포함하고 있다.

- ▶ *UserGuide\chap15* 폴더에 저장되어 있는 *sales.mdl* 파일을 불러온다(완성된 모델은 *Complete* 폴더에 담겨져 있다).
- ▶ 혹은 *UserGuide\chap15* 폴더에 저장되어 있는 아래와 같은 파일처럼 모델을 작성하고 다른 이름으로 저장한다. Time Bounds 설정에서는 INITIAL TIME = 0, FINAL TIME = 60, TIME STEP = 0.25, Units for Time: Month와 같이 설정한다.

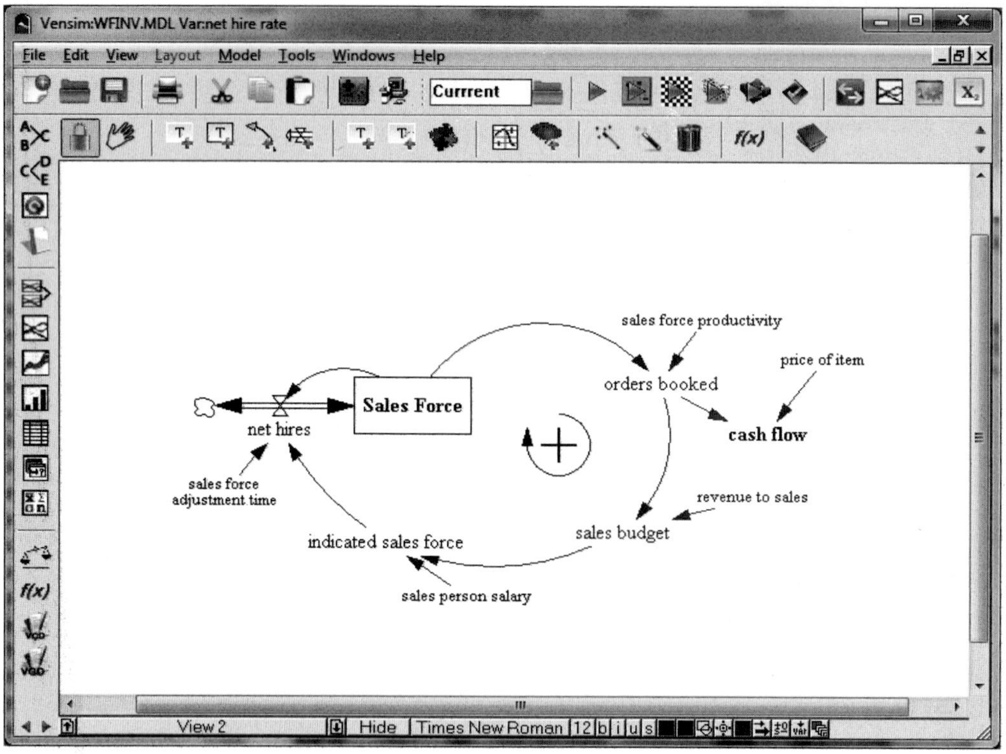

15.2 몬테카를로 시뮬레이션 Monte Carlo Simulations

민감도 분석은 모델에 사용된 상수값들에 대한 가정을 변화시켜 보고 결과를 검증해 보는 과정이라고 할 수 있다. 수동적인 민감도 분석은 하나 혹은 여러개의 상수 형태의 변수값들을 한 번에 변화시키는 기능을 포함하고 있다. 이를 통해서 상수 형태의 변수값을 변화시키고 시뮬레이션 하는 과정을 계속 수차례에 걸쳐 반복하여 결과값을 얻어내는 기능을 수행한다.

몬테카를로 시뮬레이션(Monte Carlo simulation)은 다변량 민감도 시뮬레이션(MVSS)으로도 알려져 있으며, 이러한 절차는 자동적으로 이뤄지게 된다. 몇백번 혹은 몇천번의 시뮬레이션이 수행되어지며, 상수값들에 대한 일정 범위의 난수를 발생시켜 최종적인 결과값의 변화를 살펴보는 것이다.

15.3 Sales.mdl 모델의 수식 Sales.mdl Equations

```
cash flow = orders booked * price of item
Units: dollars/Month
indicated sales force=sales budget / sales person salary
Units: person
net hires = (indicated sales force - Sales Force)/sales force
   adjustment time
Units: person/Month
orders booked = Sales Force * sales force productivity
Units: unit/Month
price of item = 100
Units: dollars/unit
revenue to sales = 10
Units: dollars/unit
sales budget = orders booked * revenue to sales
Units: dollars/Month
Sales Force = INTEG (net hires,50)
Units: person
sales force adjustment time=6
Units: Month
sales force productivity=210
Units: unit/(person*Month)
sales person salary = 2000
Units: dollars/(person*Month)
```

15.4 기본 시뮬레이션 Base Simulation

먼저 우리는 일반적인 상수값 행태를 보기 위한 모델을 시뮬레이션 한다.

▶ 편집상자의 **Runname**을 더블 클릭하여 *baserun*을 입력한다.

▶ **Simulate** 버튼을 클릭한다.

▶ '*Sales Force*' 변수를 클릭하고 **Graph** 도구를 선택한다. 추가로 '*cash flow*' 변수를 클릭하고 **Graph** 도구를 선택한다.

'*Sales Force*' 변수와 '*cash flow*' 변수가 천천히 증가하고 있는 것을 볼 수 있다.

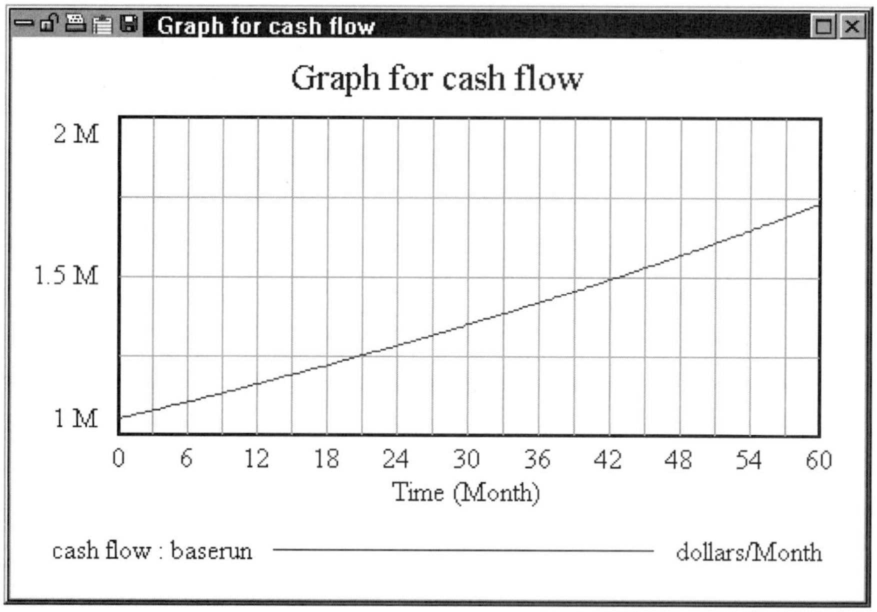

▶ 컨트롤 패널에서 **Datasets** 탭을 선택한 후, *baserun*을 더블 클릭하여 내보내기 한다.

15.5 여러개의 파라미터 값의 불활실성 Uncertainty in Multiple Parameters

이 모델은 시뮬레이션 결과에 다양하게 영향을 주는 5개의 상수값을 포함하고 있다. 우리는 두개의 변수 '*price of item*' 변수와 '*revenue to sales*' 변수에 대해서는 정확한 값을 알고 있다고 가정할 것이다. 불확실한 변수는 '*sales force productivity*', '*sales force adjustment time*',

그리고 '*sales person salary*' 변수이다. 우리는 이들 변수의 확률분포를 따르는 최대값과 최소값을 할당할 것이고 이들이 모델의 변화 행태에 큰 변화를 나타낼 것이다. 우리가 어떠한 하나의 변수값의 민감도 행태를 파악하기 위해서는 하나의 변수만을 선택해야 한다는 것을 확인해야 한다.

NOTE Parameter는 상수값과 같은 의미이다. Vensim 문서에서는 parameter는 민감도 분석과 최적화 작업을 하는 동안 우리가 선택하는 상수값을 갖는 변수를 칭하는데 사용될 것이다.

15.6 민감도 분석 변수 설정 Sensitivity Control Parameters

Vensim에서는 민감도 분석을 수행하는데 두가지 방법이 사용된다. 하나는 시뮬레이션 설정창에서 민감도 분석 탭을 선택하는 것이고, 또다른 방법은 도구 모음에서 민감도 분석 버튼을 선택하여 민감도 분석 마법사를 활성화 시키는 것이다.

▶ 편집상자를 더블클릭하고 **Runname**을 *sensitivity*로 설정한다(현재는 *baserun*으로 되어 있다).

▶ 도구모음에서 **Sensitivity**  버튼을 클릭한다.

아래와 같은 민감도 분석 마법사가 열리게 된다.

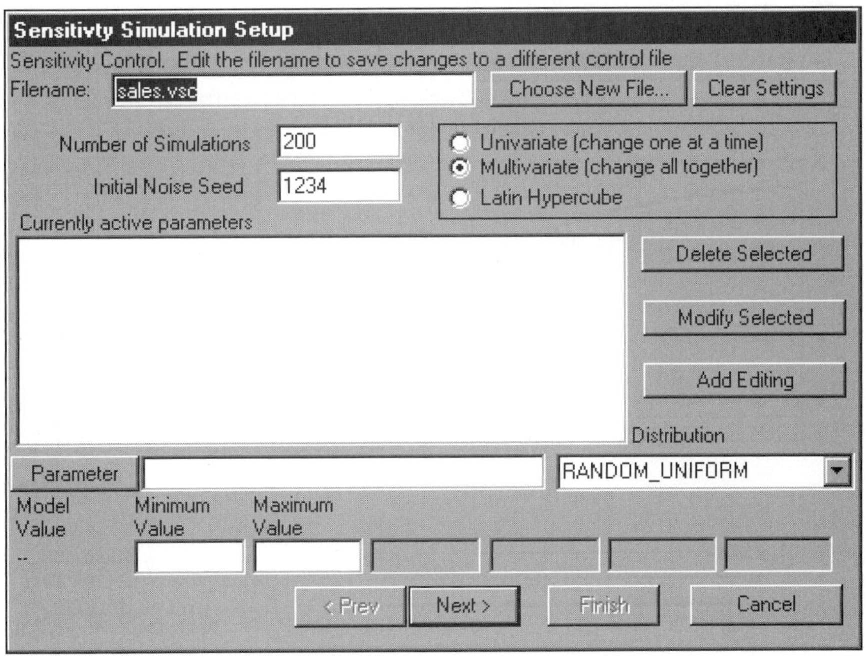

▶ 라디오 버튼을 **Multivariate**로 설정하고, **시뮬레이션 횟수**를 200회로 설정한다.

몬테카를로 다변량 민감도 분석은(Monte Carlo multivariate sensitivity) 정해진 영역내의 수치들의 조합의 샘플링을 통해서 이뤄진다. 하나의 다변량 분석을 수행하기 위해서는 하나의 시뮬레이션 결과 및 각각의 파라미터 값과 그 분포가 정의되어져야 한다. **Number of Simulations**을 200으로 설정한 것은 이러한 작업을 200번 반복한다는 것을 의미한다.

▶ **Parameter** 버튼을 클릭하면 설정가능한 파라미터 목록이 나타난다. 여기서 몬테카를로 분석에 사용할 상수 형태의 변수를 클릭해 선택한다. 여기서는 '*sales force productivity*' 변수를 선택하고 **OK**를 클릭한다.

15.7 무작위 단일분포 Random Uniform Distribution

민감도 분석을 수행하기 위해서는 당신이 원하는 형태의 확률 모형을 정의하는 것이다. 가장 단순한 분포는 최소값과 최대값 사이에서 가장 발생할 가능성이 높은 수치를 갖는 무작위 단일분포(Random Uniform Distribution)이다. 이 무작위 단일분포는 기본 분포로 설정이 되어있고 대부분의 민감도 분석에 적합한 방식이다. 또다른 가장 많이 사용되어지는 분포는 평균을 중심으로 가장 가까운 결과값을 나타내어 주는 정규분포(Normal Distribution 혹은 Bell Curve)이다.

Vensim은 선택을 통해 다양한 형태의 분포를 제공한다. 대부분 많이 사용되는 분포는 단일분포(Uniform), 정규분포(Normal) 그리고 삼각분포(Triangular)이다. 당신이 특정한 형태의 분포를 사용해야 하는 특정한 이유가 없을 경우에는 일반적으로 단일분포를 사용하는 것이 현명하다.

각 변수에 해당되는 최소값과 최대값을 선택한다. 실제의 모델에서는 아래의 **Parameter** 버튼에 나타나있는 것과 같이 210의 값을 갖는다는 것을 확인할 수 있다.

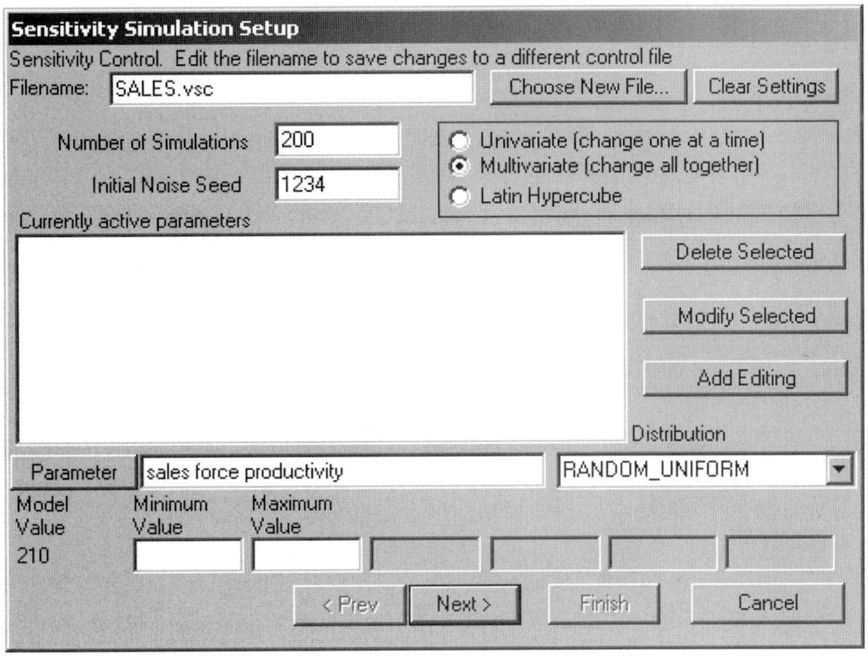

- ▶ **Minimum Value**라고 되어 있는 공간을 클릭하고 200을 입력한다. **Maximum Value**라고 되어 있는 공간을 클릭하고 220을 입력한다.

최소값이 200으로 되어 있는 것은 우리가 달성할 수 있는 판매 능력이 최소 200이라는 것이고 최대값이 220으로 되어 있는 것은 우리가 달성할 수 있는 판매 능력이 최대 220에 달한다는 것을 의미한다.

- ▶ **Add Editing** 버튼을 클릭한다.

- ▶ **Parameter** 버튼을 클릭한 후, '*sales force adjustment time*' 변수를 클릭한 후 **OK**를 누른다.

- ▶ **Minimum Value** 부분을 선택하고 3이라는 값을 입력한다. **Maximum Value** 부분을 선택하고 12라는 값을 입력한다. 이것은 모델상의 실제 값인 6의 대칭값을 의미한다. 즉, 우리는 변수값이 약간 아래 및 위로는 많게 발생한 다는 것을 의미한다. 그다음에는 **Add Editing**을 클릭한다.

- ▶ **Parameter** 버튼을 클릭한 후, '*sales person salary*' 변수를 선택한 후 **OK**를 선택한다.

15.8 무작위 정규분포 Random Normal Distribution

'*sales person salary*' 변수를 기본 설정된 분포와는 조금 다른 분포를 갖도록 선택한다. 무작위 정규분포(RANDOM NORMAL)를 사용하고자 하며, 최대값과 최소값의 범위가 평균으로부터 표준편차 만큼 떨어져 있도록 정의되어 있다(기술적으로 이는 Truncated Normal Distribution라고 불리우며, 무작위 정규분포는 정해져 있지 않는 매우 큰 음의 값과 양의 값이 발생하게 된다).

▶ **Distribution** 드롭다운 상자의 화살표를 클릭하면 나타나는 목록에서 RANDOM NORMAL 분포를 클릭한다(아니면 당신은 스크롤바의 이동을 통해서도 선택할 수 있다).

NOTE 일부 편집 상자는 민감도 분석 설정의 아래 부분에 추가되어 있다.

▶ **Minimum Value** 상자를 선택한 후 18000이라는 값을 입력한다. **Maximum Value** 상자를 선택한 후 22000이라는 값을 입력한다. 그리고 **Mean** 상자를 선택하고 20000이라는 값을 입력한다. **Standard Deviation**를 선택하고 1000이라는 값을 입력한다. 마쳤으면 **Add Editing** 버튼을 클릭한다.

민감도 분석 설정화면이 아래와 같이 나타나게 될 것이다.

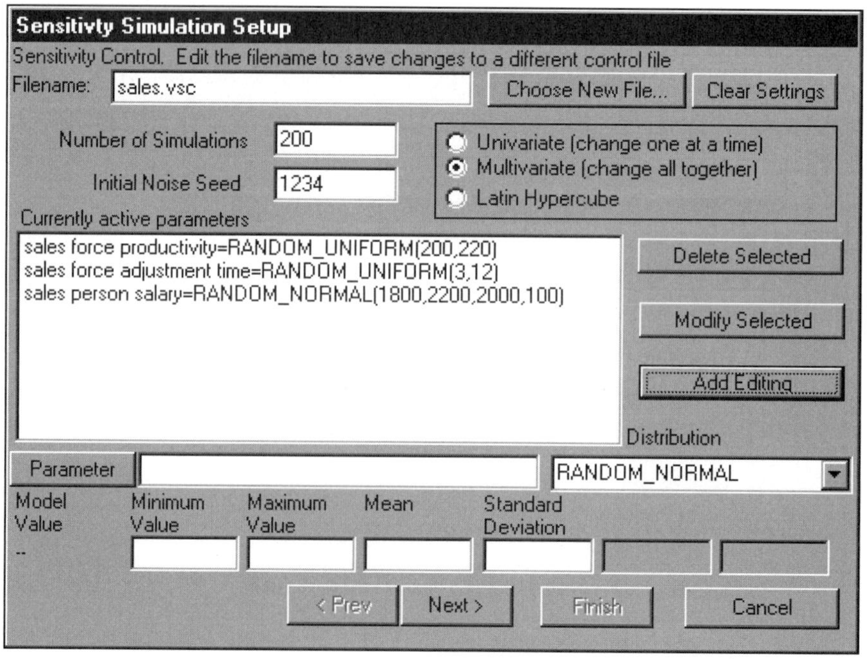

▶ **Next** 버튼을 클릭해서 저장 설정화면으로 이동한다.

15.9 저장 설정 환경 Save Lists

Save lists는 Vensim에서 변수들의 값이 어떻게 저장되어 있는지를 보여준다. 민감도 분석에서 발생하는 수 많은 데이터의 숫자들과 그 수치들의 한계 범위 내에서의 변화 행태들을 담고 있다. 민감도 분석은 많은 양의 데이터를 발생시킨다. 따라서 우리가 중점적으로 알고자 하는 변수에 관해서만 저장해 두는 것이 나을 것이다. 모든 변수에 대한 민감도 분석 결과를 저장하는 것은 많은 시간과 많은 디스크 저장 용량을 차지할 것이다.

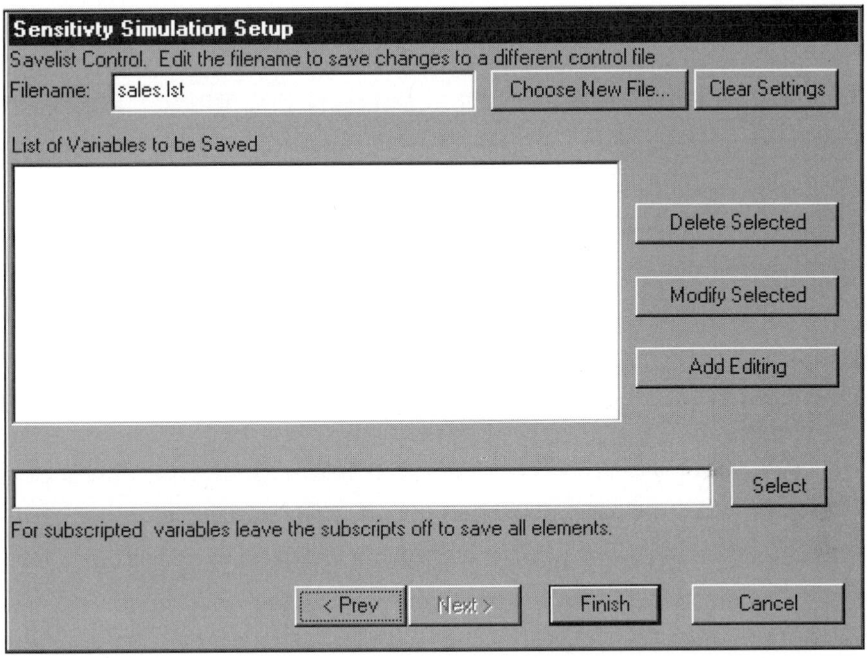

- ▶ **Select** 버튼을 클릭하고 모든 모델의 변수들이 나타나는 대화창이 뜨게 된다. 여기서 '*cash flow*' 변수를 선택한 후 **OK**를 클릭한다. 그리고 **Add Editing** 버튼을 클릭한다.
- ▶ **Select** 버튼을 클릭하고 '*Sales Force*' 변수를 선택한 뒤 **OK**를 클릭하고 **Add Editing** 버튼을 선택한다.

NOTE 편집 상자안에서 이러한 변수들의 이름을 개별적으로 입력하고 **Add Editing** 버튼을 클릭하도록 한다.

15.10 민감도 분석 시뮬레이션 Sensitivity Simulations

▶ 이제 **Finish** 버튼을 클릭한다.

이 모델은 이제 200번의 자동적으로 '*sales force productivity*' 변수, '*sales force adjustment time*' 변수 그리고 '*sales person salary*' 변수의 수치가 다양하게 변화되는 시뮬레이션을 시행한다. 이 데이터셋은 원본 상수값을 포함해 변화되는 모든 변수들의 표준 행태를 포함하고 있으며, 200번의 민감도 분석을 통해 나타나는 '*cash flow*' 변수와 '*Sales Force*' 변수의 변화 행태의 범위 또한 포함한다.

▶ **Control Panel** 패널을 실행한 후 **Datasets** 탭을 클릭한다. **Loaded** Runname 리스트에 나타나 있는 *baserun*를 더블 클릭하여 내보낸다.

▶ '*cash flow*' 변수를 더블 클릭하여 활성화 변수 상태로 둔다.

15.11 민감도 분석 시계열 그래프 Time Graph Sensitivity Output

민감도 분석의 결과는 다양한 포맷으로 표현되어 질 수 있다. 시계열 그래프는 시간의 흐름에 따른 변수의 변화행태를 보여준다. 모든 시간 영역대에 걸친 변수값이 퍼져 있는 것을 신뢰구간 혹은 개별적인 시뮬레이션 결과들의 조합으로 보여주게 된다.

15.12 신뢰구간 Confidence Bounds

▶ 분석 도구에서 **Sensitivity Graph**를 선택한다. 본 도구의 기본적인 설정은 아래와 같이 신뢰구간이 나타나는 것이다.

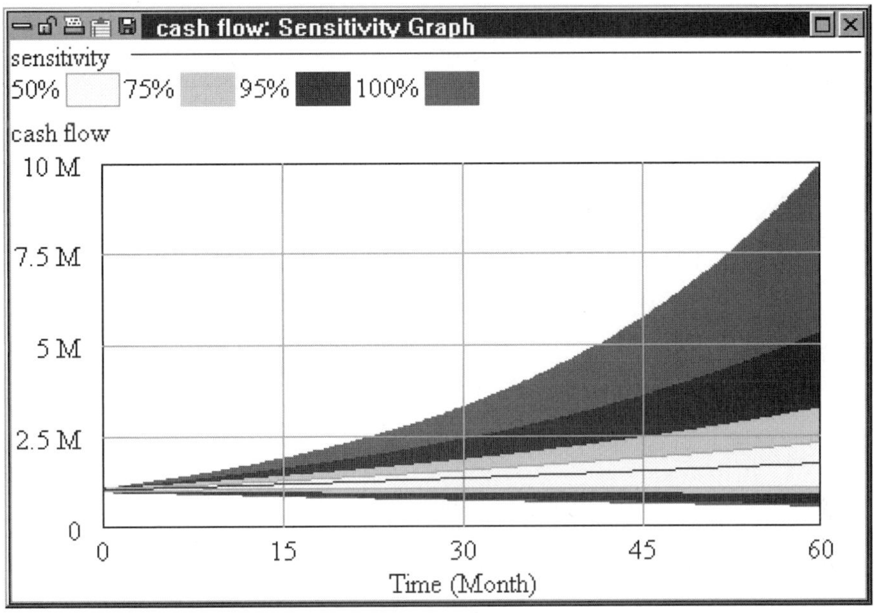

하나의 그래프는 목적변수인 '*cash flow*' 변수에 영향을 주는 파라미터 값들이 지정된 분포를 따라 무작위로 발생함에 따른 모든 결과값들을 신뢰구간으로 보여준다. 당신은 이 그래프를 우측 상단에 있는 최대화/최소화 버튼의 클릭을 통해서 전체화면으로 볼 수도 있다.

불확실성의 외부 한계값(100% 영역)은 시뮬레이션 최종 결과상에서 최소 50만 달러부터 최대 천만 달러까지 나타내고 있다. '*cash flow*' 변수값이 감소 가능성이 있다는 것을 확인한다. 모델 고유의 값을 통해 수행된 시뮬레이션 결과는 *sensitivity*이라는 Runname으로 실선으로 표기되어 있다.

평균값(Mean Values) – PLE Plus 버전에서는 제외

평균값은 신뢰구간 사이에 놓여져 있으며 아래와 같이 표기될 수 있다.

- **Sensitivity Graph** 도구에 커서를 놓고 마우스 오른쪽 버튼을 클릭한다. **Show Sensitivities as** 필드에 있는 **Plot Mean Value** 체크 박스를 선택한다.
- **Suppress first run plot** 체크 박스를 클릭하고 **OK**를 클릭한다.
- 끝으로 **Sensitivity Graph** 도구를 클릭한다.
  신뢰구간의 평균값이 빨간색 선으로 나타날 것이다.

15.13 민감도 그래프 자세히 보기 Focusing Graph Scales

불확실한 값들의 하한 구간을 좀 더 자세하게 들여다 볼 수 있도록 수직 축에 집중하여 본다.

▶ 결과 그래프의 수직축에서 2.5백만 정도에 마우스 포인터를 위치한다. Ctrl 키를 누르고 있는 상태에서 마우스커서를 그래프의 바닥부분(수직축 값이 0 부근)까지 드래그를 하고 마우스 버튼을 뗀다.

▶ **Sensitivity Graph** 도구를 클릭한다.

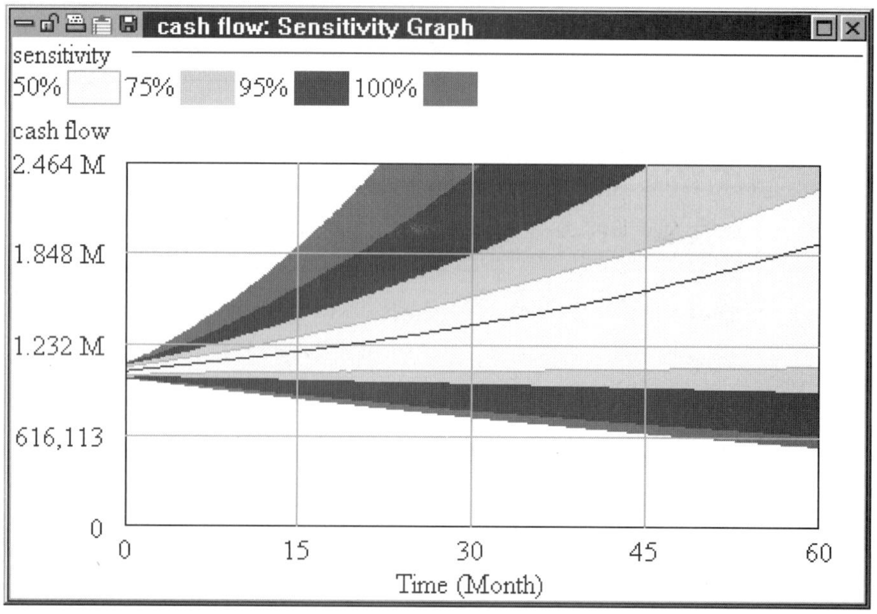

15.14 개별 결과 추적하기 Individual Traces

민감도 분석의 결과를 보는 다른 옵션은 모든 개별적인 시뮬레이션 결과를 보는 것이다. Vensim PLE Plus 버전에서는 lower sensitivity graph  버튼을 클릭한다. 다른 버전에서는 우선 옵션을 변경하도록 한다.

▶ **Sensitivity Graph** 도구 위에 마우스 오른쪽 버튼을 클릭한다. **Show Sensitivities as** 필드에서 라디오 버튼인 **Individual Traces**를 선택한 후 **OK**를 클릭한다.

▶ **Sensitivity Graph** 도구를 클릭한다.

이제 각각의 시뮬레이션 결과가 개별적으로 표시된다. 당신은 개별적인 결과들의 일부를 전체화면으로 놓고 살펴 볼 수 있다.

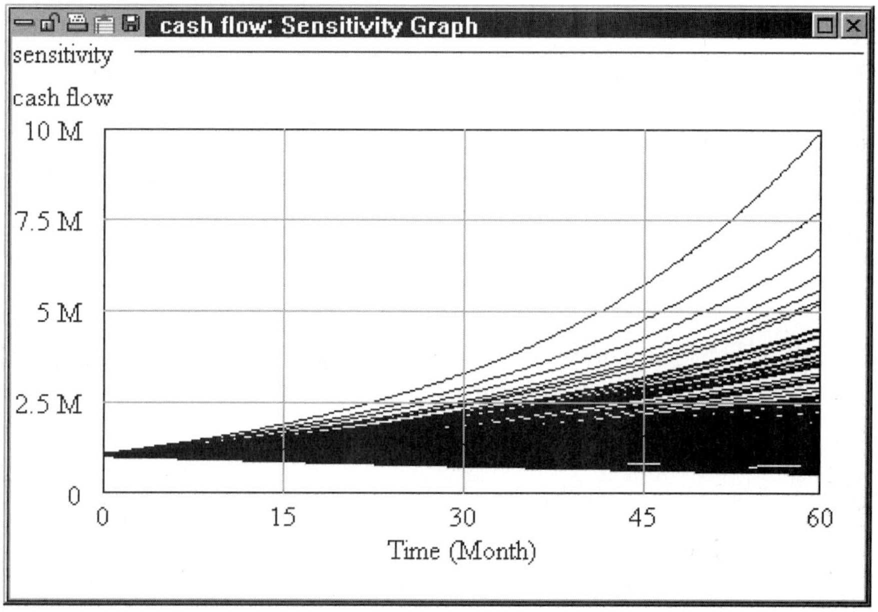

▶ '*Sales Force*' 변수를 더블 클릭하고 **Sensitivity Graph** 도구를 클릭한다.

15.15 민감도 분석 결과 히스토그램 Histogram Sensitivity Output

민감도 분석의 결과는 히스토그램으로 표현될 수 있다. 이는 통상적인 분석기간에서의 대응되는 결과값을 보여주는 것이다. 히스토그램은 특정 시간대에서 주어진 값들이 얼마나 발생되었는지를 빈도로 나타내 주는 것이다. 히스토그램은 모든 시뮬레이션의 수행 기간 및 특정 시간대에서의 값들의 분포를 보여주는 메커니즘을 제공한다. Vensim PLE Plus 버전에서는 Bar 도구 가 특정 시간대에서의 민감도를 보여주도록 설정되어 있다. 다른 버전에서는 환경 설정을 조정하도록 한다.

15.16 기본 분석 도구모음의 변경 Changing the Default Analysis Toolset

Vensim은 두개의 기본 분석 도구 모음을 제공한다. *default1.vts* 파일은 지금까지 우리가 작업해왔던 것이다. *default2.vts* 파일은 *default1.vts* 보다 더 많은 도구들을 가지고 있다. 당신은 당신만의 도구모음을 설정하여 저장할 수 있다.

Vensim PLE Plus 버전에서는 bar graph 도구를 클릭한다. 아니면 아래의 작업을 수행한다.

- 메뉴에서 **Tools>Analysis Toolset>Open**…를 선택한다.
- 현재 도구모음을 저장할 것이냐는 물음이 나오면 **NO**를 선택한다.
- *default2.vts* 파일을 선택하고 **Open**을 클릭한다.
- **Bar Graph** 도구에 마우스 오른쪽 버튼을 대고 클릭한다.
- As Histogram 필드에서 **On**이라고 되어 있는 체크박스와 **Sensitivity**라고 되어 있는 체크박스를 클릭한다. **At Time** 필드에서는 **Select**라고 되어 있는 라디오 버튼을 클릭하고 **Time** 박스 안에 50이라는 값을 입력한 뒤 **OK**를 클릭한다.

환경 설정창이 아래와 같이 나타났을 것이다.

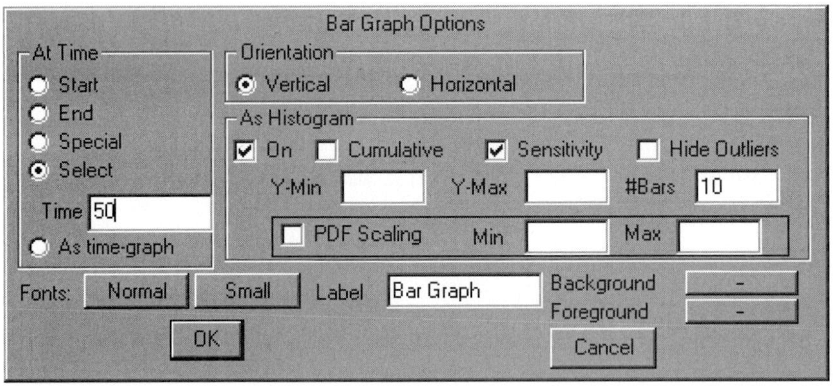

- 컨트롤 패널에서 **Datasets** 탭을 선택하여 '*sensitivity*'가 여전히 불러 들여져 있는 상태로 만들어 둔다. '*Sales Force*' 변수가 활성화 상태에 있는지도 확인해 둔다.
- **Bar Graph** 도구를 클릭한다.

50개월에 대한 시뮬레이션 기간 동안에 나타나는 결과값들의 발생 현황이 민감도 분석 히스토그램에 나타난다.

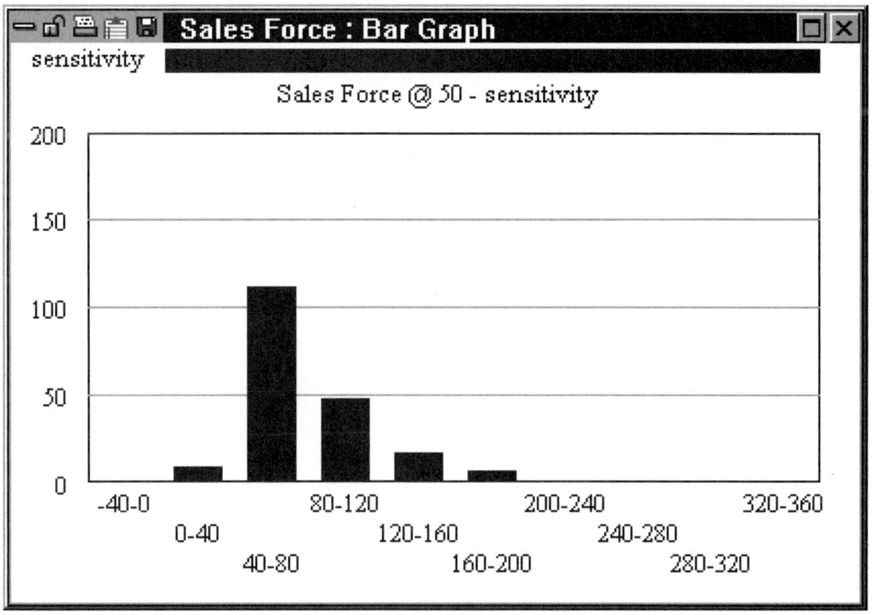

'*Sales Force*' 변수는 X축에 걸쳐서 나타나고, Y축에서는 시뮬레이션 결과상의 발생 횟수를 나타내어 준다. 즉, 그래프에서는 '*Sales Force*' 변수값이 40과 80 사이에서는 115번 발생하였고, 80과 120 사이에서는 약 50번 발행했음을 나타낸다.

15.17 통계분석 도구 Stats Tool

만일 당신이 Vensim Professional 혹은 DSS 버전을 사용한다면, 민감도 분석과 관련한 정보를 나타내어 주는 통계분석 도구를 사용할 수 있다. 이 도구와 관련해서는 the Reference Manual 부분에 상세하게 설명되어 있다.

CHAPTER V • E • N • S • I • M • M • A • N • U • A • L

16 모델에서 데이터 사용
Using Data in Models

이 장에서는 모델에서 데이터의 사용에 대한 몇가지 접근 방법을 설명한다. 자세한 설명은 데이터에 대한 Reference Manual을 참조한다.

Vensim PLE 버전에서는 스프레드 시트 등을 직접적으로 모델에 사용하는 기능은 제공하지 않으나 데이터 가져오기를 통해서 사용하는 기능은 제공한다. 이것은 Chapter 20에서 설명되어질 Reference 모드에서 주로 사용된다. 다른 버전의 Vensim에서는 다양한 방식으로 외부의 데이터를 이용할 수 있다.

16.1 데이터 사용의 유형 Types of Data Use

Vensim에서는 두 가지의 방식으로 데이터를 사용한다. 첫 번째는 모델의 외생변수(exogenous inputs) 역할을 하도록 하는 것이고 두번째는 실제 발생되는 모델의 시뮬레이션 결과를 비교하기 위한 기준값 역할을 하는 것이다.

첫번째인 외생변수의 역할을 수행하게 하는 것은 모델상에서 Data 형태의 변수를 사용하는 것이다. 주로 여기에 사용되는 데이터는 시계열 입력값(time series)이다. 이러한 시계열 데이터를 변수로 사용하면 시뮬레이션 과정에서 이 데이터는 따로 계산되지 않으며, 시뮬레이션을 수행하는 동안 필요한 정보를 제공할 뿐이다. 이 시계열 데이터 형태의 변수는 특정한 형태의 파일에 그 값을 가지고 있다. 엑셀이나 Lotus123과 같은 스프레드 시트 프로그램을 통해 만들어진 외부 파일은 모델에서 **Data function**을 통해서 모델로 가져올 수 있다.

두번째 방식인 실제 세계의 데이터를 데이터 셋으로 가져와 시뮬레이션의 근거로 사용하는 것이다. 당신이 설계한 모델의 시뮬레이션 결과를 분석도구를 사용해서 비교하기 위한 것이다. 당신은 이 장의 내용을 학습하기 위해서 Excel 혹은 Lotus 123을 설치해 놓아야 한다.

16.2 데이터 입력을 위한 모델 Using Data to Drive a Model

▶ *UserGuide\chap16* 폴더에 저장되어 있는 *cfc.mdl* 파일을 불러온다(완성본은 *Complete* 폴더에 저장되어 있다).

▶ **아니면** 아래에 보이는 것과 같이 도식을 직접 그리고 수식을 다음과 같이 설정한다. 시간 한계 값은 다음과 같이 둔다. INITIAL TIME = 1930, FINAL TIME = 2130, TIME STEP = 0.5, Units for Time: Year.

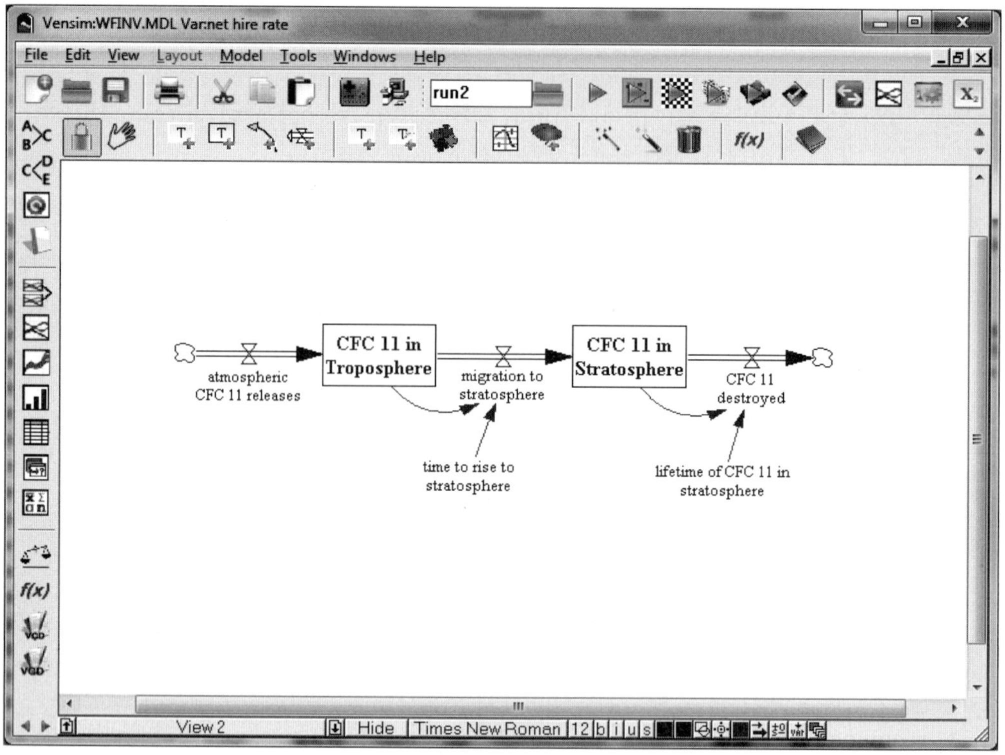

cfc.mdl 모델의 수식

```
CFC 11 destroyed = CFC 11 in Stratosphere /
      lifetime of CFC 11 in stratosphere
Units: Mkg/Year
CFC 11 in Stratosphere = INTEG
(migration to stratosphere - CFC 11 destroyed,0)
```

```
Units: Mkg
CFC 11 in Troposphere = INTEG
   (atmospheric CFC 11 releases - migration to stratosphere, 0)
Units: Mkg
lifetime of CFC 11 in stratosphere = 55
Units: Year
migration to stratosphere = CFC 11 in Troposphere /
   time to rise to stratosphere
Units: Mkg/Year
time to rise to stratosphere = 5
Units: Year
```

이 모델은 '*atmospheric CFC 11 releases*' 변수를 제외하고는 완전한 모델이다.

▶ *UserGuide\chap15* 폴더에 다른 이름으로 저장해둔다.

16.3 스프레드 시트의 데이터를 가져오기 Getting Data from a Spreadsheet

모델에 데이터를 가져오는 가장 간단한 방법은 Excel 혹은 Lotus 123과 같은 스프레스 시트로부터 데이터를 불러오는 함수를 사용하는 것이다. 이 방법은 당신을 스프레드 시트를 통한 데이터 베이스와 같은 어떠한 데이터 원천에든 접근할 수 있게 만들어 준다.

Equations 도구를 선택하고, '*atmospheric CFC 11 releases*' 변수를 선택한다.

▶ 수식 편집기의 왼쪽에 있는 **Type** 드롭다운 상자에서 **Data**를 선택한다. **Type** 아래에 있는 드롭다운 상자에서는 현재 **Normal**로 되어 있는 것을 **Equation**으로 변경한다.

▶ **Functions** 탭의 **Function Class** 드롭다운 상자에서 **Data Only**를 선택한다. 당신이 엑셀을 사용한다면 데이터 함수가 있는 목록을 스크롤 다운하여 **GET XLS DATA** 함수를 선택한다.

- 엑셀을 사용하지 않는다면, 그 위치에 GET DIRECT DATA을 사용할 수 있다. ; 또한, 구분된 텍스트 파일(delimited text files)에도 사용할 수 있다.
- 옛날 버전의 스프레드 시트 사용자는 Lotus 123의 **GET 123 DATA**를 선택할 수 있다.

이러한 함수는 아래와 같은 선언문으로 구분된다.

'filename'

'tabname'

'time_row_or_col'

'first_data_cell'

NOTE 당신은 이러한 선언문을 입력할 때에 반드시 작은 쉼표와 함께 입력해야 한다. 또한 이들을 입력할 때에 문자열 변수를 사용하는 것도 가능하며, 이들을 직접 입력하여 사용하는 것이 때로는 더 간단할 수 있다.

CFC 배출에 대한 시계열 결과 및 예측값 모두 *UserGuide\chap16* 폴더에 아래와 같은 두개의 파일로 저장되어 있다.

- *cfc11.xlsx* (Microsoft Excel 2007+)
- *cfc11.xls* (Microsoft Excel 97–2003)
- *cfc11.wk4* (Lotus 123 스프레드시트)

▶ 파일 이름을 cfc11.xls로 설정한다(쉼표를 하나 반드시 찍어 두어야 한다). 이 첫번째 선언문은 엑셀 파일을 사용한다는 것이며, Lotus 123을 사용할 경우에는 cfc11.wk4로 설정한다.

▶ 두번째 선언문 부분을 더블 클릭하고 탭안에 'cfc11'를 입력한다.

▶ 세번째 선언문 부분을 더블 클릭하고 탭안에 데이터의 시간 구분이 담겨져 있는 두번째 행을 의미하는 '2'를 입력한다.

▶ 네번째 선언문 부분을 더블 클릭하고 탭안에 데이터 영역에서 시작 주소인 셀 이름인 'C4'를 입력한다.

▶ 단위로 *Mkg/Year*를 선택하고 **OK** 버튼을 클릭하여 수식 편집기를 닫는다.

16.4 시뮬레이션 Simulating

Excel과 Lotus 123의 최신 버전에서는 Vensim에서 GET DATA 함수를 사용해서 불러올 경우에는 자동으로 실행이 된다. 그러나 구버전에서는 당신이 시뮬레이션을 시행하기 전에 시작해 두어야 한다. Lotus 123의 일부 버전에서는 *cfc11.wk4* 파일을 불러 오도록 한다.

▶ run name을 *base*로 입력한 후 **Simulate** 버튼을 클릭한다.

Vensim은 자동적으로 스프레드 시트 파일을 불러오고 *cfc11* 파일에 있는 값을 통해서 시뮬레이션을 실행한다. 이 모델은 1930년부터 시뮬레이션이 되는 모델로 CFC 11 값이 나타나는 8년 이전에 시뮬레이션이 발생되어 졌다. 이렇게 데이터와 모델상의 시간에 8년이라는 차이가 있기에 Vensim에서는 에러가 발생한다. 우리는 1938년 앞에 있는 시계열기간에 0의 값을 입력해 두어도 괜찮다. 그러나 우리는 직접 데이터 원천을 다루는 방식을 이용해 보겠다.

▶ '*atmospheric CFC 11 releases*' 변수를 선택하여 활성화 시킨뒤, 그래프가 나타나도록 한다.

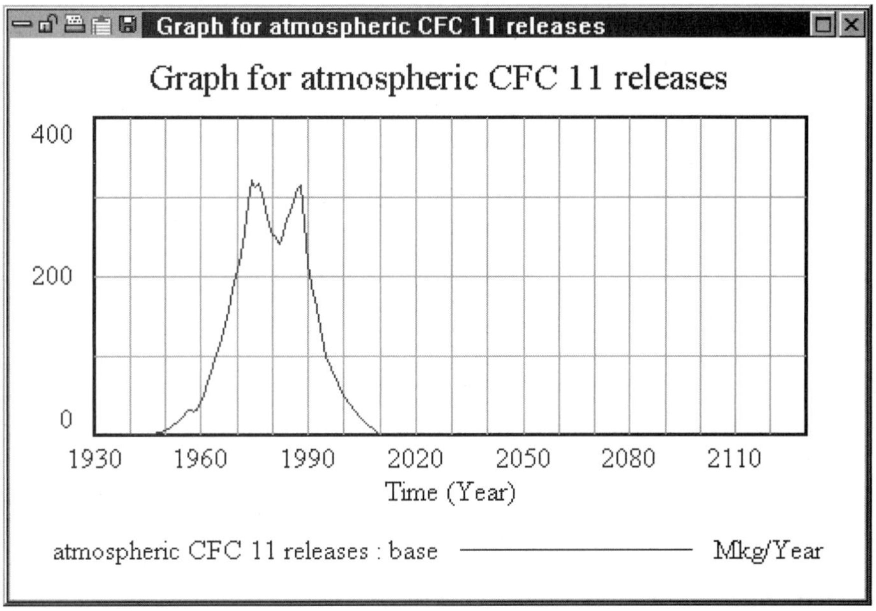

▶ 두개의 Level 값들을 갖는 그래프를 만들어 본다. 긴 딜레이 값을 갖는 것은 향후 100년간 CHC11이 급감한다는 것을 나타낸다.

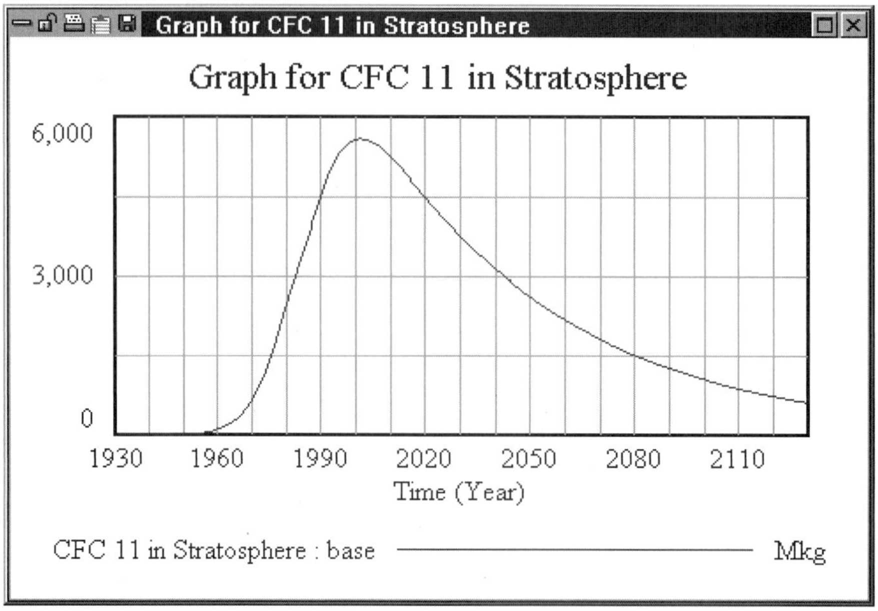

NOTE 이 시뮬레이션 결과는 '*atmospheric CFC 11 releases*' 변수에 대한 낙천적인 가정을 나타낸다. 이것들에 대해서는 우리는 추가적으로 살펴볼 것이다.

16.5 가져온 데이터를 변수로 사용하는 방법 Data Variable with Imported Data

Vensim에서 직접적으로 스프레드 시트의 데이터를 사용하는것 대신에 당신은 보고 있는 데이터 셋을 변수값으로 사용할 수 있다. Subtype이 "Normal"로 되어 있는 방식으로 설계되어 있는 변수를 사용할 수 있다. 시뮬레이션의 수행을 통해서 생성된 데이터 셋 혹은 다른 데이터 원천에서 가져온 데이터를 사용할 수 있다. 이러한 것은 모델이 시뮬레이션 되기 전에 만들어 져야만 한다.

▶ *cfc.mdl* 파일을 다른 이름으로 저장한다.

▶ **Equations** 도구를 선택하고, '*atmospheric CFC 11 releases*' 변수를 선택한다. **Type** 아래의 드롭다운 박스에서 현재 Equation으로 설정되어 있는 값을 **Normal**로 선택하고 **OK**를 클릭한다.

시뮬레이션이 수행되어 지면, Vensim은 데이터 변수로 지정되어 있는 데이터 셋을 불러오게 된다. 만일 데이터 셋에서 아무 데이터가 발견되지 않는다면, 시뮬레이션이 중단된다.

UserGuide\chap16 폴더에 CFC 방출이라는 변수의 과거 데이터와 예측값이 시계열 형태로 모두 저장되어 있다. 이 과거 데이터는 아래와 같은 두개의 파일을 포함하고 있다.

- *cfc11.dat* 포맷(텍스트 파일 형태의 Vensim 데이터)
- *cfc11.tab* 포맷(tab으로 구분되어 있는 텍스트 파일)

스프레드 시트 데이터와 다르게 이들 파일은 어떠한 분석된 결과값을 포함하지 않는다. 우리는 여기서 *cfc11.dat* 데이터 파일을 Vensim에서 데이터 셋으로 사용하기 위해 가져올 것이다.

▶ Vensim Professional 혹은 DSS 버전이라면 메뉴에서 **File>Edit File**… 항목을 선택한 다음 파일 *cfc11.dat*를 선택하고 **Open** 버튼을 클릭하거나 혹은 텍스트 편집기 혹은 워드 프로세서에서 ASCII 형식의 텍스트 파일로 *cfc11.dat* 파일을 불러온다.

파일을 열어 보는 것은 당신의 선택이고, 중요한 것은 데이터를 확인하는 것이다.

당신은 아래와 같은 포맷으로 변수의 이름, 하나의 시간대 그리고 하나의 열안의 값을 나타내는 데이터를 보게 될 것이다.

```
atmospheric CFC 11 releases
1938   0.1
1939   0.1
(more...)
1990   216.1
1991   188.3
1992   171.1
```

▶ *cfc11.dat* 파일을 닫는다.

16.6 텍스트 기반의 데이터 가져오기 Importing Text-Formatted Data

우리가 시계열 형태의 데이터를 가져오기 위해서는 텍스트 파일 형태의 *cfc11.dat* 파일을 이진형태의 Vensim데이터 파일로 변환해 주어야 한다*(cfc11.vdf)*.

▶ 메뉴에서 **Model>from .dat format**….을 선택한 후 *cfc11.dat* 파일을 선택한 뒤 **Open**을 클릭한다.

당신은 아마도 "Dat2vdf completed without error" 메세지와 '*atmospheric CFC 11 releases*' 변수의 변환작업의 수행결과창을 보게 될 것이다. *cfc11.vdf*가 첫번째 데이터 셋으로 등록이 될 것이고, 분석 도구들도 이제 이 데이터 셋을 대상으로 작동하게 된다.

▶ **OK**를 클릭하여 결과화면을 닫는다.

▶ 컨트롤 패널을 열고 **Datasets** 탭을 클릭한다. 이전의 시뮬레이션 결과가 담겨져 있는 *base* 데이터 셋을 더블 클릭하여 내보내면, *cfc11* 데이터 셋만이 남게 된다.

▶ '*atmospheric CFC 11 releases*' 변수를 더블 클릭하여 활성화시키고, **Graph** 도구를 선택한다.

시간의 흐름에 따른 '*atmospheric CFC 11 releases*' 변수의 결과값이 그래프로 나타나게 된다.

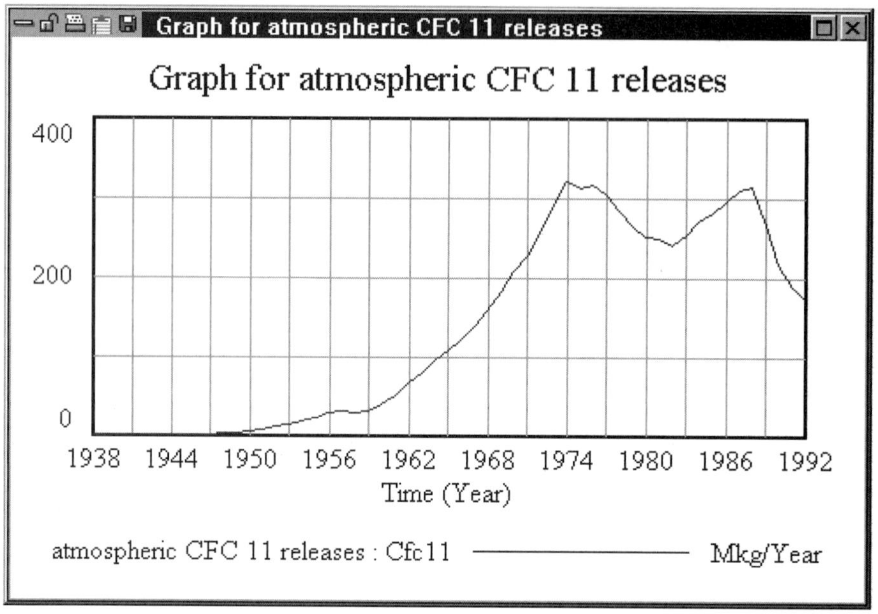

▶ 그래프를 닫기 위해서 Close 버튼을 클릭하거나 Del키를 누른다.

이 결과창은 1992년까지만 수행된다. 이 프로젝트는 모든 입력 데이터 셋을 포함하지 않는다는 것이다.

16.7 시뮬레이션 Simulation

모델에 있는 데이터 변수들은 데이터 원천을 필요로 한다. 이러한 데이터 원천들은 시뮬레이션이 시행되기 전에 불러오는 것이 필요하다. 데이터 원천을 세팅하는 방법은 시뮬레이션 컨트롤 대화창을 사용한다. 또다른 하나는 **Set Up a Simulation** 버튼을 누른 후에 나타나는 도구모음에 있는 버튼을 활용 하는 것이다.

도구모음

- ▶ **Set Up a Simulation** 버튼을 클릭한다.
- ▶ run name을 입력한다(e.g., *baserun*.).
- ▶ 변환된 데이터 셋의 이름을 *cfc11*로 입력한다(좌측에 **Euler** 미적분 방식이라고 씌여있는 곳의 오른쪽에 있는 입력상자에 위치).

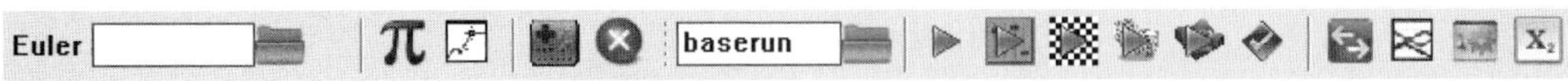

- ▶ **Simulate** 버튼을 클릭한다.

시뮬레이션에 사용되는 데이터 셋을 규정하는 또다른 방법은 시뮬레이션 설정 대화상자를 활용하는 것이다.

시뮬레이션 설정(Simulation Control) — PLE 혹은 PLE Plus 버전은 제외

- ▶ **Simulation Control** 버튼을 클릭한 후, **Advanced** 탭을 클릭한다.

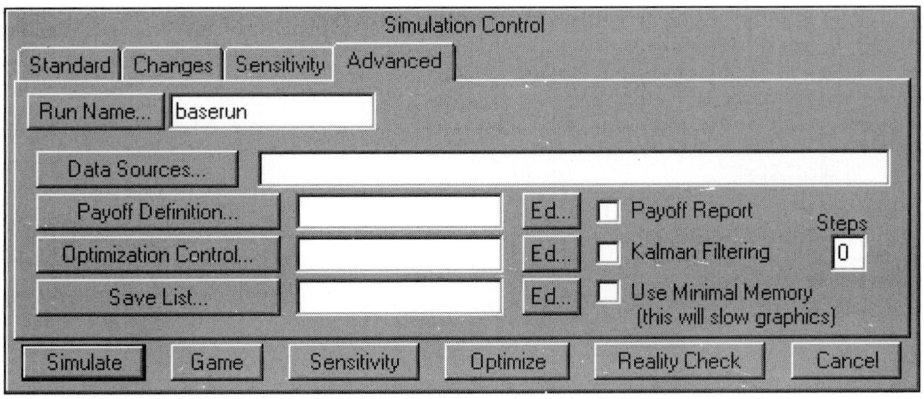

Advanced 탭은 데이터 파일과 모델의 최적화에 관한 설정 내용을 담고 있다.

▶ runname을 입력한다(e.g., *baserun*).

▶ **Data Sources**…버튼을 클릭하고 데이터 셋으로 *cfc11.vdf* 파일을 선택한 후에 **Open**을 클릭한다(혹은 **Data Sources...** 오른쪽에 있는 편집상자에 *cfc11.vdf* 파일명을 직접입력한다).

▶ **Simulate** 버튼을 클릭한다.

당신은 아마 3개의 경고문을 받게 될 것이다.

```
WARNING:     Simulation starts before first time for
   exogenous variable - atmospheric CFC 11 releases.
WARNING:     Exogenous variable - atmospheric CFC 11 releases
   - in range at time 1938.
WARNING:     Simulating beyond range for exogenous variable
   - atmospheric CFC 11 releases - at time 1994.
```

시뮬레이션에 사용되어진 데이터가 데이터 셋의 범위를 벗어난 경우이다. 이는 '*atmospheric CFC 11 releases*' 변수가 처음 관측된 1938년부터 마지막으로 나타난 1994년을 넘어 모델이 이를 사용한 경우에 발생한다.

결과

▶ **Control Panel** 버튼을 클릭하고, **Datasets** 탭을 선택한 뒤, 데이터 셋 *cfc11*를 더블 클릭한다.

왜냐하면 이 모델은 시뮬레이션이 진행되는 동안 하나의 변수 값으로 *cfc11* 데이터 셋을 사용했기 때문이다. 또한 *baserun*에서도 이 변수의 데이터 값을 저장하고 있다.

만일 당신의 모델의 결과값을 원하는대로 만들고 싶다면 다음과 같은 Custom Graph를 정의해야 한다.

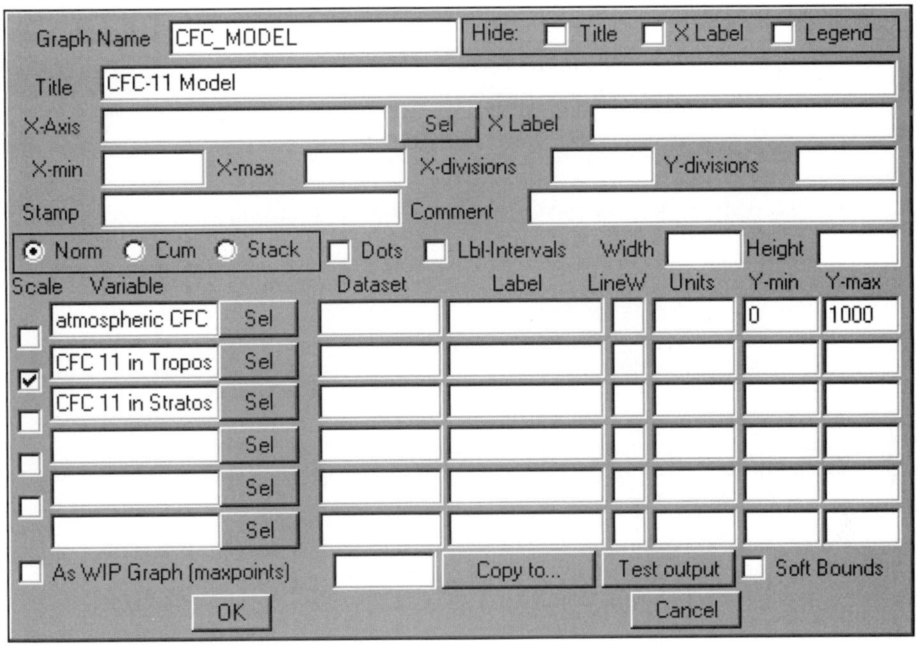

▶ **Graphs** 탭을 클릭하고 Display 버튼을 클릭하면 **Custom** 그래프가 나타난다.

혹은

▶ 이모델을 **Graph**와 **Causes Strip graph** 도구를 사용해서 저량과 유량 변수들의 변화를 살펴보도록 하자.

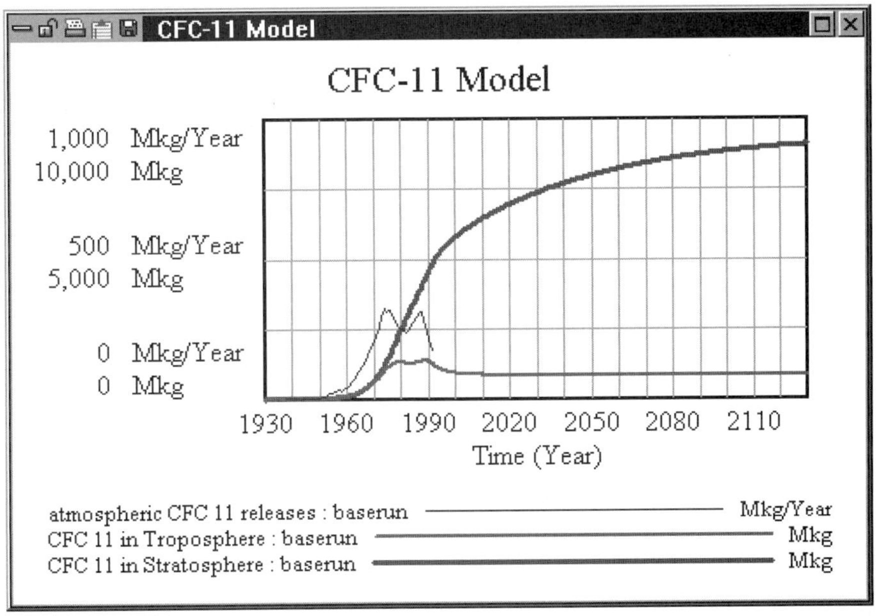

입력된 *'atmospheric CFC 11 releases'* 변수의 데이터는 1992년에 끝나게 된다. 그리고 이 값이 171.1임을 확인할 수 있다. 이는 1992년 이후의 시점에서는 마지막에 존재하는 값이 (171.1) 계속 유지가 된다는 것이다. 이것 때문에 *'CFC 11 in Troposphere'* 변수의 값이 2000년 이후에도 계속 유지되고, *'CFC 11 in Stratosphere'* 변수의 값이 계속 증가하는 것이다.

CFC 11 배출에 대한 가정은 시간의 흐름에 따라 감소하여야 할 것이다. CFC 11 배출이 연간 171.1 Mkg 만큼의 고정된 양으로 계속 일어나고 있는 결과로 나타난다. CFC 배출에 대한 낙천적인 가정을 담고 있는 시계열 데이터를 불러오도록 하자.

16.8 스프레드 시트 데이터 가져오기 Importing Spreadsheet Data

만일 당신이 스프레드 시트 응용 프로그램을 가지고 있다면,

▶ *cfc11.wk1* 혹은 *cfc11.xls* 파일을 열어서 데이터를 실습해보자.

스프레드 시트의 일부는 아래에 보이는 것과 같을 것이다.

Model Variables	Historical Data (see Source, below)				
	1938	1939	1940	1941	1942
atmospheric CFC 11 releases	0.1	0.1	0.1	0.1	0.1
	0.1	0.1	0.1	0.1	0.1
	0	0	0	0	0
	0	0	0	0	0

▶ 메뉴에서 **Model>Import Dataset**…를 선택하고 *cfc11.xls* 혹은 *cfc11.wk1* 파일을 선택한 뒤 **Open**을 클릭한다.

VDF 변환 대화상자가 열리게 된다.

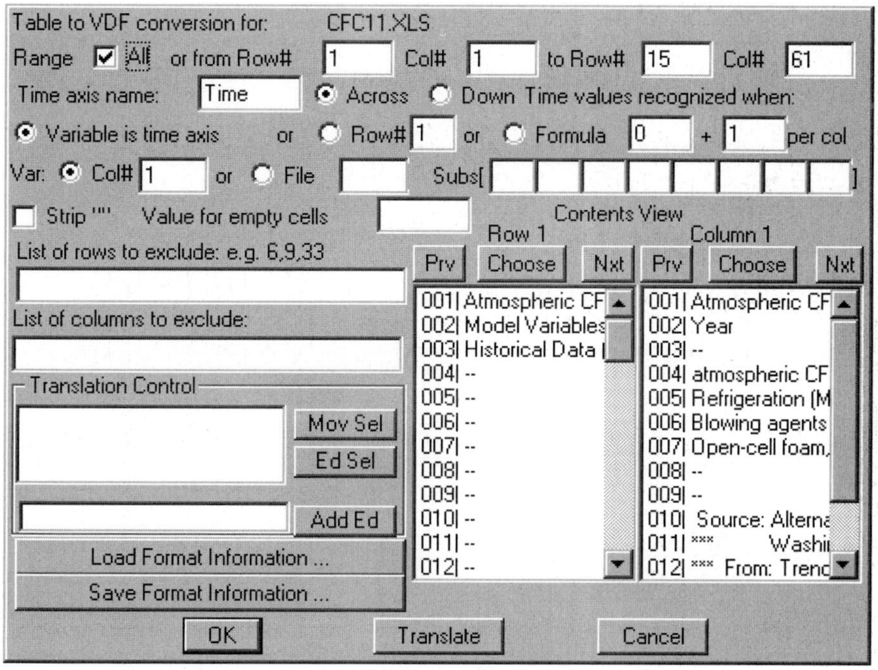

우리는 Vensim이 적절하게 시점, 데이터, 변수명을 가져올 수 있도록 몇가지 옵션을 설정할 필요가 있다. 첫째로 우리는 모든 데이터를 가져오는 것이 아닌 가져오는 셀값의 범위를 설정할 필요가 있다.

- ▶ **from Row#** 편집상자를 클릭하고 값으로 2를 입력한다.
- ▶ **Col#** 편집상자를 클릭하고 값으로 3을 입력한다.
- ▶ **to Row#** 편집상자를 클릭하고 값으로 4를 입력한다.
- ▶ 끝에 있는 **Col#** 편집상자를 클릭하고 값으로 61을 입력한다.

우리는 *Time*으로 명명된 변수를 가지고 있지 않기에 시간대 값을 불러오기 위한 행값을 규정할 필요가 있다.

- ▶ **Row#** 편집상자를 클릭하고 값으로 2를 입력한다(**Variable is time axis**과 같은 라인에 있다).

Variable is time axis 옵션 버튼은 꺼두고 **Row#** 옵션 버튼은 클릭한다. 기본적으로 변수의 열(column)값은 1로 되어 있다. 모델의 변수 이름이 실제로 2번째 열에 있기에 우리가 여기서 이를 규정하는 것이다. 또한 우리는 3번째 행은 스프레드 시트상에서 아무런 값을 가지고 있지 않기 때문에 제외시키는 작업을 하는 것이다.

▶ **Var**: **Col#** 편집상자를 클릭하고 값으로 2를 입력한다.

▶ **List of rows to exclude** 편집상자를 클릭하고 값으로 3을 입력한다.

▶ **Save Format Information**··· 편집상자를 클릭하고 *cfc11*를 입력한 후 **Save** 버튼을 클릭한다.

당신은 이제 이러한 포맷 정보의 저장을 통해서 설정을 불러오고 동일한 데이터 파일을 원할 때마다 같은 방식으로 변환할 수 있다. Vdf 변환 대화상자는 아래와 같이 열리게 된다.

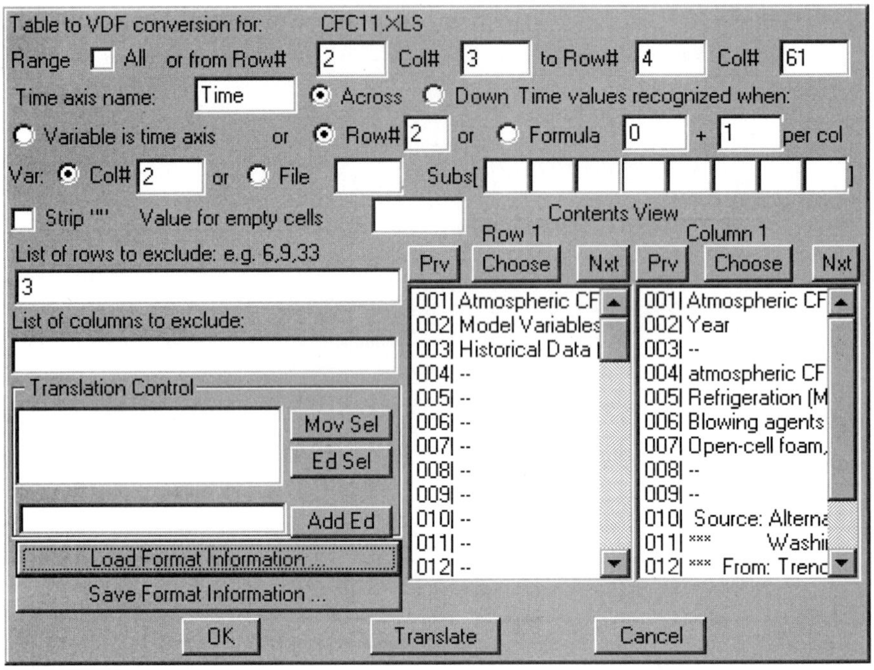

▶ VDF 변환 대화상자에서 **OK** 버튼을 클릭한다.

당신은 "Dataset cfc11 already exists. Do you want to overwrite it?"라는 메시지를 보게 될 것이다.

▶ **Yes**를 클릭한다.

당신은 "Conversion to vdf completed without error"라는 메시지와 변환작업에 대한 결과창을 보게될 것이다.

▶ **OK**를 클릭하여 메시지 상자와 결과창을 닫는다.

▶ '*atmospheric CFC 11 releases*' 변수를 더블클릭하여 활성화 시키고, **Graph** 도구를 클릭한다.

이제 '*atmospheric CFC 11 releases*' 변수값이 *cfc11* 데이터 셋에서 0으로 줄어들어가고 있는 결과를 보여줄 것이다(*baserun* 데이터 셋은 1992년 이후를 제외하고 *cfc11* 데이터 셋과 동일한 실선으로 나타난다).

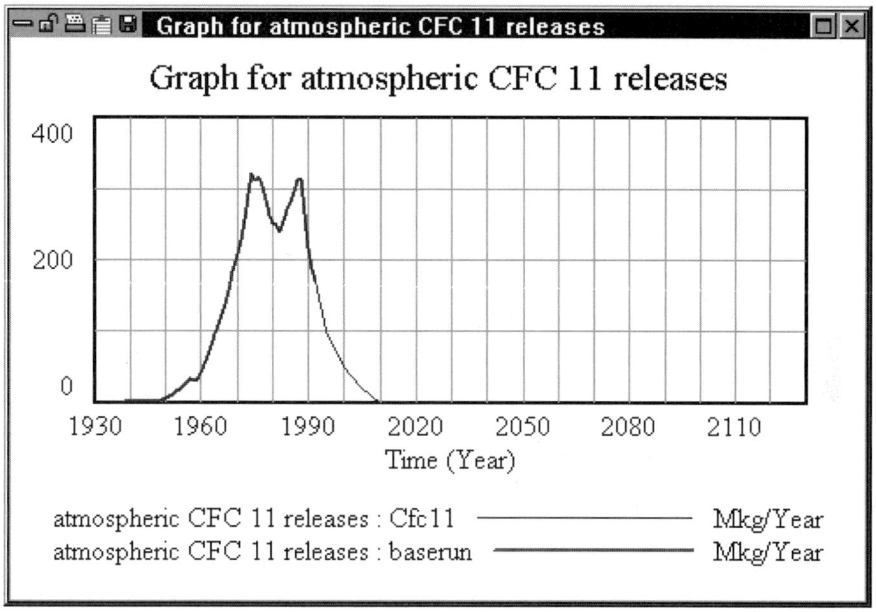

16.9 시뮬레이션 Simulation

▶ **Set Up a Simulation** 버튼을 클릭한다. Run name을 입력한다(e.g., *basetwo*).

NOTE Data 편집상자 상에서 *cfc11* 데이터 셋이 아직도 등록되어 있다.

▶ **Simulate** 버튼을 클릭한다.

▶ **Control Panel** 버튼을 클릭하고 **Datasets** 탭에 있는 *cfc11* 데이터 셋과 *baserun* 데이터 셋을 더블클릭하여 내보낸다.

▶ **Graphs** 탭을 클릭하고 **Display** 버튼을 클릭한다.

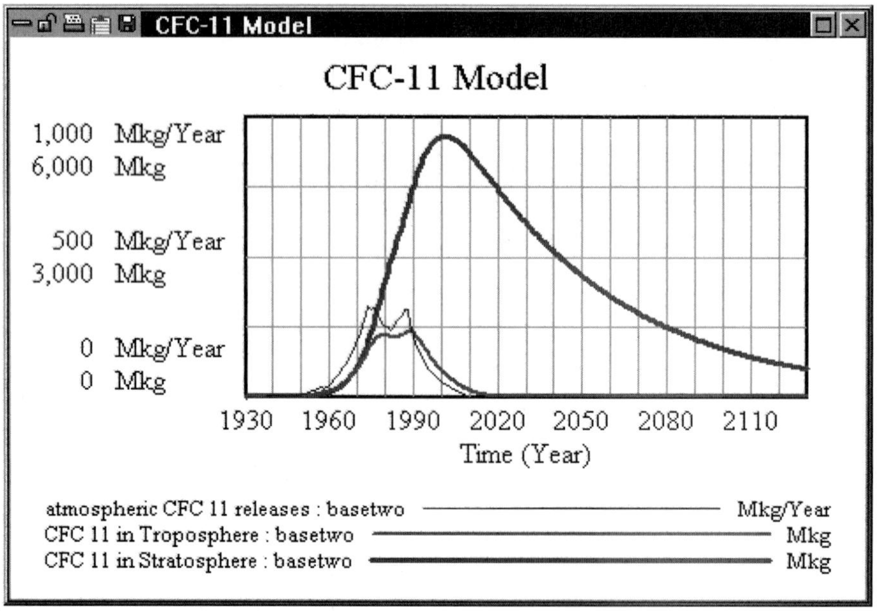

이제 우리는 '*CFC 11 in Stratosphere*' 변수값이 0에 수렴해 가는 CFC 11 배출이 크게 감소한 결과를 볼 수가 있다. 그러나 여기에는 고려해봐야 할 것이 있다. '*atmospheric CFC 11 release*' 변수값의 감소가 1988년부터 이뤄져 왔음에도 '*CFC 11 in Stratosphere*' 변수값이 2002년에 최고치를 기록한다. 게다가 '*CFC 11 in Stratosphere*' 변수값이 1988년 이후로 CFC 배출이 크게 감소했음에도 2060년까지도 발생하고 있음을 묘사한다. 이 모델은 CFC의 배출과 오존층 파괴와 관련된 완전한 그림을 보여주지는 않지만 꽤 단순한 모델이다. 다만, 현재의 활동들이 완전하게 깨닫기 위해서는 얼마나 많은 시간이 걸리는지를 명확하게 보여준다.

17 서브스크립트
Subscripts

NOTE 서브스크립트(Subscripts) 기능은 오직 **Vensim Professional** 버전과 **DSS** 버전에서만 사용 가능하다. 서브스크립트가 사용된 모델은 **Vensim Model Reader**에서 사용은 가능하다.

서브스크립트는 하나의 변수와 수식이 다른 차원의 컨셉을 나타낼 수 있게 만들어 준다. 예를 들어 다음의 수식을 살펴보자.

```
profit = revenue - cost
```

만일 우리가 어떠한 체인점을 모델로 만드는데 각각의 점포별 활동을 살펴보고 싶어할 것이다. 그래서 우리는 점포들을 서브스크립트로 정의할 수 있다.

```
store : WAYLAND, HARVARD, LONGMEADOW, OLALLA, OAK RIDGE, LAS
VEGAS
```

각각의 이름은 다른 점포들을 나타낸다(해당 지역에 위치하고 있는). 이제 아래와 같은 수식을 작성해 보자.

```
profit[store] = revenue[store] - cost[store]
```

위 수식은 각각의 점포의 수익은 특정한 각각의 점포별 수입과 비용의 묶음의 계산결과를 하나의 수식을 통해 나타낼 수가 있다. 그래서 6개의 수식들을 입력하는 대신에 당신은 하나의 수식만을 입력하는 것이다. 게다가 만일 당신이 하나의 점포를 추가했다고 하자. 당신은 이 수식을 다시 입력할 필요가 없다.

모델의 변수들은 다른 여러 개의 서브스크립트를 포함할 수도 있고, 사용하지 않을 수도 있다. 예를 들어 아래와 같이 할 수도 있다.

```
corporate profit = SUM(profit[store!]) - corporate overhead
```

이 수식은 모든 점포들의 수익을 묶고 회사 전체 간접비를 별도로 더해 회사 전체의 수익을 나타낸다. 여기서 중요한 것은 당신은 서브스크립트를 일반적인 다른 변수들과 조합하여 활용할 수 있다는 것이고, 이러한 작업들은 모델링을 하면서 필수적이기도 하다.

17.1 기본 모델 살펴보기 A Simple Project Model

이 프로젝트 모델은 동일한 구조로 만들어진 세개의 분리된 과업을 포함한 프로젝트의 완료되는 과정을 나타낸다. *proj1.mdl mod*모델은 오직 하나의 과업이 담겨져 있으며, 서브스크립트를 통해서 3개의 과업들을 나타내 모델은 *proj2.mdl* 파일에 수정되어 저장되어 있다.

▶ *UserGuide\chap17* 폴더에 저장되어 있는 *proj1.mdl* 파일을 불러온다. *Complete* 폴더에 예제의 최종 완성본이 저장되어 있다.

혹은

▶ 다음에 있는 페이지에 나타나있는 모델 구조를 스케치하고 수식을 입력한다(INITIAL TIME = 0, FINAL TIME = 100, TIME STEP = 0.125, Units for Time: Month를 기본 옵션으로 설정한다).

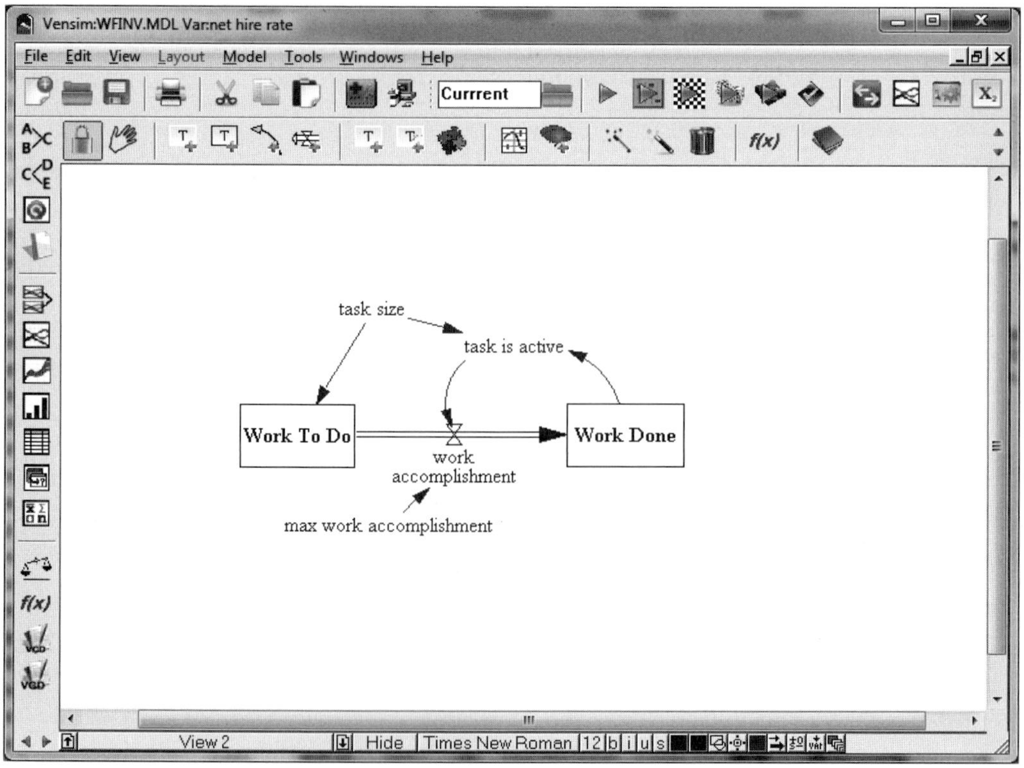

17.2 proj1 .mdl 모델의 수식 proj1.mdl Equations

```
max work accomplishment=8
Units: Drawing/Month
task is active =
   IF THEN ELSE(Work Done < task size, 1, 0)
Units: Dmnl
task size = 180
Units: Drawing
work accomplishment =
   max work accomplishment * task is active
Units: Drawing/Month
Work Done = INTEG(work accomplishment, 0)
Units: Drawing
Work To Do = INTEG(- work accomplishment, task size)
Units: Drawing
```

▶ *Work To Do* 변수에는 수식 편집창에서 'Supplementary variable' 항목을 체크한다.

▶ 만일 당신이 원한다면, 시뮬레이션을 실행시켜서 모델의 행태를 관찰해 볼 수 있다. 당신은 *Work Done*(단일 과업) 변수값이 선형으로 0에서 최종 값까지 증가하는 것을 볼 수 있을 것이다.

▶ 메뉴에서 **File>Save As**…를 선택하고 이름을 *proj2*.로 설정한다.

17.3 서브스크립트 범위 The Subscript Range

서브스크립트 범위

먼저, 우리는 각기 다른 과업들을 포함하는 컨셉을 묘사하는 새로운 변수를 만들 필요가 있다. 이것을 우리는 서브스크립트 범위(Subscript Range)라고 칭하며, 여기서는 이 이름을 *task*로 설정한다.

▶ **Subscript Control** 버튼을 도구모음에서 선택한다. 다음과 같은 창이 열린다.

▶ **New**··· 버튼을 클릭한다. 입력창에 *task*를 입력하고 엔터키를 누른다.
수식편집기가 열리게 되는데 *task*의 구조가 불완전함을 나타낼 것이다. 이것이 Subscript Range이며, design, prototype, 그리고 build 3개의 과업을 묘사하는 것이다. *task*라는 Range 값은 이 과업들과 동일한 것이 아니라 이 과업들을 대표하는 개념이다. 이 수식 편집기의 왼쪽에 서브스크립트 표시를 나타내게 될 것이다.

▶ 아래와 같이 3개의 과업들을 입력한다(당신은 이미 입력되어 있는 **task**라는 서브스크립트 입력할 필요가 없다). 그다음 **OK** 버튼을 클릭한다.

```
design, prototype, build
```

이제 위의 3개의 과업들이 서브스크립트 설정창에 표시될 것이다. 알아둘 것은 이 서브스크립트 레인지인 *task*는 스케치 화면상에 나타나지는 않는다. 서브스크립트 레인지와 서브스크립트는 모델의 정의상의 일부분이며, 도식화된 구조의 일부가 아니라는 것이다.

17.4 서브스크립트 설정 The Subscript Control

우리는 서브스트립트 레인지의 이름이 *task*로 나타나고 있는 탭안의 목록 상자에 나타나는 서브스크립트 요소들을 보게 된다. 첫번째 서브스크립트 요소인 *design*이 강조되어 나타나 있다. 분석도구들은 서브스크립트 레인지 내에서 강조되어 나타나는 선택된 요소의 결과만을 보여주게 된다. 서브스크립트 요소의 강조 상태를 바꾸기 위해서는 클릭한다. 당신은 **All** 버튼으로 모든 요소들을 강조하거나 **None** 버튼으로 아무것도 강조하지 않을 수 있다. 당신은 수식 편집창 내의 서브스크립트 레인지를 언제나 원하는 때에 **Edit**… 버튼을 클릭하여 수정할 수 있다.

Full 버튼은 더 많은(12개 이상의) 요소들을 더 정교하게 설정하는 기능을 제공한다. 더 자세한 서브스크립트 설정은 the Reference Manual에 포함되어 있다.

17.5 변수에 서브스크립트 적용하기 Adding Subscripts to Variables

당신이 서브스크립트를 변수들에 적용하기 위해서는 우선 어떤 변수가 서브스크립트 값을 취할 것인지를 결정해야 한다. 본 모델에서는 간단하게 지금까지 정의되어진 모든 변수들에 서브스크립트를 적용하는 것으로 하겠다.

- ▶ 스케치 영역을 클릭하거나 도구모음에서 **Build** 버튼을 클릭한다. 모델상의 모든 변수들을 강조하기 위해 메뉴에서 **Edit>Select All**를 선택하거나 단축키 Ctrl+A를 활용한다.
- ▶ 메뉴에서 **Edit>Set Subscripts**를 선택하면 서브스크립트 대화창이 열린다.

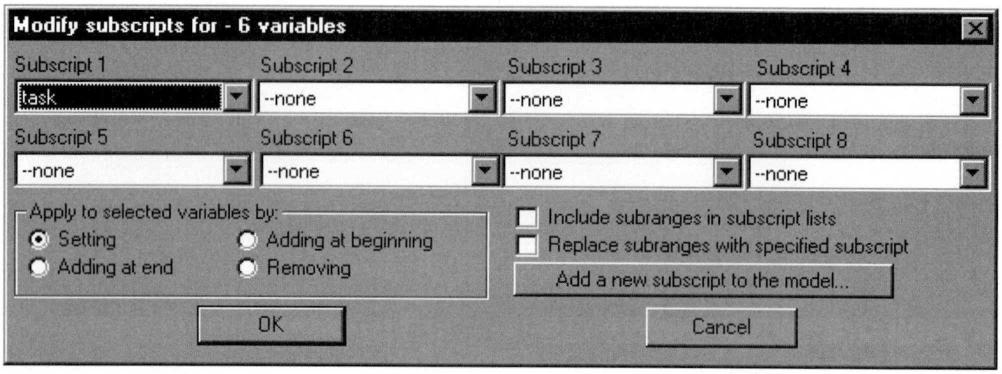

▶ 첫번째 서브스크립트설정 부분의 드롭다운 박스 버튼을 클릭하고 **task**를 선택한 뒤 **OK** 버튼을 클릭한다.

모델상의 모든 변수들이 서브스크립트인 *task*를 갖게 된다. 알아둘 것은 스케치 화면은 이러한 서브스크립트를을 보여주지 않는다. 이 서브스크립트는 당신이 어떠한 변수를 선택하여 활성화 시켰을 때 타이틀 바에 나타나고 이를 확인하기 위해서는 수식을 열어봐야 한다.

▶ **Equations** 도구를 선택하고 *work accomplishment* 변수를 클릭한다. 수식이 아래와 같이 나타난다.

```
work accomplishment[task]= max work accomplishment[task]*
task is active[task]
```

서브스크립트는 Vensim에서 사각형 괄호내에 나타내어 진다. 만일 어떤 변수에 하나 이상의 서브스크립트가 존재하는 경우, 각기 다른 서브스크립트들은 쉼표 기호를 통해 구분한다 (*e.g., inventory[store,item]*).

서브스크립트 활용에 있어서 가장 중요한 규칙은 하나의 서브스크립트는 어떤 수식의 우측에 나타내어 져야 하는 것이고 좌측에는 수식이 나타내어 져야 한다는 것이다.메뉴에서 **Edit>Set Subscripts** 명령을 선택하고 모델을 체크하거나 시뮬레이션을 시도하려고 하면 어떤 에러를 보고할 것이다. 이것은 모델 수행과정의 일부분이지 실제 문제는 아니다.

▶ **Cancel** 버튼을 클릭해서 수식 편집창을 닫는다.

17.6 수식 설정 Constant Equations

모델상의 모든 수식이 동일하게 만들어져 있는 우리가 지금까지 만들었던 것들을 수정하도록 한다. 특히, *task size* 변수의 수식을 보자.

```
task size[task] = 180
```

이 수식은 각 *task*는 180이라는 크기의 과업이라는 것이다. 서브스크립트의 활용 목적의 일부는 다른 값들을 각기 다른 요소로 표현하는데 있다. 이것은 본 장 후반에 다시 논의 되겠지만, 하나의 변수에 다중 수식을 설정하는 것으로 할 수 있다. 여러 개의 상수값을 갖게 하기 위해서는 숫자들에 쉼표 표시를 하여 연속적으로 입력하는 것으로 설정할 수 있다.

▶ *task size*를 활성화해 수식 편집창을 불러온 과거의 값인 180이라는 값을 아래와 같이 대체한 후 **OK** 버튼을 클릭한다.

```
task size[task] = 180, 250, 500
```

▶ 이와 같은 방법으로 *max work accomplishment* 변수의 값을 아래와 같이 설정한다.

```
max work accomplishment[task] = 8, 10, 15
```

17.7 벡터합수 Vector Functions

우리는 이제 모든 과업들의 수행결과들의 합을 설명하기 위해 모델에 하나의 변수를 추가할 것이다.

▶ **Variable** 도구를 클릭한다. *Work Done* 변수 아래에 변수를 하나 스케치하고 이름을 *total work done*로 설정한 후 엔터키를 입력한다.

▶ **Arrow** 도구를 선택하고 *Work Done* 변수와 *total work done* 변수를 선택한다.

▶ *total work done* 변수에 대한 수식 편집창을 연다.

▶ **Variables** 리스트에 *work done* 변수를 클릭한다.

당신이 이를 실행하면 다음과 같은 수식이 추가되어진 서브스크립트를 읽어 들이게 된다.

```
total work done = work done[task]
```

이 수식은 완전한 것이 아니다. 만일 당신이 이 시점에서 모델을 체크하게 되면 *task*의 우측에 에러메시지가 나타나게 될 것이다. *work done*은 반드시 서브스크립트 *task*를 포함해야 한다. 그러나 *total work done* 변수는 그러할 필요가 없다. 왜냐하면 이는 모든 과업들을 포함하고 있기 때문이다. 이를 위해서 우리는 SUM 함수를 사용한다.

```
total work done = SUM(work done[task!])
```

! 선언기호는 우리가 모두 합하고자 하는 모든 서브스크립트 레인지의 합을 의미한다. 이번 실습에서는 하나의 서브스크립트를 가지고 있기 때문에 괜찮지만 하나의 변수는 최대 8개까지의 서브스크립트를 포함할 수 있으며, SUM 함수 등이 사용되는 구조에서는 굉장히 중요한 부분이다.

▶ 위의 수식 편집창에 나타나는 것처럼 SUM 함수와 서브스크립트를 입력한다. 단위로는 *drawing*을 입력한다. 수식을 입력한 후에 수식 편집창 좌측에 있는 **Supplementary** 항목을 반드시 체크하도록 한다. 또한 이렇게 함수 구문과 사용할 때에는 ! 선언문을 입력하는 것을 잊지 않도록 한다. 그다음에는 **OK**를 클릭한다.

17.8 수식편집창에서의 서브스크립트 Subscripts in the Equation Editor

Edit>Set Subscripts 명령을 사용하기 위해서는 수식 편집창을 활용해서 변수에 서브스크립트를 추가할 수 있다.

수식 편집창 내에서 서브스크립트를 추가하는데 여러 개의 방법이 있다. 가장 간단한 방법은 이름을 입력하는 텍스트 박스에 커서를 놓고 목록상자에 나타나있는 서브스크립트를 클릭하는 것이다.

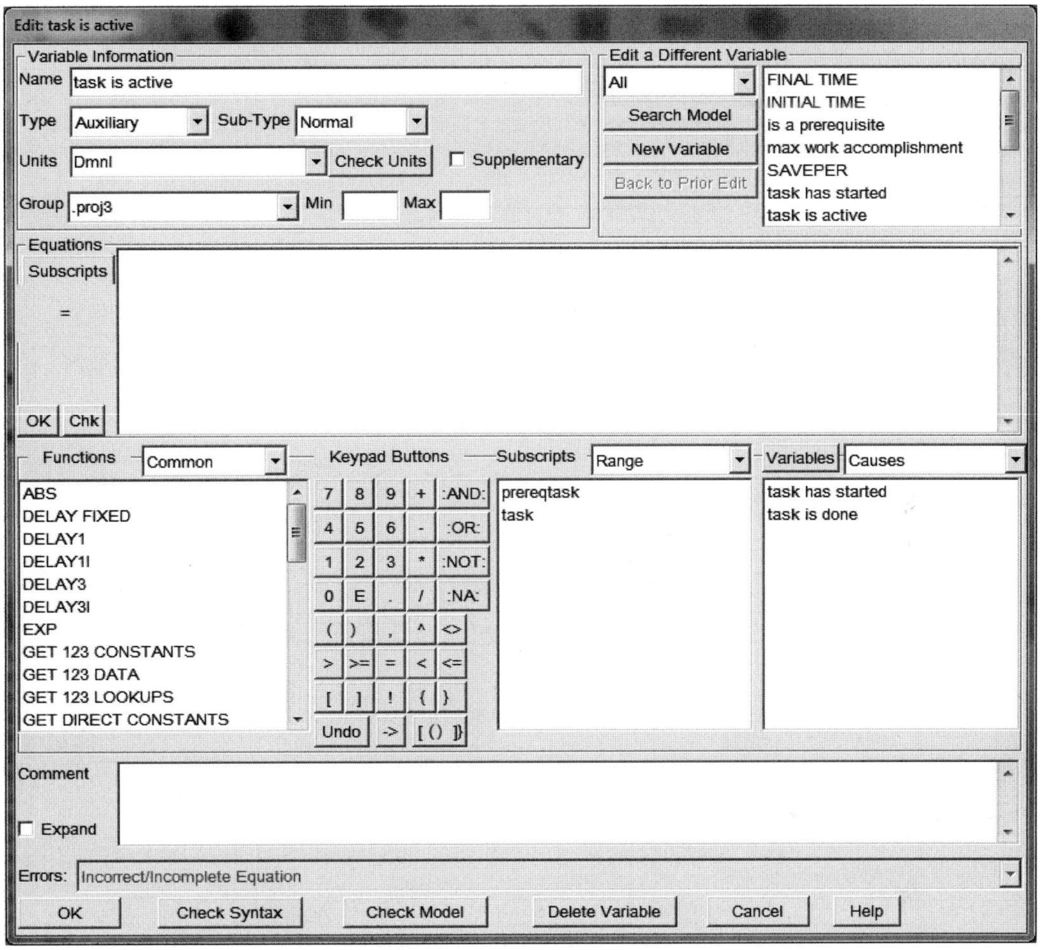

이것은 서브스크립트 관리 영역에 서브스크립트화 되어있는 것을 나타내어 준다. 또한 이는 당신이 서브스크립트 버튼을 누르면 나타날 것이다.

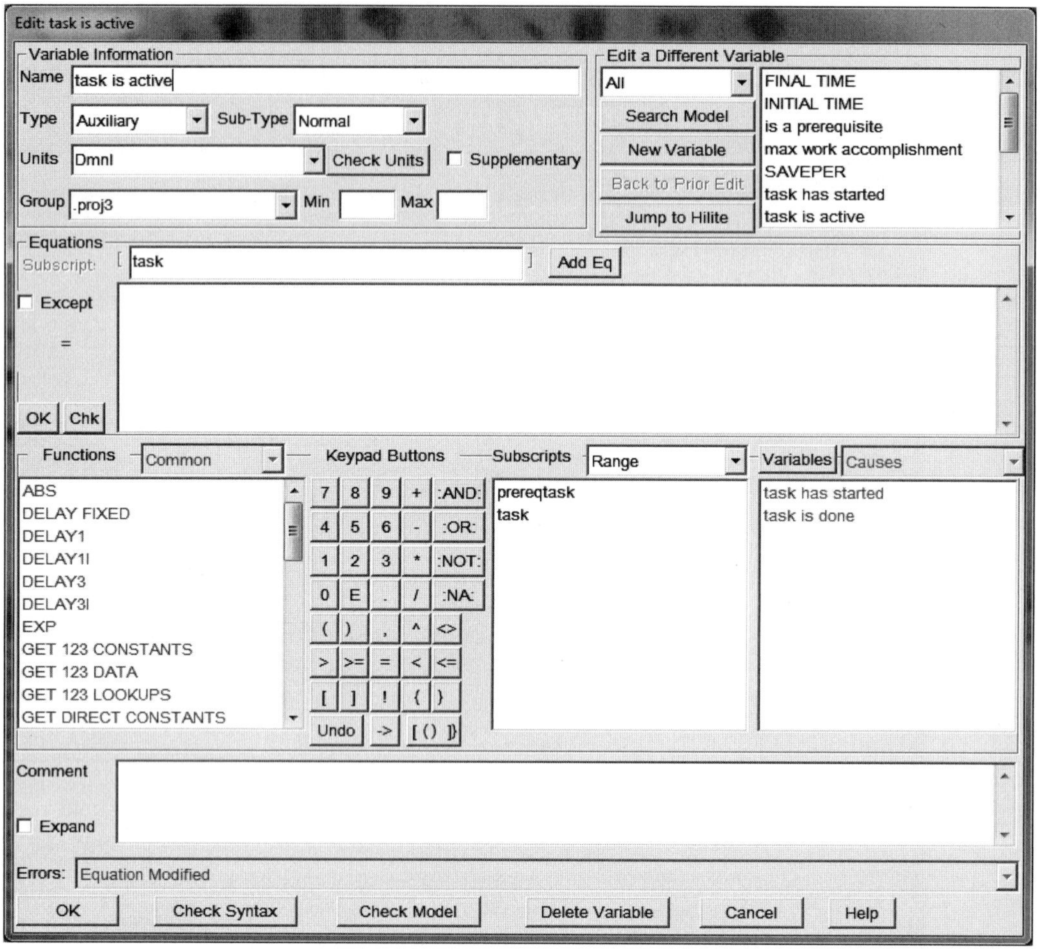

당신은 이제 원한다면 서브스크립트 입력상자에 적합한 위치에 커서를 놓고 선택하면 추가적인 서브스크립트를 생성할 수 있다. 이외에 부가적인 옵션들은 별도의 레퍼런스 매뉴얼에 담겨있는 "다중 수식(Multiple Equations)" 설정하기에 기술되어 있다.

수식을 아래와 같이 입력하면 본 모델이 정상적으로 읽어들여지게 된다.

```
task: design,prototype, build

max work accomplishment[task] = 8, 10, 15

Units: Drawing/Month

task is active[task] = IF THEN ELSE

        (Work Done[task] < task size[task] , 1, 0)

Units: Dmnl

task size[task] = 180, 250, 500
```

```
Units: Drawing
work accomplishment[task] = max work accomplishment[task] *
       task is active[task]
Units: Drawing/Month
Work Done[task] = INTEG(work accomplishment[task], 0)
Units: Drawing
Work To Do[task] = INTEG(-work accomplishment[task],task
size[task])
Units: Drawing
total work done = SUM(Work Done[task!])
Units: Drawing
```

17.9 서브스크립트 요약 Subscript Summary

알아둘 것은 위의 모든 수식들 중에서 마지막 수식을 제외하고는 서브스크립트가 좌측에 있는 것과 동일하게 되어 있다는 것이다. 상수값들을 위해서 왼쪽에 서브스크립트 *task*가 나타나있고 오른쪽에 각각의 과업을 의미하는 3개의 값이 들어있다. 대부분의 보조변수(Auxiliaries)에서 서브스크립트 *task*는 좌측과 우측에 모두 나타나게 된다. 여기서와 같이 차별화된 task 구문이 다른 수식들간의 차이를 야기한다.

여기서의 예외가 마지막 수식이다. 여기서는 *task*가 우측에만 나타나 있다. *total work done* 변수는 다른 3개의 과업이 완료된 결과의 합을 하나의 값으로 대변하는 것이다. 서브스크립트 함수인 SUM은 Vensim 프로그램에 ! 기호를 통해 선언한 모든 변수와 서브스크립트들의 값을 더해서 하나로 만들라고 알려준 것이다. 때때로 하나 이상의 서브스크립트 레인지가 하나의 수식에 사용될 때가 있는데, 중요한 것은 이러한 선언문 기호가 함수 구문을 정상적으로 활성화 하는데 사용된다는 것이다(여기서는 SUM 함수).

▶ 메뉴에서 **Model>Check Model**(단축키는 Ctrl + T)를 선택한다.

당신은 "Model is OK"라는 메시지를 받게 될 것이다. 만일 이 메시지를 못받았다면, 아마 "Incorrect number of subscripts for ···(변수이름)"라는 메시지를 받게 될 것이다. 그리고 부정확한 수식이 위치되어 있는 변수의 수식 편집창이 열리게 된다. 위에 정리되어 있는 수식과 일치하도록 다시 점검하도록 하자. 다르게 들어가 있는 수식을 찾아내어 수정한 후 **OK**를 클릭한다. 그다음에 메뉴에서 **Model>Check Model**를 다시 선택하도록 한다.

17.10 시뮬레이션과 분석 Simulation and Analysis

▶ 편집상자에서 **Runname**을 더블 클릭한 후 데이터셋의 이름(*e.g., run2*)을 설정한다. 그다음 **Simulate** 버튼을 클릭한다.

모델의 시뮬레이션 후, **Datasets Control**을 활용해서 당신이 이전에 수행한 결과를 내보내고

▶ *Work Done* 변수를 더블 클릭한 후 분석 도구에 있는 **Graph** 도구를 클릭한다.

*design*이라는 서브스크립트가 사용된 *Work Done* 변수의 변화 행태를 나타내게 될 것이다.

▶ 도구모음에서 **Subscript Control** 버튼을 클릭한다. 서브스크립트 설정창이 열린다. 여기서 **All** 버튼을 클릭하고, **Graph** 도구를 다시 클릭해본다.

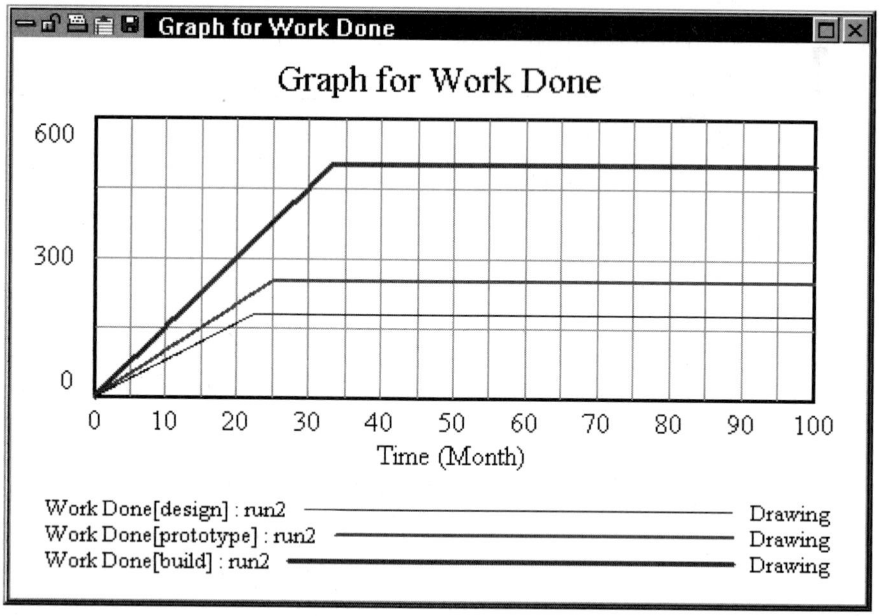

모든 서브스크립트가 선택되어 졌기에, 모든 과업의 수행 결과가 그래프에 나타나게 된다. 당신이 끌어오는 모든 분석 도구는 서브스크립트 설정창에서 선택되어 반영된 모든 결과를 표현해준다.

▶ *total work done* 변수를 클릭하고 **Causes Strip graph** 도구를 선택한다.

결과물은 *total work done* 변수의 변화 행태와 이의 원인 변수들의 변화 행태를 보여준다. 여기서는 선택되어진 서브스크립트의 수가 부적합하다. 왜냐하면 *total work done* 변수의 원인 변수들이 선행관계의 의미 없이 모든 과업들로 표현되어지기 때문이다.

17.11 서브스크립트의 고급 활용 Advanced Subscript Model

본 프로젝트 모델은 세개의 독립된 과업을 포함하고 있는 프로젝트가 단계적으로 처리되도록 할 것이다. 각각의 과업은 반드시 다음 과업이 시작되기 전에 먼저 시작되어진 과업이 종료되어야만 한다. 즉 각각의 과업은 다음 단계의 과업을 시작하기 위한 전제조건이라는 것이다. 각각의 과업이 단계적으로 완결되는 구조가 정확하게 모든 과업이 끝나는 것이다.

▶ *UserGuide\chap17\complete* 폴더에 있는 *proj3.mdl* 모델을 불러온다.

혹은

▶ **New Model** 버튼을 클릭하고 TIME STEP을 0.125로 맞춘 후 **OK** 버튼을 클릭한 뒤 아래의 그림 혹은 *proj3.mdl* 모델 파일에 저장되어 있는 것과 같이 모델을 그려본다.

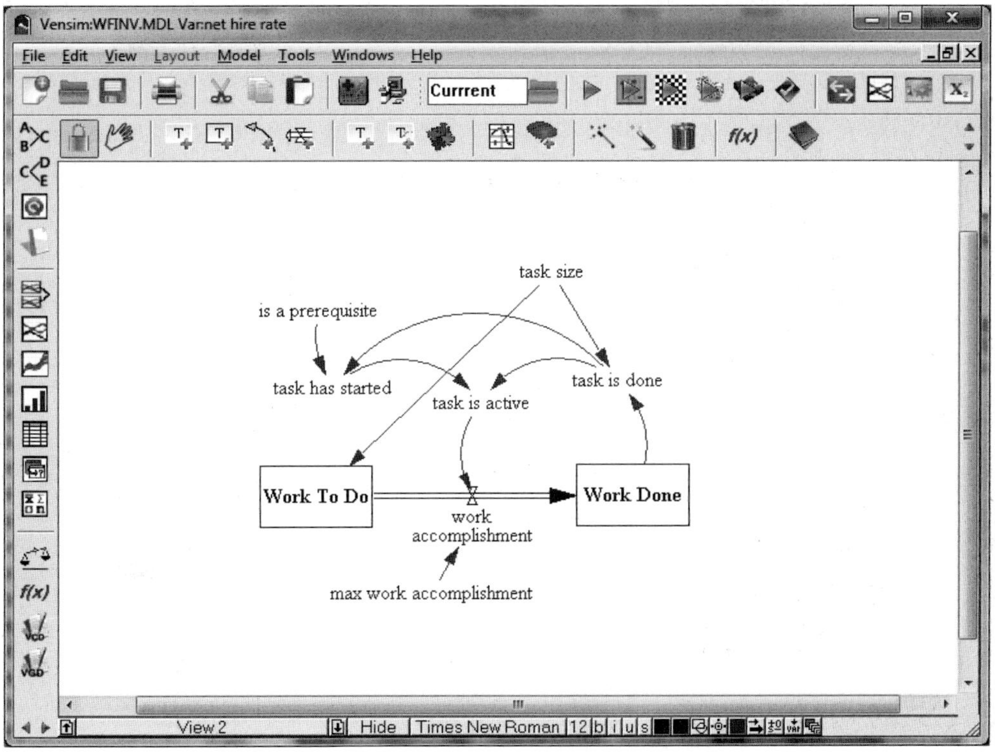

▶ **Hide Wand** 도구를 선택하고 *task size* 변수에서 *Work To Do* 변수로 가는 화살표의 머리 부분을 클릭하여 화살표를 숨겨 놓도록 한다(이는 단지 보여주기 레벨에 순위를 두기 위한 것이다).

17.12 서브스크립트 레인지 조정 Subscript Range

먼저 우리는 과업들을 묘사하기 위한 서브스크립트를 만드는 것이 필요하다.

▶ 도구 모음에서 **Subscript Control** 버튼을 클릭한다.

▶ **New**··· 버튼을 클릭하면 나타나는 대화 상자창에 *task*를 입력하고 엔터키를 누른다. *task*.가 불완전함을 보여주며, 수식 편집기가 열린다.

▶ 아래와 같이 3개의 과업의 이름을 입력한 후 **OK** 버튼을 클릭한다.

```
task:
   design, prototype, build
```

▶ **Equations** 도구를 선택하여 *task size* 변수의 수식 편집창을 열도록 한다.

▶ 값으로 180, 250, 500을 입력한다.

▶ task size 변수의 오른쪽 위에 있는 편집 상자를 클릭한다. 이제 **Subscripts** 탭을 클릭하고 *task* 변수를 클릭한다. Vensim은 사각형 괄호를 추가할 것이고 당신의 수식이 읽혀 들여지게 된다.

```
task size[task] = 180,250,500
Units: Drawing
```

▶ 다른 수식들을 계속 입력한다.

당신은 작업하면서 **Variables**와 **Subscripts** 탭의 이동이 필요할 때가 있다. 알아두어야 할 것은 **Variable** 탭에 있는 변수의 이름을 클릭하여 여기에 서브스크립트를 한번 추가하게 되면, 수식안에 서브스크립트가 놓여지게 된다. 그래서 각각의 변수를 위해서 당신은 수식을 작성할 때 중복되거나 얽히지 않게 한번에 서브스크립트를 입력하는게 필요하다. 아래에 있는 수식을 입력해 본다.

```
Work To Do[task] = INTEG(- work accomplishment[task],
        task size[task]
Units: Drawing
```

▶ *Work To Do*. 변수에 **Supplementary** 항목을 체크한다.

```
Work Done[task] = INTEG(work accomplishment[task], 0)
Units: Drawing
```

```
work accomplishment[task] = IF THEN ELSE(task is
   active[task],max work accomplishment[task],0)
Units: Drawing/Month
```

work accomplishment 변수에는 각각의 과업들이 활성화되고 있는 동안 과업의 수행량이 최대치에 도달하면 업무가 종료되는 구조를 설명하기 위해 IF THEN ELSE 함수가 사용되었다.

```
max work accomplishment[task] = 8,10,15
Units: Drawing/Month
```

남아 있는 4개의 변수들은 각각의 과업들의 관계를 묘사한다. 만일 어떤 과업이 선행되는 과업이 존재하지 않는다면 그 과업은 즉시 시작될 수 있다. 만일 전제조건으로 충족되어야 하는 선행 과업을 가지고 있다면 그 과업이 시작되기 전에 반드시 선행과업이 완료되어야만 한다.

17.13 Mapping Subscripts

어떠한 하나의 과업은 단독으로 진행되는 과업일 수도 있고 또다른 과업의 선행 작업일 수 있다. 이러한 두가지 상황의 과업의 개념을 하나의 수식으로 묘사하기 위해서 우리는 또다른 서브스크립트 레인지를 정의하도록 한다. 각각의 서브스크립트들을 상호 연동시키는 이런 프로세스를 매핑(mapping)이라고 부른다. 이 프로젝트 모델에서, 각각의 과업은 다른 과업들의 잠재적인 선행 과업이다. 그래서 우리는 제일 먼저 매핑 기호인 〈 〉를 활용하여 서브스크립트 레인지를 동일한 차원으로 맞추어 주는 작업이 필요하다.

▶ 도구 모음에서 **Subscript Control** 버튼을 클릭한다. **New**… 버튼을 누르고 대화 상자에 *prereqtask*를 입력하고 엔터를 누른다.

▶ **Type** 아래에 있는 드롭 다운 상자에서 현재 **Normal** 되어 있는 설정을 **Equivalence**로 변경하여 선택한다.

수식 편집기에서 편집 상자의 왼쪽에 등치관계를 상징하는 〈–〉 기호가 보여진다.

▶ 수식 영역에 *task*를 입력한다. 아마 아무 괄호 표시없이 나타날 것이다.

▶ **OK**를 클릭하여 수식 편집기를 닫는다.

당신은 Vensim이 서브스크립트 설정에 새로운 탭을 추가하지 않는 것을 알 수있다. 이러한 등치관계는 하나의 서브레인지(Subrange)로 다뤄진다. 그래서 *prereqtask* 변수는 *task*의 서브 레인지로 별도의 탭으로 분리되어 있지 않다는 것이다. 만일 당신이 prereqtask의 수식을 수정하고 싶다면 수식 편집기에서 **Choose** 버튼을 누르면 된다.

17.14 서브스크립트 변수를 위한 다중 함수 설정

Multiple Equations for a Subscripted Variable

하나의 과업은 선행조건이 완료되어야 진행할 수 있다는 필요 조건이 있다. 이러한 필요 조건은 과업 스스로 충족시킬 수는 없다. 예제에 사용된 과업들을 어떠한 것이 다른 과업의 선행관계이고 진행될 수 있는 것인 지를 하나의 수식의 모음으로 표현할 수 있다(3개의 각기 다른 과업의 3가지의 경우로 풀어 총 9개의 수식 구조인) 예를 들어 prototype 과업을 생각해 보자.

```
is a prerequisite[prototype,design] = 1
is a prerequisite[prototype,prototype] = 0
is a prerequisite[prototype,build] = 0
```

이러한 3개의 수식은 *prototype* 과업이 *design*과업의 선행 조건이라는 것을 의미한다(값이 1인 경우 선행 조건이라는 것임). 그러나 여기서 *prototype*은 *build*의 선행 조건이 아니라는 것이다(값이 0인 경우). 이러한 *prototype*에 대한 3개의 수식을 더 간결하게 하나의 형태로 결합하여 표현할 수 있다.

```
is a prerequisite[prototype,prereqtask] = 1,0,0
```

여기서 알아둘 점은 *design*의 값이 1로 정의되어 있고 나머지 것들의 값이 0으로 정의하여 선행 과업들의 나열된 순서가 실제 과업의 순서와 동일하다는 것이다. 그러나 우리는 3개의 수식들이 아닌 하나의 종합적인 수식이 필요하다는 것이다(당신은 하나의 수식을 2차원의 행렬 값으로 선행 조건들을 표시할 수도 있다. 이는 별도의 Reference Manual을 참고하도록 하자).

- ▶ 텍스트 박스 형태의 변수인 *is a prerequisite*의 이름을 클릭한다.
- ▶ 서브스크립트 탭의 목록상자에 있는 화살표를 클릭한다. 드롭다운 리스트에서 서브스크립트 레인지로 **task－elements**를 선택한다. 3개의 과업들이 목록상자에서 아래와 같이 나타난다.
- ▶ 목록상자 안에 나타나는 *design* 서브스크립트를 선택한다. 이제 이것이 커서가 놓여져 있

는 위치에 서브스크립트가 들어가게 된다.

- ▶ 목록 상자의 드롭다운 화살표를 클릭한다. 드롭다운 리스트에서 **Range**를 선택한다. 이 목록상자는 이제 **Range**를 말하는 것이고 다른 두개의 서브스크립트 레인지들이 상자의 아래에 등록된다.

- ▶ *prereqtask* 레인지를 선택한다.

- ▶ 커서를 수식 편집 상자에 가져가고, 값에 쉼표를 활용해서 0,0,0으로 입력하고 단위를 아래와 같이 설정한다.

```
is a prerequisite[design,prereqtask]= 0,0,0
Units: Dmnl
```

이것은 다른 것들의 선행과업들을 의미하는 3개의 수식중 첫번째인 것이다. 이제는 다음 두 개의 수식을 만들어 보자.

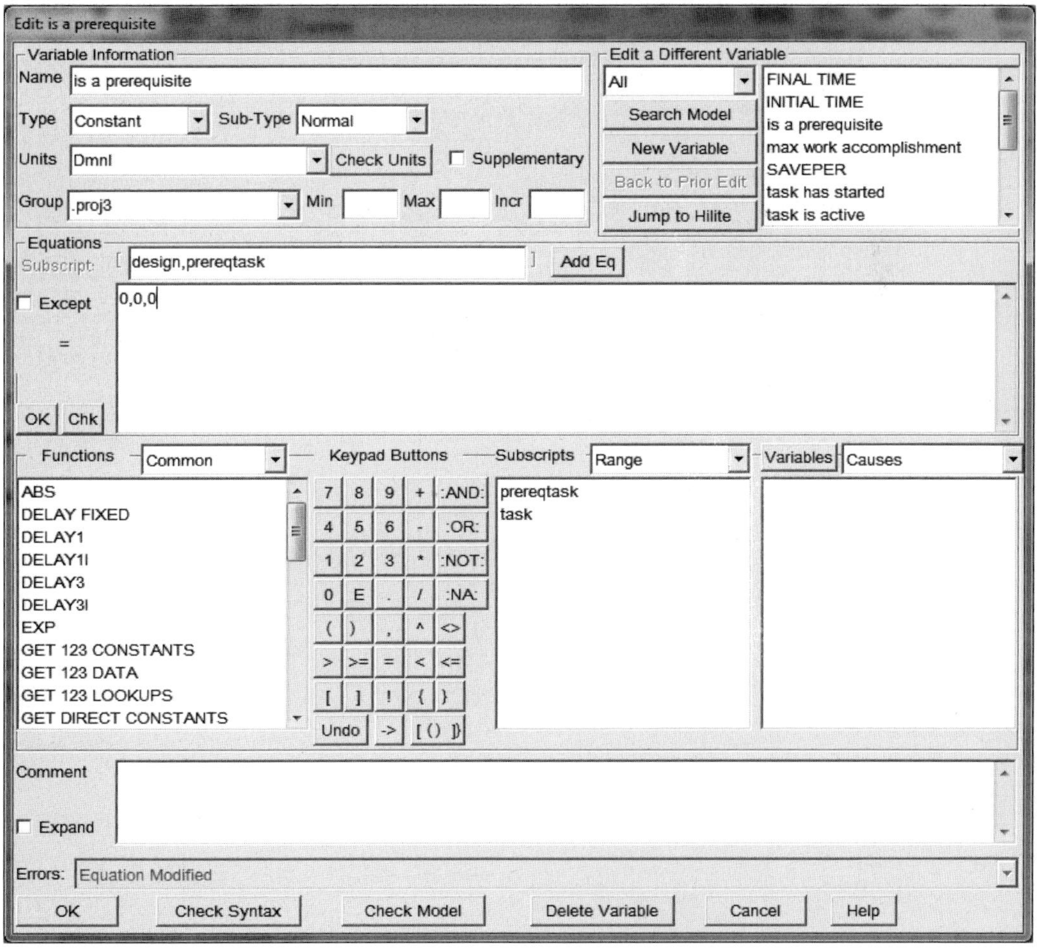

▶ 서브스크립트 행에 나타나있는 **Add Eq** 버튼을 클릭한다.

is a prerequisite 변수의 두번째 수식이 추가된다. 만일 당신이 수식 편집기에서 빠져나가고 다시 열 경우에 Vensim의 수식 편집기는 자동으로 서브스크립트에 [task,task]를 추가할 것이다. 이는 이전의 수식과 동일한 구조이다. 만일 당신이 아래에 있는 과정들을 따른다면 *is a prerequisite*는 아무런 서브스크립트 없이 나타난다.

▶ 만일 *is a prerequisite* 서브스크립트가 있다면 삭제한다.

▶ 수식의 아래에 새로운 서브스크립트를 입력하거나 혹은 서브스크립트 목록 상자에 있는 것을 선택한다.

```
is a prerequisite[prototype,prereqtask] = 1,0,0
```

단위는 아마 미리 입력되어 있을 것이다. 하나의 변수에는 오직 하나의 단위만 사용된다는 것에 유의하자.

▶ AddEq 버튼을 다시 한번 누른 후, 수식을 아래와 같이 기입한다. 새로운 서브스트립트에 이름을 채우던가 목록 상자에 있는 것을 선택한다.

```
is a prerequisite[build,prereqtask] = 1,1,0

Units: Dmnl
```

당신은 숫자 리스트 상의 드롭다운 화살표를 클릭하거나 다른 곳을 나타내는 화살표를 클릭하여 이 수식들 사이를 이동할 수 있다. 만일 당신이 방향을 마음대로 이동할 경우에 화살표가 나타나게 된다. 당신이 수식에 추가한 대로 수식의 갯수가 아래와 같이 타이틀 바에 목록으로 추가되어 나타난다. 당신이 더 이상 원치않거나 지우고자 하는 경우에는 Remove button을 이용한다.

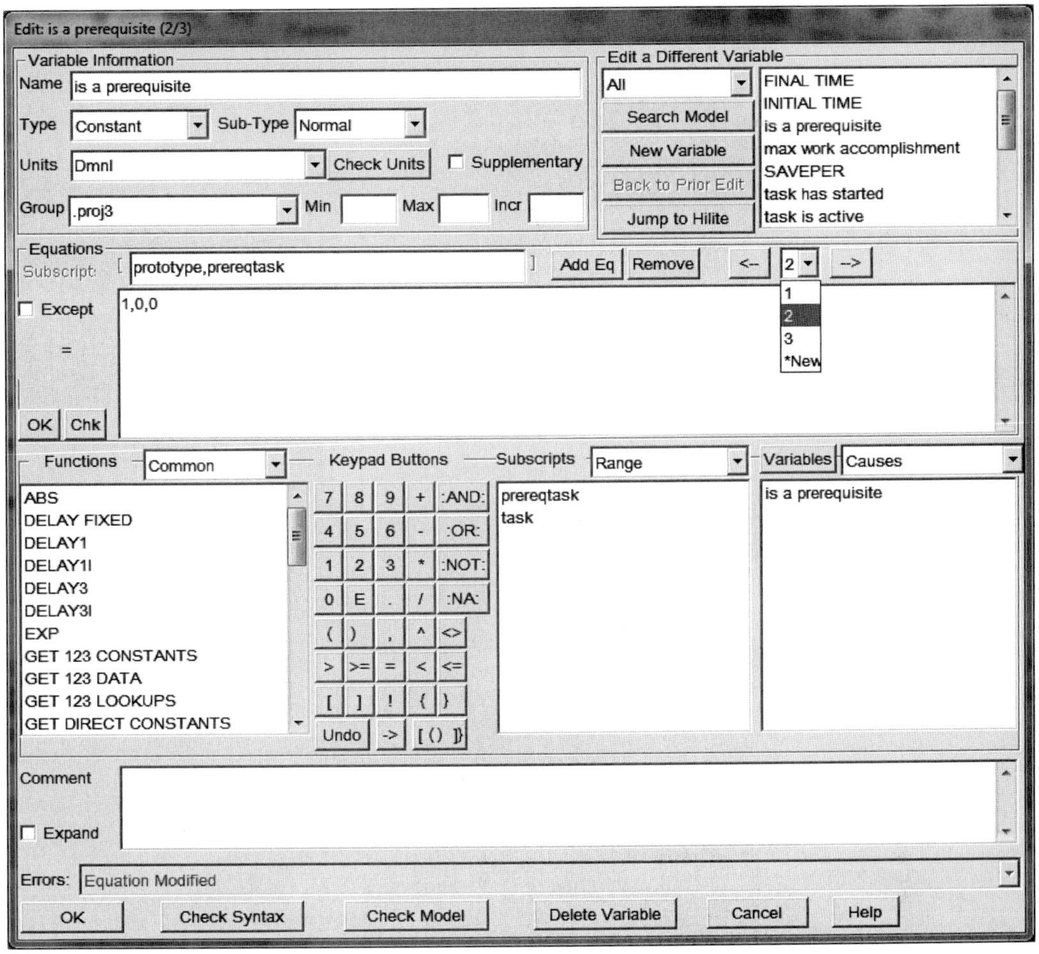

▶ OK를 클릭해 수식 편집기를 닫는다.

NOTE 2차원 행렬값을 활용하는 것이 더 간결한 방법이다. 아래에 있는 단일 수식은 당신이 *is a prerequisite*. 변수에 입력했던 3개의 수식과 동일한 내용을 의미한다.

```
is a prerequisite[task,prereqtask] = 0,0,0;   1,0,0;   1,1,0;
```

우리는 여기서는 단지 하나의 변수에서 어떻게 다중 수식으로 처리하는 것을 알고자 하는 것이기에 여기서는 사용하지 않는다. 본 장의 실습을 위해서 우리는 2차원 행렬을 사용할 수도 있었다. 그러나 많은 경우에는 이렇게 사용되기 불가능하다. 그리고 다중 수식의 컨셉은 상수뿐만이 아니라 모든 형태의 모델 변수에 적용할 수 있다.

17.15 논리적 함수와 수행 Logical Functions and Operators

과업들은 다른 이전의 업무들이 완전히 수행되었을때 종료된다고 할 수 있다. 더 복잡한 모델에서는 우리들은 선행 조건의 준비를 정의할 목적으로 *task size*의 일부분을 수행되게 설정할 수도 있다.

하나의 논리적인 IF THEN ELSE 함수는 >=와 같은 관계 연산자를 활용한다. 이는 어떠한 논리연산의 수행 결과가 참일 경우 YES라는 결과를 호출하고 THEN 부문에 정의한 수식의 일부분으로 전환한다. 그렇지 않을 경우나 수행 결과가 NO로 호출되는 결과에서는 ELSE 부문에 정의한 수식의 일부분으로 전환된다.

▶ *task is done* 변수를 클릭한다. 그리고 아래의 수식을 입력한다.

```
task is done[task] =
   IF THEN ELSE( Work Done[task] > = task size[task], 1, 0)
Units: Dmnl
```

마지막 두개의 수식들은 더욱 복잡한 논리적인 함수 구문으로 사용된다. *is a prerequisite[task], task has started[task]* 그리고 *task is done[task]* 변수의 값은 이진수(0과 1)로 되어 있다. IF THEN ELSE 함수의 논리는 어떠한 문제상황에서 변수의 값이 0이 아닌 경우에는 YES의 값을 반환하고 THEN 구문의 내용으로 이동하게 하고, 변수의 값이 0으로 되는 경우에 NO의 값을 반환하고 ELSE 구문의 내용으로 이동하게 하는 것이다. 변수에 IF THEN ELSE을 활용 하는 것은 우리가 지금 실습하고 있는 것처럼 변수의 값으로서 0과 1의 값을 갖고 있을 경우에 유용하게 표현될 수 있다. 단순한 하나의 수식에 IF THEN ELSE를 사용하는 것은 현명한 수식 설계가 아닐 수도 있다.

첫번째 수식은 논리적 연산자인 :AND: 그리고 :NOT를 활용해서 그 과업이 활성화되어 있는가 아닌가를 묘사하는 것이다. 만일 과업들이 *AND* 조건으로 시작되었으나 NOT 조건으로 완료되지 않았다면, 그 과업은 아직 활성화(값이 1인 경우)되어 있다는 것이고 그렇지 않을 경우 비활성화(값이 0인 경우)되었다는 것이다.

▶ *task is active* 변수를 클릭한다. 그리고 아래의 수식을 입력하고 **OK**를 클릭한다.

```
task is active[task] =
   IF THEN ELSE(task has started[task] :AND:
   :NOT: task is done[task], 1, 0)
Units: Dmnl
```

17.16 VMIN 함수 VMIN Function

마지막 수식은 마찬가지로 설명이 더 필요한 부분이다. 과업을 시작하게 하기 위해서 어떠한 선행 과업이 반드시 먼저 종료되어야 한다. 우리는 선행 조건들을 정의한 더 복잡한 관계의 수식인 9개 수식의 집합을 입력할 수 있다. 간단한 방법은 하나의 수식으로 각 관계들을 규정하는 것이다.

▶ *task has started*을 클릭하고 수식을 아래와 같이 기입한다. 그리고 **OK**를 클릭한다.

```
task has started[task] = VMIN( IF THEN ELSE
   (is a prerequisite[task,prereqtask!],
   task is done[prereqtask!], 1))
Units: Drawing
```

VMIN 함수를 활용한 이 수식은 선언구문인 ! 표시가 서브스크립트에 되어 있다. 왜냐하면 여기에는 9개의 독립된 값을 갖는 3개의 과업과 각각의 3개의 선행 조건들이 있기 때문이다.

예를 들어 *design* 과업을 보자. *Design*은 아래와 같이 아무런 선행 조건을 가지고 있지 않는다.

```
is a prerequisite[design,prereqtask] = 0,0,0
```

모든 선행 조건들이 0으로 되어 있다. IF THEN ELSE 함수는 *is a prerequisite[design]*의 변수값을 0으로 돌려주고, 1의 값을 반환하는 ELSE 구문으로 넘어가기 위한 논리구문에 위반되는 것이다. 이것은 즉 *design* 과업은 아무런 선행조건을 가지고 있지 않기 때문에 시뮬레이션을 시행하자마자 과업이 시작된 다는 것이다.

다른 예로 *build*를 살펴보자. *Build*는 *design*과 *prototype*을 아래와 같이 선행 조건으로 가지고 있다.

```
is a prerequisite[build,prereqtask] = 1,1,0
```

IF THEN ELSE 함수는 *is a prerequisite[build,prereqtask]*의 3개의 선행 조건을 계산하여 2개의 경우에 1의 값을 나타낸다. 각각의 경우에서는, 이 값이 THEN에 대응되는 값으로 이동하게 된다. 만일 *prototype* 과업이 종료되면 *task is done* 변수가 1의 값을 반환하고 그렇지 않으면 0을 반환한다. 만일 0의 값을 반환하는 모든 경우에서는 선행조건의 종료없이 해당 과업이 시작되는 것을 방지하기 위해 VMIN 함수값 또한 0의 값을 반환할 것이다. 모든 선행 조건 과업들이 1의 값을 반환하면, VMIN 함수도 1을 반환하고 이는 모든 과업들이 최종적으로 시작됨을 의미한다.

▶ 메뉴에서 **Model>Check Model** 항목을 선택한다(단축키는 Ctrl + T).

▶ 메뉴에서 **Model>Units Check**…항목을 선택한다(단축키는 Ctrl + U).
당신의 모델의 체크결과가 OK로 나와야 한다. 만일 그렇지 않다면 수식들과 구조들을 위에 있는 것과 비교해서 수정하도록 한다.

17.17 시뮬레이션과 분석 Simulation and Analysis

▶ 편집상자의 **Runname**을 더블클릭하고 데이터셋의 이름을 입력한다(*e.g., sub3*).

▶ **Simulate** 버튼을 클릭한다.

모델 시뮬레이션이 진행된 후에

▶ *Work Done* 변수를 더블 클릭한 후, **Graph** 도구를 클릭한다.
결과물이 *design*이라는 서브스크립트 내에서의 *Work Done* 변수의 변화 행태를 보여주게 된다.

▶ 도구모음에서 **Subscript Control** 버튼을 클릭한다. 서브스크립트 설정창이 열리게 된다. 여기서 **All** 버튼을 클릭한다.

▶ 그다음 **Graph** 도구를 클릭한다.

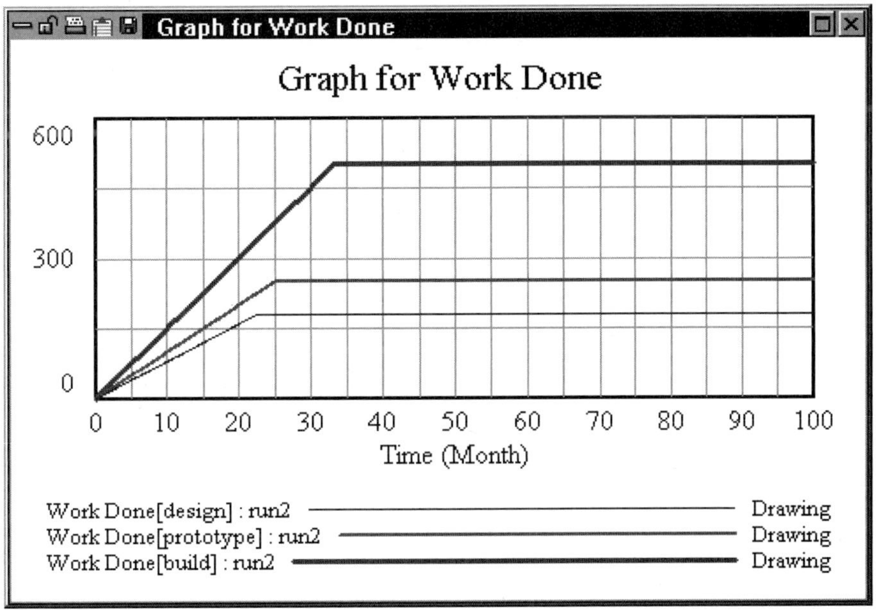

이제 우리는 design을 제외한 각각의 과업의 결과를 볼 수가 있고 선행 작업들이 완료되어야 시작이 되는 구조를 볼 수가 있다.

18 최적화
Optimization

최적화는 Vensim Professional과 DSS에서만 지원하는 기능이다.

무언가를 최적화한다는 것은 쉽게 말하자면 가장 좋은 것으로 만든다는 것이다. 최적화(Optimization)는 추정값의 수치상 타당성을 검정하는 작업(calibration)방식 혹은 선택 가능한 정책 대안들중 최적의 대안을 선택하는 방식이 있다(policy optimization).

최적화를 사용하기 위해서는 "Payoff"라고 부르는 무엇이 좋고 무엇이 나쁜지를 설명해줄 수 있는 개념의 정의가 필요하다. 이 "Payoff"는 시뮬레이션의 결과로서 분석이 얼마나 잘 되었는가 하는 하나의 수치적인 평가 기준이라 할 수 있다. "payoff"는 모델을 하나의 수치로 나타내주며, 이에 대한 정보는 *.vpd*라는 확장자를 갖는 파일에 저장된다.

이러한 payoff를 정의한 다음에는 이 값을 극대화하기 위해 어떠한 변수(상수 형태의 변수)를 선택하여 변화시킬 것인지를 알아보아야 한다. 이 선택에는 "optimization control file" 파일내에 *.voc*라는 확장자를 갖는 파일에 저장되며, 이 파일에는 어떻게 최적화 작업을 수행했고, 어떠한 상황에서 최적화 작업이 종료되었는지에 대한 정보를 가지고 있다.

최적화 작업의 최종단계에는 결과값이 *runname.out.*라는 파일에 저장된다. 어떠한 옵션이 선택되었는가에 따라서 다른 파일이 만들어지게 되며, 이 *runname.out* 파일은 당신의 모델의 최적화를 통해 얻어진 Payoff값의 극대화가 되는 모델 변수값이 저장되어 있다.

NOTE 최적화 작업은 **Stop** 버튼을 클릭하거나 **Esc** 키를 누르게 되면 멈추게 된다.

18.1 Calibration 방식의 최적화 Model Calibration

여기서는 Calibration 방식의 최적화에 대해서 미국 상무성의 실제 데이터로 만들어진 미국 가계의 전기수요 확산 모델을 통해 알아보도록 한다. 전체 미국 가구수는(*Total US Households*) 시간의 흐름에 따라 기하급수적으로 증가하고, 이러한 증가는 '전기 보급가구(*Electric Households*)'와 '전기 미보급 가구(*Non Electric Households*)'의 수를 동시에 늘리게 설계되어 있다. 전기 미보급가구가 전기보급 가구를 만남으로서 전기 보급에 따른 내용들을 접하게 되고 결국에는 시간의 흐름에 따라 전기 보급가구로 전환되게 된다. 새로운 가구들은 전기를 사용하는 기존 가구의 비율에 따라 결정되는데 결국 전기 미보급 가구들이 모두 전기 보급 가구로 바뀌게 되는 확산 행태를 본 모델에서 설명한다.

하나의 모델의 타당성은 모델내의 행태의 변화와 실제 세계에서 수집되어진 시계열 데이터와의 비교를 통해서 검증해 볼 수 있다. 모델이 구조적으로 완벽하고 적절하게 시뮬레이션 되었다면, Calibration 방식의 최적화 작업이 진행되어질 수 있다. Calibration방식은 모델을 실제 현실의 변화와 가장 유사한 형태를 나타내는 함수 곡선을 따르도록 만들어 주는 변수의 값을 찾아주는 최적화 방식으로 설명할 수 있다.

하나하나 수동적으로 모델의 상수값을 바꿔서 이러한 작업을 통해 시뮬레이션 결과와 현실을 좀 더 가깜게 맞추어 내는 것도 가능은 하다. 최적화 해야 하는 변수가 많은 복잡한 모델에서는 수동적으로 값을 찾아내는 것은 시간 소모적인 작업일 것이다. 최적화 작업을 통해서 Vensim은 선택한 변수값을 자동으로 변형해 현실과 가장 가까운 값을 찾아내어 준다.

예를 들어 우리가 본 모델을 설계하면서 "가구 추가 비율" 변수의 값이나 "평균 가구당 인구" 변수의 값을 모르고 있다 하여도 이런 상수 형태의 파라미터 값을 갖는 변수를 선택해서 최적화를 수행하게 함으로써 이 값을 찾아낼 수도 있다. 최적화란 어떤 변수의 수많은 값 중에서 실제 현실에서의 데이터를 참조로해서 현실과 가장 가까운 행태를 나타내는 값을 자동으로 찾아주는 것이다.

▶ *UserGuide\chap18\calibrat* 폴더에 저장되어 있는 *electric.mdl* 모델을 불러오거나 아래와 같이 실습해 보도록 하자.

▶ Time Bounds값은 "INITIAL TIME = 1900", "FINAL TIME = 1979", "TIME STEP = 0.125" 그리고 Time Step 단위는 "Year"로 설정한다.

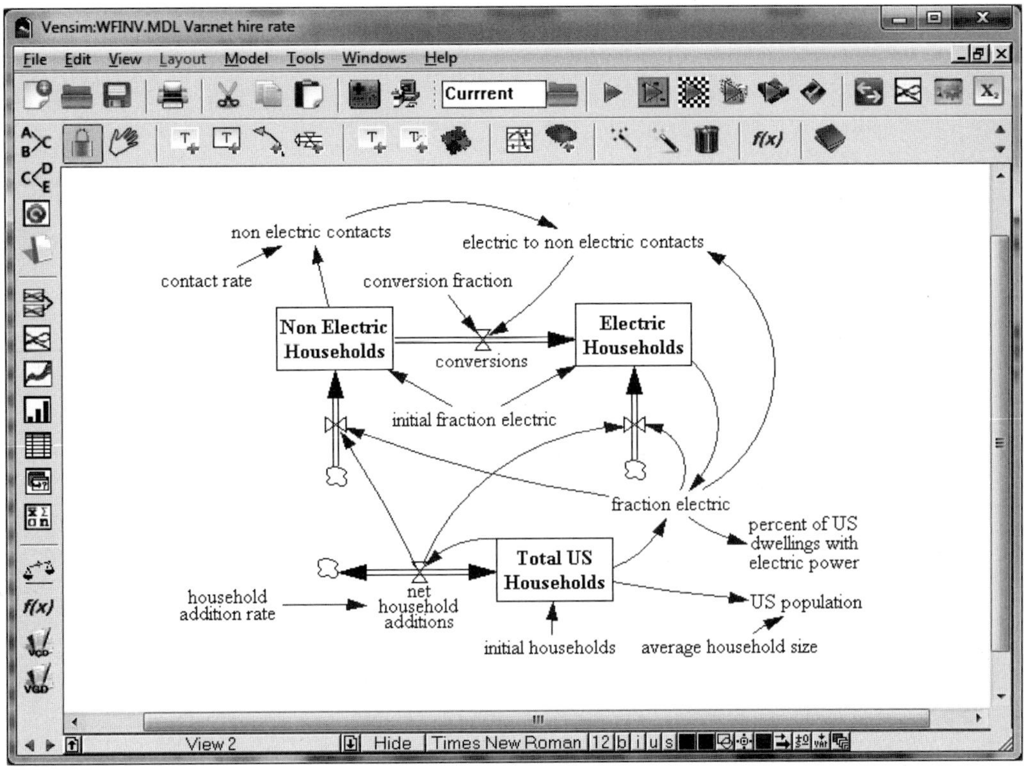

18.2 Electric.mdl 파일의 수식 설정 Electric.mdl Equations

```
average household size = 4
Units: Person/Household
contact rate = 20
Units: Contact/Household/Year
conversion fraction = 0.01
Units: Household/Contact
conversions =
   electric to non electric contacts * conversion fraction
Units: Household/Year
Electric Households = INTEG
   (conversions+ fraction electric * net household additions,
```

```
      initial fraction electric * Total US Households)
Units: Household
electric to non electric contacts =
   non electric contacts * fraction electric
Units: Contact/Year
fraction electric =
   Electric Households/Total US Households
Units: Dmnl
household addition rate = 0.02
Units: 1/Year
initial fraction electric = 0.05
Units: Dmnl
initial households = 2e+007
Units: Household
net household additions =
   Total US Households * household addition rate
Units: Household/Year
   non electric contacts =
Non Electric Households * contact rate
Units: Contact/Year
Non Electric Households = INTEG
   (- conversions + (1 - fraction electric) * net household
      additions,
      (1 - initial fraction electric) * Total US Households)
Units: Household
percent of US dwellings with electric power =
   fraction electric * 100
Units: Dmnl
Total US Households = INTEG
   (net household additions, initial households)
```

```
Units: Household
US population =
   Total US Households * average household size
Units: Person
```

NOTE 만일 당신이 초기값 변수를 선택하고 싶으면 **Choose Variable...** 버튼을 활용한다.

▶ 모델 파일을 저장하고, Editing Box의 Runname을 더블 클릭한 후 원하는 데이터 셋의 이름을 설정한다*(e.g. run1)*.

▶ 모두 완료 되었다면 **Simulate** 버튼을 클릭한다.

18.3 데이터 비교하기 Comparing to Data

*run1*이라고 설정한 데이터 셋에서는 우리가 설정한 원래 모델의 기본적인 상수값이 포함되어 있다. *UserGuide\chap18* 폴더에 실제의 미국인구와 전기보급 가구의 비율에 대한 데이터가 *electric.dat* 이라는 이름으로 저장되어 있다. 이 실제 시계열 데이터와 앞서 시뮬레이션을 수행한 결과를 비교하기 위해서는 우리는 데이터 파일(*.dat* 확장자 형식)을 벤심이 인식할 수 있는 형태(*.vdf* 확장자 형식)로 변환해 주어야 한다.

▶ **Model>Import Dataset**…를 메뉴에서 선택하고 electric.dat 파일을 선택한 뒤 **Open** 버튼을 클릭한다.

"Dat2vdf completed without error"라는 알림창이 나타난다면, 성공적으로 데이터 셋에 시계열 데이터로 변환이 완료 되었음을 의미한다. 전기보급 데이터가 첫번째 데이터 셋으로 등록이 되어지고, 분석도구에서 이를 주데이터 셋으로 활용할 수 있도록 할 수 있다.

▶ 메시지 박스에서 **OK**를 클릭하면 결과 창이 닫아진다.

▶ "*percent of US dwellings with electric power*" 변수를 더블 클릭한다.

▶ **Graph** 도구를 선택하면, run1과 electric라는 두 개의 결과값이 "*percent of US dwellings with electric power*"라는 이름을 갖는 선형 그래프로 나타나게 된다.

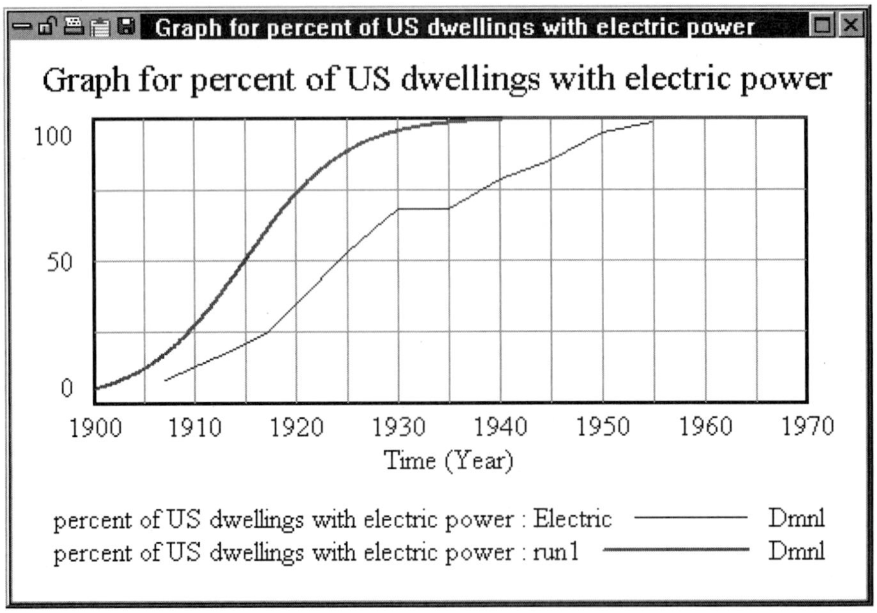

NOTE 시뮬레이션 데이터상(*run1*)에는 확산속도가 실제와는 다르게 매우 빠르게 나타났음을 확인할 수 있다.

18.4 Payoff의 설정 Setting the Payoff

Vensim에서는 최적화 작업을 준비하는 두 가지 방식이 있다: 도구모음에서 **Optimization** 버튼을 클릭하는 것과 Simulation Control 설정창을 이용하는 방법이다.

Calibration 방식의 최적화에서 payoff란 모델을 적합하게 만들기 위한 변수들을 정의하는 것이다. Payoff가 기록된 내용은 *.vpd* (Vensim payoff definition)라는 확장자명을 가진 파일로 저장되고 기본적으로 본 모델과 동일한 이름을 가진 형태로 저장된다(여기서는 *electric.vpd.*).

- Editing Box의 Runname을 더블 클릭한 후 원하는 데이터 셋의 이름을 설정한다(*e.g. run*2).
- 도구모음에서 **Optimization** 버튼 을 클릭한다. 최적화 작업 마법사가 나타나고 Payoff 정의할 수 있게 되며, Calibration radio 버튼이 선택되어 진다.

▶ 편집상자에서 **Variable**에 "*percent of US dwellings with electric power*"를 입력한다(혹은 Sel 버튼을 사용해서 선택할 수 있다).

▶ **Weight** 편집 상자에서 가중치 값을 0.25로 설정하고, **Add Editing** 버튼을 클릭한다.

▶ 변수 편집상자에서 "*US population*"를 입력하거나 **Sel** 버튼을 사용해서 선택한 후, **Weight** 편집상자에서 가중치 값을 3E-7 (0.0000003)으로 설정한다. OK 버튼을 클릭한다.

이 가중치는 다른 변수들 수치간의 양적 규모를 조정해 주는 역할을 한다. 왜냐하면 최적화 분석은 단지 순수한 수치만으로 분석이 이뤄지기 때문이다. 더 큰 규모의 값을 갖는 변수가 상대적으로 적은 규모의 변수에 비해 중요성이 더 크다. 이 가중치라는 수치는 우리가 데이터로 보유하고 있는 숫자들의 신뢰구간과 측정단위 모두를 기준으로 삼는다. "*Percent of US dwellings with electric power*" 변수는 약 50정도의 값을 갖기에 0.25의 가중치를 주었으며, "*US population*" 변수는 약 2억 정도의 값을 갖고 있기에 더 작은 가중치를 준 것이다(30/1억). 이러한 가중치들은 변수들의 표준 편차들을 어느 정도 근사하게 비슷한 수준으로 맞춰주기 위해 사용되어 지는 것이다. Reference Manual에서의 최적화 부분에서는 이러한 가중치들의 의미에 대한 더 많은 함의를 담고 있다.

▶ 아래는 새로운 Payoff Elements이 생성되었을 때 보여지는 다이얼로그 화면이다.

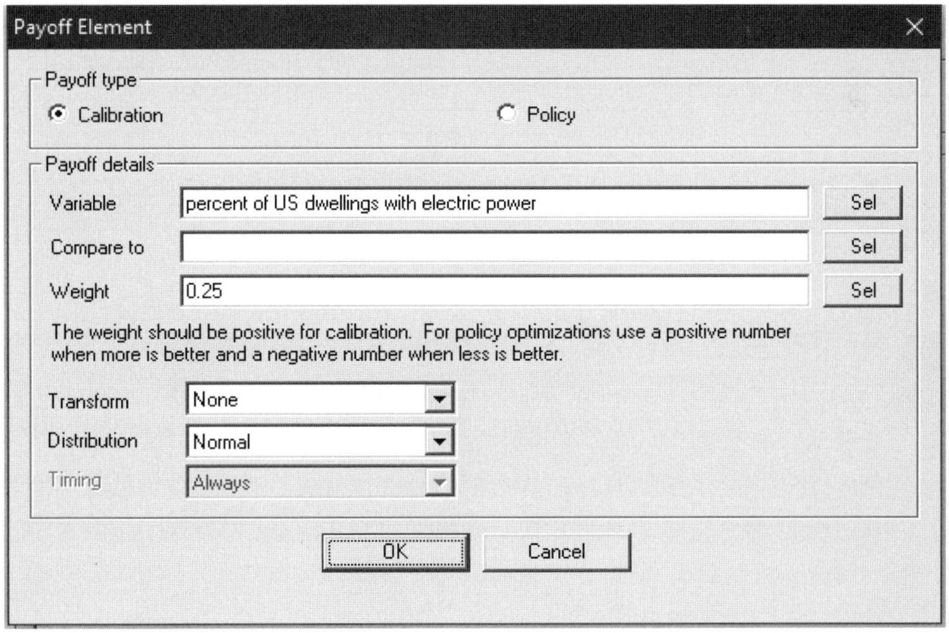

▶ 아래는 양 쪽 Payoff Elements가 생성되었을 때 보여지는 다이얼로그 화면이다.

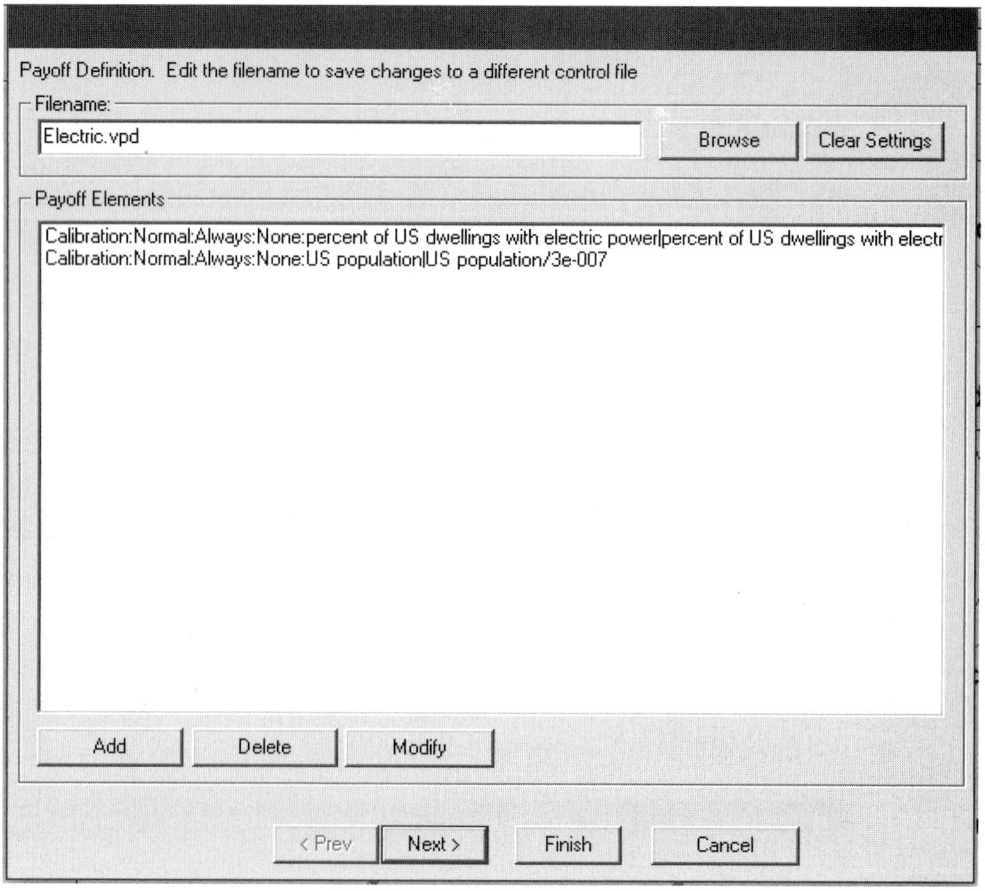

▶ **Next** 버튼을 클릭하면 최적화 설정화면으로 이동하게 된다.

18.5 최적화 파라미터 설정 Setting Optimization Parameters

일단 Payoff가 설정된 다음에는 최적화에 대한 제약 조건이 정의되어야 한다. 최적화 조건 등에 대한 내용은 확장자가 *.voc* (Vensim optimization control)인 파일에 저장된다. 이것도 기본적으로 작업 모델과 동일한 파일명으로 저장된다(e.g., 여기서는 *electric.voc*로 저장). 본 예제에서는 우리는 각 최적화 파라미터에 다양한 설정값을 입력할 수 있지만 우선 상한/하한값만을 입력할 것이다.

▶ **Select Constant...** 버튼을 클릭하고 '*conversion fraction*' 를 선택한 후, 하한값으로 0을(<= 좌측 표시 부분), 상한값으로 0.5를(<= 좌측 표시 부분) 입력한 다음 **Add Editing** 버튼을 클릭한다.

▶ **Select Constant...** 버튼을 클릭하고 *'household addition rate'*를 선택한 후, 하한값으로 0을(<= 좌측 표시 부분), 상한값으로 0.1을(<= 좌측 표시 부분) 입력한 다음 **Add Editing** 버튼을 클릭한다.

▶ **Select Constant...** 버튼을 클릭하고 *'initial fraction electric'*를 선택한 후, 하한값으로 0을(<= 좌측 표시 부분), 상한값으로 1을(<= 좌측 표시 부분) 입력한 다음 **Add Editing** 버튼을 클릭한다.

▶ **Select Constant...** 버튼을 클릭하고 *'initial households'*를 선택한 후, 하한값으로 0을(<= 좌측 표시 부분) 입력한 다음 **Add Editing** 버튼을 클릭한다.

이제 최적화 설정 마법사가 아래와 같이 나타나게 될 것이다.

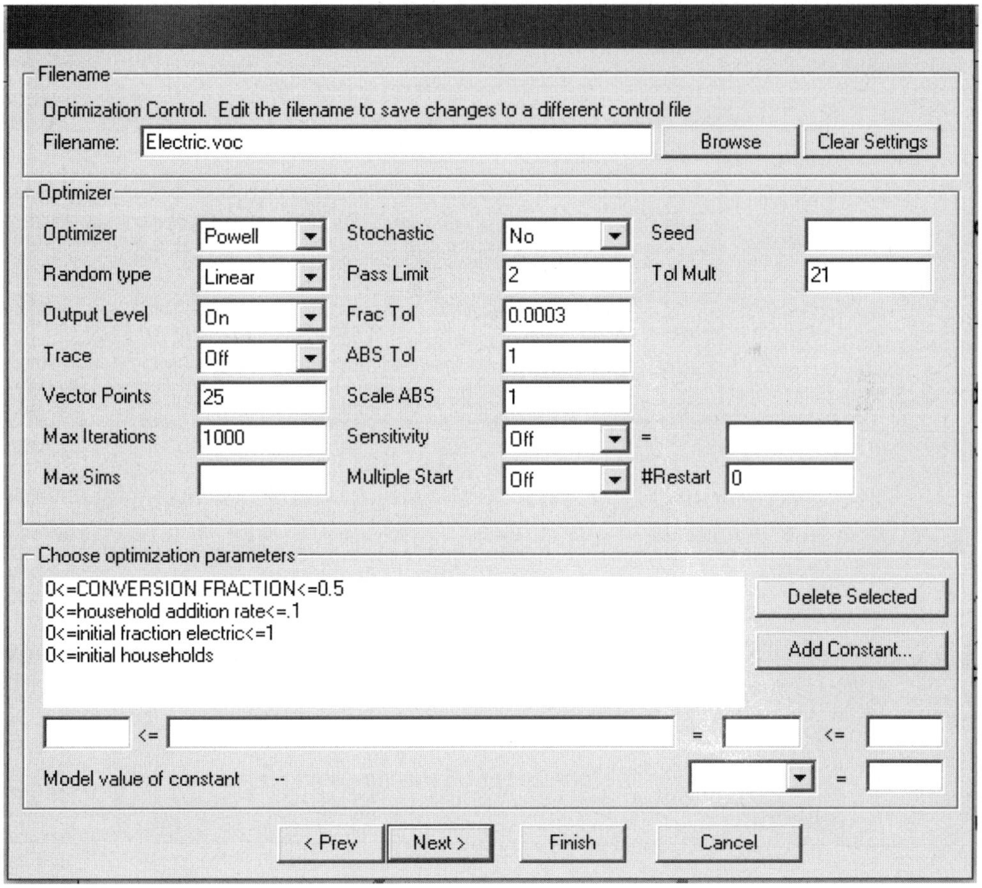

▶ **Next**를 클릭한다.

▶ **Data Sources**··· 버튼을 클릭한 후 *'electric.vdf'* 데이터 셋을 선택한다. 편집상자에서 이름을 그냥 간단히 입력할 수도 있다.

▶ **Finish** 버튼을 클릭한다.

Vensim은 수차례의 시뮬레이션 작업을 수행해서 모델이 실제 데이터와 가장 적합한 결과를 가질 수 있도록 최적의 상수값을 찾아낸다. 최적화 작업의 결과는 아래의 결과창과 같이 나타난다.

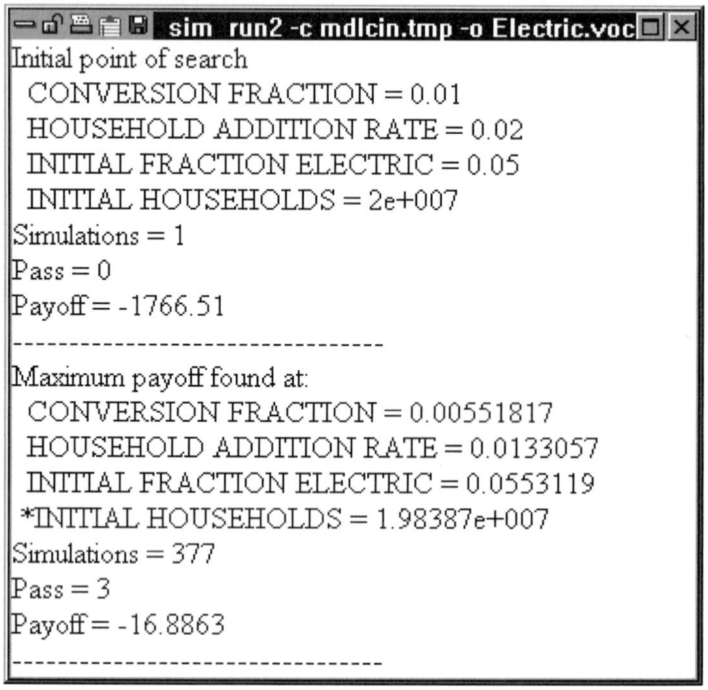

```
sim  run2 -c mdlcin.tmp -o Electric.voc
Initial point of search
  CONVERSION FRACTION = 0.01
  HOUSEHOLD ADDITION RATE = 0.02
  INITIAL FRACTION ELECTRIC = 0.05
  INITIAL HOUSEHOLDS = 2e+007
Simulations = 1
Pass = 0
Payoff = -1766.51
--------------------------------
Maximum payoff found at:
  CONVERSION FRACTION = 0.00551817
  HOUSEHOLD ADDITION RATE = 0.0133057
  INITIAL FRACTION ELECTRIC = 0.0553119
 *INITIAL HOUSEHOLDS = 1.98387e+007
Simulations = 377
Pass = 3
Payoff = -16.8863
--------------------------------
```

기재되어진 Payoff 값을 달성하는데 요구되어지는 최대치의 Payoff 혹은 실제 데이터와 가장 적합한 시뮬레이션 결과의 상수값이 나타나게 된다. 최적 결과값는 현재 시뮬레이션 데이터 셋에 저장되어 있는 상태이다(*run2*).

최적화와 관련된 추가 정보들인 상수들의 최적 결과값 등은 시뮬레이션 Runname과 동일한 이름이고 확장자가 *.out*인 파일에 저장되게 된다(여기서는 *run2.out*).

▶ 만일 활성화된 변수로 '*percent of US dwellings with electric power*'가 선택되지 않았다면 클릭한다.

▶ **Graph** 도구를 클릭한다. 당신은 '*percent of US dwellings with electric power*'를 나타내는 세 개의 데이터 셋(*run1, run2,* 그리고 *electric*)으로 나타나는 선형 그래프를 볼 수 있다.

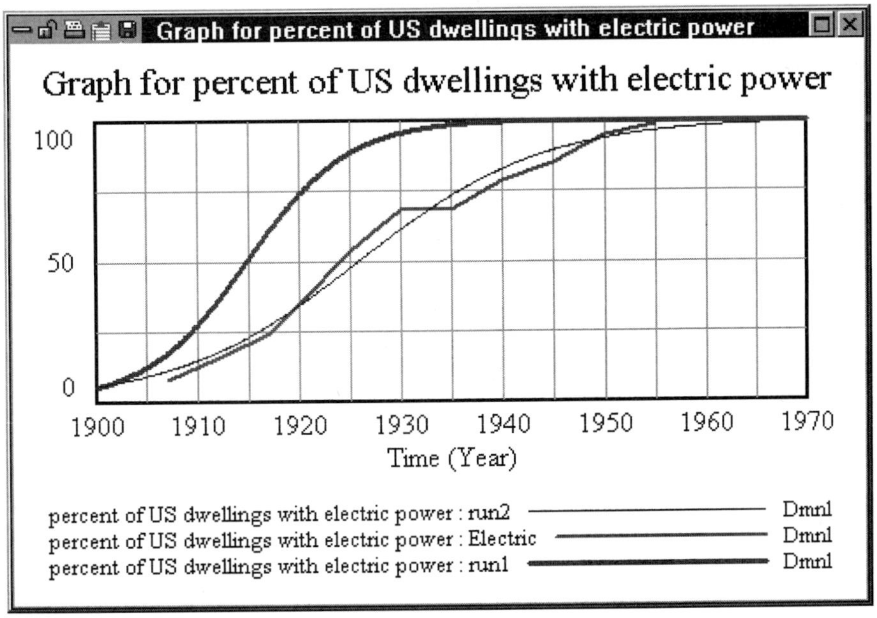

run2 결과값이 우리의 첫번째 시도했던 결과값인 *run1*에 비해서 실제 결과에 더 가까워진 것을 볼 수 있다.

18.6 신뢰구간 계산하기 Computting Confidence Bounds

최적화를 통해서 새롭게 구해진 상수값은 그 안에 불확실성을 내포하고 있으며, 이렇게 최적화를 통해 얻은 상수값은 민감도를 테스트해서 불확실성을 제어할 수 있다. 여기서는 지금까지 수행한 시뮬레이션 결과에 대한 Payoff 값의 민감도가 약 95%의 신뢰구간을 갖도록 가중치를 설정해 보도록 하겠다.

- 도구 모음에서 **Simulation Control**  버튼을 클릭한다.
- *run3* 이라는 새로운 Runname을 입력한다.
- **Advanced** 탭을 선택한다.
- **Optimization Control** 오른쪽에 있는 **Ed...**를 클릭한다.
- **Sensitivity**가 **Off**로 설정되어 있다. **Payoff Value**로 맞춰놓고 우측의 드롭다운 상자에서 값을 4로 설정한다(이는 95% 신뢰구간을 설정한다는 의미이다). 그다음에는 **OK**를 클릭한다.

▶ **Changes** 탭을 선택하고 **Load Changes From** 필드에 *run2.out*이라고 입력한다.

어떠한 최적화의 결과물은 상수값으로 입력되는 값을 통해서 나타내어 진다. 이 파일은 최적화 연산자가 사용자가 작업한 이전의 최적화 작업으로부터 찾아낸 값부터 분석을 시작한다는 것이다.

▶ **Optimize** 버튼을 클릭한다.

▶ 메뉴에서 **File>Edit File...**를 선택한 후, *sensitiv.tab*이라는 파일을 열어본다.
이 파일은 최적화를 통해 추정되는 상수값에 대한 신뢰구간 정보를 가지고 있으며, 아래와 같은 내용이 나타나게 된다.

```
0.00526005 <= CONVERSION FRACTION = 0.00551817 <=
       0.00579413
0.0128454 <= HOUSEHOLD ADDITION RATE =0.0133057 <=
       0.0137479
0.0483586 <= INITIAL FRACTION ELECTRIC =0.0553119 <=
       0.0632539
1.94407e+007 <= INITIAL HOUSEHOLDS = 1.98387e+007 <=
       2.02301e+007
```

▶ 메뉴에서 **File>Close**를 클릭하여 *sensitiv.tab* 파일을 닫는다.

18.7 부가적인 모델 수정하기 Optional Modifying the Model

▶ **Equations** 도구를 선택한다. 최적화 작업을 통해 주어진 결과값이 반영된 상수값을 수정하도록 한다. 당신은 아마도 하나에서 두 세가지의 유의한 결과값만을 원할 것이다.
최적화를 통해 얻어진 결과값은 아래와 같거나 비슷하게 나타날 것이다.

```
conversion fraction = 0.0055
household addition rate = 0.013
initial fraction electric = 0.055
initial households = 2.0e+007
```

이러한 상수값을 당신이 처음에 작업했던 모델에 반영하여 현실과 가까운 시뮬레이션 결과를 얻을 수는 있지만 중요한 것은 모델을 실제 데이터와 비슷하게 구성하는 것이 모델을 정확하게 해준다는 의미는 아니라는 것을 알아두어야 한다. 모델이 실제 데이터와 비슷한 결과를 보여준 것은 단지 그 모델이 알려진 데이터에 의해서 기각될 수 없다는 것을 이야기 해 줄 뿐이다. 이러한 함정에 빠져서는 안될 것이다. 14장에서 설명되어진 Reality Checks는 이러한 것을 확인하는데 매우 유용한 도구가 된다.

18.8 정책 최적화 Policy Optimization

이번에는 판매에 따라 감소되는 재고와 수익을 극대화하기 위한 공급사슬 구조의 최적화를 설명하고자 한다. *stock.mdl* 판매에 의해 감소되는 재고의 구조를 담고 있다. 너무 적은 재고는 판매를 저하시킬 수 있으며, 너무 많은 재고는 이익에 악영향을 준다. 수익을 극대화 하기 위해서는 당신은 재고의 양을 균형있게 하는 것이 필요하다. 또 당신은 재고가 줄어들면 다시 채워 어느 수준까지 재고를 올릴 필요성이 있다.

18.9 재고 구조 모델 Inventory Stock Model

- *UserGuide\chap18\policy;* 폴더에 저장되어 있는 *stock.mdl* 파일을 불러온다. 완전한 모델 예제는 *Complete* 폴더에 담겨있다.
- 메뉴에서 **Model>Import Dataset**…를 선택하고, *orders.dat* 파일을 선택한 뒤 **Open**을 클릭하여 불러온다.
- **OK**를 클릭하면 대화상자와 결과물 창이 닫히게 된다.
- 편집상자에서 **Runname**을 클릭하여 데이터 셋의 이름을 입력한다(*e.g., base.*).
- **Set Up a Simulation** 버튼을 클릭한다.
- 데이터 셋 편집 상자를 클릭하고 미적분 버튼에 **Euler** 방식을 선택하고 *orders*라는 이름을 입력한다.
- **Simulate** 버튼을 클릭한다.

▶ 컨트롤 패널 버튼을 클릭하고 **Datasets** 탭을 클릭한다. *orders* 데이터 셋을 일단 내보내기 위해 더블 클릭을 한다.

▶ '*Store Inventory*' 레벨 변수를 클릭한 후, **Graph** 도구를 클릭한다.

▶ '*Cumulative Profit*' 변수를 클릭한 후, **Graph** 도구를 클릭한다.

▶ 결과 분석창 버튼을 클릭하면 다음과 같은 그래프를 얻을 수 있게 된다.

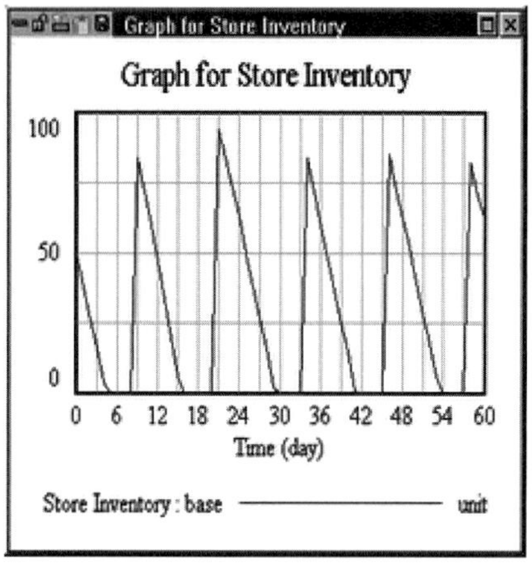

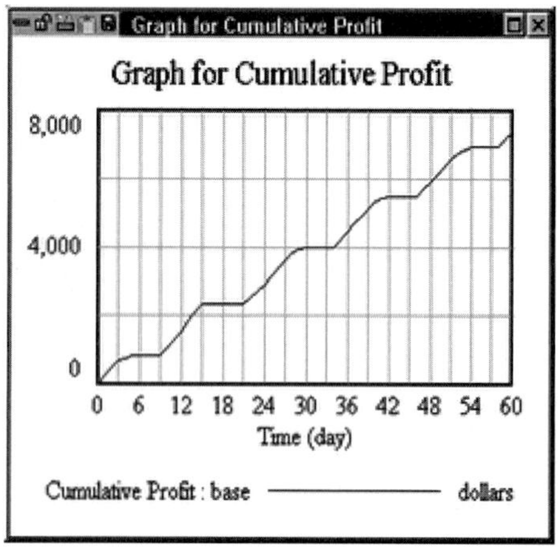

이것은 기본적인 예시이다. 재고를 의미하는 '*Inventory*' 변수값이 20(재고의 최소값)이하로 내려가게 되면 새로이 주문을 하고, 주문되면 재고가 100(재고의 최대값)에 가까워지는 것을 확인할 수 있다. 그러나 재고가 재입고 되는 기간에는 '*Inventory*' 값이 일부 0이 된 Case가 발생한다.

▍수동 최적화 작업

본 예시에서는 당신은 수동으로 진행하는 최적화 작업을 수행하게 된다.

▶ **Set Up a Simulation** 버튼을 클릭한 후, 작업명과 데이터 셋을 *manual*이라고 입력한다.

▶ '*min inventory value*' 변수와 '*max inventory value*' 변수값을 변화 시키면서 **Simulate** 버튼을 클릭한다.

▶ '*Cumulative Profit*' 변수를 활성화시키면서 Graph 도구를 선택해서 결과값을 확인해 본다. '*Cumulative Profit*' 변수값들을 변화시키면서 기본 시뮬레이션 결과보다 더 나은 다른 시뮬레이션 결과를 얻을 수가 있다. 이러한 시행착오(trial and error) 방식의 반복으로 '*Cumula-*

tive Profit' 변수 값이 극대화가 되는 결과를 찾아낼 수 있다. 아래와 유사한 형태의 시계열값을 얻을 수 있을 것이다.

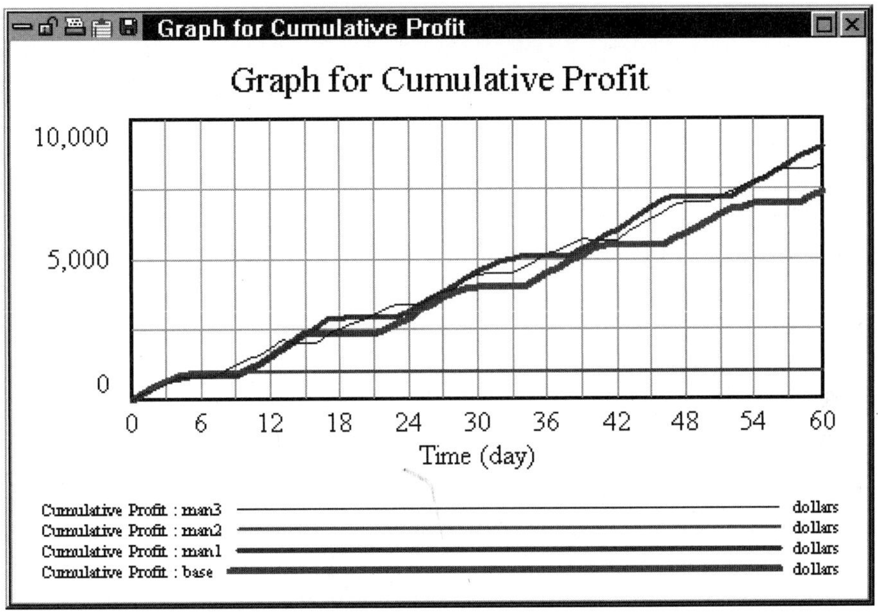

18.10 Payoff 설정 Setting the Payoff

- ▶ 편집상자의 **Runname**을 클릭하고 데이터 셋의 이름을 optimize라고 입력해 두자.
- ▶ 도구모음의 최적화(**Optimization**)  버튼을 클릭하면 Payoff 설정창이 열리게 된다.
- ▶ Add 버튼을 클릭한다. **Policy 옵션** 버튼을 선택한다. 그리고 오른쪽의 **Sel** 버튼을 클릭하면 선택가능한 변수의 목록이 나타나게 되는데. 여기서는 '*profit*'를 리스트에서 선택하고 **OK** 버튼을 누른다. **Weight** 편집 상자를 활성화하고 여기서는 1을 입력한다. **Add Editing** 버튼을 클릭하여 완료한다.

양수의 값을 갖는 가중치는 크면 클수록 좋다는 것을 보여주고, 음수의 가중치 값은 크면 클수록 나쁘다는 것을 보여준다. 하나 이상의 Payoff를 사용한 최적화 작업을 할 때에는 이러한 각각의 가중치의 설정을 통해 적정한 값으로 조정해 주는 것이 중요하다. 본 장의 앞부분에서 설명되었던 Calibration 최적화 예시 혹은 *Optimization in the Reference Manual*를 참조하면 Payoff에 관한 더 많은 정보가 담겨 있다.

Payoff Setup 창이 아래와 같이 나타날 것이다.

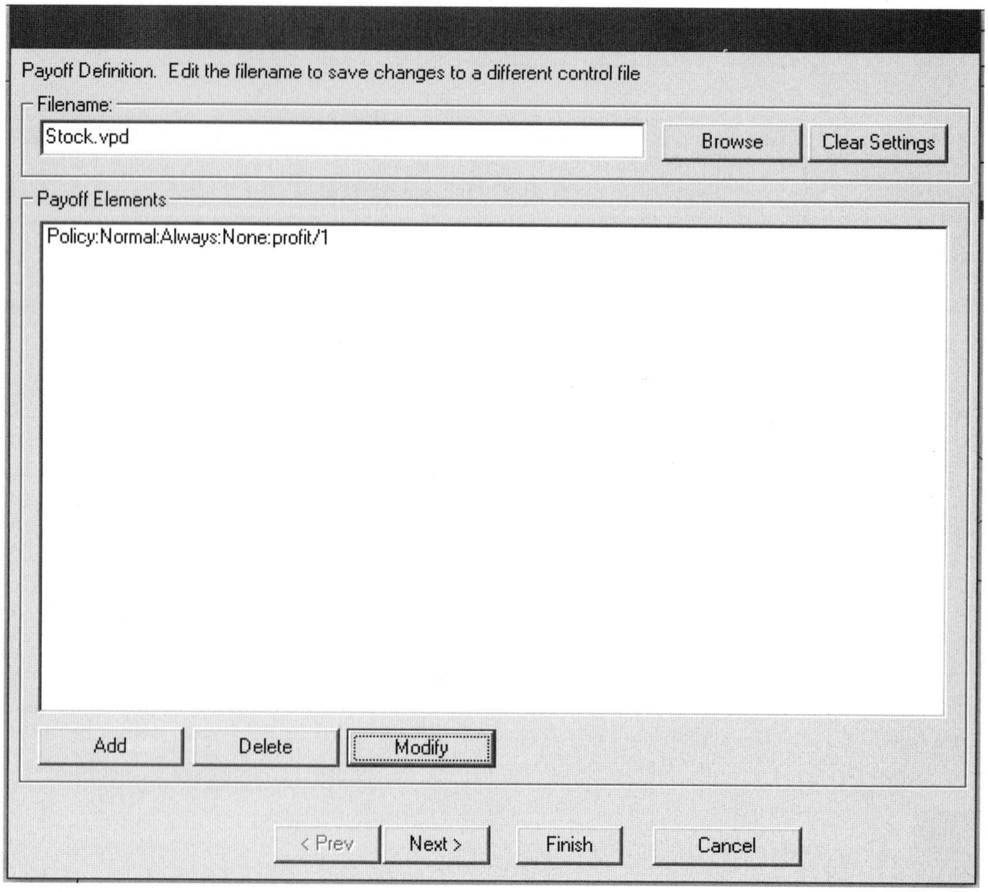

▶ **Next**를 클릭한다.

NOTE 정책 최적화는 종합적인 payoff의 극대화이다. 따라서 '*profit*' 변수를 payoff 사용한 것은 같은 개념의 변수이기 때문에 시뮬레이션 최종 결과로서는 '*Cumulative Payoff*' 변수를 사용한 것과 동일한 결과값을 갖는다.

18.11 최적화 결과 평가 Setting Optimization Parameters

▶ **Select Constant...** 버튼을 클릭하고 변수 리스트에서 '*min inventory value*' 변수를 선택한 후, 최소값(<= 표시가 되어있는)으로 10을, 최대값(=> 표시가 되어있는)으로 1000을 입력한 후 **Add Editing** 버튼을 클릭한다.

▶ **Select Constant...** 버튼을 클릭하고 변수 리스트에서 '*max inventory value*' 변수를 선택한 후 최소값으로 10을, 최대값으로 1000을 입력한 후 **Add Editing**을 클릭한다.

당신의 최적화 설정창이 아래와 같이 나타날 것이다.

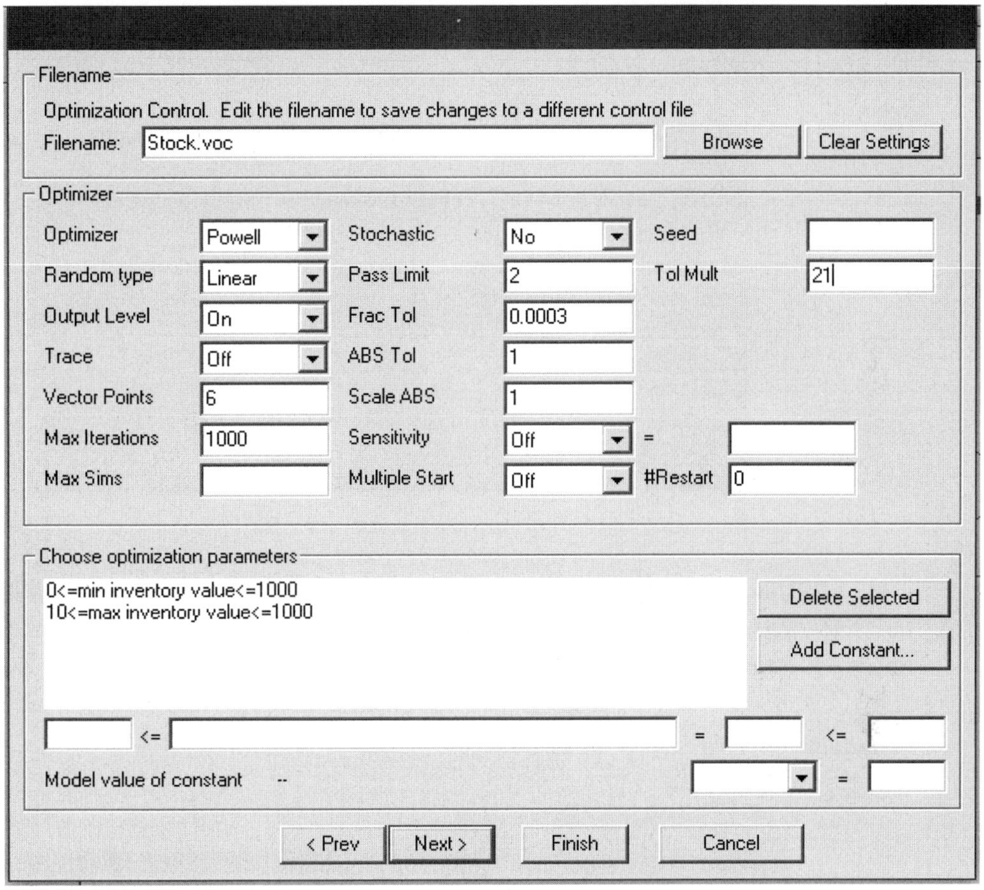

▶ **Finish**를 클릭한다.

최적화 연산자가 돌아가며 아래와 같은 결과를 나타낸다.

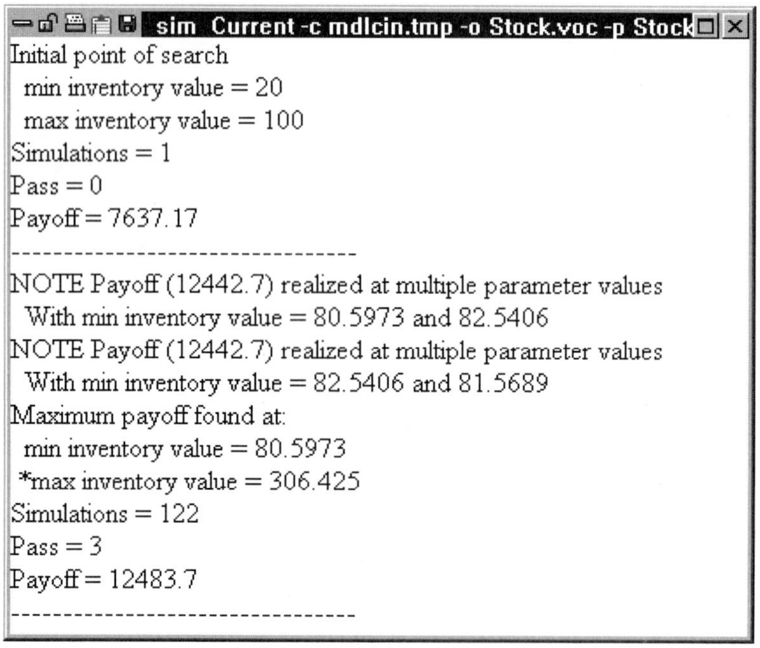

```
sim  Current -c mdlcin.tmp -o Stock.voc -p Stock
Initial point of search
  min inventory value = 20
  max inventory value = 100
Simulations = 1
Pass = 0
Payoff = 7637.17
--------------------------------
NOTE Payoff (12442.7) realized at multiple parameter values
  With min inventory value = 80.5973 and 82.5406
NOTE Payoff (12442.7) realized at multiple parameter values
  With min inventory value = 82.5406 and 81.5689
Maximum payoff found at:
  min inventory value = 80.5973
 *max inventory value = 306.425
Simulations = 122
Pass = 3
Payoff = 12483.7
--------------------------------
```

▶ **Control Panel** 버튼을 클릭하고 **Datasets** 탭을 선택한다. '*base*'와 '*optimize*' 데이터 셋을 제외하고 내보낸다.

▶ '*Cumulative Profit*' 변수를 선택하여 활성화 한 후 **Graph** 도구와 **Table** 도구를 클릭한다. '*optimize*' 시뮬레이션 및 '*base*' 시뮬레이션 상의 '*Cumulative Profit*' 변수의 다른 변화를 비교확인 할 수 있다.

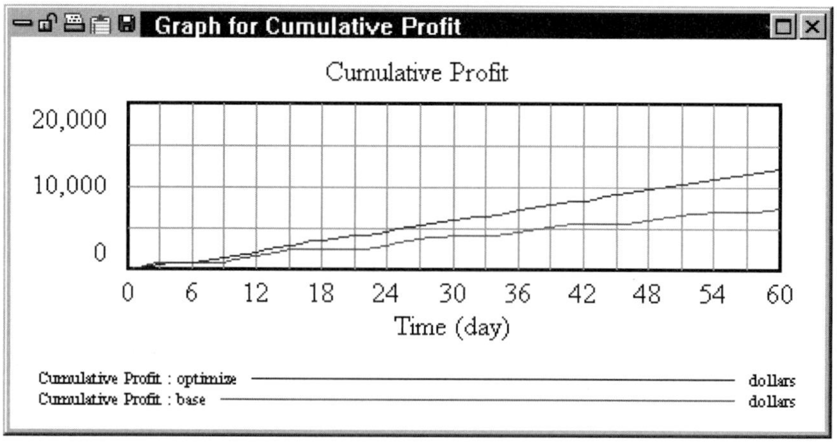

Table

Time (day)		56	57	58	59	60
"Cumulative Profit"	Runs:	optimize	base			
Cumulative Profit		11,367	11,591	11,817	12,024	12,213
		6,963	6,963	6,963	7,173	7,364

위 그래프는 최적화 시뮬레이션 에서의 변화행태를 나타내어 준다. 테이블에서는 마찬가지로 최적화 연산자가 찾아 내어준 '*Cumulative Profit*' 변수가 극대화된 결과값을 나타내어 준다.

19 다른 곳에 모델을 보내는 방법
Sending Models to Others

당신은 작업한 모델들을 다른 사람에게 보내어 줄 수 있다. 다른 사람들이 Vensim의 상위 버전이 없다 할지라도 Vensim Model Reader을 통해서 모델 구조를 보고 시뮬레이션 해볼 수 있다. 또한 많은 모델을 하위버전을 설치한 사람들도 모델을 볼 수 있게 해준다. 즉, 당신이 Vensim DSS을 가지고 모델을 만들었다면 Vensim PLE를 설치한 사람들도 당신의 모델을 활용할 수 있다는 것이다.

Vensim DSS 모델을 패키지/배포 할 수 있는 추가적인 옵션을 제공하며, "작업결과 배포하기" 부분에 상세히 설명되어 있다.

19.1 벤심 모델 리더 Vensim Model Reader

이 Model Reader는 Vensim으로 만들어진 모델들을 오로지 읽을 수만 있는 도구이다. 당신은 무료로 설치할 수 있는 Model Reader를 통해서 Vensim의 설치 없이도 당신의 모델을 시뮬레이션 하고 분석할 수 있게 만들어 준다. 만일 당신이 Vensim 설치 프로그램이 담겨있는 CD를 가지고 있거나 Vensim을 당신의 컴퓨터에 설치했다면 *windows* 폴더 혹은 맥킨토시에서는 *Vensim Model Reader Installer*에 *venred32.exe*라는 이름의 파일이 있다. 또한 우리의 웹 페이지에서 다운로드 받을 수도 있다.

Model Reader는 Vensim PLE부터 DSS까지의 버전에서 만들어진 파일들을 사용할 수 있다. Vensim DSS 버전에서 만들어진 모델은 DSS의 외부 기능을 일부 사용할 수 없다. 또한 Model Reader에서는 DSS 버전에서만 사용이 가능한 DDE 연결 기능 등을 통해 개발된 모델은 사용이 제한된다.

그러나 Model Reader에서는 Venapp을 통해서 파일을 불러온 경우를 제외하고는 민감도 분석(Sensitivity Simulation)과 최적화(Optimization capabilities) 기능을 제공하지 않는다. 또한 마찬가지로 Venapp을 통한 경우를 제외하고는 Vensim Professional과 DSS에서만 사용할 수 있는 시뮬레이션 진행의 일시정지, 조정 등은 사용할 수 없다.

당신은 불러오는 데이터 원천 등을 도구바(Toolbar)와 메뉴에서 설정할 수 있다.

SyntheSim 기능은 Vensim Model Reader를 통해서 사용은 가능하지만 "Override behavior" 기능은 사용할 수 없다.

19.2 모델 배포 준비하기 Preparing the Model

하나의 모델을 Vensim Model Reader만을 사용하는 다른 사람들이 사용할 수 있게 하는데에는 두 가지 방식이 있다. 첫번째는 메뉴에서 **File>Publish** 명령을 사용하여 모델과 모델을 지원하는 패키지를 생성하는 것이다. 또다른 하나는 간단하게 이진법 형식의 파일로 저장하는 것이다. 이들 중에서 어떠한 방식이건 당신의 모델을 구동하고자 하는 사람들에게 유용한 방법이 될 것이다.

첫째, 당신이 파일을 공유하고자 하는 사람에게 당신의 이름과 연락처를 남겨두는 것은 좋은 아이디어이다. 당신은 이러한 정보를 첫번째 스케치 화면에 코멘트와 같은 형태로 심어 둘 수 있다. 또다른 방법은 모델에 메모 남기기 기능을 활용하는 것이다. 메뉴에서 **Model>Settings**을 선택한 후에 **Info/Password** 탭으로 이동한다. 여기에서 **Display model notes when model is opened** 체크박스를 선택하면 모델을 열었을 때 확인할 수 있는 메모를 남겨둘 수 있다. 이러한 정보는 사용자들이 모델을 열었을 때와 독립된 창에서 나타나게 될 것이다.

각각의 변수들을 위한 코멘트와 측정 단위를 남겨 두는 것도 도움이 되는 일이다. 이러한 것들은 모델의 사용자들이 모델을 쉽게 이해하는게 매우 유용한 것이다.

만일 당신의 모델이 하나 이상의 작업 화면을 갖고 있다면 첫번째 페이지에 네비게이션 페이지를 만들어 두는 것은 도움이 될 것이다. 네비게이션 페이지는 모델의 각 작업화면으로 이동하는 버튼을 포함할 수 있다. 네비게이션 링크의 버튼은 Vensim Model Reader에서 모델을 사용할 때 작업화면 사이를 앞뒤로 이동하는데 도움이 될 것이다. 이러한 기능으로 각각의 작업화면에 첫번째 페이지로 이동하게 할 수도 있을 것이다.

당신이 파일의 이용자들을 위해 중요한 변화와 결과 값들을 확인할 수 있는 간단한 컨트롤 패널(대부분이 맞춤형 그래프일 것이다)의 설정을 만들어 두는 것도 도움이 될 것이다. 이것에 대한 예시는 Chapter 12에 설명하였다.

Custom Graph와 Table

이것은 Vensim PLE 혹은 PLE Plus에서는 지원되지 않는다.

만일 당신이 custom graph 혹은 table을 나뉘어진 파일에 작업했을 경우, 이러한 것들을 모델 안에 가져다 놓고 싶을 수 있다. 이러한 것들을 보기 위해서는 컨트롤 패널에서 **Graphs** 탭으로 이동한다.

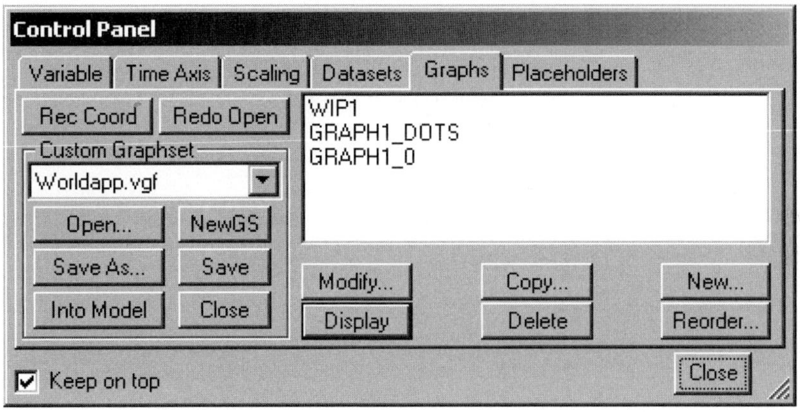

만일 **Custom Graphset** 아래에 있는 그래프 이름이 *Default(혹은 **Into Model**)가 아니라면 버튼들이 활성화가 되고 당신의 모델에 삽입하고자 하는 custom graph와 table이 나타나게 된다. **Into Model** 버튼을 클릭하면 모델에 삽입이 반영된다.

19.3 패키지화된 모델 출판하기 Publishing a Packaged Model

Vensim Model Reader는 오직 패키지화된 모델(.vpm 확장자 형식) 및 이진형태의 파일(.vmf 확장자 형태)의 모델만을 불러올 수 있다. 이들 중에서 둘 다 Vensim에서 이진 형태의 파일로 읽힐 수가 있다.

NOTE Vensim 버전이 5.5 이전의 모델은 패키지 모델로 불러올 수 없다.

패키지 출판하기

모델을 출판하기 위해서는 메뉴에서 File〉Publish를 선택한다. 선택하면 아래와 같은 모델 출판하기 대화창이 나타난다.

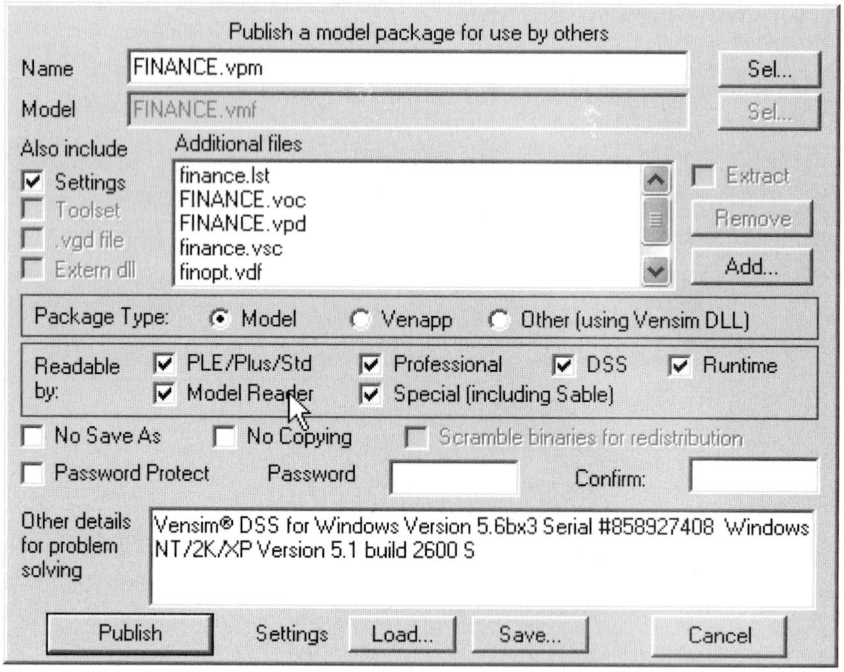

Name은 생성하고자 하는 패키지의 이름을 나타낸다. 기본적으로 모델의 이름과 동일하되 확장자가 .vpm로 끝나는 형태로 저장되게 된다. 만일 DSS 버전에서만 제공되는 Venapp을 패키지화 하는 경우에는 확장자가 .vpa(Vensim Packaged Application) 형태의 파일로 저장되게 된다.

Also Include는 당신이 패키지에 삽입하고자 하는 또다른 요소들을 지정하는데 사용한다. Vensim의 버전에 따라 당신이 사용할 수 있는 내용들이 달라질 것이다.

- **Settings**이 체크되면 윈도우 폴더나 개인적으로 선호하는 폴더에 담겨 있는 당신의 .ini file 파일을 포함시킨다. 만일 당신이 우리에게 모델의 오류나 문제들을 보내고자 한다면 유용할 것이며, 거의 다른 경우에는 사용되지 않는다.
- **Toolset**이 체크되면, 현재 불러오기 되어 있는 분석도구의 설정을 포함시킨다(오직 이름 붙어진 도구모음뿐이며, PLE와 PLE Plus에서는 이 옵션이 회색으로 표시된다).
- **.vgd file**이 체크되면, 현재 이름 붙어진(*Default 대신에) Vensim에서 정의 되어진 그래프들을 포함 시킨다. PLE와 PLE Plus에서는 이 옵션이 마찬가지로 회색으로 표시된다.
- **Extern dll**이 체크되면, 현재 사용되고 있는 외부함수 라이브러리를 포함시킨다. 이것은 당신이 Vensim DSS를 사용하고 외부함수 라이브러리가 불러와져 있는 경우를 제외하고는 회색으로 표시된다. 만일 모델이 외부 함수나 다른 라이브러리에서 제공하는 기능들의 사용권한을 가지고 있다면 체크해야 한다.

위의 파일들은 당신의 컴퓨터상에서 모델이 저장된 폴더와 다른 곳에 패키지로 저장될 것이다. 오직 외부의 DLL 설정이 포함된 모델은 당신의 모델과 패키지가 저장되어 있는 곳에서만 압축해제 및 연결이 가능할 것이다.

Additional Files 리스트는 추가적인 파일들을 포함시키게 한다. 이 대화창이 모델과 관련되어진 모든 요소 파일을 포함시킬 수 있다(활성화되고 있는 시뮬레이션 결과, 변경된 파일, 데이터 파일, 최적화 컨트롤 패널 등). 무언가를 리스트에 포함시키고자 한다면, **Add**… 버튼을 클릭한다. 만일 무언가를 리스트에서 제거하고자 한다면, **Remove** 버튼을 클릭한다. 참고로 데이터 소스로 사용되어진 엑셀 파일은 자동으로 리스트에 포함되지 않는다.

만일 당신이 리스트상의 수행결과(*.vdf*) 파일을 포함한다면, 이 패키지는 읽기 전용으로 취급되어질 것이다. 만일 사용자가 파일을 시뮬레이션 하려고 시도할 경우 다른 이름으로 파일을 저장하라는 에러 메시지를 받을 것이다.

Archive Type은 아카이브의 유형을 정의한다. 이는 오직 Vensim DSS에서만 가능하다. **Model** 아카이브는 모델과 모델 보조파일들을 포함한다. Venapp 아카이브는 Venapp (*.vcd*) 파일과 일반적으로 모델에 포함되지 않는 보조 파일들을 포함시킨다. Venapp 아카이브는 Venapp을 실행하고 있는 경우에만 사용할 수 있다.

Readable by: 당신이 모델을 어떤 아카이브 환경에서 열 수 있는지를 설정할 수 있게 한다. 예를 들어 당신이 오직 Vensim Model Reader에서만 패키지를 불러올 수 있게 할 수도 있다. **Model Reader**는 Vensim Model Reader를 의미한다. **PLE/PLUS/Pro**는 Vensim PLE, Vensim PLE Plus, and Vensim Professional 모든 Vensim 환경을 의미한다. **DSS**는 DSS. **DLL**는 Vensim DLL을 의미하며 이는 DSS 이용자만 사용 가능하다. **Runtime**는 Vensim Runtime을 의미. **Application Runtime**는 Vensim Application Runtime을 의미한다. **Special**은 Sable과 같은 Vensim 엔진 전송 컨텐츠 등을 의미한다.

No Save As가 체크되면, 아카이브 모델을 이용하는 사람들이 모델을 다른 이름으로 저장하거나 변경사항들을 저장하는 것을 막을 수 있다. 이 규칙은 모든 Vensim 프로그램 및 유사한 Vensim Model Reader까지 해당되는 사항이다.

No Copying이 체크되면, 당신의 모델 구조를 복제하는 사람들을 예방할 수 있다. 이는 **No Save As** 메뉴보다 더 강력하다. 패키지 사용자는 오직 Document tool을 통해서만 모델 구조를 파악할 수 있으며, 메뉴에서 Edit〉Copy도 작동하지 않는다.

Scramble binaries for redistribution이 체크되면, Vensim 구성 요소들의 재배치가 허가된 아카이브를 생성하게 된다. 이 옵션은 응용프로그램 재배치 라이선스를 가지고 있는 경우에만 유효하다.

Password Protect이 체크되면, 아카이브 이용자가 파일을 열 때 비밀번호를 입력할 것을 요구받는다. 당신이 지정해 놓은 패스워드를 입력하는 모든 사람들은 당신의 모듈을 불러올 수 있고, 패스워드를 입력하지 않거나 잘못 입력한 아카이브 이용자는 파일을 열 수 없다.

NOTE 패스워드 보호는 당신의 모델에 대한 접근 허가에 대해 궁금증을 예방할 수 있고 누군가가 모델을 쉽게 들여 다 볼 수 없게 만들어 준다. 보안과 보호는 당신의 저작권을 위해서 심사숙고 해야 하는 문제이다.

Other details for problem solving 리스트는 당신의 컴퓨터와 vensim의 저작권에 대한 정보이다. 이는 당신의 모델에 대한 에러를 우리에게 전송할 때 유용하며, 이러한 경우가 아니라면 무시해도 좋다. 당신은 또한 여기에 당신이 원하는 모든 것을 코멘트로 남길 수 있다.

Settings: Load…옵션은 이전에 저장되어져 있던 설정들을 포함하는 파일을 요구한다. 이것은 당신이 배포할 때의 설정해 놓은 것을 한번에 불러들일 수 있게 만들어 나중에 계속 사용할 수 있게 해준다. 알아둘 것은 당신이 패키지와 관련된 여러 설정들을 불러오려고 할 때 반드시 모델은 동일한 폴더나 패키지된 파일이 있는 폴더와 동일해야 할 필요는 없다.

Settings: Save…옵션은 설정한 환경을 저장하는 파일을 요구한다. 이것은 당신이 배포할때의 설정들을 저장하여 나중에 사용할 수 있게 보존해 준다. 만일 당신이 특정한 비밀번호를 가지고 있다면, 당신이 이를 저장할 때 비밀번호를 입력 받도록 할 수도 있다. 만일 당신이 아무것도 입력하지 않고 공란으로 처리한다면, 이는 다른 사람들이 본 파일에 자유롭게 접근할 수 있도록 하는 것이다.

당신은 패키지 모델의 특정한 목적에 해당되는 사용자로서 패키지 모델을 불러올 수 있다. 일부 모델은 아마 당신이 사용해 왔던 환경과 기능적으로 달라서 시뮬레이션이 불가능할 수도 있다. 오직 Vensim DSS와 Vensim Model Reader에서만 패키지화된 응용 프로그램을 불러올 수 있다.

이진 형태(Binary Format)

이진 형태의 파일로 저장하기 위해서는 메뉴에서 **File>Save As**을 선택하고 이때 새로운 이름으로 저장하기에서 확장자가 **Binary Format Models**로 되어 있는 파일을 선택한다. 이때 확장자는 '*.vmf*'를 취할 것이다. 당신은 메뉴에서 **File>Save As**를 선택하고 모델 확장자를 대화창에서 '*.mdl*'에서 '*.vmf*'로 변경하는 간단한 변경으로 모델을 이진형태로 사용할 수 있다.

당신은 '*.vmf*' 파일을 어떠한 Vensim 환경에서도 불러올 수 있다. 이것은 순수한 텍스트 기반 포맷인 '*.mdl*' 파일보다 더 크며, 오직 Vensim에서만 불러올 수 있다. 당신은 백업과 체계적인 저장을 목적으로 저장하고 '*.mdl*' 파일을 어떠한 텍스트 편집기에서도 불러올 수 있다.

19.4 패키지화된 모델 불러오기 Opening a Packaged Model

당신이 어떤 패키지를 열어본 다는 것은 어떠한 형태의 Vensim 모델을 불러오는 것과 같을 것이다. 패키지된 모델은 메뉴에서 **File>Open Model**을 선택하거나 윈도우 익스플로어 상에서 파일을 더블 클릭하면 불러올 수 있다. 패키지화된 모델을 불러오면, 다소 다른 형태로 나타나게 될 것이다.

만일 모델에 다른 이름으로 저장하기가 나타나지 않는다면, 아무런 그리기 도구가 도구 모음에 나타나지 않을 것이다. 메뉴에서 File〉Save 및 Views〉As 메뉴 또한 사용이 불가능하다.

만일 다른 이름으로 저장하기를 하게 되면 일반적으로 모델이 나타나게 될 것이다. 다른 이름으로 저장하기와 같은 창이 나타나며 파일이 저장될 수 있다. 당신은 모델에 변화를 줄 수 있다, 그러나 이러한 변화는 반드시 패키지의 외부에서 이뤄져야만 한다. Vensim 패키지는 읽기 전용이기 때문이다.

만일 모델 패키지가 시뮬레이션 수행 결과를 담고 있다면, 당신은 그 모델의 Runname으로 사용할 수는 없다. 당신은 컨트롤 패널에서 시뮬레이션 결과 불러오기와 내보내기를 사용할 수 있을 것이나, 일반적인 시스템 환경에서의 파일과 동일하게 나타나지는 않을 것이다.

만일 패키지가 Standard, Professional 및 DSS 버전에서의 도구모음을 포함한다면, 당신이 원한다면 도구모음을 불러올 것인지 물어보는 창이 뜰 것이다. Vensim Model Reader에서는 자동적으로 모델의 도구모음을 불러오고, 여기서는 예상되는 것과 같이 내장되어 있는 그래프들을 불러 올 수 있게 해준다. PLE와 PLE Plus의 도구 모음은 이와 같은 도구 모음 수정이 해당되지 않으니 무시하도록 한다.

만일 패키지가 민감도 분석 혹은 최적화 설정 파일을 포함할 경우 패키지 마법사는 이들을 불러오게 되며 당신이 수행하는 모든 작업들을 기록한다. 그러나 만일 당신이 패키지를 다시 불러들일 경우, 당신은 패키지화된 컨트롤 파일을 다시한번 설정해 주어야 한다. 패키지는 읽기전용이며, 언제나 불러들였을 때 같은 결과를 나타낼수 있도록 설계되어져 있기 때문이다.

만일 당신이 패키지화된 모델을 불러오고, 이 모델 패키지의 시뮬레이션 결과를 다른 이름으로 저장할 경우, 계속 사용은 가능하다. 그러나 당신이 Vensim 프로그램을 닫고, 다시 불러올 경우 당신이 저장했던 결과는 더 이상 사용할 수 없다.

오직 하나의 패키지 모델은 한번씩만 불러올 수 있다. 만일 당신이 두번째 패키지화된 모델을 불러올 경우, 첫번째 불러왔던 모델은 이 작업과 연계되어 자동으로 닫히게 될 것이다. 또한 패키지를 포함하고 있는 모델이나 패키지 모델을 재배포 하는 것도 불가능하다.

만일 당신이 디스크 파일을 같은 이름으로 여러개 가지고 있으며 사용할 경우도 있을 수 있다. 이럴때에는 중복을 방지하고 혼선을 피하기 위해 패키지화된 모델을 다른 폴더들에 저장해놓고 사용하는 것도 유용한 방법이다.

19.5 Vensim PLE 버전에서 모델 이용하기 Using models with Vensim PLE

당신 중 대부분이 모델을 사람들에게 제공하고 그들이 수정할 수 있기를 원할 것이다. Vensim PLE 버전은 더 발전된 버전의 파일의 모델을 불러와 사용할 수 있다. 다만, 아래와 같은 Vensim의 기능들은 Vensim PLE에서는 전부 사용이 불가능하다.

서브스크립트(Subscripts) : Subscript를 사용한 모델을 Vensim PLE에서 불러올 경우 에러 메시지가 나타날 것이다. 당신은 이 모델의 구조는 확인할 수 있지만 시뮬레이션 하는 것은 불가능하다.

지원되지 않는 기능들 : 지원되지 않는 기능을 포함하고 있는 모델은 Vensim PLE에서 불러올 경우 시뮬레이션은 작동되지 않는다. 메뉴에서 **Model>Check**를 선택하면 어떠한 기능이 지원되지 않는지를 확인할 수 있다.

Navigation Comments : 네비게이션 커맨트는 Vensim PLE에서 네비게이션 작동을 하지는 않지만 구조를 볼 수는 있다.

Vensim 환경에서 용량에 대한 어떠한 제약도 존재하지는 않는다. Vensim PLE에서 매우 큰 용량의 모델을 만드는 것은 실용적이지 않다. 왜냐하면 단일 화면에 대한 제약 때문이다. 그러나 다른 환경에서 만들어진 대용량의 모델은 Vensim PLE 상에서 불러오는 것은 가능하다.

19.6 Email과 웹 주소 Email and Web Notes

.mdl 확장자 형태로 저장된 모델은 순전한 텍스트 형태의 파일이다. 이러한 것들을 쉽게 달성할 수 있는 반면에 다른 사람들이 그것들을 만드는 과정에 있어서 몇가지 기대하지 않았던 부작용이 있을 수 있다. 이메일을 발송하거나 웹사이트에 이러한 모델을 등록하는 과정에 있어 몇 가지 유의해야 할 것들이 있다.

일부 이메일 프로그램은 자동적으로 줄과 문자열을 덮어 씌우기도 한다. 이러한 것은 스케치 영역에서 정의한 변수의 이름들을 덮어 써버리는 문제를 야기할 수도 있다. 명령구문의 에러 메시지 발생 혹은 스케치 화면에서의 완전하지 못한 구조는 전형적인 증상이다. 만일 당신이 모델 파일을 노트패드와 같은 텍스트 편집기에서 불러들일 경우, 구문의 줄이 깨져있거나 더해져 있는 경우를 볼 수가 있을 것이다. 이러한 형태의 문제를 막기 위해서는 다른 사람들에서 전송하기 전에 zip 파일로 압축하는 것이 나을 것이다.

때때로 텍스트 파일이 웹사이트에 놓이게 될 경우 추가적인 공백이나 매 줄사이마다 빈 줄이 추가될 수도 있다. 이것은 전형적으로 유닉스, 윈도우 혹은 매킨토시 파일 시스템 사이의 텍스트 파일의 비호환성에 기인하는 문제이다. 만일 이러한 문제가 발생할 경우에는 웹 사이트에 올릴 때 확인 하는 것이 좋은 아이디어이다. 유사한 문제들이 텍스트 구문을 이메일에 작성하여 웹 브라우저 상에서 파일을 열 경우에 발생하기도 한다. 이러한 것들을 개선하기를 원한다면 파일의 첨부문을 저장하고 확인하여 패키지화된 모델의 배포상에 문제가 없도록 한다.

20 레퍼런스 모드

Reference Modes

레퍼런스 모드(Reference Mode)는 작업중인 문제에 대한 변수의 시간의 흐름에 따른 속성을 나타내어 주는 그래프를 의미한다. 예를 들어, 만일 어떠한 문제가 어떠한 상품의 가격이 순환 방식으로 상하 이동한다고 가정해 보자. 이 경우에 실제의 가격은 시간의 흐름에 대해서 역사적인 실제 가격, 회상에 의한 근거, 혹은 이상적으로 생각되는 파동형태일 수 있다. 게다가, 이러한 것을 나타내는 것은 미래에 다시 일어 날 수 있게 설정되어질 수도 있다. 예를 들어 만일 여러분이 시장에 도입하고자 하는 신제품을 개발할 때, 여러분은 이 레퍼런스 모드를 활용해서 여러분이 일어 날 것이라 생각되는 성장 혹은 침체의 경우를 상상하여 구현할 수 있다.

레퍼런스 모드는 정말로 문제의 기술에 대해 유용하고 명확한 도움을 줄 수 있다. 레퍼런스 모드를 위해서는 어떠한 현상을 관찰하고자 하는 기간을 설정할 필요가 있다. 이는 간단히 말하면, 이것은 어떤 모델 밖으로 빠져나갈 경우 혹은 모델에 계속 더 진행하고자 하는 것을 결정하는데 매우 도움이 된다. 또한 레퍼런스 모드는 모델에 포함해야 하는 중요한 변수 구조를 규명하는데 도움이 된다. 만일 어떤 변수에 대한 명확한 레퍼런스가 없는 경우에는 이 변수를 모델에서 제외할 수 있다.

레퍼런스 모드는 또한 문제의 핵심이 아닌 변수의 행태를 추상화 해 나가는 요소로 사용될 수 있다. 예를 들어, 여러분이 산업의 역동성을 살펴보고 모델에 이러한 동적인 성장 형태의 반영을 원하지 않을 수 있다. 이러한 작업들은 받아 들여져야 한다. 다만, 여러분이 트렌드와 다른 형태를 보유하거나 이론적인 기반을 수정해야 할 필요가 있는 데이터와 모델의 변화 행태를 비교하기를 원할 경우에는 레퍼런스 모드가 꽤 제한적일 수 있다.

본 챕터에서는, 우리는 Vensim의 레퍼런스 모드 도구를 어떻게 추가하고 이를 통해 모델의 다이어그램을 작성하고, 레퍼런스 모드를 통해 시뮬레이션 모델의 변화 행태를 비교할 수 있는 방법에 대해서 살펴보려고 한다. 또한 우리는 어떻게 외부 변화변수를 레퍼런스 도구를 통해 빠르게 입력하고 사용할 수 있는지를 보여줄 것이다. 여러분은 외부 변수를 사용할 수 있고, 레퍼런스 모드를 통해서 기대되는 변화 행태를 보여줄 수 있기 때문에 레퍼런스 모드는 뛰어난 정신적인 시뮬레이션을 제공하고 우리는 이를 위한 예시를 보여줄 것이다.

20.1 레퍼런스 모드의 개념화 Conceptualization with Reference Models

레퍼런스 모드는 다른 요소를 통해 얻을 수 있는 정보들을 획득하고 개념화하는데 유용한 도움을 준다. 이는 다음의 예를 통해 간단히 살펴볼 수 있다. 우리는 어떤 공장의 유지보수를 하는 담당 노동력의 감소에도 불구하고 공장을 유지하는 문제를 고려해 볼 것이다. 우리의 기본적인 동적 가설은 실제 유지를 하는데 요구되는 수준을 벗어나는 정도보다 보유한 노동력이 커버해 주는 효과가 강하게 작용할 것이라는 것이다.

우리는 이 문제를 명확하게 이해하는데 중요한 변수들을 놓는 것으로 시작한다.

- ▶ 새로운 모델 개발을 수행한다(기본적인 시간 한계 옵션값을 사용한다).
- ▶ *number of repairs required* 변수와 *total maintenance workforce*변수를 다이어그램에 추가한다. 여러분은 아래와 같은 화면을 볼 수 있어야 한다.

number of repairs
required

total maintenance
workforce

- ▶ Reference Mode editing 도구 를 선택한 후 *number of repairs required* 변수를 클릭한다.
- ▶ 어떤 물음과 함께 선택창이 뜨는데 우선은 **No**를 클릭한다.

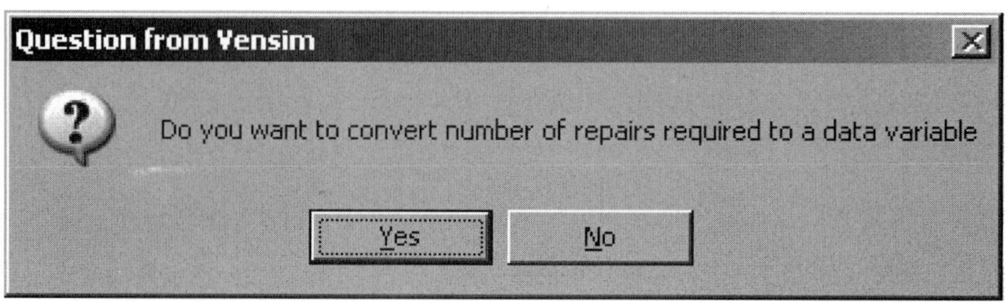

여러분은 레퍼런스 모드의 이름을 입력하라는 물음을 받게 될 것이다.

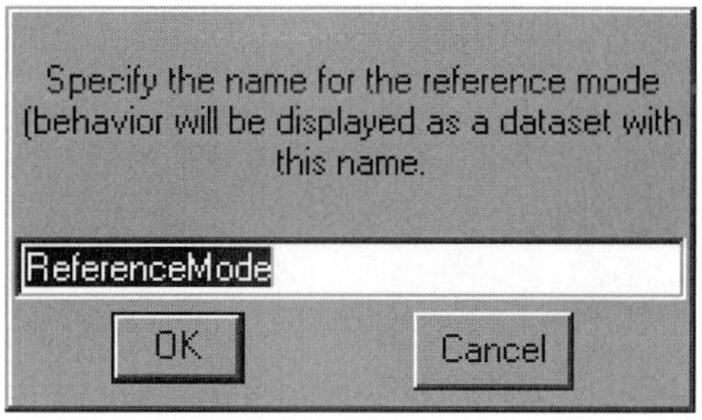

기본 설정 이름인 "*ReferenceMode*"도 괜찮다. 여러분은 다른 이름을 선택하는 것도 가능하고하나의 모델내에서 최대로 8개의 레퍼런스 모드를 생성하는 것이 가능하다.

▶ "OK"를 클릭해 레퍼런스 모드 이름 설정창을 닫는다.

이는 Lookup편집창과 매우 비슷하게 생긴 설정창을 열게 될 것이다.

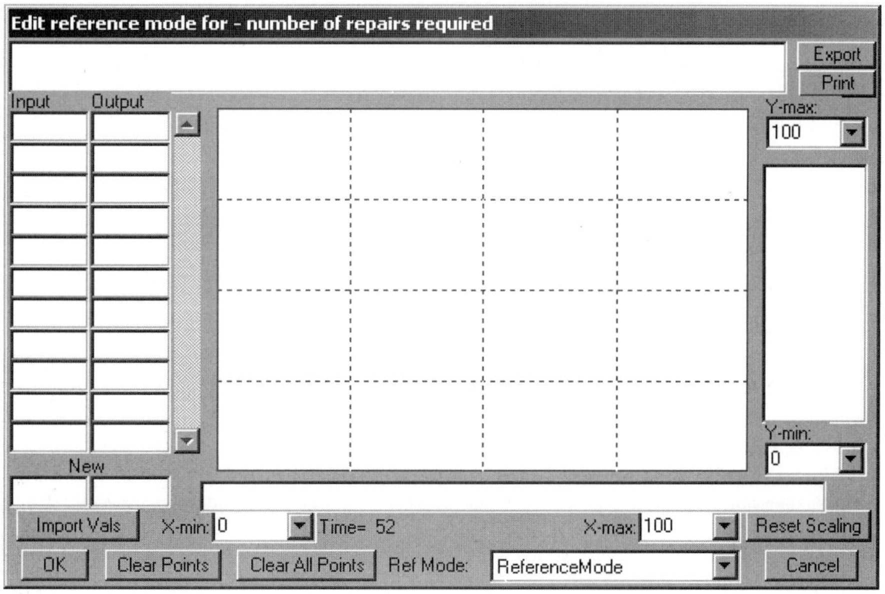

Lookup편집창과 다르게 X축이 아니라 시간 축이 설정되어 있을 것이다. 그리고 하단에 RefMode라고 이름지어진 드롭다운 상자가 존재할 것이다. 이것은 다른 레퍼런스 모드 사이의 이동을 가능하게 만들어 주고 새로운 레퍼런스 모드를 추가 할 수 있게 만들어 준다. 예시로 우리는 여기서 하나의 레퍼런스 모드를 사용해 볼 것이다.

우리가 작업하는 모델의 기본적인 시간 축은 0부터 100시점까지로 되어 있다. 이는 우리가 진행하고자 하는 모델에 부적합한 형태이다. 우리는 이를 24개월을 나타낼 수 있도록 할 것이다.

▶ Cancel을 클릭한다.

▶ 메뉴에서 Model>Settings항목을 선택하고, 설정에서 *FINAL TIME*을 24로 변경한다. 그 다음 OK를 클릭한다.

▶ 레퍼런스 모드를 다시 열고 다음의 숫자들을 입력한다. 아까와 동일한 질문창이 뜨는데 마찬가지로 우선 No를 선택한다.

▶ (0,100), (6,100), (12,300), (18,500), (24,500) 여러분의 설정창이 다음과 같이 나타나야 한다.

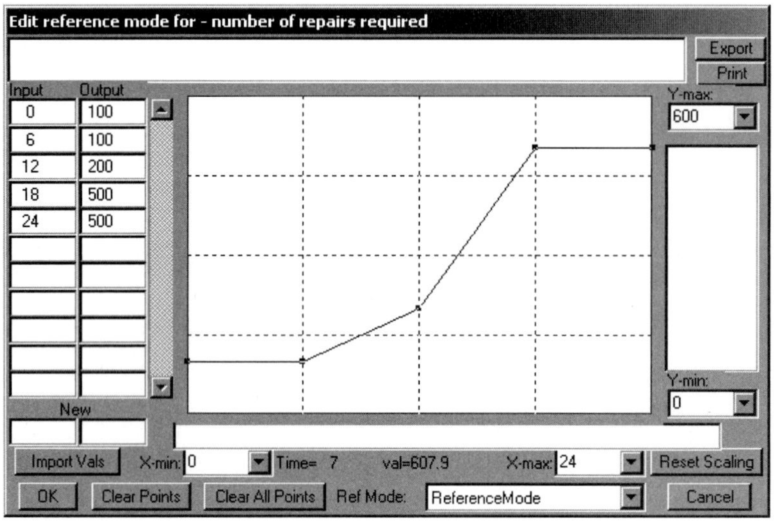

▶ OK를 클릭해 설정창을 닫는다.

▶ *total maintenance workforce*를 클릭한다.

▶ 질문창이 뜨면 이번에는 Yes를 클릭해서 이를 데이터 변수로 만들도록 한다.

하나의 데이터 변수는 외부변수로 불리우며 시간의 흐름에 따라 다양한 모델의 입력값의 역할을 한다. 여기서 Yes를 선택하면 *total maintenance workforce*라는 데이터 변수를 생성하며, Vensim에서는 이를 자체계산은 되지 않는 외부 데이터 변수로 인식하게 된다. 만일 여러분이 시뮬레이션을 위한 데이터 파일을 규명하기를 원치 않는다면, Vensim은 여러분이 생성한 이것을 첫번째 레퍼런스 모드 파일로 할당하게 된다. 나중에 시뮬레이션 설정에 있는 도구들을 활용해서 이를 변경 할 수도 있으며, 시뮬레이션 설정창에 있는 advanced 탭에서도 가능하다. 우리는 *workforce*를 데이터 변수로 만들며, 이는 본 모델의 목적이 이값이 변화할 때 일어나는 변화를 이해는 것이기 때문이다.

- ▶ *workforce*는 6개월의 시점을 지나기 전까지는 10의 값부터 시작하게 되며, 이를 지나면 반으로 되게 된다. 숫자의 좌표값인 (0,10), (6,5), (24,5)가 이를 대변한다.

- ▶ OK를 클릭해서 설정창을 닫는다.

여러분의 모델은 다음과 같이 나타나야 한다.

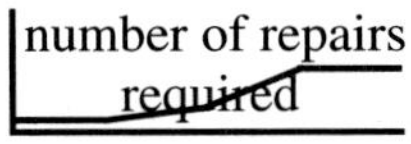

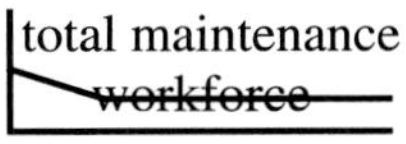

20.2 루프 구조의 종료 Closing the Loop

우리는 이제 하나의 입력값과 두개의 다로 다른 형태의 레퍼런스 모드 결과값을 갖게 되었다. 만일 이 두가지의 것이 타당하다면, 이들의 관계는 명확하고 서로 연결 되어져야 하는 동적 구조가 될 것이다. 우리는 몇가지 변수들을 추가하여 우리의 동적인 가정을 채워가고자 한다.

- ▶ 아래에 보이는 다이어그램의 작성을 완료하거나 *UserGuide\chap20\complete* 폴더의 *repair01.mdl* 파일을 불러온다.

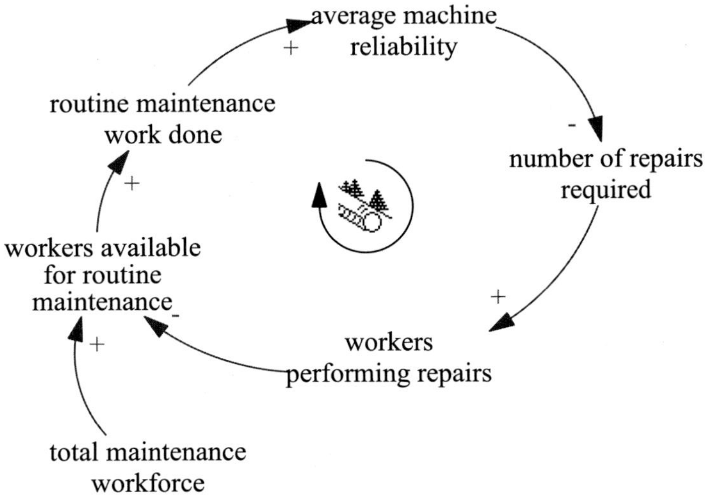

▶ 레퍼런스 모드 도구를 선택하고 *routine maintenance work done* 변수를 클릭한다.

이번에는 여러분이 *routine maintenance work done*를 데이터 변수로 만들기를 원한다고 해도 아까와 같은 질문창이 나타나지 않을 것이다. 왜냐하면 입력값이 명확하게 내생적으로 계산 되어져 있기 때문이다. 이는 *number of repairs required*의 경우에도 마찬가지이며, 우리가 원래의 레퍼런스 모드를 통해 추가한 것이 아닐 경우에만 해당되지 않는다.

▶ 좌표값인 (0,200), (6,175), (12,100), (18,0), (24,0)를 입력하고 OK를 클릭한다.

여러분의 다이어그램이 아래와 같이 나타나야 한다.

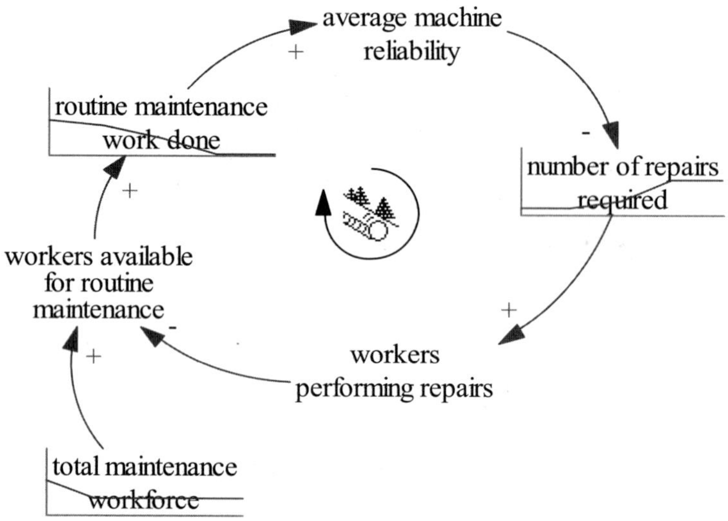

이것은 우리의 동적인 가설을 나타내는 것이며, 레퍼런스 모드는 이러한 줄거리의 내용을 전달하는데 도움이 된다. 만일 여러분이 원한다면, 다른 변수들에 대해서도 레퍼런스 모드를 통해 설명할 수 있다. 변수들이 어떻게 변화하게 되는지를 이해하고 이에 대한 이해를 계속 시도하는 것은 실제로 훌륭한 연습이다. 그러나 잊지 말아야 할 것은 이러한 레퍼런스 모드는 모델링을 수행하는 사람이 간단하게 만들 수 있는 구조물이지 모델의 수식이나 완전한 구조를 통해 그 값을 나타내는 것은 아니라는 것이다.

20.3 시뮬레이션 Simulating

모델의 시뮬레이션작업을 생성하기 위해서는 몇 개의 구조들을 추가하는 것이 필수적이다. 여러분이 원한다면 저량-유량도를 추가하고 변경할 수 있다. 저량-유량도를 추가하는 것은 필수적인 것은 아니며, 우리는 여기서 그러한 작업을 진행하지는 않을 것이다. 다만 우리는 박스 형태로 표시되어 있는 저량 변수를 추가하는 작업을 수행할 것이다.

아래의 다이어그램을 그리거나 혹은 *UserGuide\chap20\complete* 폴더의 *repair02.mdl* 파일을 불러오도록 한다.

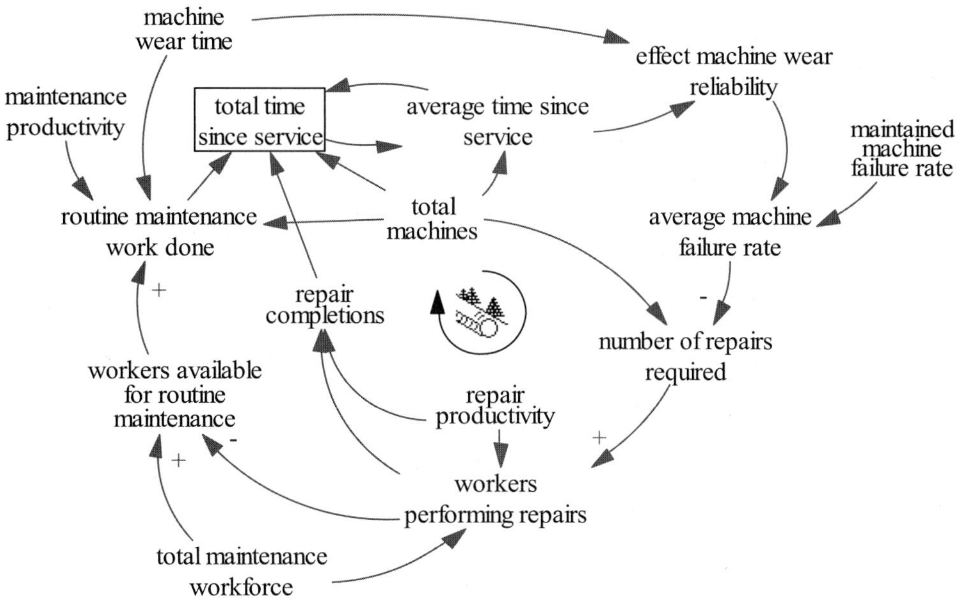

이 모델은 유량 변수의 변형 형태의 다소 복잡한 구조를 가지고 있다. *average time since machines* 변수는 *total time since service* 변수에 사용되어지고 있다. 이것은 *the total number of machine hours* 변수의 값이 *average time since service* 변수에 서로 사용되고 있다. 이러한 시간에 대한 각각의 단위는 *total machines* 변수의 값에 의해 변화되나 하나의 기계가 수리되거나 정기적으로 서비스되고 있는 중에는 그 값이 감소하는 구조로 되어 있다. 이러한 양은 서비스 되는 것 없이 얼마나 수리 혹은 유지기간에 시간이 걸리는 것이냐는 것이다. 우리의 단순화된 가정은 이것이 평균적인 기계의 수명이라는 것이다. 더 복잡한 조치 방법은 수리 및 유지에 대한 기간을 차별화하는 것이다. 그러나 이는 모델을 더더욱 복잡하게 만들 것이다.

total time since service 변수의 수식은 다음과 같다.

```
total time since service = INTEG (total machines -
   (repair completions + routine maintenance work done) *
      average time since service,
   total machines * machine wear time)
```

이것의 초기값은 시뮬레이션의 시작 단계에 평형구조를 구성하는데 사용되어진다. 기계들의 평균 수명의 개념은 *total time since service* 변수를 *the total machines* 변수로 나누어 놓는 것으로 설정해 놓았다. 이러한 평균 수명은 신뢰성을 나타내는 변수에 영향을 미친다.

여러분은 이 모델내에서 *average machine reliability* 변수로부터 *average machine failure rate* 변수로의 변화가 있는 것을 알 수 있을 것이다. 이러한 것의 이유는 수식을 직접 설계하는 것보다 더 쉬워 보이기 때문이다. 신뢰성이라는 개념은 기본적으로 1(100%)에서 비신뢰값의 차감이라고 볼 수 있다. 따라서 이는 원래의 인과지도에 있어서도 나타나 있어야 하지만 이해하는데 있어 어렵지 않을 것이다.

이 모델의 완전한 수식은 다음과 같다.

```
average machine failure rate =
   maintained machine failure rate *
       effect machine wear reliability
Units: 1/Month
average time since service =
   total time since service/total machines
Units: Month
effect machine wear reliability = WITH LOOKUP
   (average time since service/machine wear time,
   ((0,0.9),(1,1),(1.5,1.1),(2,1.5),(3,3),(4,6) ))
Units: Dmnl
machine wear time = 2
Units: Month
maintained machine failure rate = 0.1
Units: 1/Month
maintenance productivity = 120
Units: Machine/Person/Month
number of repairs required =
   average machine failure rate * total machines
Units: Machine/Month
repair completions =
   workers performing repairs * repair productivity
```

```
Units: Machine/Month
repair productivity = 30
Units: Machine/Person/Month
routine maintenance work done =
   MIN(total machines/machine wear time,
       workers available for routine maintenance *
       maintenance productivity)
Units: Machine/Month
total machines = 1000
Units: Machine
total maintenance workforce
Units: Person
total time since service = INTEG (total machines -
   (repair completions + routine maintenance work done) *
       average time since service,
   total machines * machine wear time)
Units: Machine*Month
workers available for routine maintenance=
   total maintenance workforce -
       workers performing repairs
Units: Person
workers performing repairs =
   MIN(number of repairs required/repair productivity,
       total maintenance workforce)
Units: Person
```

알아둘 것은 *total maintenance workforce* 변수의 수식이 비워져 있다는 것이다. 이렇게 공백으로 되어 있는 것은 데이터 변수라는 것이다. 만일 여러분이 본 장의 앞에 있었던 지시들을 그대로 따랐다면, Vensim에서 위의 수식들을 직접 넣는 작업을 필요로 하지 않을 것이다. 그러나 단위는 여기에서 추가되어 져야 한다.

이 모델을 시뮬레이션 할 경우에는 변수의 행태를 확인토록 한다(단축키인 B키를 누르면 화면상에 작은 그래프가 나타났다가 사라질 것이다).

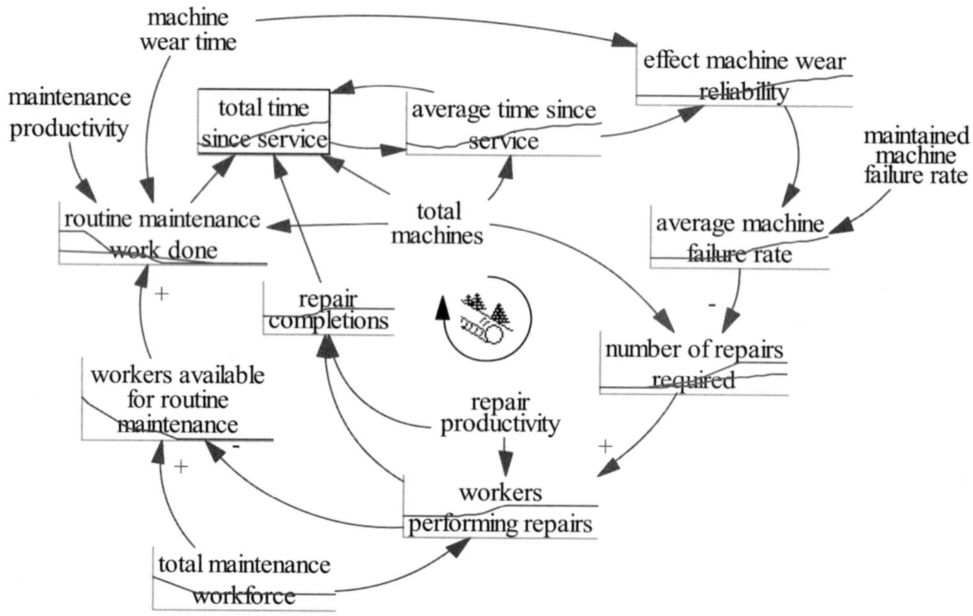

우리는 부분적으로 입력되었던 두 개의 레퍼런스 모드를 복제할 것이다. 변수의 변화행태가 완전하게 동일하지는 않지만 꽤 비슷하다. 레퍼런스 모드에서 주어진 척도와 다른 이슈들은 공통적인 것이며, 시뮬레이션 행태에 다소 차이가 있을 수 있다.

우리는 이런 과정을 돕기 위한 레퍼런스 모드 개념화를 통해서 모델을 발전시킬 것이다. 레퍼런스 모드는 초기의 모델 개발 과정에서 행태의 구체적인 표현을 추가하고 또한 간단하게 외생변수의 입력을 구체화할 수 있다.

20.4 정신적 시뮬레이션 Mental Simulation

레퍼런스 모드 편집도구는 실제적인 시뮬레이션이 아닌 정신적인 시뮬레이션 혹은 통합 기술작업에 있어서 효과적인 수단이다. 적분 혹은 누적은 기본적인 동적인 변화행태를 이해하는데 기본이 되는 것이고, 어떻게 차별화된 환경에서 이러한 것들이 만들어 지는지를 확인하는 것은 동적인 문제들의 이해를 개선하는데 도움이 될 것이다.

▶ 기본적인 시간 한계 설정을 바탕으로 다음과 같은 간단한 모델을 만들거나 *UserGuide\chap20\complete* 폴더에 저장되어 있는 *MentalSimulation01.mdl* 파일을 불러온다.

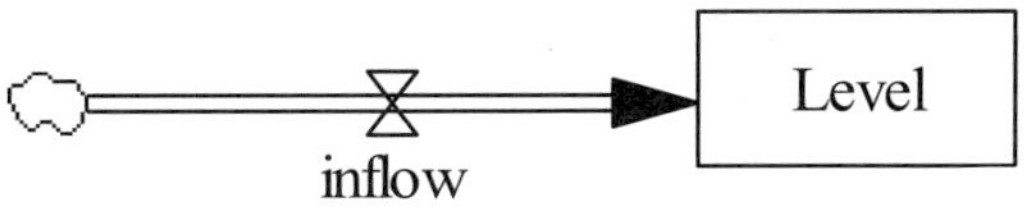

▶ 레퍼런스 모드 편집 도구를 선택한 뒤에 유량 변수인 *inflow*를 클릭한다. 데이터 변수로 만들겠냐는 물음창에 Yes를 선택한다.

▶ 이 레퍼런스 모두의 이름을 MentalSimulation1을 입력하고, 다음의 좌표값을 입력한다. (0,10), (100,10).

▶ OK를 클릭해서 대화창을 종료한다.

이러한 유입을 나타내는 유량변수를 통한 레벨 변수의 값으로 어떠한 것이 예상 되는가?

▶ 수식 편집기를 사용해서 저량 변수의 값을 0을 입력한다.

▶ 저량 변수인 *Level* 변수를 reference mode editing 도구를 사용한 뒤 클릭하고 여러분이 예상하는 값을 입력한다.

▶ 모델을 시뮬레이션 한다. 여러분은 아래와 같은 결과를 볼 수 있을 것이다.

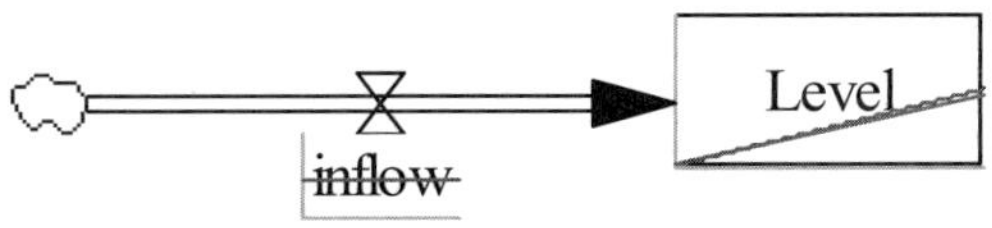

▶ Reference Mode editing 도구를 선택한 뒤 유량 변수인 *inflow*를 다시 클릭한다. 좌표값으로 (0,0), (50,100), (0,0)을 입력한다.

▶ 저량 변수인 *Level*을 클릭하고 여러분이 예상하는 변화 행태를 그린다. 시뮬레이션을 수행하고 여러분이 예상했던 결과와 어떻게 다르게 나타나는지 확인한다.

▶ 다른 유량 변수의 값으로 ((0,0), (100,100)), ((0,100), (100,0)) 및 ((0,100), (50,0), (100,100)) 입력해보고 어떤 결과가 나타나는지 실험해 보도록 한다.

하나의 유량 변수가 활용되었을 뿐이지만 정신적 시뮬레이션은 꽤 까다롭다. 두개의 유량 변수가 사용될 경우는 좀 더 복잡한 문제가 생길 것이다.

▶ 아래의 그림과 같이 유출을 나타내는 유량 변수인 *outflow*를 추가하거나 *UserGuide\chap20\complete* 폴더에 있는 *MentalSimulation02.mdl* 파일을 불러온다.

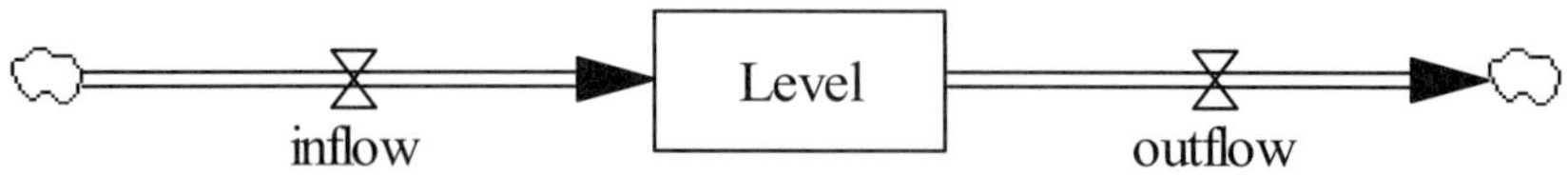

- 레퍼런스 모드 도구를 선택하고 *outflow* 변수를 클릭한다. 데이터 변수로 만들겠냐는 물음 창에 Yes를 선택한다. *outflow* 변수의 패턴을 (0,0), (50,100), (100,0)로 설정한다.
- Equation 편집기를 사용해서 *Level* 변수의 수식을 다음과 같이 입력한다.

```
Level = INTEG(inflow-outflow,0)
```

- 이 저량변수에 대해 예상하는 변화 행태를 입력한다.

심지어 간단한 패턴의 유입과 유출을 나타내는 각 유량변수의 입력이라도 저량 변수의 변화는 놀라울 것이다. 더욱 복잡한 *inflow* 변수값과 *outflow* 변수값을 입력해보고 여러분이 예상하는 결과와 어떻게 다르게 나타나는지를 살펴보도록 한다.

20.5 레퍼런스 모드의 관리 Managing Reference Modes

여러분은 하나의 모델에서 최대 8개의 레퍼런스 모드를 작성할 수 있다. 레퍼런스 모드 설정 창내의 “Ref Modes” 탭에서 이러한 것들을 관리할 수 있다.

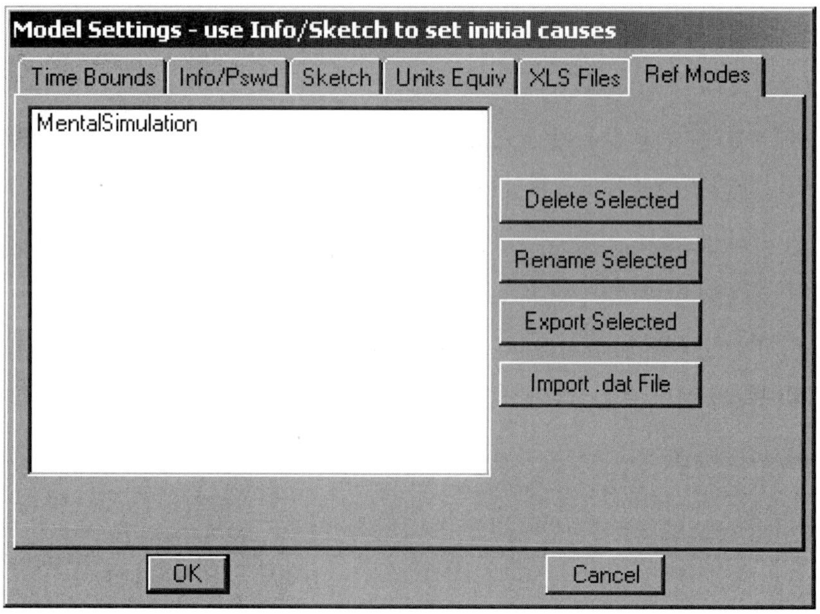

여러분이 원하는 항목들을 클릭해서 레퍼런스 모드를 선택할 수 있다.

Delete Selected : 항목은 선택되어진 모델의 레퍼런스 모드결과를 삭제하도록 한다. 레퍼런스 모드를 나타내는 데이터 셋은 변화되어지지는 않지만, 컨트롤 패널의 데이터 셋 탭을 통해서 삭제될 수 있다.

Rename Selected : 선택되어진 레퍼런스 모드의 이름을 변경할 수 있다. 이경우 이전의 이름은 그대로 데이터 셋에 남겨져 있게 되나, 컨트롤 패널의 데이터 셋 탭을 통해서 삭제할 수 있다.

Export Selected : 레퍼런스 모드의 정보를 *.dat* 포맷 형태의 파일로 내보내기 한다. 이에 대해서는 이전의 Data 사용하기 챕터를 참고하도록 한다.

Import .dat File : 여러분이 *.dat* 형태의 파일을 통해서 정보들을 획득하고 이를 레퍼런스 모드로 추가할 수 있게 한다.

하위 호환성

Vensim 5.2 이전의 버전에서는 레퍼런스 모드를 지원하지 않는다. 여러분이 이전 버전의 Vensim내에서 레퍼런스 모드를 포함하는 모델을 불러오는 것은 가능할 것이다. 그러나 레퍼런스 모드의 정보는 손실 될 수 있다. 심지어 이전 버전의 Vensim에서는 모델을 저장하지 않더라고 이러한 결과가 나타날 수 있다.

4차 산업혁명 시대의 Vensim®을 활용한

시스템다이내믹스 시뮬레이션 제3판

2007년 10월 10일 | 1판 1쇄 발행
2014년 5월 2일 | 2판 1쇄 발행
2021년 1월 5일 | 3판 1쇄 인쇄
2021년 1월 8일 | 3판 1쇄 발행

역저자 | 정관용 · 한 인 · 송양의
발행인 | 김은중
발행처 | 서울경제경영출판사
북디자인 | (주)우일미디어디지텍

주소 | 03767 서울특별시 서대문구 신촌로 205, 506호
전화 | 02)313-2682
팩스 | 02)313-8860
등록 | 1998년 1월 22일 제 5-63호

ISBN 979-11-6282-079-7 93320 정가 25,000원